フロイト全集
21

1932-37年

続・精神分析入門講義

終わりのある分析とない分析

岩波書店

1936年のフロイト.

凡　例

・本全集は、フィッシャー社(ドイツ、フランクフルト・アム・マイン)から刊行された『フロイト全集』(全十八巻、別巻一)に収録された全著作を翻訳・収録したものである。

・収録全著作を執筆年代順に配列することを原則とした。ただし、後年に追加された補遺や追記の類いについては、内容上の関連を優先して当該著作の直後に配置した場合がある。また、各巻は、重要と判断される規模の大きい著作を前に、その他を「論稿」として後にまとめて収録し、それぞれのグループごとに執筆年代順で配列して構成した。なお、フロイトの著作には執筆年代を確定することが困難なものも多く、これらについては推定年代に基づいて配列順を決定した。詳細については、各篇の「解題」を参照されたい。

・本巻には、一九三二年から一九三七年に執筆された著作を収めた。翻訳にあたって使用した底本は、以下のとおりである。

Sigmund Freud, *Gesammelte Werke*, XV, Neue Folge der Vorlesungen zur Einführung in die Psychoanalyse, herausgegeben von Anna Freud, E. Bibring, E. Kris, Imago Publishing Co., Ltd., London, 1940, Neunte Auflage, S. Fischer, Frankfurt am Main, 1996.

Sigmund Freud, *Gesammelte Werke*, XVI, Werke aus den Jahren 1932-1939, herausgegeben von Anna Freud, E. Bibring, W. Hoffer, E. Kris, O. Isakower, Imago Publishing Co., Ltd., London, 1950, Siebte Auflage, S. Fischer, Frankfurt am Main, 1993.

Sigmund Freud, *Gesammelte Werke*, Nachtragsband, Texte aus den Jahren 1885-1938, herausgegeben von Angela Richards unter Mitwirkung von Ilse Grubrich-Simitis, S. Fischer, Frankfurt am Main, 1987.

・本文の下欄に底本の巻数および頁数を表示し、参照の便宜をはかった。巻数は各篇冒頭に「GW-XII」などと示し、以降、底本における各頁冒頭に該当する個所にアラビア数字で頁数を示した。なお、フィッシャー社版『フロイト全集』の拾遺集として刊行された別巻(Nachtragsband, Texte aus den Jahren 1885-1938)については、「Nb」の略号を用いた。

・「原注」は「＊1」「＊2」の形式で示し、注本文を該当個所の見開き頁に収めた。

・「編注」は「(1)」「(2)」の形式で示し、注本文は巻末に一括して収録した。これは、各訳者が作成した本文の内容に関する注を各巻の担当編集者がまとめたものであり、ここには各種校訂本、注釈本、翻訳本に掲載されている注解を適宜、翻訳引用する形で収録したものと、本全集で各訳者が新たに執筆したものが含まれる。これらを区別するため、引用した個所については【　】を付し、冒頭にその出典を明示することとした。各出典を示すために用いた略号は、以下のとおりである。

GW　Sigmund Freud, *Gesammelte Werke*, 18 Bände und Nachtragsband: Bände I-XVII, Imago Publishing Co., Ltd., London, 1940-52; Band XVIII, S. Fischer, Frankfurt am Main, 1968; Nachtragsband, S. Fischer, Frankfurt am Main, 1987.

SA　Sigmund Freud, *Studienausgabe*, 10 Bände und Ergänzungsband, S. Fischer, Frankfurt am Main, 1969-75.

TB　Sigmund Freud, *Werke im Taschenbuch*, 28 Bände, Fischer Taschenbuch Verlag, Frankfurt am Main.

SE　*The Standard Edition of the Complete Psychological Works of Sigmund Freud*, 24 Volumes, The Hogarth Press, London, 1953-74.

OC　Sigmund Freud, *Œuvres Complètes*, 21 Tomes, Presses Universitaires de France, Paris, 1988- .

・フロイトの著作には、単行本、雑誌掲載論文などの刊行形態を区別することが困難なものが多く、本全集では村上仁監訳、J・ラプランシュ、J－B・ポンタリス『精神分析用語辞典』(みすず書房、一九七七年)所収の「フロイト著作年表」において単行本として刊行された旨が記されている著作は『　』を、その他の著作は「　」を付す形で表示した。
・本文および編注において用いた記号類については、以下のとおりである。

〔　〕　　訳者によって補足された個所(欧文中の場合は［　］)
《　》　　原文においてイタリック体で表記されたドイツ語以外の術語など
傍点　　原文におけるドイツ語の隔字体(ゲシュペルト)の個所
ゴシック体　夢の内容など、本文中にイタリック体で挿入された独立した記述

目次

続・精神分析入門講義

道簱泰三訳

Neue Folge der Vorlesungen zur Einführung in die Psychoanalyse

まえがき

『精神分析入門講義』は、一九一五年から一六年の冬学期および一九一六年から一七年の冬学期の二期にまたがって、ウィーン大学医学部精神医学科の講義室で、全学部からのさまざまな聞き手を聴衆としてなされたものであった。前半は、ぶっつけ本番でなされ、その直後に書き下ろされたもの、後半は、この二期の間の夏にザルツブルクに滞在した折に書き起こされ、次の冬に、その文面通りに講じられたものである。その頃の私にはまだ、蓄音機なみの記憶の才があった。

今回の新しい講義は、それらの講義とはちがって、じっさいに聴衆の前でなされたものではない。寄る年波のおかげで私は、大学の一員——むろんその端くれにすぎないが——であることを講義を行うことでもって示さなければならないという義務を負わなくてすむようになっていたし、また外科手術を受けたせいで、人前で話すことができない体(1)になってしまっていたからである。したがって、以下の叙述で私が再び講義室に舞い戻った格好になっているのは、あくまで空想《ファンタジー》による虚構にすぎない。とはいえ、こうした虚構は、問題に深く没入しても読者に対する配慮を忘れないようにするのに役立ちはするだろう。

今回の新しい講義は、前の講義に取って代わることをめざしたものではけっしてない。もとよりこれは、これ固有の読者層を求めることができるような独立したものではなく、あくまで続編ないし補完であって、前の講義との関係からすると、以下の三つのグループに分かれる。第一のグループをなすのは、いわば改訂版、すなわち、すでに十五年前に扱われていたものの、やがて認識が深まり見解が変更されるにともなって、今日では批判的修正版として別の叙述の仕方を必要とするようになった主題を改訂するための講義である。本来の拡張というものをそなえているのは、あとの二つのグループであり、一つは、前回の講義の折には、まだ精神分析の分野には問題として存在していなかった事柄を扱うもの、もう一つは、当時はまだことさら標題を付して章設定するまでもなかった事柄を扱うものである。今回の講義のいくつかは、この二つのうち両方の性格を同時に合わせもっているが、それは、いかにも避けがたいところであって、とりたてて失敗とみる必要もないだろう。

この新しい講義が『入門講義』の延長上にあることは、これがその講義番号を引き継いでいる点にもあらわれている。本書の最初の講義番号に二九と記されているのはそのためである。今回の講義もまた、前回と同じく、専門の分析医に何か新しいものをもたらすようなことはほとんどなく、照準はむしろ、数多くの知識人に合わせられている。そうした知識人たちが、この新しい科学の独自性と成果に対して、控え目ではあっても好意的な関心を寄せてくださることが本書の願いでもある。今回もまた、私がいちばん心がけたのは、分かりやすく完全で完結しているといった見かけを無理に作ろうとしないこと、問題を覆い隠さないこと、隙間や不確実なところが残っていることを否認しないことであった。このような冷静に己れの分をわきまえようという心構えは、精神分析以外の科学研究分野でなら、自慢の種にもならないだろう。そうした心構えはすでにどこでも自明のこととして通っているし、公衆もむろんそのように思っている。天文学関係の記述を読む人なら、宇宙についてのわれわれの知識がどうにも朦朧たるものとなってくる限界点を知らされても、幻滅して、科学なんてたいしたことないと思ったりはしないだろう。が、じつは心理学においてだけは、事情はちがっているのである。そこには、人間というものは科学的に研究されるのに向いていないという体質的ともいえる不適格性が、目いっぱい現れ出てくるからである。どうやら心理学からは、知の進歩など求められておらず、何かそれとは別の満足が求められているようである。未解決の問題が積み残されていたり、不確実であることが率直に認められたりすると、心理学は、そのつど非難の砲火を浴びせられるのである。

心の生活に関する科学を愛する者は、こうした不当さをも甘受しなければならないのであろう。

ウィーンにて、一九三二年夏

フロイト

第二九講　夢理論の修正

皆さん、十五年以上にわたる長いお休みののちに、こうして再びご参集いただいたのは、この間に精神分析においてもたらされた新たな点、あるいは、もしかして改良されたかもしれない点について、ごいっしょに検討させていただくためなのですが、そのためにはまず、〔精神分析における〕夢理論の位置に注意を向けるのが、ひとつならざる観点からして、正当かつ適切であると思われます。夢理論は、精神分析の歴史において特別の場をもち、ある種のターニングポイントをなしたものでして、分析は、この夢理論でもって精神療法上の一方法から深層心理学への一歩を踏み出したのです。以来、夢理論は今日まで、この新しい科学のもっとも際立った独自の目印でもありつづけております。それは、これ以外の知の領域には匹敵するものがないものでして、民間信仰と神秘主義から力ずくで勝ち取られた一かけの開拓地なのです。それは、自らが打ち出さねばならなかった主張の新奇さのゆえに、敵味方を分かつ符牒の役割をになわされ、この使用を判定基準として、だれが精神分析の信奉者となりえたか、だれがいつまでも精神分析を理解できていなかったかが、決定されることにもなりました。夢理論は、私自身にとっては、あの困難な時代、神経症の実態がまだよくつかめていなかったために、私の不慣れな判断がいつも混乱におちいってばかりいたあの困難な時代に、ひとつの確実な拠り所となってくれました。あちこち揺れ動く自分の認識の正しさを疑い始めたことは私には幾度となく起こりましたが、そんなときでも、誰かの夢をとりあげて、ナンセンスなまでに混乱した夢を、正しく分かりやすい心の出来事に置き換えるのに成功すれば、それで私は、自分のやっていることが見当はずれでないという確信を新たにすることができたのです。

そういうわけで、私たちの特別の関心は、他でもないこの夢理論というものを糸口として、ひとつには、この休止期のあいだに精神分析がいかなる変化をこうむったのかをたどること、もうひとつは、この間に精神分析が世間的な理解と評価の点でどれほどの前進をみたのかをたどることに向けられることになります。ですが、ここでただちに白状いたしますが、じつは、このどちらの方向においても、皆さんは願わしい結果を望めないのです。

一九一三年以来、私たちの分野での有力な論文が一堂に収められた『国際(医療)精神分析雑誌』(1)というのができておりますが、ためしにその幾号かをぱらぱらとめくってみましょう。すると、初めのころの巻には、「夢解釈のために」という常設欄がありまして、夢理論のさまざまな問題点を論じた寄稿が満載されていたことが分かります。しかし、あとになってくるにつれて、その種の寄稿はどんどん少なくなり、最後にはその常設欄自体が消滅してしまっております。分析家たちは、もはや夢について発言することなど何もない、夢理論は完了している、とでもいったかのような態度をとっています。他方、精神分析からもっと離れている人たちは、夢解釈からいったい何を摂取したというのでしょう。私たちの火でもってスープをこしらえている精神医学者や精神療法家たち――いずれにせよ一宿一飯の恩義を忘れた忘恩の輩――、目立った科学的成果をかっさらっていくのを常とするいわゆる教養人士たち、文筆家たち、そして大衆、そうした人たちにこの点について尋ねてみても、満足のいく答えはほとんど返ってきません。むろん、いくつかの定式はすでに広く知られるようになりましたが、そのなかには、すべての夢は性的な性質をもっているといった命題のように、私たちが一度たりとも主張したことのないようなものもあります。しかし、顕在的夢内容と潜在的夢思考との根本的区別にせよ、不安夢は夢の欲望成就としての機能に反してはいないという見解にせよ、夢を解釈するには夢を見た当人のそれにまつわる連想を余すところなく把握していることが不可欠だという見方にせよ、あるいはとりわけ、夢の本質は夢工作のプロセスにあるという認識にせよ、まさに重要なことがらはすべて、まだ三十年前と同じくらい一般の意識からはほど遠いのが現状のようです。こんなことを申しますのは、それなりの理由があってのことです。私はこのお休みのあいだに、自分のみた夢の解釈を開陳したり、夢の本性について教示を請うたりするような手紙を数えきれないほどいただきましたが、差出人の方々が、私の『夢解釈』を読んだと称してはいますものの、私たちの夢理論をまったく理解していないことは、書かれているどの文を見ても明らかなのです。そういうわけですので、私たちとしましては、夢について分かっているところを、ここでもう一度筋道を立ててお話しさせていただかざるをえないのです。覚えておいでのこととは思いますが、前回、何回もの講義を費やしてご披露しようとしたのは、私たちが、それまで説明づけがなされていなかったこの夢という心の現象の理解にどのようにして到達したかということでした(2)。

誰かが――たとえば分析中の患者なりが――自分の見た夢のひとつを私たちに話すわけですが、私たちは、夢を話すことを、分析治療の開始によって患者が負う義務としての報告のひとつと見なしております。むろん、報告と申しましても、不適切な手段を用いた報告です。と申しますのも、夢は、それ自体が、社会的な発言、つまり意思疎通のための手段ではないからです。じじつ、私たちは、夢を見た人が私たちに何を言わんとしたのか理解できませんし、また当人自身のほうが、私たちよりもよく分かっているわけでもありません。私たちはここで、ただちに二者択一を迫られることになります。ひとつは、分析家でない医者たちが断言していますように、夢を、当人が安眠しなかったしるし、すなわち、脳の各部分が満遍なく休んではおらず、いくつかの部位が何か不明の刺激を受けて睡眠中も働きつづけようとして、その働きを非常に不完全なかたちでしかこなすことができなかったことのしるしと見なすべきだという見方です。もしそうであるとしますと、こうした心的に価値のない夜の安眠妨害の産物などにこれ以上かかわらないのが正当というものでしょう。そんなものを探ったところで、私たちの意図にとって役に立つようなものは、何ひとつ期待できるはずもないからです。もう一方の見方は――何を隠しましょう、もともとこちらのほうこそ、私たちが軍配をあげていた見方です。私たちが――いくぶん恣意的といわれてもしかたないかもしれませんが――前提とし要請として掲げていましたのは、こうした理解不能な夢も、意味と価値をもったまっとうな心的行為であって、分析ではこれを、夢以外の報告と同じように、れっきとした報告として利用することができるはずだということです。私たちのこの考えが正しいかどうかは、やってみた結果によるしかありません。夢をこうした価値ある発言に変換することに成功しますなら、まちがいなく私たちは、これまでなかった新しいことを知り、他のやり方では理解できなかった類いの報告を手に入れる見通しをもつことができるわけです。

とは申しますものの、ここで私たちは、私たちの課題の困難さ、私たちのテーマのもつ難題にはたと突き当たることになります。いったいどのようにすれば、夢をそのような通常の報告に変換することが可能なのでしょうか。加えてまた、患者の発言の一部が、私たちにも患者にもともに理解できないこうした形式をとったという事実は、いったいどのようにして説明すればいいのでしょうか。

皆さん、今回は、発展史的な叙述ではなく、教義的な叙述の道をとらせていただくことにします。第一歩は、二つの新たな概念ないし名称を導入することによって、夢の問題に対する私たちの新しい考え方をはっきりさせることです。私たちは、これまで夢と呼ばれてきたものを、夢テクストないしは顕在夢と呼び、私たちが探し求めているもの、いわば夢の背後にひそんでいると推測されるものを、潜在的夢思考と呼ぶことにいたします。そうすれば、先の二つの課題は次のように言い表すことができます。すなわち、ひとつは、顕在夢を潜在夢に変換しなければならないということ、もうひとつは、夢を見た当人の心の生活のなかで、潜在夢がどのようにして顕在夢に変じることになったのかを提示しなければならないということです。この第一の課題は、実践的なものです。それは夢解釈が手がけるべきものであって、これにはある技法が必要です。第二の課題は、理論的なものです。それは、夢工作という仮定的プロセスを説明するためのものであり、あくまでひとつの理論でしかありません。夢解釈の技法と夢工作の理論、この二つが新たに創り出される必要があるわけです。

どちらから始めるのがよろしいでしょうか。私としましては、夢解釈の技法のほうから取りかかるのがいいかと思います。そのほうが、より具体的に話を進めてゆけますし、より生き生きした印象を与えるだろうと思います。

それでは、患者が何か夢を物語ったとして、私たちがそれを解釈しなければならないということにいたしましょう。私たちは、あれこれ熟考をすることなく、(3)ただじっと耳を傾けてきたわけです。それで、さしあたり、どうすればいいのでしょう。大切なのは、私たちが耳にしたこと、すなわち顕在夢そのものにできるだけかかずらわないようにすることです。もちろん、この顕在夢の性格は千差万別でして、それらの性格が必ずしもどうでもいいというわけではありません。顕在夢には、きちんと脈絡をもっていて、何か文学作品のように整然たる構成をもっているものもあれば、ほとんど譫妄《せんもう》状態のように理解不能なまで混乱しているものもありますし、いかにも馬鹿らしい要素を含んでいるものも、機知に富んだものも、あるいは、いっけん才気あふれる推論を備えたものもあります。夢を見た当人にとって、はっきり鮮明なものもありますし、ぼやけて朦朧としたものもあります。イメージが、実際に知覚されたもののようにじつにまざまざとしているものもあるでしょうし、かすかな呼気のように影めいているようなものもあるでしょう。同じひとつの夢のなかに、じつに雑多な性格が同居していて、それがさまざまな個所に割り振られているということもあるでしょう。感情のトーンが中立的であるような夢があるかと思えば、このうえなく鮮烈な喜びや苦痛の興奮にともなわれた夢だってあるわけです。――勘違いしないでいただきたいのですが、私たちは、顕在夢の見せるこうした無限の多様性を、けっしてどうでもいいなどと思っているわけではありません。あとで再度この多様性の問題に戻りますが、そのとき、解釈にとって利用できるものがここにもたくさんあることが判明するでしょう。しかし、さしあたりはこの点は措きまして、夢解釈へと続く本道を進むことにしましょう。つまり私たちのやり方は、夢を見た当人に、私たちと同じく顕在夢の印象にまどわされないようにしてもらい、夢内容の全体にではなくその個々の部分に注意を向けて、これらそれぞれについて何を思いつくか、個々ばらばらにみたときにどんな連想が起こってくるかを、順に報告してもらうことなのです。

　じっさい、これは、ある種特殊な技法と言ってよく、報告や陳述を取り扱う際の普通のやり方ではありません。皆さんは、こんなやり方を要求するからには、きっとその裏に、何かまだ明言されていないいろいろな前提が隠されているはずだと、推察しておられることと思います。ですが、先に進むことにいたしましょう。いったい患者には、夢の個々の部分をどのような優先順位のもとに報告してもらえばいいのでしょうか。それにはいくつかの道が考えられます。まずは簡単に、夢の物語がとった時間順序に従うことです。これは、言わばもっとも正確を重んじた古典的な方法ということになります。あるいは、夢をみた当人に、夢に現れた日中残渣[4]をまずは探し出してくれるように指示するのもひとつの手です。経験によりますと、ほとんどどの夢にも、夢日の何らかの出来事――複数の場合もしばしばです――に対する記憶残渣ないしはそれへの仄めかしが潜り込んでおり、これらを糸口としてたどって行けば、いっけん遠く浮世離れしたような夢の世界から、いっきに患者の現実世界へと移行することも、往々にして可能だからです。あるいはまた、特別の明晰さと感覚的鮮烈さで際立っていると思える夢内容の要素から始めてもらうよう、患者に求めることもできるでしょう。そのような要素の場合、患者にとって連想をつなぐのがとりわけ容易になるだろうと考えられるからです。求められている連想にこれらいずれのやり方を用いて歩み寄っていこうとも、そこに良し悪しの違いはまったくありません(5)。

ともあれ、こうして私たちは、必要な連想を手に入れます。それらの連想はじつに多種多様のものをもたらしてくれます。前日の想い出、夢日の想い出、とうに過ぎ去った昔の想い出、いろいろな考え、賛成反対の議論、告白、質問などです。これらのうちには、患者が淀みなくすらすらと語り出すものもあれば、しばらく言い淀んだのちに語り出されるものもあります。そのほとんどは、夢の何らかの要素とはっきりしたつながりを示しております。当然のことです。それらの連想は、そうした夢の要素から産み出されたものだからです。むろん、患者が、これは夢とは何の関係もないように思えますが、ただ思いついたから喋ります、と前置きしてしゃべり出すような場合も含めてのことです。

こうした夥しい思いつきに耳を傾けておりますと、やがて気づくのは、これらが、夢内容と、たんに糸口を共有しているだけでなく、それ以上のものをも共有しているということです。それらは、夢のあらゆる部分に意外な光を投げかけ、部分と部分のあいだの隙間を埋め、それらの部分どうしの奇妙なつながりを教えてくれます。そしてついには、それら各部分と夢内容との関係が明白になってくるのです。夢は、何らかの法則――むろんそれがどのような法則であるかはなお不明であるにせよ――に則って、さまざまな連想の縮約されたエッセンスとなっており、その個々の要素は、ちょうど、大衆が選挙で選出した代議士みたいなものと言えます。疑う余地のないところですが、こうした私たちの技法を通してつかみ出されるのは、夢によって代替され、夢の心的価値が置かれている当のものなのでして、むろん、そこにはもはや、夢の奇異な特性や異様さや混乱といったものは存在していないわけです。

ですが、誤解をなさらないでいただきたいと思います。夢につらなる諸々の連想は、まだそれだけでは潜在的夢思考ということにはなりません。なるほど潜在的夢思考は、母液に溶けたようになって連想のうちに含まれてはいるのですが――そっくり完全なかたちで含まれているわけではないのです。一方では、連想が、潜在的夢思考を明らかにするのに必要であるよりもはるかに多くのものを含んでいる場合があります。すなわち、夢思考に接近する途上で患者の知性が産み出したにちがいない説明だとか、変更だとか、関係づけといったもの一切です。しかし他方、連想が、本来の夢思考の直前で途絶えてしまい、ただそれに近づき、それを暗示するだけで終わってしまうようなこともしばしばあります。そうした場合には、私たちは自主的に介入し、暗示されたものに補いをつけて完全にし、拒絶しようのない結論を引き出し、患者が連想のなかでほんのちょっと触れただけのことをはっきりと告げてやるわけです。こんなふうに申しますと、私たちは、提供されている夢の素材を即妙かつ気ままに弄び、これを乱用して、当人の陳述から読み取れそうにないものをこじつけ的に読み込もうとしているかのように聞こえることでしょう。じじつまた、私たちのやり方が正当であることを、抽象的なかたちで説明し証明するのは容易なわざではないのです。ですが、ご自身で夢の分析をなさってみるなり、私たちの文献で紹介されている何かしっかりした夢の例を詳しく検討なさるかしていただければ、きっと皆さんも、この種の解釈作業がどれほど説得力のあるものであるかが納得できるだろうと思います。

夢解釈を行う際には、私たちは、このように、まず第一に夢を見た当人の連想をもとにするのがふつうなのですが、ただし夢内容のある種の要素に対しましては、私たちは、連想には依拠しないかたちで対処します。それはとりわけ、通例そこでは連想が不首尾に終わるため、そう対処せざるをえないからです。すでに早くから気づいていたことですが、このように連想を生じさせない類いの要素は、いつも同じ内容のものなのです。数もさほど多いわけではありません。度重なる経験から学んだところによりますと、それらは、それ自体とは別の何かを指示する象徴としてとらえられ、解釈されねばならないということです。夢の他の要素と比べると、この種の要素には固定した意味があると言ってさしつかえありませんが、その意味は一義的であるとはかぎらず、その意味の範囲は、私たちに馴染みのない特別の規則によって決定されているのです。これらの象徴を翻訳するすべは私たちには分かっておりますが、夢をみた当人は、自分でそれを使用したにもかかわらず、翻訳することができません。ですから、私たちのほうは、夢解釈の努力など何ひとつしないでも、ただ夢テクストを報告されただけで、ただちにその意味がはっきり分かるのに、夢をみた当の本人自身は、依然謎に包まれたままといった事態も、起こりうるわけです。しかし、象徴法、それについての私たちの知識、それが私たちに提起してくる諸々の問題、そうしたことにつきましては、すでに以前の講義(6)でじゅうぶんお話しいたしましたので、今日ここでくりかえすには及ばないでしょう。

以上が私たちの夢解釈の方法です。これに対しては、ならばその方法を使えばどんな夢でも解釈できるのか、といった当然の問いがただちに頭をもたげてまいります(7)。こちらとしての答えはこうなります。いや、すべてとはいえませんが、相当数まではこれで解釈できますので、この方法の有用性と正当性につきましてはじゅうぶん確信できます、と。しかし、なぜすべての夢ということにはならないのでしょうか。この問いにあらためて答えることは、ある重要な事実を指摘することにつながり、これによって私たちは、ただちに夢形成の心的条件へと案内されてゆくことになります。〔なぜすべての夢ではないかと申しますと、〕それは、夢解釈の作業が、抵抗――これには、目立たぬ小さなものから、少なくとも私たちのその時その時の力量からして克服しがたいものにいたるまで、さまざまなヴァリエーションがあります――に抗ってなされるものだから、ということになります。解釈作業中には、この抵抗の出現を看過することは許されません。ある個所では、連想が躊躇なく生じ、最初かその次くらいの思いつきだけでもうその説明がついてしまうこともあります。しかし、別の個所では、患者は、さんざん言い淀み、ためらったあげく、ようやく連想を口にしはじめるといったこともあり、その場合には往々にして、いつまでも続く思いつきの長い連鎖全体を聞き通さないと、夢の理解に役立つようなものが得られないことになったりします。連想の鎖が長く、廻りくどいほど、それだけいっそう抵抗が強いと私たちは考えていますが、その点はまちがいのないところです。みた夢を忘却するということにも、これと同じ力が働いているように思われます。患者が、どれほど努めても、みた夢のうちのあるものを思い起こすことができなくなっているといったことは、じつに日常茶飯事です。ところが、分析作業のある地点で、それまで患者がしっくりした分析関係に入るのを妨害していた何らかの困難が除去されてしまうと、そのあとで突然、忘却されていた夢が甦ってきたりするのです。これとは別のものですが、この類いに属する観察が、さらに二つほどあります。じつにしばしば見られることですが、夢のどこか一個所が、はじめはすっぽりと抜け落ちていて、あとから付け足しとして追加されることがあります。これは、その個所を忘却しようとする試みだと解釈できます。経験によりますと、まさにこの個所こそもっとも重要なところでして、そこでは他の個所におけるよりも強い抵抗が報告を妨げていた、と考えることができるわけです(8)。さらにもうひとつ、これもしばしば見受けられることですが、夢をみた人は、目覚めた直後に夢を筆記しておくことで、夢を忘却するのに抗おうとします。ですが、じつを言いますと、こんなことをしても何の役にも立ちません。と申しますのも、これによって抵抗に屈することなく夢テクストが保持できたとしましても、その同じ抵抗が、今度は連想のほうへと移動し、それによって顕在夢の解釈を困難にするからです(9)。驚くべきことではありませんが、このような事態のもとでは、抵抗がますます強くなって、そもそも連想そのものを抑え込み、それによって夢解釈を挫折させるようなことにもなりかねないのです。

以上のことから引き出される結論は、夢解釈の作業を行うときに認められるこの抵抗が、夢が発生する際にも関与しているにちがいないということです。夢は、弱い抵抗圧のもとで発生した夢と、強力な抵抗圧のもとで発生した夢に、はっきり分けることができます(10)。しかし、この圧力は、同じひとつの夢の中でも、それぞれ個所ごとにまちまちです。そして、この圧力のせいで脱漏や不鮮明や混乱などが産み出され、それらが、どんなにすっきりした夢の脈絡でも断ち切ってしまうわけです。

ですが、ではいったい何が何に対して抵抗するのでしょう。もとより抵抗とは、私たちにとっては、紛れもなく何らかの葛藤が起こっているしるしです。そこには、何かを表出しようとする力と、その表れを許すまいとする逆の力が存在しているはずです。としますと、顕在夢として生まれ出るものは、この二つの推力と反力のぶつかり合いが縮合されてとるにいたったすべての決着をまとめたものと言っていいかもしれません。ある個所では、この一方の力が、自らの主張を貫徹するのに成功したとしますと、また別の個所では、これに逆らう審級が、意図されていた報告をまるごと消滅させたり、その痕跡さえ定かでないものに代替させるのに成功するわけです。きわめて頻繁、かつ夢形成にとってこのうえなく特徴的に見られるのは、葛藤のあげく何らかの妥協が成立するというケースでしょう。そこでは、喋ろうとする側の審級は、自分の言いたかったことを言うのはできたのですが、自分の言おうとしたやり方でではなく、和らげられ歪曲され判別できなくなったかたちで言ったにすぎません。したがって、夢が夢思考を忠実に再現していないため、この二つを隔てる溝を橋渡しするのに解釈作業が必要となるのは、あの逆らい制止し制限する審級――夢解釈の際に感知された抵抗からその存在が推定された審級――のなせる結果だということになります。この審級は、私たちが夢を孤立した現象として、他の類似の心的形成物と切り離して研究していたあいだは、夢の検閲官と呼ばれていたものです。[11]

今さらの話になりますが、この検閲というものは夢の生活にのみ特有の装置ではありません。私たちが――不正確な言い方ではありますが――無意識的な抑圧されたものと意識的なものとに分けて呼んでおります二つの心的審級の葛藤は、そもそも私たちの心の生活全体を支配しているものでして、夢解釈に対する抵抗、すなわち夢検閲のしるしは、他でもない、この二つの審級をはっきり分かつ目印としての抑圧抵抗だということです。そして、ある条件が整えば、これら二つの審級の葛藤から、夢と同様に妥協の産物である別の心的形成物が生まれ出ることになるわけです。こうしたこともまた、皆さんにはお分かりのことでしょうから、ここで、神経症理論入門に属するようなことを一から反復し、こうした妥協形成の条件についてすでに分かっていることをあらためてご披露する必要はないと思います。すでにご理解されているように、夢は、病理的な産物であり、ヒステリー症状や強迫表象や妄想観念を含む病理的産物の系列の中の最初のものなのですが[12]、夢がこれら他のものと際立って異なっているのは、夢が一過性であって、正常な生活に属する状況下で発生するという点です。と申しますのも、この点はしかと確認しておきたいと思うのですが、夢の生活とは、すでにアリストテレスにもありますように、睡眠下での私たちの心の活動の仕方のことをいうからです[13]。睡眠状態は現実の外界からの離反をもたらすわけでして、それによって、何か精神病のごときものが発生する条件が与えられることになります。重度の精神病についてどれほど入念に調べてみても、現実の外界からの離反ということ以上に、この病気の状態に特有のしるしを示すものは見出せないでしょう。しかし、精神病においては、現実からの離反が引き起こされる仕方は、次の二通りのうちどちらかです。つまり、無意識－抑圧されたものが強くなりすぎて、現実に基盤を置いている意識的なものを圧倒してしまうことによってか、あるいは、現実が耐えがたいほど苦痛に満ちたものとなってしまったために、脅えた自我が、自暴自棄の反抗を起こし、無意識の欲動的なものに身をゆだねてしまうことによってか、ということです[14]。無害な夢－精神病は、意識的に求められた一時的にすぎない外界からの撤退の結果でして、じじつ、外界との関係が回復されるとともに失せてしまいます。人が眠っていて外界から遮断されると、そのあいだは、心的エネルギー配分にも変化が生じます。そうでないときには無意識的なものを抑えつけておくのに使われていた抑圧エネルギーの一部は、使わなくてよくなります。このとき無意識的なものが、比較的自由になったことを利用して、活動しはじめようという気を起こしたとしても、〔睡眠中のため〕運動性への道は閉ざされており、幻覚による満足という害のない道しか残されていないからです。すなわち、夢は、まさにこのときに形成されうるということです。むろん、睡眠中にも抑圧抵抗はなおじゅうぶん残っているわけでして、それは、夢検閲という事実が示している通りです。

ここから、夢にも何らかの機能が与えられているのか、何か有用な働きが夢に託されているのかどうか、という問いに答える道が開けてまいります。睡眠状態は刺激のない安静状態を作り出したいわけですが、この安静状態は、三つの方面からの脅威にさらされています。眠っているあいだにやってくる外的な刺激と、睡眠中もなお断ち切れずに残っている日中の関心による刺激からくる、どちらかというと偶然的要素の強い脅威、それにもうひとつ、折りあらば現れ出ようと機会をうかがっている、満足させられていない抑圧された欲動の蠢《うごめ》きからくる、どうしても逃れることのできない脅威です。夜間には抑圧が弱められるため、外的もしくは内的な興奮が無意識的な欲動源泉のひとつと連結することになれば、そのつど安眠が乱されるという危険が出てこざるをえません。夢という出来事は、この種の連結作業によって作り出されたものを無害な幻覚体験へと解消させ、それによって睡眠の持続を保証しようとするものなのです。ときには夢が、不安増長を引き起こし、眠っている人を目覚めさせる場合がありますが、それは、夢のこうした安眠保証の機能に反するものではなく、夢の番人が、状況をあまりに危険すぎると察知し、もはや制覇できないと思っていることの信号なのです。こうした場合、私たちはしばしば、まだ眠りのなかにいながら、目覚めるのを防ぐために落ち着かそうとする声が聞こえてくるのを耳にしたりします。「いや、ただの夢にすぎないじゃないか」というわけです。

皆さん、顕在夢から潜在的夢思考にたどり着くことを課題としております夢解釈に関して私が言いたかったのは、以上のことに尽きます。精神分析の実践現場では、これが達成されれば、たいていの場合、もう夢自体に対する関心は打ち切りとなります。あとは、夢というかたちで入手したこの報告を、他の諸々の報告のなかにはさみ入れて、さらに分析を押し進めてゆくということになるわけです。ですが私たちには、ここでなおしばらく夢にこだわってみたいと思います。潜在的夢思考を顕在夢に変形させた〔夢解釈とは逆の〕プロセスがどのようなものなのか、どうしても検討しておきたい気がするのです。私たちは、このプロセスのことを夢工作と呼んでおります。覚えておいででしょうが、このプロセスについては、すでに以前の講義(15)で詳しく論じておりますので、今日のこの概説では、ごく手短かにまとめるくらいでよろしいかと存じます。

要するに、この夢工作というプロセスは、まったく新規な珍無類のもので、まさにこれまで知られたことのないしろものだということです。それは、私たちに、無意識の系で演じられているもろもろの出来事の何たるかをはじめて見せてくれるとともに、それらが私たちの意識的思考にはまるで知られていない出来事であって、意識的思考には途方もない杜撰なもののように映るにちがいないということを教えてくれたものです。加えて、この発見の意義は、潜在的夢思考を顕在夢へと変形させたこの同じ機制——あえて思考過程とは申しませんが——が、神経症の症状形成においても働いているという事実が見出されたことによって、いっそう高まることにもなったわけです。

以下、説明が図式的とならざるをえないことをお許し願います。今かりに、私たちは、ある夢の事例において、多かれ少なかれ情動の渦巻く諸々の潜在的思考——夢解釈が完了した後に顕在夢に取って代わることになったものです——を、あらかじめくまなく見通すことができているとしてみましょう。すると、これらの潜在的思考にもひとつの違いがあることに気がつきます。この違いが、私たちの考えを、さらに先へと押し進めてくれることになります。これらの夢思考のうちほとんどのものは、夢をみた当人によって、間違いないと認められる、ないし承認されます。つまり、当人は、あれこれの折にたしかにそのように考えたことがあっただとか、あるいは、そのように考えたかもしれない、などと認めるわけです。ところが、これだけは、当人がどうしても受け入れようとしない夢思考があるのです。自分はそんな考えは知りもしない、それどころかもしかしたら、そんな考えには反吐が出るといった主張がなされるかもしれません。激しく興奮して、自分は絶対にそんなことを考えていないと突っぱねられる場合もありうるわけです。さて、ここで明らかになりますのは、この種のものではない夢思考は、意識的思考、より正確には前意識的思考に属しているものであって、覚醒生活で考えられてもおかしくないもの、じっさいまちがいなく昼間に作られたものだということです。しかし、それに対して、こちらの断固否認された夢思考、あるいはより正しくはこの蠢きは、いわば夜の子、夢をみた当人の無意識の一部なのでして、だからこそ当人自身によって否認され拒絶されるのです。この蠢きは、夜になって抑圧が緩むのを待って、この無意識的なものを何らかのかたちで表現せざるをえなかったわけです。いずれにせよこの表現は、ぼやけさせられ、歪曲され、偽装されており、夢解釈の作業をほどこさないではそれだと分からないほどになっています。この無意識的な心の蠢きは、他の非難の余地のない夢思考と連結させられることによって、目立たない偽装をして検閲の柵をくぐり抜けるチャンスを与えられることになります。他方、前意識的な夢思考のほうも、この同じ連結のおかげで、睡眠中も心の生活のうちで働きつづける力を獲得できるようになります。と申しますのも、私たちには一点の疑いもないところですが、この無意識的な心の蠢きこそが、夢の本来の作り手であって、夢形成のための心的エネルギーをもたらしてくれる黒幕だからです。この無意識的な蠢きは、他のすべての欲動の蠢きがそうであるように、ひとえに自分自身の満足を求めて突き進むことしかできませんし、私たちの夢解釈の経験からしましても、まさにこうした満足こそが、夢みることの意味に他ならないのです。いかなる夢であれ、その欲するところは、何らかの欲動欲望を成就されたものとして描くことです。夜、心の生活が現実から遮断され、原始的な機制への退行が可能になりますと、それによって、この欲望された欲動満足が、幻覚のかたちで、まさに今起こっていることとして体験されることが可能となります。この退行によって、夢のなかで、さまざまな表象が視覚的イメージに転化され、したがって潜在的夢思考が、舞台化され、絵で表されることになるわけです。

夢工作のこの部分から知られますのは、夢の持ついくつかのじつに顕著な特別の性格です。夢形成の筋道についてくりかえしておきましょう。夢の導入部をなしているのは、眠りたいという欲望、外界からの意図的な離反ということです。これによって、心の装置には二つの結果がもたらされることになります。ひとつは、より古い原始的な工作方法、つまり退行が心の装置のなかに出現する可能性が生じるということ、もうひとつは、無意識的なものの上にのしかかっている抑圧抵抗が減少するということです。この後者の契機の結果として夢形成への可能性が生じ、活発化した内的刺激や外的刺激などのもろもろの誘因が、この可能性につけこむことになるわけです。夢はこうして生じるのですが、としますと、夢は、もうそれだけで、妥協形成と言うほかありません。夢には二つの機能があります。一方では、夢は、眠りを妨げる刺激を処理することで睡眠欲望に奉仕するという点で、自我親和的[16]ということになりますし、また他方では、夢は、幻覚による欲望成就というかたちをとって、何らかの抑圧された欲動の蠢きに、この状況下での可能な満足をもたらすのです。ただし、眠っている自我によって許可されたこの夢形成のプロセス全体は、なお保持されている抑圧の残りによってなされる検閲の支配のもとに置かれているわけです。夢という出来事をこれ以上簡潔に叙述することは不可能です。これ以上簡潔にはなりません。ですが、ここで夢工作のほうに話を向けるには、これでじゅうぶんでしょう。

もう一度、潜在的夢思考に戻って話を始めましょう。潜在的夢思考のもっとも強力な要素は、抑圧された欲動の蠢きです。夢思考のなかのこの欲動の蠢きが、偶然存在している刺激に依托されたり日中残渣に転移され、和らげられたり偽装されたかたちをとりながらも、自らを表現することになってしまうのです。この欲動の蠢きは、すべての欲動の蠢きの例にもれず、ひたすら行動を通して充足されることを求めるのですが、しかし、睡眠状態のもつ生理的体制のゆえに、運動への道は閉ざされています。それゆえ、しかたなく知覚へと向かう逆向きの方向をとって、幻覚による満足に甘んじるほかありません。潜在的夢思考は、こうしてあるボリュームの感覚像や視覚的場面に転化されることになります。潜在的夢思考には、その途上で、私たちには新手で珍奇と思えるような事態がふりかかることになるわけです。接続詞や前置詞、格変化や動詞活用など、かなり微妙な思考関係を表現するための言語手段は、夢にそうした関係を上演する手段がないために、ことごとく抜け落ちてしまいますし、また、文法をもたない原始言語に見られるように、思考の原料だけが表現され、抽象概念は、その基底にある具象へと還元されます。こうしてあとに残されたものは、まさに脈絡のない様相を呈することになります。心の装置で生じている太古的退行に適しており、また検閲の要請を満たすにももってこいなのは、意識的思考にはもはや無縁のものとなってしまった象徴をたっぷり用いて、ある種の対象や出来事を叙述するやり方です。ですが、夢思考の諸要素に対してなされる改変は、これ以外にもまだまだいろいろあります。これらの要素のうちで、何らかの共通点が見出せるような類いのものは、縮合されて新たに一括りにされます。夢思考がイメージへと転化される場合には、この種の合併ないし縮合を許すような諸要素が、真っ先に狙い撃ちされます。そこにはまるで、素材をプレスし凝縮する力が働いているかのようです。こうして、縮合の結果、潜在的夢思考においては多数であった要素が、顕在夢になると一つの要素になってしまうこともありますし、逆に、夢思考の一つの要素が、顕在夢においていくつかのイメージによって代わりをされることもありうるわけです。

もうひとつ、縮合よりもさらに注目すべきは、遷移あるいはアクセント転移という出来事です。これは、意識的思考においては、誤謬思考だとか機知の手段にすぎないものと見なされているものです。夢思考に含まれている個々の考えは、価値が一様ではなく、それぞれが異なった情動量を備給され、それに応じて、重要度、関心度の大小が評価されております。夢工作の手が入りますと、これらの考えは、そこに付着している情動と切り離されることになります。情動は、それ自体として処理され、別のものへと遷移されたり、もとのままの状態が保たれたり、内容が変貌させられたり、あるいは、そもそも夢に出現しなかったりもします。情動を剝奪された考えの重要性は、夢においては、諸々の夢のイメージがもつ感覚的強さとして回帰してくるものなのですが、この遷移において見られるのは、その際のアクセントが、重要な要素から中立的な要素へと移動し、その結果、夢思考ではほんの副次的な役割しか演じていなかったものが、夢で主役として前景に押し出されるといった事態、あるいは逆に、夢思考で本質的であったものが、夢のなかでは、ほんのついでに不明瞭なかたちで上演されるといった事態です。夢工作のひとつとしてのこの遷移ほど、夢をみた当人に夢を異様で理解しがたいと思わせるのに力をもっているものはありません。遷移は夢歪曲の主要手段といってよく、夢思考は、検閲の力が働いているかぎり、この夢歪曲を甘受しなければならないのです。

夢思考に以上のような働きかけがなされますと、それでもう夢は出来上がったも同然です。これにさらに、つねにというわけではありませんが、もうひとつの契機が加わります。夢が知覚対象として意識の前に現れたあとになされる、いわゆる二次加工と呼ばれる契機です。この場合、私たちは夢を、ふつう知覚内容が処理されるのと同じように処理し、欠損部を埋めたり脈絡をつけたりといった試みをしたあげく、じつにしばしば、ひどい誤解にとらわれることになるわけです。とは申しましても、このいわゆる合理化の活動は、せいぜいのところ、夢に、実際の内容とは異なる滑らかな表向きの顔を与えるだけのものですから、まったくなされないこともありますし、ごく控え目にしかなされないこともあります。その場合には、夢の裂け目や飛躍がすべてはっきりとさらけ出されてしまうわけです。他方、忘れてならないのは、一連の夢工作のほうも、必ずしもいつも同じように精力的になされるわけではないということです。夢工作が、夢思考のある一部分だけに向けられ、その他の部分は、何の変化も加えられずに夢での出現が許されるということも、しばしば見受けられるところです。そうした場合、まるで、夢のなかで、きわめて繊細かつ複雑な知的操作がなされており、さまざまに思索され、機知が生み出され、決定が下され、問題が解かれるといったような印象が作り出されることになりますが、しかし、こうした印象はすべて、私たちの正常な精神活動が作り出したものでして、夜間であれ夢の前の昼であれ生じたであろうものであり、したがって、夢工作とは何のかかわりもなく、夢の特徴を何ひとつあらわすものではないのです。ここでもう一度、夢思考そのものの中で、無意識的な欲動の蠢きと日中残渣とのあいだに対立があることを強調しておくのも、無駄ではないでしょう。つまり、日中残渣のほうは、私たちのじつに多様な心の活動をくまなく見せてくれるのに対して、夢形成の本来の原動力となる無意識的な欲動の蠢きのほうは、きまって欲望成就という結末で終わるということなのです。

ここまではすべて、十五年前でもお話しすることができたものですし、じっさいあの時に申し上げたのではないかと思っております。ですので、以下では、このお休みの間につけ足されることになった変更や新しい洞察を拾い集めてみることにしましょう。

すでに申しましたように、きっと皆さんは、その類いのものがずいぶん少ないとお感じになるでしょう。ならばなぜ、ここで皆さんに同じことを二度聞いていただく労をおかけし、私自身同じことを二度申し上げねばならなかったのか、皆さんはきっと合点がいかないにちがいありません。しかし、十五年の隔たりがあることを考えますと、こうするのが、皆さんとコンタクトを結び直すいちばんスムーズな方法だったと思うのです。それに、これまで申し上げましたことは、とても基本的な事柄であると同時に、精神分析を理解していただくためにはまさに決定的に重要なことですので、もう一度聞いておきたいとお思いの方もおられるかもしれませんし、それに、十五年たったあとでもほとんど何も変わっていないという事実、その事実自体は、知るに値することなのです。

とは申しますものの、この間に提出された文献は、立証論文にせよ詳細な各論にせよ、むろん膨大な数にのぼっておりますので、ここでは、それらのうちからほんのいくつかをピックアップしてお話しさせていただきます。その際、以前すでに分かっていたことを、いくつか追加確認させていただくこともあるかと存じます。さて、問題となるのは、ほとんどが、夢における象徴法と夢が用いるその他の上演法にかかわるものです。いかがなものでしょうか、ごく最近、あるアメリカの大学の医学関係者たちが、精神分析に科学としての性格を認めるのを拒むという出来事がありました。精神分析はそもそも実験による証明ができないというわけです。ですが、そのような反論でしたら、天文学に対して向けることも可能だったはずです。天体に関する実験こそ、とびきり困難なものです。天文学では、なお観察にたよるしかすべがないわけです。それはともかく、他ならぬこちらウィーンの研究者のほうには、夢の象徴法を実験で立証することに着手した人たちがすでにいるのです。シュレッター博士(17)なる方は、被験者を深い催眠状態に導いたうえで、性的な出来事を夢に見るよう命ずると、惹起された夢のなかに、性的な素材が、私たちのよく知っている象徴によって代替されて登場してくるということを、早くも一九一二年の段階で発見しております。一例を挙げましょう。ある婦人が、その女友達と性交するような夢を見るよう命じられます。すると、その夢には、この女友達が、ご婦人専用と書かれたレッテルが貼られてある旅行かばんをもって登場してくるのです。もっと印象的なのは、ベトルハイムとハルトマン[18]が一九二四年に、いわゆるコルサコフ精神病[19]の患者たちにほどこした実験です。二人は、露骨に性的な内容の話を患者たちに聞かせ、その話をくりかえして語るよう要求したときに現れた歪曲に注目しました。するとここでもまた、私たちならよく知っている、性器や性交を表す象徴が現れ出たのです。なかでも特筆すべきは階段の象徴でして、これについて二人の著者は、この象徴は、意識的に歪曲したいという欲望から生まれてきたものではけっしてない、と述べておりますが、まことにもっともな見解だと申せましょう[20]。

H・ジルベラー[21]は、ある非常に興味深い一連の実験で、夢工作が抽象的思考を視覚的なイメージに転換しようとするいわば現場を〔in flagranti〕押さえることができることを示してくれました。ジルベラーは、眠くてたまらない状態のときに、あえて知的労働に向かおうとする実験をしたのですが、そのとき、しばしば思考が掻き消え、代わりに、どうやらその思考の代替らしいものが幻視のかたちで出現したということです。

簡単な例をひとつ挙げておきましょう。ジルベラーはたとえばこう言っております。何か書き物をしていて、ある荒削りの個所を推敲しなければならないと思って眠りに落ちかけると、木片に鉋をかけて滑らかにしようとしている幻視が出現した、と。これらの実験でしばしば生じたのは、加工されるのを待っている思考そのものではなくて、その努力がなされているときにその思考自身が置かれていた主観的状態が、幻視の内容として現れたということ、すなわち、対象ではなくて、その状態が幻視の内容となったということです。ジルベラーはこの現象を「機能現象」[22]と名づけております。これがどういう意味なのかは、もうひとつ例を挙げればすぐにはっきりいたします。著者は、ある問題についての二人の哲学者の見解を比較検討しようと努めています。ところが彼は、睡魔に襲われ、一方の見解が何度も頭から抜け落ちてしまい、ついに次のような幻視をみるにいたります。つまり、ある一人の不機嫌そうな秘書に彼は何かしらを尋ねているのですが、秘書は、物書き机に身をかがめたまま、はじめは彼に見向きもせず、やがて、しぶしぶ無愛想なそぶりで彼のほうに目をやる、といったものです[23]。こうして強引に得られた幻視が、かくもしばしば自己観察の結果をあらわしているという事実は、おそらく、実験条件そのものから説明がつくと思われます[24]。

象徴についてのお話をもう少ししておきましょう。象徴には、これが象徴であるらしいことは分かっていましても、まさにこの象徴がどのような経緯で、他ならぬこの意味をもつにいたったのかが説明できないために、どうにも釈然としない類いのものがありました。そのような場合、私たちは、その証拠となるものをどこかよそに、とりわけ言語学や民間信仰や神話や習俗儀式などに求めるしかありませんでした。その種のもののひとつに、外套の象徴がありました。かつて述べましたように、女性の夢に出てくる外套は男性を意味しております[25]。これにつきましては、一九二〇年にTh・ライク[26]が報告してくれているところをお聞きになれば、皆さんもきっと合点がいくだろうと思います。「ベドウィン族の太古の婚礼儀式では、花婿が花嫁を、「アバ」と呼ばれる特別の外套でおおい、「これより先、我以外のいかなる者も、汝をおおうことなかれ」と厳かな言葉で唱える」(ローベルト・アイスラーの『地の外套と天の幕屋』[27]によった報告です)。他にも私たちは、この間に、新しい象徴をいくつか発見いたしました。

そのうちの二例ほどご報告したいと思います。まずは、夢に出てくる蜘蛛ですが、これは、一九二二年のアブラハムの論[28]によりますと、母親の象徴、それもファルスをもった恐ろしい母親の象徴でして、したがって蜘蛛に対する不安は、母親相姦に対する恐怖と女性性器に対する恐れをあらわしているということになります。ご承知かもしれませんが、メドゥーサの首[29]という神話的創造物も、去勢恐怖というこの同じモティーフ圏に還元することができるものです。ご報告したいもうひとつは橋の象徴です。これは、一九二一年から二二年にかけてのフェレンツィの研究[30]で明らかになりました。それによりますと、この象徴は、もともとは、性交において両親を結合させる男性性器を意味していたのですが、やがてだんだんと発展し、この最初の意味が敷衍されてさまざまな意味の広がりを獲得することになりました。もとより人が羊水から出て、この世に生まれてくることができるのは、男性性器のおかげでもあるというかぎりで言わせていただきますと、橋は、彼岸（まだ生まれていない状態、母胎）から此岸（生）への移行ということになりますし、また、人間は死をも母胎（水）への回帰として表象しておりますから、その点からしますと、橋は、死へと導くものという意味を獲得することにもなります。そして最後には、橋は、最初の意味からもうひとつ遠ざかって、移行つまり状態の変化一般を意味することになっていきます。男になりたいという欲望をどうしても克服できなかった女性は、短かすぎて向こう岸に届いていない橋の夢をじつに頻繁にみるようですが、この夢など、これにぴったり照応していると申せましょう。

　夢の顕在内容には、童話や伝説や神話のよく知られたモティーフを想い出させるイメージや状況がかなり頻出します。こうした類いの夢を解釈していきますと——むろん、時のたつうちにこれらの素材がこうむった意味の変遷というものを忘れてはなりませんが——これらのモティーフを作り出したもともとの関心が何であったのかに、光が投げかけられることになります。私たちの解釈作業が暴き出すのは、いわば原材料、最広義には性的と呼ばれるのがしばしばですけれども、時のたつうちに加工されてじつに多種多様の使われ方をするようになった原材料です。私たちは、こうした還元を行いますゆえに、非分析的方向をもったすべての研究者たちにとって、怒りの標的となるのが通り相場となっています。まるで私たちが、その後の発展のなかでこれら原材料に関して積み上げられてきた成果を、いっさい認めようとせず、ないしは過小評価しようとしているとでもいわんばかりです。とは申しますものの、私たちの獲得したこの種の洞察には、啓発的で興味をそそるところがあるのです。同じことは、造形芸術のあれこれのモティーフの源をたどる操作についても言えます。たとえば、一九一九年、J・アイスラー[31]が、プラクシテレスによって小さな男の子と戯れる若者の姿に造形されたヘルメス像[32]に、患者の夢を手掛かりにしてほどこした分析的解釈などは、その好例と言えるでしょう。もうひとこと、どうしても言っておかなければならないのは、他でもない神話のさまざまなテーマが、夢解釈を通してどれほどしばしば説明可能となっているかということです。たとえば、かの迷宮伝説は肛門出産[33]をあらわしているということが判明しております。この場合、錯綜した通路は腸、アリアドネの糸は臍の緒だというわけです。

夢工作が用いる上演法は、究め尽くしがたい魅惑的な題材でして、詳細な研究がなされてきたおかげで、その実態はだんだんと知られるようになってきております。以下、これについても、いくつかご披露しておきましょう。夢では、たとえば頻度の関係は、似たようなことを何度もくりかえすことで上演されます。ある若い娘さんの見た奇妙な夢のことをお聞きいただきましょう。この娘さんは、とある大きな広間に入って行って、そこである人物が椅子に腰掛けているのを目にします。しかもこれが、六回、八回、いやもっとくりかえされます。しかし、その人物は毎回同じで、彼女の父親なのです。解釈した際の副次的状況からして、この部屋が母胎を表していることが分かっており、ですから、それが父親であることも容易に分かるのです。としますと、この夢は、この娘さんのいつもの空想《ファンタジー》と等価ということになります。この娘さんは、自分が子宮にいるときすでに、母親の妊娠中に母胎をくりかえし訪れた父親と出会ったと言い張っているからです。この夢では逆転が生じており、部屋に入ってくるのが父親から娘さん本人に遷移されておりますが、そうしたことに惑わされてはなりません――ちなみに、この逆転にもそれなりの特別の意味があるのです。父親なる人物がくりかえし何度も登場するのは、もっぱら、当の出来事がくりかえし起こったということを表現しております。そもそも私たちは、夢が頻度を積み上げげによって表現しても、(34)さもありなんくらいに思わなければなりません。今日の私たちには時間のなかでの反復を意味していますが、もともとは空間のなかでの集積ということからきている言葉――夢は、そうした言葉の原義に立ち戻っただけのことなのです。もともと夢工作というものは、可能な場合には、時間的関係を空間的関係に転換し、時間的関係をそのようなものとして上演するものです。夢にはたとえば、オペラグラスを逆さまにして見たときのように非常に小さく、遠くにいるように見える人物たちによって演じられている場面が出てきたりします。小さいことと空間的に遠く離れていることは、夢では同じひとつのこと、時間的に遠く離れていることを意味しております。したがって、この小さい人物たちによる場面は、時間的にはるか遡った過去のことだと理解されねばならないわけです。もうひとつ付け添えましょう。覚えておいでかもしれませんが、以前の講義で触れ、例を挙げて説明したことです。つまり、私たちは、顕在夢の純粋に形式的な諸特徴をも解釈のために利用し、それらの特徴を、潜在的夢思考から出た内容に転換することができるようになったということです。(35)ご存じとは思いますが、一晩にみる夢はすべて、同一の連関に属しています。しかし、それらの夢が当人にとってひと続きのかたちで現れているのか、それとも、いくつかの部分に分割されているのか、そして、分割されているとすればその数はいくつなのかということは、どうでもいいことなどではありません。この分割数は、往々にして、潜在的夢思考において思考形成の際に分割されていた核心部の数と同数だったり、あるいは、夢をみた当人の心の生活において格闘し合っている思考の流れの数に一致しているからです。それらの思考の流れのそれぞれが、夢のそれぞれ特別に割りふられた部分において、専一的とはいえないまでも優先的に表現されるわけです。夢が短い導入夢と長い本筋に分かれている場合、この二つは、以前の講義できわめてはっきりした例をひとつ挙げておきましたように(36)、条件部とそれにもとづく結論部の関係にあっているのがしばしばです。夢をみた当人が、これは挿入された類いのものだと称している夢は、じっさいには夢思考における副文にあたっていることもあります。フランツ・アレクサンダーは、一九二五年の、対になった夢に関する研究(37)のなかで、一晩にみる二つの夢は、往々にして夢の課題を成就する仕事を分担し合っており、二つが対になり二段階のかたちをとって欲望成就をもたらしている、ということを立証しております。それぞれ単独ではそうしたことをなしえないわけです。たとえば、誰かある特定の人物に何か不埒な行為をしかけたいというのが夢の欲望だとしますと、一つ目の夢では、この人物は公然と姿を現しますが、行為のほうはごくおずおずと暗示されるだけにとどまります。二つ目の夢は、これとはちがった様相になります。行為のほうは公然と示されますが、人物のほうは、判別できないほど歪められたり、中立的な人物に代替されたりするわけです。こうしたやり方は、じっさい、狡猾といった印象を与えます。対になった二つの夢のあいだには、これと似てはいますが別の関係もあります。一方の夢が懲罰のさまを上演し、他方の夢が罪深い欲望成就を上演するような関係です。つまり、言うなれば、懲罰を引き受ける覚悟があるのならば、禁じられたことをしてもよろしい、ということになるわけです。
この類いの細々《こまごま》した発見についてはこれくらいにしておきましょう。夢解釈を分析作業においていかに活用するかということにかかわる議論についても、ここまでにしておきたいと思います。お見受けしたところ、どうやら皆さんは、夢の本質と意義についての根本的な見方が、どのような変化をこうむってきたのかをお聞きになりたくて、もどかしく感じておられるようです。すでに予想しておられるように、まさしくその点につきましては、ご報告申し上げることはほとんどないのです。夢理論全体のなかでいちばん反駁を受けた点は、おそらく、すべての夢は欲望成就であるという主張だったかと思います。不安夢というのもじつにたくさんあるではないか、という門外漢の人たちからの何度もくりかえされるお定まりの異議に関しましては、すでに以前の講義[38]において、完全に片がついていると申してよろしいかと存じます。私たちは、欲望夢、不安夢、懲罰夢の区分を保ちながら、私たちの夢理論を維持してきたのです。

懲罰夢もまた欲望成就なのですが、ただし、欲動の蠢きの欲望成就ではなくて、心の生活において批判し検閲し懲罰する審級の側の欲望成就です。純粋な懲罰夢の場合なら、頭のなかでちょっと一捻りすれば、これを欲望夢に作りなおすことは造作ありません。懲罰夢は、欲望夢に対する真っ向からの反論なのでして、顕在夢となるために欲望夢がこの懲罰という却下に取り替えられたものだからです。皆さん、当初は夢の研究のほうが神経症の理解に役立ってくれましたことは、皆さんもご存知のとおりです。これも当然ご理解いただけると思いますが、今度はそのあとで、神経症についての私たちの知識が、逆に夢の理解に影響を及ぼすことになりました。のちの講義で改めてお話しさせていただきますが〔第三一講〕、私たちは、心の生活のなかに、私たちが超自我と呼んでおります、批判し禁止する特別の審級を想定せざるをえなくなったのです。つづいて私たちは、夢の検閲もこの超自我なる審級の仕事であることを認識することとなり、それによって当然ながら、夢形成に超自我が関与していることにいっそう注意深い目を向けねばならなくなったのです。

夢が欲望成就であるという理論に対してこれまで指摘されてきた重大な難点は、二点だけです。これらの点についての検討は、かなりのところまでなされておりますが、もちろん今のところまだじゅうぶん満足のいくかたちで一件落着にはいたっておりません。その第一は、かつて戦争でよく見られた類いのショック体験ないし重度の心的外傷――これは外傷性ヒステリーの原因とも目されております――を味わった人たちが、夢によって、くりかえしかつての外傷の生じた状況へと連れ戻されるという事実を、どう考えればいいのかということです。夢の機能に関する私たちの想定からすれば、こんなことはありえないはずなのです。こうしてきわめてつらい外傷的体験に立ち戻ることによって、いったいいかなる欲望の蠢きが成就されるというのでしょうか。この問いには満足な答えが出せないのです。重大な難点をもたらす第二の事実は、分析作業中にほとんど毎日といっていいくらい出くわすものでして、じっさい第一の事実ほどには深刻な異議となるものでもありません。ご承知のように、精神分析の課題のひとつは、幼児期初期を覆い隠している健忘のヴェールをもち上げ、その時期に属していた幼児の性生活の諸々の現れを想い出させて意識させることにあります。ところで、こうした幼児の最初の性体験には、不安、禁止、幻滅、処罰といった辛かった印象がこびりついております。それらが抑圧されたものであることは理解しやすいところですが、しかし、だとしましても、それらがなぜ夢生活に通じるかくも広い入り口をそなえ、かくも数多くの夢空想《ファンタジー》のためのモデルとなっているのか、夢がなぜこうした幼児期の場面の再現ないし暗示で溢れ返っているのかは理解できません。これらの場面がもっている不快な性格と、夢工作がもっている欲望成就の傾向とは、どうしてもうまく折り合わないように思えるのです。しかし、このケースでは、もしかすると難点に過敏になりすぎているだけなのかもしれません。じっさい、これら幼児期の体験には、ありとあらゆる成就されなかった欲動欲望がいつまでも消えることなくへばりついており、それが、生涯を通じて夢形成のためのエネルギーを提供し、その強力な浮上力でもって、苦痛に感じられた出来事のもとになった素材さえ表層へと押し上げる、と考えてよいからです。他方また、こうした素材が夢で再現されるやり方には、歪曲によって不快を否認し、失望を承認に変じさせようとする夢工作の努力も、見まがいようなく認められるのです。しかし、先の外傷性神経症の場合はそうではありません。そこでは、夢はいつもきまって不安増長でもって終わります。思いますに、私たちは、このケースでは夢の〔欲望成就の〕機能が不首尾に終わっている、と思い切って認めなければならないのではないでしょうか。例外は規則が正しいことの保証である、といった法則を盾に取るつもりはございません。この格言にはどうも胡散臭さがつきまとっております。ですが、例外があるからといって必ずしも規則が廃棄されるわけではないことも、確かなところです。夢をみるというような個別的な心的活動を、歯車全体からそれだけを切り離して研究することで、この心的活動に固有の諸法則を発見することが可能になったわけですが、いざ今度は、これらの法則を装置全体のうちにあてはめようとする場合には、得られたこれらの法則が、他の諸力との衝突によってぼやけ、損なわれることにもなるのでして、この点は、しかと覚悟しておく必要があるのです。夢は欲望成就であるというのが私たちの持論ですが、今述べました異議のことを考慮に入れようということでしたら、とりあえず、夢は欲望成就の試みである、とでもおっしゃってくださればと思います。心的力動性のことを深く理解している人でしたら、皆さんがそうおっしゃったからといって、きっとまちがっているとは思わないはずです。ある特定の状況のもとでは、夢は、欲望成就という自らの意図を非常に不完全にしか貫徹できないか、あるいは、そもそもこの意図を断念せざるをえません。外傷への無意識的な固着というものが、どうやら、この夢機能を妨害する先頭に立っているようです。夜になって抑圧が緩むと、外傷的固着の浮上力が活性化するため、眠っている人は夢をみるほかなくなるわけですが、このとき、外傷的出来事の想い出－痕跡を欲望成就に変換しようとする夢工作の仕事は、不首尾に終わってしまいます。そうした事態にいたりますと、人は眠りを奪われ、夢の機能がうまく作動しなかったことに対する不安のために眠りを放棄することになります。外傷性神経症は、その極端な一例ということになりますが、しかし、あの幼児期の体験にも外傷的性格があることは認めざるをえないところでして、ですから、外傷性神経症とは異なった条件のもとでも、より小規模とはいえ夢の仕事が妨害されることがあるからといって、べつにいぶかしく思う必要はないのです。(39)

第三〇講　夢とオカルティズム(1)

皆さん、本日は狭い道を通り抜けてゆくことになりますが、その道は、広い眺望を開いてくれることになるかもしれない道でもあります。

これからお話ししようと思いますのは、夢とオカルティズムの関係についてですが、そう申したからといって、皆さんは別段驚きにはならないでしょう。夢はこれまで、しばしば神秘主義の世界への入口と見なされてきましたし、今日でもなお、多くの人たちにとって、オカルト的現象として通っているからです。私たちは夢を科学的探究の対象としてまいりましたが、その私たちでさえ、夢が、一本ないしそれ以上の糸でもって、あの仄暗いことがらとつながっていることを打ち消すことができないのです。神秘主義といい、オカルティズムといい、いったいこれらの名称でもって何が意味されているのでしょうか。ご期待にそむくようですが、私はここで、定義づけをすることで、この明確に輪郭を与えがたい領域を包囲しようとするつもりはありません。一般的で漠然とはしておりますものの、これらの言葉でどんなことを想定すべきかは、私たち誰もが承知しているからです。それはいわば、仮借ない法則に支配された明るい世界の彼岸、科学が私たちのために築いてくれた世界の彼岸なのです。

オカルティズムは、「学校知識などの夢にも思いおよばぬ、天地のあいだのことがら(2)」が現に存在していると主張しております。もとより私たちは、学校の偏狭さに執着するつもりなどございません。信ずるに値すると思われるものを信ずるというのが、私たちの覚悟です。

私たちは、そうしたオカルト的なことがらを、これとは異なる科学のすべての素材を扱うのと同じように扱い、まずは、その種の出来事がじっさいに証明可能かどうかを突き止め、そしてその次に、それが事実であることに疑いの余地がなくなったときはじめて、今度はこれを説明づける努力をする心づもりでおります。しかしながら、この心づもり自体が、知的、心理的、歴史的といった三つの要因のために困難になってしまうのは、否定できないところです。この点、オカルティズム以外の探究にとりかかる場合と同じというわけにはいかないのです。

まず、知的な困難さからとりかかることにしましょう。やや雑ではありますが、話を具体的で分りやすくさせていただきます。今かりに、地球の内部の状態がどうなっているのかが問題になっているとしましょう。よく知られていますように、これについてははっきりしたことは何ひとつ分かっておりません。私たちの推測では、どうやら灼熱状態の重金属からできているようです。ところで今、誰かが、地球の内部は炭酸の飽和した水、一種の炭酸水みたいなものであると主張するとしましょう。なるほど、私たちとしましては、こう言って反論することになります。そんなことはあるはずがない、私たちの予想にまったく反しているし、私たちが重金属説を立てるにいたった知の根拠をまったく無視している、と。しかし、そうは言いましても、少なくとも、そうした可能性がまったくないとは言い切れません。ですから、もしも誰かが、この炭酸水説を吟味する方法を教えてくれるのであれば、私たちはそれをためしてみることも辞さないでしょう。ところが今度は、もうひとりの人が、地球のコアがマーマレードで出来ていると大真面目に主張したとしましたらどうでしょうか！　この説に対しては、私たちは、炭酸水説とはまったくちがった反応をすることになるでしょう。私たちの反論はこうです。マーマレードは自然の産物ではなく、人間の調理物のひとつであって、しかもそうした材料が存在するからには、果樹とそれに成る果実が存在していることが前提であるはずだが、いったいどのようにすれば地球の内部に植生と人間の調理法を移し置くことができるのか理解に苦しむ、と。そして、こうした知的な反論をぶつけたあげく、私たちは関心を向け変え、地球のコアがほんとうにマーマレードで出来ているのかを探究する代わりに、こんな考えを思いつくのはいったいどういう人種なのかといぶかしみ、せいぜいのところその当人に、どうしてそんなことが言えるのかと尋ねるくらいがおちでしょう。気の毒にこのマーマレード説の提唱者は大いに気を悪くして、あなたたちのほうこそ、いわゆる科学的な先入見をふりかざして私の主張の客観的評価を拒んでいるのだ、と非難の言葉を投げつけてくることでしょう。ですが、そうしたところで、どうなるものでもありません。私たちは、先入見なるものが、必ずしも非難すべきものではなくて、時には正しいこともあり、無益な浪費を省くためには有効である、と感じているからです。じじつ先入見とは、きちんと根拠をもった他の判断にもとづいてなされる類推に他ならないのです。

オカルティズムの主張の大半が私たちに与える印象は、このマーマレード説と同じようなものでして、ですから私たちは、そうした主張は吟味などせずとも、頭ごなしに却下するのが正当だと思っております。しかし、じつはこれがそう簡単にはいかないのです。今私が選んだような喩えは、何ひとつ証明してはおりません。そもそも喩えというもの一般がそういうものです。あの喩えが適切であるかどうかは、あくまで疑問ですし、そもそもこんな喩えを選んだのも、軽蔑して却下してやろうという腹があったためであることははっきりしております。それにまた、先入見というものは、ときには有効で正しいこともありますが、誤っていて有害な場合もありますし、それに、どんなときに正しくて、どんなときに誤っているのかは、けっして決められないのです。科学そのものの歴史にも、性急に誤りだと決めつけることをいましめる事例が満ち溢れております。じっさい、今日隕石と呼ばれております石が宇宙の彼方からこの地上にやってきたという説、あるいは、貝の化石が含まれている山の岩石がかつては海底にあったという説は、長いあいだナンセンスな仮説と見なされていました。ついでながら、私たちの精神分析も、無意識的なものの解明ということを旗印に登場してきた当初、これとさほどちがわないような扱いを受けたものです。だからこそなおさら、私たち分析家は、新たに提起された説を拒絶するために安易に知的な考察を働かせないよう注意すべきですし、知的な考察によっては嫌悪や疑いや不確かさを一掃できないことを認めなければならないのです。

第二の要因は、心理的と呼んでおいたものです。言わんとしておりますのは、だまされやすく奇蹟を信じやすい人間の一般的傾向のことです。人生の厳しい規律を教えこまれるそもそもの初めから、私たちのなかには、思考法則の仮借なさと単調さに対する抵抗、ならびに現実吟味(3)の要請に対する抵抗が蠢《うごめ》き出します。理性は、数々の快の可能性を奪い去る敵ということになります。せめてしばらくでも理性から逃れ、馬鹿なことをしでかす誘惑に身を任せるのがどれほど楽しいものか、ということを発見するわけです。児童は語呂合わせを楽しみ、学者は科学会議が終わるや、自らの研究活動を笑いものにし、真面目一徹の人でさえ機知を楽しみます(4)。「理性と学問、人間のこの最高の力(5)」に対するかなり重大ともいえる敵意が、いつでも出番をうかがっており、「大学出」の医者よりも呪術医や自然療法家のほうに軍配を上げようとつとめるとともに、オカルティズムが言うところの事実なるものが科学的な法則や規則に風穴をあけるように見えるかぎり、このオカルティズムの主張に同調します。そしてこの敵意は、批判精神を眠り込ませ、知覚を偽造し、正しいとはいえない証明やら同意やらを強要してくるのです。人間にこうした傾向があるということを考慮に入れるならば、オカルティズムの文献に報告されている数々のことに対して無効を宣告することこそ、理に適っていると言わねばならないはずです。

　第三の疑念は、先に歴史的と呼んでおいたものですが、これでもって注意を促したいと思っておりますのは、オカルティズムの世界にはそもそも新しいものは何ひとつ生起しないということ、予兆、奇蹟、予言、霊現象の類いが、次々と新たに現れはしますが、それらはすべて、昔の古い書物で報告されているもの、奔放な空想《ファンタジー》や意図的な欺瞞の産物として、とっくの昔に片づけられたと思われていたものだということです。それらは、人間がたいへん無知で、科学精神がまだ子供靴をはいて歩き始めたばかりの時代の産物なのです。オカルト主義者が今日でもなお起こっていると主張していることを、真実だと認めることにでもなれば、私たちは、あの太古の時代からのさまざまな報告も信ずべきものと認めなければならなくなります。ここで思い当たりますのは、諸民族の伝承や聖なる書物にはこの種の奇蹟譚が溢れ返っており、宗教というものが、他でもないこの種の異常で不可思議な出来事にこそ信仰の根拠を求め、それらの出来事のなかに、超人間的な諸力が働いている証拠を見ているという事実です。そうしたことに鑑みますと、オカルティズムの関心はそもそも宗教的なものではないのかという疑念を振り払うのが難しくなってまいります。科学的思考の進歩によって脅かされた宗教に援助の手を差し伸べることが、オカルティズム運動のひそかな動機のひとつなのではないかということです。そして、こうした動機を見切ってしまうや、私たちの不信感はどんどん膨れ上がり、いわゆるオカルト現象の探究には踏み込みたくないという嫌悪感もどんどん大きくなってこざるをえないのです。

　しかし結論を言えば、こうした嫌悪感はやはり克服すべきなのです。重要なのは、オカルト主義者たちが語っていることが真なのか、そうでないのかという事実の問題です。これは、観察によって決定できるはずのものです。

要するに、私たちはオカルト主義者たちに感謝しなければならないということになります。いにしえの時代に報告されている奇蹟譚は、もとより再検証するすべなどありません。私たちは、証明できないと思われるものは、厳としてはねつけることもできないと認めねばなりません。しかし、私たちが立ち会っている今この場で生じることについては、しかとした判定を下すことができるはずです。そうした奇蹟が今日では起こらないという確証が得られるなら、いにしえの時代にはそうした奇蹟が起こったかもしれないではないかといった反論など、恐るるにたりなくなります。そうなりますと、何か別の説明をするのが当然ということになります。こうして私たちは、私たちの疑惑はいったん脇に置いて、オカルト現象なるものをじっさいこの目で観察してやろうという気になるわけです。

しかしそこまでいたったとしても、まずいことに、私たちは、この誠実な意図を全うするのにきわめて不利な状況にぶつかることになります。判断の根拠とすべき観察を、暗がりや乏しい赤い光のなかといった、感官知覚をぼやけさせ注意力を鈍らせるような条件のもとで、しかも長々と無駄に待たされたあとで、行わなければならないからです。不信に満ちた批判的態度をとれば、即刻、待たれている現象の出現が妨げられる、などと恫喝されたりもするのです。こんなしつらえの状況は、私たちがふだん科学的探究を行うときの状態のまさに歪んだ戯画というほかありません。観察はいわゆる霊媒師たちに向けられます。それは、特別な「霊」能があるとされている人物ですが、けっしてすぐれた精神的特性や性格特性で際立っているわけではなく、また、奇蹟を引き起こしたかつての人たちとはちがって、何か偉大な理念や真摯な意図に支えられているわけでもありません。それとは反対に、霊媒師たちは、彼らの秘密の力を信じている人たちのあいだでさえ、とりわけ信用ならない人物と目されております。彼らのほとんどは、すでにいかさま師の正体を暴かれておりますし、その他の霊媒師たちもいずれはそうなるだろうと思ってまちがいないでしょう。彼らのやることには、子供のいたずらだとか手品のような印象がつきまとっています。霊媒師たちをまじえた集まりで、新たな力の源など、何か役に立つものが出てきたためしもこれまでまだ一度たりともありません。むろん、空っぽのシルクハットから鳩を取り出してみせる手品師の技から、鳩の飼育を促進させるものを期待するような人など、いるはずもありません。ですので、客観的態度をもてという要求を満たそうとオカルティズムの集まりに参加してみたものの、しばらくたつと疲れ果て、課せられた訳の分からぬ無理強いに嫌気がさして、そっぽを向いてしまい、何も得るところなく、もとの先入見に舞い戻ってしまうような人が出てきたとしましても、その気持ちもよく分かろうというものです。でも、そのような人に対しては、こう言って諌めてやるのがよろしいかと思います。「その態度も正しいとはいえない。調べようと思っている現象に対して、それがどうあるべきか、どんな条件で出現すべきかをこちらから指図してはならない。求められているのは、むしろ逆に、じっと我慢しつづけ、注意と監視を怠らないことである。近年では、こうした対策によって、霊媒師たちのいかがわしさにそなえるべく努力がなされてもいる」と。残念ながら、ガードのためのこうした現代的なテクニックが必要となるため、オカルト現象の観察には容易に手を出すことはできなくなっています。オカルティズムの研究は、今では、骨の折れる特殊な仕事となり、何か他の関心をもちながら片手間でやることなどできない活動となってしまいました。私たちは、これにたずさわっている研究者たちがいろいろ決定をもたらしてくれるまでは、疑いと憶測に引き回されつづけるしかないのです。

そうした憶測のうちでいちばん図星をついていると思えるのは、おそらく、オカルティズムは、まだ事実と認定されてもいない事実に現実の核を見出し、欺瞞と空想《ファンタジー》作用が、この核を貫通しがたい外皮でもって覆ってしまっているということでしょう。しかし、だとしますと、私たちはいったいどうやって、この核にわずかでも迫ることができるのでしょう、いったいどこから問題に手をつければいいのでしょう。私は、ここで助けとなるのが夢だと思っています。夢は私たちに、この混乱状態のうちから、テレパシーの主題を取り出すよう合図を送ってくれているのです。

ご存じのように、テレパシーと呼ばれていますのは、言うなれば、ある時刻に起こった出来事が、よく用いられる伝達方法の入り込む余地などないはずなのに、それと同時刻に、誰か空間的に遠く離れている人物の意識にのぼるといったような「事実」のことです。ここで暗黙の前提となっているのは、この出来事が、メッセージの受信者の強い感情的関心をひいている人物の身にふりかかるということです。ですから、たとえば、Aという人物が事故に遭ったり、死んだりしますと、母親や娘や恋人など、その当人と濃い関係にある人物Bが、ほぼ同時刻に、視覚や聴覚を通してそのことを知るということです。聴覚による場合ですと、まるで電話によって知らされたかのようになるのですが、むろん実際に電話が来たわけではなく、いわば無線電信に匹敵するような心的出来事によって伝えられるといった具合です。この種の出来事がいかにありえないことであるかは、ここで力説するまでもないでしょう。じじつ、これらの報告の大半は、却下されてしかるべき理由をそなえてもいます。ただ、いくつかですが、そうは簡単に問屋が卸さないものがあるのです。さて、あらかじめお許し願いたいのですが、お話の都合上、「〔オカルト主義者の〕言うところの」といった慎重な言葉は省かせていただき、私自身がテレパシー現象の客観的実在性を信じているとして、報告を続けさせていただきたいと思います。ですが、お忘れにならないでいただきたいのですが、私はそんなことを信じているわけでもありませんし、これまでそのようなことを本気で確信したためしも、むろんございません。

そもそもお伝えするほどのものはほとんどないのです。ただ、ぱっとしない事実をひとつ報告させていただくだけです。それに、こう言えば皆さんのご期待をいっそう小さくすることができると思うのですが、じつは、夢というものは、根本的にテレパシーとほとんど無縁なのです。テレパシーは、夢の本質に新たな光を投げかけてくれるわけでもありませんし、夢が、テレパシーが実在するということに対する直接的な証拠を提出してくれるわけでもありません。じっさいまた、テレパシー現象は、夢と不可分のものではまったくなく、覚醒状態でも起こりうるものです。では、なぜここで夢とテレパシーの結びつきを問題にするのかと申しますと、その理由は唯一、睡眠状態がテレパシーによるメッセージを受け取るのにとくに適しているから、という一点に尽きます。この場合私たちがお目にかかる夢は、いわゆるテレパシー夢と言われるものですが、それを分析するとはっきりするのは、テレパシーで伝えられたメッセージが、他の日中残渣と同じような役割を果たし、それと同じように夢工作によって変形をこうむり、そして夢工作の意図に沿うよう用いられているということなのです。

さて、この種のあるテレパシー夢を分析した折、私にとってはたいへん心をそそることが生じました。心をそそると申しますのは、この出来事自体は些細なものなのですが、今日の講義のとば口に置くにはもってこいという意味です。私が一九二二年にこのテーマについてはじめて報告しましたとき[(6)]は、自由に使える観察例は、まだようやくひとつあるだけでした。以来、似たような観察はいくつかこなしたのですが、この最初の例がいちばんお話ししやすいこともありますので、ここではこれに話を絞ることにさせていただいて、さっそく《事象そのものへ〔in medias res〕》ご案内いたしましょう。

いかにも知的で、本人の主張するところによれば「オカルティズムの空気」とは縁もゆかりもない一人の男性が、自分にも奇妙に思えるある夢について手紙を寄こしました。すでに結婚して遠く離れて住んでいる彼の娘さんが、十二月の半ばに初めての出産を迎えることになっていたというのが、この手紙の前置きです。彼はこの娘さんをたいそう可愛く思っており、彼のほうも、娘さんが自分を好いていることを分かっていたそうです。で、彼は、十一月の十六日から十七日にかけての夜、奥さんが双子を産んだという夢をみたのです。これには他にいろいろ細々《こまごま》したことが付随しておりますが、それらは、すべてすっきり説明がついたわけでもありませんし、ここではしょらせていただきます。さて、夢で双子の母親となった彼の奥さんは、じつは後妻さん、つまり娘さんから見れば継母にあたる人です。彼は、この奥さんはきちんとした育児教育には向いていないとして、彼女とのあいだに子供ができるのを望んでおらず、じっさいその夢をみたのも、長い間、彼女との性行為を断っていたときのことなのです。この夢の顕在内容からして、彼は当然、私の夢理論に対して疑いを抱いただろうと思われます。なにしろこの夢は、彼の欲望とは正反対に、奥さんに子供を産ませているからです。しかし彼が私に手紙を書こうと思ったのは、この疑いのためではありません。付け加えますと、ひょっとしてこうした欲していない出来事が起こるかもしれないといったわずかな危惧さえ感じさせるようないわれも、彼の伝えるところによりますと、何ひとつなかったということです。彼がこの夢を私に報告しようと思ったのは、この夢のあとの十一月十八日の早朝、娘さんが双子を出産したという電報を受け取ったからなのです。電報が打たれたのはその前日、出産は十六日から十七日にかけての夜、奥さんが双子を出産した夢をみたのとほぼ同時刻です。彼は、このような夢をみた者として、夢と現実の出来事のこうした一致はたんなる偶然と考えられるのかと、私に尋ねているわけなのです。彼は、この夢をあえてテレパシー夢と呼ぼうとはしておりません。と申しますのも、夢の内容と現実の出来事とは、まさしく彼にとって本質と思われる点、すなわち子供を産んだのが妻なのか娘なのかという点で、大きく違っているからです。しかし、手紙に書かれてある文面のひとつからすれば、彼は、これが正真正銘のテレパシー夢であっても不思議ではなかったと感じているふしもあります。そこには、娘さんはお産の最中に「とくに私のことを考えていたはずだ」と書かれているからです。

皆さん、皆さんはもうこの夢の説明がおできでしょうし、なぜ私がこの夢をお話ししたかもお分かりだと思います。これは、二番目の奥さんに不満をもっている男性でして、最初の結婚でできた娘さんのような女性を妻にしたいと望んでいるのです。もちろん、無意識にとっては、この「ような」というのは脱落してしまいます。さて、夜眠っていると、彼のもとに、娘さんが双子を出産したというメッセージがテレパシーによって届きます。夢工作は、この知らせをわがものとし、これに、娘さんを二番目の妻の代わりに据えたいと願う無意識的欲望を絡ませます。こうして、欲望を覆い隠しメッセージを歪曲するあの奇異な顕在夢が生まれ出ることになるわけです。申し上げねばならないのは、つまり、夢解釈によってはじめて、これがテレパシー夢であることが示されたということ、そうでなければ分からなかったはずのテレパシーという事実を、精神分析が暴き出したということです。

しかし、どうぞ惑わされないようお願いいたします。確かに今述べた通りだとはしましても、夢解釈は、テレパシーという事実が客観的に真であると、明言したわけではありません。これは、何かこれとは違うやり方で説明できる見かけにすぎない可能性もあるのです。この男性の抱いている潜在的夢思考が、次のようなものだったこともありえます。「前々から思っているが、どうも娘は一カ月計算をまちがえているようだ。とすれば、今日はちょうどお産の日になるはずだ。それに、このあいだ会ったときにも娘は、体つきからして、どうも双子を身ごもっているように見えた。亡くなった先妻は子供好きだったので、双子が生まれるとなれば、どれだけ喜んだことだろうか！」（この最後の点は、ここではお話しいたしておりませんが、夢をみたこの男性の連想[7]にもとづいて挿入したものです。）もしそうだったとしますと、夢を引き起こす刺激となったのは、テレパシーによるメッセージなどではなく、夢をみたこの男性のじゅうぶん根拠のある予想だったということになるのですが、結果は同じになるわけです。お分かりのように、こうした夢解釈もやはり、テレパシーに客観的実在性があると認めていいかどうかという問いについては、何ひとつ明言したことにはならないのです。それは、出来事にまつわる事情をすべて綿密に調査したうえでしか決定できないことなのでして、残念ながら、このケースでも、また私の経験した他のケースでも、そんなことが可能だったためしはありません。なるほど、テレパシーなるものを仮定いたしますと、説明がこのうえなくシンプルにはなるのですが、だからといって、さほど得るところがあるわけではありません。それに、もっともシンプルな説明が必ずしも正しいというわけではなく、真理は、じつに往々にして、シンプルには行かぬものなのです。何か重大な仮定に対して、それが真であると決定するには、その前に、あらゆることがらに注意を向けておくことが必要なのです。

夢とテレパシーというテーマにつきましては以上です。これ以上お話しすることはございません。しかし、よくご注意いただきたいのですが、テレパシーについて何かを教えてくれるように思えたのは、夢自体ではなくて、夢の解釈、つまり精神分析による加工だったということです。ですから、以下、夢のことはひとまず脇に除けることとし、精神分析を用いれば他のオカルト的と呼ばれている事実にもいくばくかの光を投げかけることができるのではないか、といった期待をふくらませたいと思います。たとえば誘導ないしは思考転移といった現象があります。テレパシーに非常に近く、そもそも、さほど無理をせずともすんなりテレパシーとして一括できるものです。その意味するところは、ある人物の心のなかで生じた表象や興奮や意志衝動といった出来事が、言葉や記号による常套の伝達方法を使わずに、何もない空間を通り抜けて別の人物へと転移できるというものです。言うまでもありませんが、もし、その類いのことが実際にあるのでしたら、それは、いかにも瞠目すべきことでしょうし、もしかしたら実践的にも有意義だと言えるかもしれません。ちなみに、いにしえの奇蹟報告に、他でもないこの手の現象の記載が一番少ないのは、首を傾げるほかありません。

私は、患者さんたちの分析治療中に、プロの占い師たちのやり方には、思考転移というものを申しぶんなく観察させてくれるよい機会が潜んでいるのではないかとの印象をもったことがあります。それは、とるにたらない、あるいは、劣っているとさえいえるような人たちでして、客たちの過去ないし現在の運命があれこれよく分かったようなそぶりをひとしきり見せたあとで、何やらしきりにがさごそしながら、(8) カードをめくったり、筆跡や手相を調べたり、星位の計算をしたりして、おもむろに客たちの未来を占います。客たちのほうは、たいていは、こんなふうにしてくれるのにそれなりに満足し、予言があとで当たっていないと分かっても、腹を立てたりはしません。私はこの種の事例をいくつか入手し、それらを分析の方面から調べる機会を得ました。以下さっそく、それらの例のうちもっとも注目すべきものをお話しいたしましょう。ただ、残念なことに、これらの報告を裏付ける力は、いろいろ喋ってはならないことがありますために、低くならざるを得ないのですが、それも医者としての守秘義務のゆえ、いたしかたのないところでもあります。むろん、歪曲は断固避けるつもりではおります。ではどうぞ、占い師を相手にこの種の体験をした私の女性患者のひとりのお話をお聞きください(9)。

この女性は、幾人かの兄弟姉妹《きょうだい》のうちいちばん上で、父親に対する異常なほど強い感情拘束のなかで成長し、若くして結婚し、結婚生活にじゅうぶん満足しておりました。幸せな生活に欠けていたのは、ただひとつ、いまだに子宝を授かっていなかったこと、愛する夫をりっぱに父親の地位につけることができなかったことでした。長年失望を味わいつづけたあげく、彼女はついに婦人科で手術を受けようと思ったのですが、そのときご主人が、責任は自分のほうにあること、結婚前にある病気に罹って子種を失ったことを打ち明けたのです。このときの幻滅に耐え切れず、彼女はやがて神経症の症状を呈し、誰が見ても分かるほどの誘惑不安(10)に苦しめられるようになりました。そこでご主人は、気晴らしに彼女をパリの出張にいっしょに連れて行くことになりました。パリである日、二人がホテルのロビーに座っていると、ホテルの従業員たちが何か忙しそうに駆け回っているのが彼女の目にとまりました。何事かと尋ねますと、《教授先生》が来られて、いつもの部屋で人生相談を受け付けるとの返事です。彼女は、自分もみてもらいたいとの意向をもらしましたが、ご主人から、やめたほうがいいと反対されたため、隙をみてこっそり相談室にすべり込み、この占い師にお伺いをたてることになりました。彼女は二十七歳でしたが、年齢よりずっと若く見えましたし、結婚指輪もはずしておりました。《教授先生》は、灰の敷きつめられた(11)盆の上に彼女の手を置かせ、できた手形を仔細に調べたあと、この先彼女が遭遇することになるつらい闘いのことをあれこれ話し、最後に、慰めるように、それでも彼女は結婚し、三十二歳で二人の子供を授かるだろう、と保証したのです。彼女は、私にこの話を聞かせてくれたとき、すでに四十三歳になっており、病状も重く、この先子供ができるという見込みはまったくありませんでした。つまり、予言は、みごとにはずれていたわけなのですが、しかしこの予言について語るときの彼女のようすには、苦々しさなど微塵もなく、むしろ、何か楽しい体験でも想い出しているかのように、満足の表情がはっきり浮かんでいるほどでした。簡単に確認できたところですが、このとき彼女は、予言に出てきた二つの数が何を意味しているのか、それらがそもそも何か意味をもっているのか、ということについてはまるで分かっておりませんでした。

馬鹿げた訳の分からない話だ、と皆さんはおっしゃるでしょう。そして、何のためにこんな話をしたのかと首をひねりたくもなるでしょう。なるほど、もしも分析が――ここがこの話の肝心なところなのですが――細部の解明によって、あの予言のまさに説得的というしかない解釈をもたらさないのでしたら、私も皆さんのご意見とまったく同じということになるでしょう。じつは、何を隠しましょう、あの二つの数は、もともとはこの患者の母親の生涯にかかわるものなのです。この母親は婚期が遅く、三十を過ぎてから結婚したのですが、家庭のなかでもしばしば取りざたされるほど、早急にその遅れを取り戻しました。最初の二人の子供――わが患者はその上の方なのですが――は、最短の間隔で、同じ年のうちに続いて生まれ、じっさい彼女は三十二歳で二人の子持ちになったのです。つまり、あの《教授先生》がわが患者に告げたのは、「ご安心ください、あなたはまだお若い。あなたはこの先、やはり長いあいだ子供をもてなかったあなたのお母様と同じ運命に導かれて、三十二歳で子供さんを二人授かることになるでしょう」ということだったわけです。しかし、母親と同じ運命をたどること、自分が母親になり代わること、父親の傍らに自らの場を占めること、それは、少女時代の彼女のもっとも強い欲望だったものでして、じつは彼女は、この欲望が成就されなかったがゆえに、やがては発病するはめになったのです。あの予言が彼女に約束したのは、この欲望がやがて成就されるだろうということでした。としますと、彼女はどうして、あの予言者に好意を感じないでいられたでしょうか。ですが、皆さんは、あの《教授先生》が、ふいに飛び込んできた依頼人のプライベートな家族の内情に関する情報を知り尽くしていたということが、いったいありうるとお考えでしょうか。ありえないですね。としましたら、彼はいったい、あの二つの数を予言のなかに盛り込むことによって患者のきわめて強烈かつ内奥の欲望を言い当てることを可能にした知識を、どこから手に入れたのでしょうか。これを説明するには、可能性は二つしかないと思います。ひとつは、私の聞いた話が本当でなく、こんな事実はなかったということ、もうひとつは、思考転移というものが現実の現象として存在していることを承認せざるをえないということ、このどちらかでしかないということです。もちろん、この女性患者自身が、十六年の歳月ののち、問題のあの二つの数を無意識のなかから引き出して、あの想い出のなかに挿入したのかもしれないという仮定は、じゅうぶん成り立ちます。この推測にはとりたてて根拠があるわけではないのですが、可能性は無碍に排除してしまうわけにもまいりませんし、それにまた、想像しますに、皆さんは、思考転移の現実性を信じるよりも、この種の情報のほうをむしろお信じになりたいのではないかとも思っております。それでも、もし皆さんが、思考転移が存在するという結論に傾くようでしたら、どうぞお忘れにならないでいただきたいのですが、このオカルト的事実は、分析によってはじめてもたらされたということ、分析がはじめて、それと分からないまで歪曲されていたこのオカルト的事実を明るみに出したということなのです。

問題となるのが、もしもこの女性患者のような事例ひとつだけということでしたら、肩をすくめて知らぬ顔の半兵衛をきめこむのも手かもしれません。ひとつのたまたまの観察をもとに、かくも決定的な転換を意味するような信念を打ち立てようとするのは、無茶というものでしょう。しかし、断言いたしますが、これは私の経験しただひとつの事例ではないのです。私はこの種の予言を多数収集し、そのすべてから共通した次のような印象を得ております。占い師は、相談にやってきた人たちが抱いている考え、とりわけ彼らのひそかな欲望を口に出したにすぎないという印象、したがって、この種の予言は、あたかも当該の相談者たちの主観的産物である空想《ファンタジー》ないし夢のように分析されてしかるべきだという印象です。むろん、すべての事例が同じように説得力をもっているわけではありませんし、またどれもこれも等しなみに、より合理的な説明が可能でないとも言い切れないのですが、しかし、全体的に言いますと、思考転移なるものが事実として存在する可能性は、どうしても強く残ってしまうのです。テーマの重要性からしまして、私の集めた事例をひとつ残らず皆さんにご披露するのが筋なのでしょうが、そうしますとどうしても話がたいへん長くならざるをえませんし、また医者として果たすべき守秘義務に抵触せざるをえないことも出てきますため、そういうわけにもまいりません。以下、できるだけ良心をなだめながら、例をあといくつか紹介させていただきます。

ある日、たいへん知的なひとりの青年が私のもとを訪れてまいりました(12)。博士号取得のための最終試験を控えた学生さんなのですが、試験を受けることができないでいるのです。と申しますのも、訴えによりますと、彼には、興味関心も集中力も、整然とした想起能力すらいっさいなくなってしまったかららしいのです。この麻痺のような状態にいたるまでの前史も、まもなく判明いたしました。大変な自制を果たしたあと、症状が出始めたらしいのです。彼には妹が一人いて、その妹に彼は強い愛情を感じていましたが、いつもきちんと抑えておりました。それは妹のほうも同じでした。二人はしばしば、自分たちが一緒になれないのはなんと残念なことか、などと話し合っていたようです。やがて、ひとりの申しぶんない男性がこの妹に惚れ、妹もほうもその愛に応えるようになったのですが、両親は、二人が一緒になるのを許しませんでした。困り果てた二人は、兄のところに相談をもちかけ、こちらもまた二人に援助を拒みませんでした。兄は文通の仲立ちをやってやり、やがてそうした力添えのおかげで、ついに両親を納得させるのに成功したのです。ただし、二人の婚約期間中に、ある不慮の出来事が起こりました。それが何を意味するかは容易に察しがつきます。兄が、案内人もつけずに、未来の義弟と無茶な登山を企て、二人は道に迷って、もう無事には帰還できないと思えるほどの危険な目に陥ったということです。ともかく、こうして妹が結婚してしばらくしてから、兄のあの心の耗弱《こうじゃく》が始まることになったわけです。

精神分析のかいがあって力が出るようになると、この青年は、試験を受けるために私のもとを去りましたが、無事に合格したあと、その年の秋に、しばらくのあいだ、分析続行のため戻ってまいりました。そのとき彼は私に、夏前に体験した奇妙な出来事について報告してくれました。彼のいた大学町に、たいへん評判のいい女占い師がいました。帝室の貴公子たちも、何か重大なことを始める前にはきまって、彼女にお伺いをたてるほどの繁盛ぶりでした。彼女の占いのやり方は、たいへん簡素なものでした。占ってほしい特定の誰かの生年月日を聞くだけで、それ以外のことは何ひとつ、名前すら要求しません。そうして、占星術の本をめくり、何やら長々と計算し、最後に当該の人物について予言を口にするということです。私の患者は、この秘術で義弟のことを占ってもらうことにしました。彼は、この女占い師のもとを訪ね、求められるままに義弟の生年月日を教えました。彼女は、計算を終えたあと、この人は、今年の七月か八月に蟹か牡蠣にあたって命を落とすことになります、と予言したということです。私の患者はこう語ったあと、「それはそれは素晴らしいお手並みでしたよ！」という感嘆の言葉で話を結んだのです。

私はこの話を、最初から、嫌な気持ちで聞いていましたが、この最後の感嘆の言葉を聞き終わると、きつく問い詰めてしまいました。「いったい、その予言のどこがそんなに素晴らしいのですか。もう秋も終わりに近づいていますが、義弟さんは亡くなっておられない。もし亡くなっておられたら、あなたはとっくにそのことをおっしゃっていたはずですからね。つまり、予言は当たらなかったのですよ」。すると彼はこう応じます。「むろん、当たりはしませんでした。ですが、これには不思議なところがあるのです。じつは、義弟は蟹と牡蠣が大の好物でして、去年の夏も――ですから私があの女占い師のもとを訪ねる前のことですが――牡蠣[13]にあたって危うく一命を落とすほどだったのです」。これには、いったいどう答えればよかったでしょうか。高い教養を積み、しかも首尾よく分析治療もやりとげた人が、ことの真相をもっときちんと見抜けなかったことに対して、私は、ただ腹立たしさを感じるばかりでした。言わせていただければ、私でしたら、占星術の表から蟹や牡蠣にあたることを計算ではじき出せるということを信じる前に、むしろ、私の患者が、恋敵に対する憎しみ――それを抑圧したために彼はかつて病気になったのです――を今なお克服できていなかったということのほうを、どうしても先に考えてしまうのです。この種の好みというものはなかなか止まないものだから、義弟もそのうちそれがもとでくたばるがいいのだ、という彼自身の期待を、あの女占星術師は、ずばり口に出して言っただけのことなのです。白状いたしますが、もしかしたら患者は冗談を言って私をからかったのではないかと考えでもしないかぎり、この事例は説明がつかないのです。ですが、彼のほうには、その当時も、またそのあとも、そんなふうに思わせるところはありませんでしたし、彼が口にしたことは、どう見ても、心底から出た真剣なものとしか思えなかったのです。

別の事例[14]に話を移しましょう。立派な地位のある潑剌たる男性が、ひとりの高級娼婦[15]と関係をもっていたのですが、その関係は、ある奇妙な強迫行為で際立っていました。ことあるごとに彼は、この情婦に嘲笑と罵言を浴びせかけ、彼女を、絶望のどん底に叩き込むまで苦しめないではすまなくなるのです。そこまで追い込むとようやく気がすんで、今度は仲直りをして贈り物をするというのが、いつものパターンでした。しかし今や、彼は彼女と手を切りたいと思うようになりました。この強迫行為がわれながら無気味に思えてきたからでもありますし、こんな関係をいつまでも続けていると外聞もよろしくないため、きちんと妻を迎えて家庭を築こうという気になったからでもあります。ただし、自分の力ではこの高級娼婦と手を切ることができません。そこで、精神分析のお出ましということになったわけです。すでに分析治療に入ってからのことでしたが、やはりいつものような罵詈雑言の一幕があったあとで、彼は、彼女に一枚の紙切れに字を書かせ、それをある筆跡鑑定家(16)に見せました。受け取った鑑定結果によると、これは絶望の極致にいたった人の筆跡で、まちがいなくこの人はごく近々自殺するだろう、ということでした。たしかに、自殺にはいたることがなく、ご婦人は今も生きつづけておりますが、彼のほうは、分析治療のかいもあって、強迫の縛りも弱まり、やがてこの婦人のもとを去って、これならしっかりした妻になってくれるだろうと期待できるある若い娘さんのほうに傾くようになりました。しかし、ほどなくして彼は夢を見ます。それは、この娘さんの値打ちに対して疑いが芽生えてきているとしか解釈できないような夢でした。そこで彼は、この娘さんからも筆跡見本をとって、それをあの同じ権威筋に見てもらい、彼女の筆跡について、やはり彼の心配を裏づけるような鑑定を聞かされることになります。こうして結局彼は、この娘さんを妻にしようという意図を放棄することになります。

この筆跡鑑定家による鑑定、とりわけ第一の鑑定について検討するためには、この男性の隠された来歴について、いくらかでも知っていることが必要です。じつは彼は、生来情熱的なところがあり、そのせいもあって、まだほんの思春期のころに、ある女性に狂わんばかりに惚れ込んだことがありました[17]。むろんその女性は、若いとはいえ彼より年上でした。彼は、その彼女に拒絶されて、自殺未遂をすることになるのですが、それはけっして狂言などではなく、まさに思いつめてのうえのことでした。彼は、ほんの偶然のおかげで死を免れることとなり、長らく看護生活を余儀なくされたすえ、ようやく元気を取り戻したのです。ですが、この無茶な行為がこの愛する女性を大いに感動させ、彼女は彼に好意を寄せることになります。彼は、彼女の愛を獲得し、以後、彼女と秘密裏に深い関係をもちつづけ、じつに気高い態度をもって彼女に仕えたのです。二十年以上も歳月が流れ、二人とも年をとってきますと――もちろん女性のほうが彼よりも年上です――、彼の心のなかに、彼女と離れて自由になって、一本立ちした生活をしたい、それればかりか家を構えて家庭を築きたいという欲求が目覚めはじめます。こうして、もううんざりだといった感じが湧き上がってくるのと時を同じくして、彼のなかに、この愛する女性に復讐してやりたいという、長らく抑え込まれていた欲求が、鎌首をもたげてきたのです。自分はかつて、この女に撥ねつけられたために命を断とうとしたが、今度は、この女のほうが、自分に捨てられたために死を求めるということで、溜飲を下げようというわけです。しかし、彼の愛情はまだまだ強かったため、この欲望は彼に意識されるにはいたりませんでしたし、またじっさい、彼としても、彼女を死に追いやるほどひどい仕打ちをすることもできませんでした。このような心の状態で、彼はあの高級娼婦を、いわば身代わりに殴打を受ける者として選び、その渇えた復讐心を《安価な肉体において〔in corpore vili〕》満足させようとすることになります。そして、この身代わりの女性に、あえてあらん限りの苦痛を与えることによって、愛する女性のほうに与えてやりたいと思っていた結末を、こちらの女性にもたらそうとしたわけです。この復讐の本来の標的があの愛する女性だったことは、彼が、自分の心変わりを彼女に隠すどころか、彼女を自身の情事の共謀者で相談役にしていたという状況ひとつ見ても、はっきりしているところです。とっくの昔に、与える者の立場から頂戴する者の立場に転落してしまっていたこの哀れな女性が、彼の秘密の情事を知ったときの苦しみは、きっと、あの高級娼婦が彼から残酷な扱いを受けたときの苦しみよりもずっと大きかっただろうと思われます。身代わりの女性とあいだで明白な姿をとってきた強迫行為のため、彼は分析治療にやってきたわけですが、この強迫行為は、もちろん、あの昔の愛する女性からこの身代わり女性へと転移されたものなのでして、彼が手を切りたいと思いながらもできなかったのは、じつは、この昔の愛する女性のほうだったということです。私は筆跡鑑定家ではありませんし、筆跡から人の性格を読み取る技をさほど大したものだとも思ってもいません。ましてや、そのようなやり方で文字の書き手の未来を予言することができるなどとはとうてい思っておりません。ですが、筆跡学の価値はともかく、お分かりのように、この鑑定人、目の前に差し出された筆跡の主が数日後に自殺するだろうと占ったこの鑑定人が、じつは、この場合もまた依頼人の心の内にひそむ強い欲望を明るみに出したにすぎないことは、見まがいようのないところなのです。同様のことは、二番目の鑑定についても言えますが、ただこちらの場合は、無意識的欲望が問題になっているのではなくて、依頼人の心に芽吹きはじめていた疑念と心配が筆跡鑑定家の口を通してはっきり表現されたということです。ついでに申し上げますと、私の患者のほうは、分析治療のかいあって、縛りつけられていた魔力の圏域を逃れ、その圏外で新たな愛の選択をするのに成功しております。

皆さん、これまでお聞きいただいたのは、夢解釈と精神分析がそもそもオカルティズムにたいしてなしうる貢献についてです。皆さんがいくつかの例でご覧になったのは、夢解釈と精神分析を用いると、そうしなければ気づかれないままだったにちがいないオカルト的事実が明るみに出されるということです。皆さんがきっといちばん関心がおありだと思いますのは、これらの調査結果の客観的現実性を信じてよいのかどうかということになるのでしょうが、精神分析は、この問いに対して直接答えることはできません。しかし、精神分析の助けによって明らかになった素材からしますと、答えは少なくとも、イエスに傾かざるをえないだろうという印象があります。とは申しましても、皆さんの関心はそこで打ち止めになるというわけでもないでしょう。皆さんがお知りになりたいのは、精神分析とはまったくかかわりがない、比較にならないほどふんだんな素材にもとづけば、どのような結論が出てくるかという点でしょう。ですが、私といたしましては、そこまで皆さんとおつきあいはできません。それはもう、私の管轄ではありません。私にできますのは、ただひとつ、少なくとも次の一点だけは分析とかかわっている観察について、皆さんにお話しするくらいのことです。すなわち、その観察は、分析治療中になされたために、ともすればその影響によって可能になったともいえるかもしれないということです。以下、そうした例で私にきわめて強烈な印象を残したものを、ひとつご報告させていただきます。説明がたいへん微細にわたりますので、たくさんの細々《こまごま》したものにご注意を向けていただかないといけないことになりますが、それでもこちらとしましては、観察の説得力を大いに高めてくれるにちがいないたくさんのことがらを伏せておかねばならないのです。この例は、事実関係がはっきりしておりますので、分析によって事実を一枚一枚剝いでゆく必要はありません。ですが、これを検討するにあたっては、どうしても分析の助けがなくてはならないのです。しかし、前置きさせていただきますが、分析治療の状況下に出現しましたこの思考転移の例もまた、〔これまでの例と同じく、〕疑問の余地がまったくないというわけではありませんし、オカルト現象の現実性に無条件に肩入れするものでもありません[18]。

それではお話しいたしましょう。一九一九年のある秋の日、午前の十時四十五分ころ、デイヴィッド・フォーサイス〔Forsyth〕博士[19]が、ロンドンから到着したばかりのその足で、診療中の私のもとを訪ねてきて、名刺を差し出しました。（ロンドン大学のこの私の同僚氏は、包み隠さずこう漏らしたからといって、口が軽いなどとお咎めにはならないと思うのですが、私が数カ月にわたって精神分析技法の手ほどきをさせていただいた方でもあります。）このとき私は、とりこんでおりましたもので、挨拶をして、のちほどお出ましいただきたいと言うことしかできませんでした。私はこのフォーサイス博士に特別に心をひかれていました。何と申しましても、戦時中の往来断絶が解けたあとで私を訪ねてくれた最初の外国人でもありまして、私には、よりよき時代の始まりを告げる人のように思えたからです。ほどなくして十一時になり、患者のひとりであるP氏が姿を現しました。機智に富んだ愛すべき人で、歳のころは四十と五十のあいだ、当時、女性問題のいざこざのために私のところに通ってきていたのです。彼の病状は、治療成果の見込みが乏しかったため、私はずっと前から彼に、もう治療は切り上げたほうがいいと提案していたのですが、彼は、たぶん私へのほどよい父親転移が心地よかったのでしょう、治療を続行してくれるよう望んでいたのです。当時、お金のことは問題ではありませんでした。問題にしようにも、なにしろ、お金などそもそもなさすぎたのです。それに、彼といっしょに過ごす時間は、私にとっても刺激にもなり心休まる時間ともなっていました。そういうわけで、医療という行為につきまとう厳しい規則などてんから無視して、とりあえず予定されていた期日まで分析に精を出していたわけです。

この日、P氏は分析中に、女性たちと恋愛関係を取りつけるためになしたさまざまな試みのことを振り返り、またぞろいつもの美しく魅力的な貧しい娘さんのことに話が向きました。もしも処女でさえなかったら、きっと本気になってあらゆるアタックをかけて、まちがいなくものにしているはずの娘さんです。それまでも彼はしばしば彼女のことを話してはいたのですが、その日はじめて語ったところによりますと、彼が自分に手出しをしない本当の理由をもちろん知るはずもないこの娘さんは、いつも彼のことを「用心《フォアジヒト》の君[20]」と呼んでいるというのです。これを聞いて私は、あっと息を飲みました。フォーサイス博士の名刺は手許にあり、私はそれを彼に見せたほどです。

以上が、私のお話の事実内容です。皆さんはきっと、なんだつまらないとお感じのことと思いますが、どうぞ先をお聞きください。この背後にはもっと多くのことが隠れているのです。

Ｐ氏は、若いころイギリスで数年間過ごしたこともあって、イギリス文学にはずっと変わらぬ関心をもちつづけていました。自宅にはたくさんの英語の蔵書を備えており、そこからいつも私のために本をもってきてくれたりしておりました。おかげで私は、ベネット[21]だとかゴールズワージー[22]といった、私がそれまでほとんど読んだことのないような作家たちを知るようにもなりました。ゴールズワージーの『財産家』という小説を貸してくれたこともありました。これは、作者の創り出したフォーサイト〔Forsyte〕家を舞台とした物語です。ゴールズワージーという作家は、自分の手になるこの家族に、自身よほど執着していたらしく、このあとの物語でもこの一家の人物たちに立ち戻り、ついには、彼らが登場する作品すべてを『フォーサイト家物語』という題名にまとめたりしているほどです。今お話ししております出来事のつい数日前にも、Ｐ氏はこのシリーズの新しい巻を一冊届けてくれていました。フォーサイトという名前、ならびに作家がその名前に体現させせようとしていた人物類型はすべて、私とＰ氏のお喋りのなかでもある役割を演じるようになっており、この名前は、定期的に付き合いをしている二人の人間のあいだに容易に生まれてくる隠語めいたもののひとつになっていたわけです。さて、これらの小説に登場するこのフォーサイトという名前ですが、これは、私の来客の名前フォーサイスとほとんどちがっておらず、ドイツ語ふうに発音すれば、ほとんど区別がつかないほどです[23]。そして、これらとまさに同じような発音になる英語の普通名詞は、foresight ということになり、翻訳すれば、「先の見通し《フォラウスジヒト》」ないし「用心《フォアジヒト》」といった意味になるわけです。つまりP氏は、彼の知らない一件のためにちょうど同じときに私の心にかかっていた、まさにあのフォーサイスという名前を、じっさいに自分の個人的な女性関係のなかからもち出してきたということなのです。

これだけでも少し見通しがよくなったでしょう。ところが、P氏が同じあの診察時間に話してくれた別の二つの連想に精神分析の照明を当てますと、この異様な現象についての印象はいっそう強烈になるように思われますし、この現象がなぜ発生したのか、その条件もいくらかはっきりしてくるようにさえ思えるのです。

その一。私は、その前の週のある日、P氏を十一時に待っていたのですが、やって来ませんでしたので、アントン・フォン・フロイント〔Freund〕博士[24]に会いに、彼の泊まっているペンションに出向きました。すると驚いたことに、P氏が、そのペンションとなっていた建物の別の階に住んでいることが分かりました。そのあと、この話との絡みで、私はP氏に、結果的にあなたのお宅をお訪ねしたような具合でしたよ、と言った覚えがありますが、そのとき、私がそのペンションに訪ねた相手の名前を挙げなかったことは断言できます。で、そうしたやりとりがあったあと、今回、例の「用心の君」の話が出ることになるわけですが、この話題のすぐあとでP氏は私に、社会人大学講座で英語を受け持っているフロイト＝オットレーゴ〔Freud-Ottorego〕さんは、先生の娘ではないのか、と尋ねてきたのです。しかもこのとき彼は、フロイトと言うべきところを、まちがって――フロイントと言ったのです。

私の名前がこんなふうに歪められるのは、官公庁や植字工のところではざらにありましたが、P氏がそんなまちがいをするのは、長いつき合いのなかでもはじめてのことだったのです。

その二。P氏は、あの〔「用心の君」の話がでた〕同じ診察時間の終わりに、ある夢の話をしました。不安のために目が覚めてしまったらしく、彼の言を借りれば、まぎれもない悪夢〔Alptraum〕だったようです。このとき彼はこう付け加えました。「先日、この「悪夢」というのは英語で何というのかと尋ねられたのですが、思いつかなかったもので、つい„a mare's nest"(25)になるのだろうと答えてしまいました。もちろん、でたらめです。a mare's nestというのは、信じられない、「荒唐無稽」くらいの意味です。「悪夢」にあたるのは„night-mare"でしょうね」。一見したところ、この思いつきは、前の話とは、英語という要素以外に何の共通点ももってないようにみえます。しかし、これは私に、一カ月ほど前のちょっとした出来事を想い出させました。ちょうどP氏が私の診察室にいたときのことなのですが、思いがけず、ロンドンからの別の親しいお客、アーネスト・ジョーンズ博士が久しぶりに私のところに立ち寄ってくれました。私は、P氏との話が終わるまで別の部屋にいてくれと、目で合図しましたが、P氏のほうは、待合室に掛かっている写真から、それがジョーンズ博士だとめざとく悟り、それどころか、紹介してもらえないかとも言ったのです。ところで、このジョーンズ博士ですが、じつは彼は、悪夢すなわちnight-mareについて、個別研究をものしているのです。P氏がこのとき、その論文を知っていたかどうかは、私には定かではありませんでした。彼は、精神分析関係の書物は読むのを避けていたからです。

皆さんを前にしてここで私がまず探りたいと思っておりますのは、分析を用いれば、以上三つのP氏の思いつきの背後にひそんでいる脈絡およびそれらの動機に対して、いかなる理解が可能になるかという点です。P氏は、私と同じように、フォーサイトもしくはフォーサイスという名前に馴染んでおりました。この名前はどちらでも彼にとっては同じものでしたし、もともとは彼のほうが私に教えてくれた名前でもあります。奇妙なのは、ロンドンの医者フォーサイスがやってきたという新しい出来事のためにこの名前が私にとって別の意味で含みをもつことになったまさにそのすぐあとに、P氏がこの名前を唐突に分析のなかに持ち込んできたことです。ですが、この事実そのものにまさるとも劣らない興味を引くのは、この名前が分析中に現れ出たときのそのやり方です。P氏はたとえば、「今浮かんできたのは、先生もよくご存じの小説に出てくるあのフォーサイトという名前です」といった言い方はしないで、この名前を、いっさいそうした典拠と意識的に結びつけることなく、自分の体験と絡めて、そこから出現させてきたわけです。しかも、そうしたことは、とっくの昔に起こってもよかったはずなのですが、今の今まで起こらなかったのです。しかし、このとき彼はこういう言い方をしました。「私だってフォーサイスなのですよ、だって、あの娘も私のことをそう呼んでいますからね」と。見まがいようのないところですが、この言い方には、嫉妬に満ちた要求と悲しい自己卑下が、綯いまぜになって現れ出ております。この言葉は、たとえばこんなふうに補いをつけても、度が過ぎるとは言えないでしょう。「先生がそんなにあのお客さんのことに気をとられておられるのは、私にはどうにも不愉快です。どうか、これまでのように私のことに目を向けてください。私だってフォーサイスなのですよ――ただし、あの娘が呼んでいますように、「用心《フォアジヒト》の君」にすぎませんがね」と。こうしてP氏の思考は、英語という要素を連想の糸にして、より以前に起こった二つの出来事へと遡及してゆくことになります。同じような嫉妬を引き起こした可能性のある出来事です。「二、三日前、先生はわが家のほうにお越しくださいましたが、訪問先は、残念ながら私ではなくて、フォン・フロイントさんでしたね」――こうした考えが、P

氏をして、フロイトという名前をフロイントに捻じ曲げさせることになります。こうして、講義目録に記載のフロイト＝オットレーゴ先生が、英語の先生として顕在的連想の担い手に使われて、だしにされるわけです。つづいてP氏の想い出は、数週間前のもう一人のお客につながってゆきます。彼はこのお客に対して同じように嫉妬を感じていたのですが、また同時に、自分がたち打ちできるような相手ではないとも感じていました。ジョーンズ博士は、悪夢について論文を書くだけの力をもっているのに対して、自分のほうはせいぜいその種の悪夢を自ら紡ぎ出す能しかもち合わせていないからです。P氏が„a mare's nest"という言葉の意味をまちがえた話を持ち出したのも、これと同じ〔嫉妬と自己卑下の〕脈絡から理解できます。それによって彼が言わんとしたのは、ただこういうことだったのかもしれません。「だって私は、英語に関して正真正銘のネイティヴではありませんからね。それは、私が正真正銘のフォーサイスでないのと同じですよ」。

P氏の嫉妬の蠢きは、不当だともいえませんし、理解できないわけでもありません。〔戦争が終わって〕外国の弟子や患者がまたぞろウィーンにやってくるようになれば、今受けている分析もすぐに終わってしまい、それとともに自分たちの付き合いも終わりを迎えるだろうことを、彼は、彼なりに予想しており、その後しばらくして、これはじっさい彼の予想通りになってしまったからです。しかしながら、ここまで手がけてきましたことは、分析作業の一部、すなわち、同じ診療時間に持ち出され、同じ〔嫉妬の〕モティーフによって養分を与えられた三つの思いつきの解明作業であり、これらの思いつきは思考転移がなくとも出てくるものなのかどうかというこれとは別の問いとは、さほどかかわっていないものなのです。こちらのほうの問いは、この三つの思いつきのそれぞれに向けられるものですので、個々三つの問いとして分けて立てねばなりません。第一は、P氏には、フォーサイス博士がちょうどそのとき私を訪問したばかりだということを知ることが可能だったのかということ。第二は、彼には、私が彼の住まいを訪れたとき、本当に訪ねようとした相手が誰なのか、その人物が何という名前なのかを知るのが可能だったのかということ。そして第三は、彼が、ジョーンズ博士が悪夢についての論文を書いているということを知っていたのかということです。それとも、いかがでしょう、これらのことについて私の知っていることが、P氏の思いつきのうちに〔思考転移のかたちで〕現れ出たにすぎないとでもいうのでしょうか。私の観察の結果、思考転移があったと結論することが許されるかどうかは、この三つの問いそれぞれに対する答えがどうなるかにかかってくることになります。第一の問いは、しばらく措くことにしましょう。あとの二つの問いのほうが扱いやすいように思えます。まずペンションへの訪問の件ですが、これにつきましては、一見しただけでは、結果はいかにも動かしがたいといった印象を受けます。断言できますが、私は、P氏の住まいを訪ねたことを半分冗談のつもりでちらりと触れたとき、誰の名前も挙げたりはしませんでした。P氏がわざわざペンションに当の人物の名前を問い合わせたとも考えられませんし、おそらく彼はこの人物の存在をまったく知らないままだったと考えるのが妥当でしょう。しかしこうしたことがもつ証拠としての力は、ある偶然の符合によって根こそぎにされてしまいます。じつは、私がペンションに訪ねた人は、たんにお名前がフロイントというだけではありませんでした。その人は、私たち分析家すべてにとって、正真正銘の親友《フロイント》でもあった人なのです。このアントン・フォン・フロイント博士は、その寄付のおかげで私たちの出版社の設立が可能となった恩人なのです。この人の早世は、その数年後〔一九二五年〕のわがカール・アブラハム氏の死とならんで、精神分析の発展がこうむった最大の不幸でもあったわけです。ですから、あのとき私はP氏に「あなたのお住まいに親友《フロイント》を訪ねたのですよ」くらいは言ったかもしれないのです。その可能性を考慮に入れますと、P氏の第二の連想に対するオカルティズム的興味も、立ち消えになってしまいます。

第三の思いつきがもたらすそうした印象も、同様に、すぐに消失してしまいます。P氏が精神分析の文献など読んだことがなかったとしますと、ジョーンズ氏が悪夢についての論文を公刊していることを、知っている可能性があったでしょうか。むろん、その可能性はありました。P氏は、私たちの出版社が手がけている本を幾冊かもっておりまして、少なくとも、それらのカヴァーに掲載された新刊広告くらいは目にした可能性はあります。証明はできませんが、かといって却下することもできません。つまり、この道筋をとったところで、いつまでたっても決定は下せないということです。私のこの観察も、残念ながら、他の多くの似たような観察と同じ欠点をもっております。書き下ろした時期が遅すぎたため、検討が必要となったときには、私はすでにP氏とは会わなくなっており、もはや彼に直接問いただすことができなくなっていたのです。

というわけで、第一の出来事に戻ることになるわけですが、ここでは、これだけ単独でとりあげても、見たところ思考転移の事実が成立しているように受けとれます。P氏は、自分がやってくる十五分前にフォーサイス博士が私のところを訪ねて来ていたことを、知ることができたでしょうか。そもそも、フォーサイス博士なる人物が存在していること、あるいはその人がウィーンに来ていることを、知ることができたでしょうか。その可能性を二つともきっぱり否定してしまいたいのは山々なのですが、しかし屈してはなりません。その可能性がいくぶんでもあったかもしれないということは、やはり感じてしまうのです。私は、一人の医師がイギリスから精神分析の教えを受けにやってくるのを、洪水のあとの最初の鳩[26]を待つ思いで待っていたのでして、そのため、もしかしたらそのことをP氏に喋った可能性があるからです。一九一九年の夏のことだったと思いますが、フォーサイス博士は、到着の数カ月前に、あらかじめ手紙で私の了解を取りつけておりました。ですから、Ｐ氏の前でフォーサイスの名前を口にした可能性さえあるのですが、私としましては、そんなはずはなかろうとは思っております。なにしろ、私たち二人のあいだではこの名前は、普通とは違った隠語的な意味をもっておりましたので、名前を口に出せば、おのずとそれに何らかのおしゃべりがつづいたはずで、そのうちのいくらかは私の記憶にも残っていたはずだと思えるからです。ともあれ、そんなことがあったのかもしれず、そのあとでそれをすっかり忘れてしまって、分析の最中に出し抜けに「用心《フォアジヒト》の君」という言葉が出てきたために、奇蹟に打たれたように面食らったのかもしれません。懐疑家を自認している人は、ときには、その自分の懐疑をも疑ってみるべきなのでしょう。もしかしたら私にも奇蹟のようなものを求めるひそかな気持ちが隠れていて、それが、このように、すすんでオカルト的事実を作り出そうとしているのかもしれないからです。

しかし、こうして奇蹟の可能性の一片が取り払われたとしましても、もうひとつ、どうしても捨て切れない一片が残ります。仮に、Ｐ氏が、フォーサイス博士という人物が存在していて、秋にウィーンにやって来る約束になっていることを知っていたとしましょう。その場合、Ｐ氏が、博士の到着のまさにその日に、しかも彼の初回の訪問の直後に、彼の来たことを敏感に察知したという事実は、どう説明できるでしょうか。たんなる偶然にすぎないというのもひとつの答えではありましょうが、それでは説明を放棄したことと同じです——私がＰ氏の別の二つの思いつきについて検討いたしましたのは、他でもありません、偶然というものを排除し、Ｐ氏がじつは、私を訪ねて来る人たちや私が訪ねてゆく人たちに対して、嫉妬に満ちた思いを抱いて悶々としていたことを皆さんにお示しするためだったのです。あるいは、いかに可能性の乏しいこともなおざりにしないということでしたら、Ｐ氏が、私自身にも分かっていない私の並々ならぬ興奮にすばやく気づいて、そこから、〔博士が来たという〕結論を引き出したと仮定してみることもできるでしょう。あるいはまた、P氏はあのイギリスからのお客のわずか十五分後にやってきたわけですから、途中でほんのちょっとすれちがったりして、そのイギリス人独特の風采からフォーサイス博士だと気づき、いつものごとく嫉妬に燃える予感を働かせて、こう考えたと仮定することもできるかもしれません。「これがあのフォーサイス博士なんだな。この人がやって来たということは、私の分析も打ち止めということか。きっと今、先生のところからお帰りなのだ」と。こうした類いの合理主義的推測は、これ以上積み上げても意味がないでしょう。どのみち行き着くのは、《決定不能〔non liquet〕》でしかないからです。とは申しましても、白状いたしますが、私の感じておりますのは、ここでもまた天秤は、思考転移のほうに傾かざるをえないということです。ちなみに、分析の現場でこのような「オカルト的」出来事を体験することになったのは、けっして私ひとりではありません。たとえばヘレーネ・ドイチュは、一九二六年に、同様の観察をいくつか報告し[27]、それらが患者と医者のあいだの転移関係によって条件づけられていることを詳細に検討しております。

百パーセントの確信もないのに強引にでも確信しようとしているといった、この問題に対する私の態度に、きっと皆さんは満足なさっておられないことでしょう。もしかしたら、皆さんは、これもまた、生涯まじめに自然科学者として研究にいそしんできた人間が、年をとって耄碌し、信心深くなって、だまされやすくなるたくさんの例のひとつだ、おっしゃりたいのかもしれません。私としましても、偉大な人たちのなかには、そのような系列に入る人もいることは先刻承知しておりますが、私をそのなかにお入れになるのは、どうか御免こうむりたいものです。私は、少なくとも信心深くはなっておりませんし、だまされやすくもなっていないと思っています。ただ、事実とのひどい衝突だけは回避しようという一心で、生涯背中を丸めて研究してきた者は、年をとってからも、その曲がった背中が直らず、新たな事実が出てくると、どうしてもそれに対して腰をかがめる格好になってしまうというだけのことなのです。皆さんはきっと、私が、程よく有神論の立場を保持し、オカルト的なものについてはいっさい峻拒する態度をとったほうがいいとお考えのことと思います。ですが、私としましては、世間に媚びるようなことはできませんし、皆さんに、思考転移、ひいてはテレパシーの客観的可能性にもっと歩み寄った考え方をなさるようお勧めするしかないのです。

この講義では、こうした問題を扱うのに、精神分析から接近しうる範囲にのみ限定しましたことは、皆さんもお忘れではないと思います。十年以上も前になりますが、これらの問題がはじめて私の視界に入ってきたとき、私もまた、私たちの科学的世界観が脅かされるのではないかと不安を感じました。オカルティズムのいくぶんかでも真であることが立証されることにでもなりますと、科学的世界観は、心霊主義や神秘主義に席を譲らなければならなくなるだろうからです。(28)しかし今日では私は考えを改めております。思いますに、オカルト的な主張のうち、真であると判明したものがあれば、科学はそれを受け入れ、加工するだけの力量をもっているのでして、それが信じられないようでしたら、科学に大いなる信頼を抱いているなどとは、お世辞にも言えないでしょう。思考転移だけに限って言わせていただければ、それは、科学的思考法――敵対陣営に言わせれば機械論的思考法ということになりますが――を、きわめて把捉しがたい心の領域へと広げてゆくのを促すように思えます。テレパシー的な出来事の本質は、誰かある人の心のなかの活動が、それとは別の人の心に、同じ活動を起こさせるところにあるとされております。この二つの心の活動のあいだには、何か物理的な出来事が介在していて、その一方の末端で、心的なものが物理的なものに変換されるとともに、他方の末端で再びこの物理的なものがもとの心的なものに変換されるということがあるのかもしれません。だとしますと、ここには、たとえば電話での話のやりとりの場合に生じる変換と似たようなものが、きっと見つけ出せるにちがいないということになるでしょう。いかがでしょう、もしもこうした心的活動と等価の物理的なものを所有することができるようにでもなれば、どれほど素晴らしいことでしょう。申し上げたいのは、精神分析は、物理的なものと、これまで「心的」と呼ばれていたものとのあいだに無意識的なものを挿入することによって、テレパシーのような出来事を受け入れる準備をしてきたということです。むろん今のところは空想《ファンタジー》でしかありませんが、テレパシーという考えに馴染むことによってはじめて、これを用いていろいろ成果をあげることができるかもしれないのです。ご承知のように、巨大な昆虫国家でどのようにして全体の意志が出来上がるかは知られておりません。もしかしたら、これは、テレパシーの類いの直接的な心的転移の道をとってなされているのかもしれません。こう推測してみたくもなるのですが、これこそが、個体どうしが意思疎通を行うためのもともとの太古からの道筋であって、この道筋が、系統発生的発展のなかで、感覚器官でもって受け取られる記号を用いたよりすぐれた伝達方法によって駆逐されて行くのかもしれないということです。むろん、その際、この古い伝達方法が、なおひそかに隠れて存続しつづけ、たとえば興奮の坩堝と化した集団におけるように、ある条件のもとで力を発揮しはじめることも、ないとは言い切れないわけです。ともかくこうしたことはすべて、まだなお未確定で、解けない謎に溢れているのですが、だからといって、怯えて尻込みするいわれもないのです。

テレパシーなるものが、現実の出来事として存在するのであれば、それを証明するのは困難だとしても、そうした現象はかなり頻繁に起こっているにちがいないと推測できます。私たちの予想からいたしますと、テレパシーは、他でもない子供の心の生活のうちに見出せるのかもしれません。思い当たりますのは、子供たちにしばしば見られる不安表象、親には何も話していないのに、自分たちの考えが全部親に筒抜けになっているのではないかという不安表象です。これは、神様は何でもお見通しだという大人の信仰とまさに好一対をなすもので、もしかしたら、その源となっているものなのかもしれません。最近、ドロシー・バーリンガムという信頼すべき女性が、「小児分析と母親」という論文[29]で、いくつかの観察を報告してくれていますが、それらは、正しいことが確証されれば、思考転移の実在性に対する、なお残存している疑いに終止符を打ってしまうにちがいないものです。女史は、母子が同時に分析を受けるという今ではもはや珍しくなくなった状況を利用し、その状況をもとにして、次のような奇妙な出来事を報告しています。ある日、母親が、自分の分析時間中に、子供時代のある場面で大切な役割を果たした一枚の金貨のことについて話しました。そして、そのすぐあとに帰宅してみると、十歳ほどの幼い息子が、彼女の部屋に入って来て、一枚の金貨を差し出し、これを預かっておいてくれと言うのです。母親は驚いて、誰に貰ったのかと尋ねます。それは、子供が誕生日に貰ったものだったわけですが、その誕生日というのがずっと何カ月も前のことで、なぜその子がよりによってその時に、その金貨のことを想い出したのかという理由はつかめませんでした。そこで母親は、子供の分析も受け持ってくれている女性分析家〔バーリンガムのこと〕に、この偶然の一致について報告し、子供がなぜそうしたことを行ったのか、その理由を調べてもらいたいとお願いすることになりました。しかし、子供を分析しても、何ひとつ解明されることはありませんでした。その行動は、まるでどこかからやってきた異物のように、その日の子供の生活のなかに押し入ったものだったのです。二、三週間あとで、母親は机に向かって、求められていたように、今お話ししました体験をメモしておりました。するとそこに男の子が飛び込んで来て、今度の分析の時間に持って行って見せたいから、あの金貨を返してくれと言うのです。今度もまた子供を分析してみましたが、この欲望がどこからやってきたのか、その手がかりを発見することはできなかったのです。

以上でもって、私たちは、精神分析で話を始め、また再び精神分析に立ち戻ることになったわけです。

第三一講　心的パーソナリティの分割(1)

皆さん、人間であれ物であれ、皆さんご自身のかかわっておられる研究分野にとって、出発点というもののもつ重要な意義については、皆さんもよくご存じのことと思います。精神分析に関しましても、例にもれずやはりそうでした。精神分析が症状研究、すなわち、心のなかに存在している、自我からもっとも遠いもの(2)の研究から始まったということは、のちにたどられた発展ないしのちに見出された受容にとって、どうでもいいことではありませんでした。症状は、抑圧されたものに由来しており、いわば抑圧されたものの代弁者として自我に対峙していると言えるわけですが、この抑圧されたものは、自我にとっての外国、内なる外国にほかなりません。それはちょうど、自我にとって現実が——耳慣れない言い方で恐縮です——外なる外国であるのと同じです。道は、症状を出発点として、無意識的なもの、欲動生活、そして性へと進んでいったのですが、ここまで来たところで、精神分析は、世間からごもっともな抗議を受けるはめになってしまいました。人間はたんなる性的な存在なのではなく、もっと高貴にして高尚な心の動きももっているはずだ、というわけです。この抗議には、こう付け加えてやるのがよかったかもしれません。人間は、この高尚な心の動きを意識しすぎると、舞い上がってしまい、根も葉もない馬鹿げたことを考えついたり、目の前の厳然たる事実を無視してよいと思ってしまうことが、しばしばあるのです、と。

皆さんもうよくご承知のことと思いますが、私たちは、そもそもの最初から、人間を病気へと追いやる元凶は、欲動生活の諸要求とそれに対して人間のうちにわき上がってくる抵抗とのあいだの葛藤であると主張しておりまして、それゆえ、抵抗し拒絶し抑圧するこの後者の審級——自我欲動という特別のエネルギーが備わっていると考えられ、まさしく通俗心理学のいう自我に重なっているこの審級——のことも、片時なりとも忘れたことはなかったのです。ただ、科学研究の進歩は茨の道でして、精神分析もご多分にもれず、あらゆる領域をいちどきに研究し、あらゆる問題をいっきに論じ切ることができなかっただけのことなのです。いちばん後回しにされたのが、抑圧されたものから抑圧するものへと注意を向け変えること、分かりきったことばかりのように思われていた——むろん、ここでも思いがけないことにぶちあたるだろうとの確かな予感はありました——この抑圧する自我にしかと目を向けてたたずむことでした。しかし、この自我への最初の通路を見つけるのはけっして容易なことではありませんでした。今日、皆さんにご報告しようと思っておりますのは、ほかでもありません、まさにこの点なのです。

しかし、前もってひとこと推測を述べさせていただかねばならないのですが、自我心理学(3)についての以下の私の叙述はきっと、これに先立ってなされてきた心的深層世界への案内とは違った印象を、皆さんに与えることになるにちがいありません。なぜそうなるのかということは、私にもしかと答えることができません。最初思いましたのは、皆さんもお感じのことでしょうが、これまでは、いかに異様かつ奇妙であっても、主として事実の報告に終始してきたのに対して、ここでは主に解釈、すなわち思弁をお聞かせしなければならないからだということでした。しかし、それは当たっておりません。よく考えてみますと、ここで扱う自我心理学の場合、事実素材を思考によって処理せねばならない割合は、神経症心理学の場合と比べて、それほど大きいわけではない、と言わざるをえないからです。加えて、私の予想の裏づけとなったその他の理由も、却下せざるをえませんでした。今思いますに、問題はどうやら、材料の性格そのもの、およびその材料を扱う際の私たちの不慣れさにあるようです。ともあれ、皆さんが私のお話に対してご自身の判断を下されるにあたって、これまでよりもいっそう慎重で用心深い態度をおとりになるとしましても、私といたしましては、さもありなんと思うばかりです。

さてこれから探究を開始するわけですが、まずは、この開始点で私たちが置かれている状況に、私たち自身のこれからの進むべき道筋を指し示してもらうことにいたしましょう。この探究で私たちが目指しておりますのは、自我、私たちのもっとも固有の所有物としての自我です。ですが、いったいそんなことが可能なのでしょうか。自我とはもっとも本来的な意味での主体なわけですから、そのようなものをどうして客体にすることができるのでしょうか。ところが、それができるのです、そのことに疑う余地はありません。自我は自分自身を客体化することができます。自分自身を他の客体のように扱って、観察したり、批判したりできますし、その他、自分自身に対して何でも行えるのです。むろんその際、自我の一部が残りの部分に対立することになります。つまり、自我は分裂可能でして、それが果たしている機能によっては、その間、分裂することもありうるということです。少なくとも一時的には、間違いなくそうです。もちろん、分裂した諸部分は、あとから再びひとつになることもできます。以上のことは、何ら新しいことではなく、一般によく知られていることがらをふつう以上に強調しただけにすぎないと言ってよいかもしれません。さて、私たちにはあたりまえの見方になっていることですが、病理学というものは、ことを誇張したり荒っぽくすることによって、ふつうだったら気づかなかっただろうような正常な連関に注意を促してくれます。病理学が破損や亀裂を指摘してくれるところにも、正常な場合にはいつも、きちんとしたつながりがあるということです。結晶体は、地面に投げつけられれば砕けますが、好き勝手に砕けるのではなくて、それぞれ決められた分裂方向にそって部分部分に崩壊するのでして、その割れ目の線は、目にこそ見えていませんでしたもったのです。このように亀裂が入っていれば、その結晶体の構造によってあらかじめ決定されているのです。精神が病んだ人もまた、このように亀裂が入って割れた構造体にほかなりません。かつて民衆は狂気の人たちに対して畏怖の念を向けておりましたが、私たちもまた、いくぶんかはそのような感じを抱かざるをえません。狂人たちは、外の現実には背を向けてしまっておりますが、まさにそれゆえにこそ、内的ないし心的な現実についてはより多くを知っており、ふつうなら私たちの理解の及ばぬことをいろいろ漏らしてくれるからです。これらの病者たちの一群に、注察妄想に苦しんでいる人たちがいます。彼らはたえず、きわめてプライベートな行為にいたるまで、おそらくは何らかの人物だと考えられる何か見知らぬ力によって、執拗な注察を受けていると私たちに訴えてきますし、じっさい、これらの人物が注察の結果を告げてくる声が幻聴として聞こえているようなのです。今おまえはかくかくのことを言おうとしているとか、服を着て出かけようとしている、といった声です。こうした注察は、むろん、まだ迫害と同じものとは言えませんが、それとさほどかけ離れているとも言えません。その前提となっているのは、おまえは信用されていない、おまえは、禁じられた行為をしている現場をとりおさえられて、罰を受けることになるぞ、ということなのです。もしもこれら狂人たちの言っていることが正しくて、私たち誰もの自我のなかにこの種の注察し罰を下そうと脅してくる審級が存在しているとすれば、どうでしょうか。この審級が、彼ら狂人の場合には、自我からはっきり切り離されて、まちがって外の現実のなかへ移し置かれているだけのことだとすれば、いったいどういうことになるでしょうか。

皆さんが私と同じようにお考えになるかどうか、保証のかぎりではありません。私としましては、この病像に強い印象を受け、注察する審級とそれ以外の自我の部分との分離こそが、自我の構造に通常みられる特徴なのかもしれないという考えを抱くにいたったわけでして、それ以来、この考えはもはや私の頭から離れようとはせず、やむにやまれぬ力に駆られて、この〔自我から〕切り離された審級のさらなる性格と連関について、あれこれ研究を重ねていったしだいなのです。つづく次の一歩はほどなく踏み出されることになりました。すでに注察妄想の内容そのものが暗示しておりますように、この注察は裁きと罰の準備段階にすぎないのでして、したがって、推測しますに、私たちが良心と呼んでいるものも、この審級のもうひとつの機能であるにちがいないということなのです。私たちの内部にあって、通例自我とは別物として区分でき、すんなりと自我に対峙させることができるものは、何といっても良心のほかには考えられないでしょう。快をもたらしてくれそうな何かをやってみたいと思ったとき、良心が許さないとの理由で、その実行を中止することもあります。あるいは、やむにやまれぬ快の期待に駆られて、良心の声がするなと命じていたことをやってしまい、そのあとで、良心が、ひどい非難でもって罰を下し、その行為をしたことを後悔させるようなこともあるわけです。私としましては、自我のうちで区別して扱おうとしているこの特別の審級は良心である、とずばり言い切ってしまってもいいのかもしれませんが、ここはより慎重にかまえ、この審級はそれとして一本立ちさせつつ、良心はこの審級の機能のひとつであって、良心が裁きを下すときの前提としてどうしてもなくてはならないあの自己注察は、この審級のもうひとつ別の機能と考えたほうがよろしいかと思われます。ものが独立して存在していることを承認するためには、それに固有の名称を与えることが必要ですので、以後、自我のなかにあるこの審級を「超自我」と呼びたいと思います。

ここまでまいりますと、皆さんから次のような嘲笑的な問いが投げつけられるだろうことは、私としましても覚悟のうえです。「あなたのいう自我心理学なるものは、結局のところ、従来の抽象概念を文字通りにとって粗雑にし、それらを概念からもの〔実体的な物〕へと作り変えているだけではないのか、そんなことをしてもさほど得るところもないでしょうに」と。これに対しては、こうお答えしておきましょう。「自我心理学においては周知のことを避けるのはむずかしく、重要なのは、新発見というよりむしろ、新しい見方と配置ということになるでしょう」と。ですから、どうぞ、皆さんの軽蔑的な批判はしばらくそのままにしておいて、先の説明をお待ちになっていただきたいと思います。病理学上の事実がやはり、私たちの努力に、通俗心理学には見られないような背景を与えてくれるからです。話を進めましょう。超自我は、一定の独立を保持しつつ、自らの意図を貫徹しようとし、エネルギー所有の面でも自我に依存していないわけですが、こうした超自我という考え方に馴染んでしまいますと、おのずとある病像が脳裏に浮かんでまいります。それは、この審級の厳格さ、いや残酷さをまざまざと見せつけるとともに、この審級の自我との関係がさまざまに変化するさまをはっきり見せてくれるような病像です。申し上げたいのは、メランコリー[4]の病態、より正確には、メランコリーの発作のことです。これについては皆さんも、精神科医ならずとも、すでにじゅうぶんお聞きのことと存じます。この病気の動因ならびに機制については、私たちにもあまりにもわずかしか分かっていないのですが、そのもっとも目立った特徴は、超自我——小声でしたら良心と言っていただいても結構です——が自我を扱うそのやり方にあると言ってよろしいでしょう。メランコリー患者は、健やかな時には、自己に対する厳格さは、多かれ少なかれ普通の人と似たりよったりなのですが、いざメランコリーの発作が起こりますと、超自我が、超厳格になり、哀れな自我を罵倒し、辱め、虐待し、厳罰で脅し、当時は軽く受け流されたとっくの昔の行為をあげつらっては非難するのです。そのさまはまるで、超自我は、発作休止期のあいだはずっと弾劾のための材料集めをし、発作時に力が強くなるのをひとえに待ちつづけ、そして今いよいよその材料をたずさえて姿を現し、それをもとに断罪しようとでもいうかのように見えます。超自我は、完全に自らの軍門に下った自我に、このうえなく厳格な道徳的尺度を押し当て、じっさい道徳的要求の権化としか言いようのないものと化すわけでして、このさまを見ていますと、私たちの道徳的罪責感なるものが、自我と超自我のあいだのこうした緊張をあらわすものであることは一目瞭然です。神から与えられ、私たちの奥深くに植えつけられたと言われている道徳性なるものを、周期的な現象として目の前に突きつけられるとは、これまた奇妙な経験と言わねばならないでしょう。と申しますのも、数カ月もしますと、この道徳的幽霊は跡形もなく消え失せ、超自我の批判は黙り込み、自我は回復して、次の発作が起こるまで、あらゆる人権を取り戻すことになるからです。それどころか、このメランコリーという病気の場合には、そのかたちによっては、休止期に正反対のことが起こることもあるくらいです。つまり、自我のほうが、至福に満ちた陶酔状態に入り、勝ち誇るのです。そのさまはあたかも、超自我がすべての力を失ったか、あるいは自我と合流してひとつになってしまったかのようです。そして、この自由になった躁《マニー》病的自我は、じっさい何の制止も受けることなく、自らのあらゆる欲望を満足させることになります。まさに未解決の謎だらけの出来事と言わねばならないでしょう。

私たちは、超自我の形成、つまり良心の発生についていろいろ学んでまいりましたが、こう申し上げますと、たんなる図解的説明のようなものに話をとどめるわけにはいかなくなるでしょう。敬虔な人でしたら、私たちの内なる良心と、星のちりばめられた天空とを同列に並べているカントのよく知られた言葉(5)を盾にして、この二つを、神による造化の妙として崇めたいような気になるかもしれません。なるほど星々はすばらしいのですが、しかし、こと良心に関して言わせていただければ、神はここでは不平等でずさんな仕事をしたとしか言えません。大多数の人間は、良心をごくわずか、ほとんど言うに足りないほどしか、身につけてこなかったからです。私たちは、良心は神の手になるという主張にもいくらかの心理学的真理が含まれていることを認めるのにやぶさかではありませんが、この命題には解説が必要です。なるほど良心というものは、「私たちの内なる」ものにはちがいありませんが、最初からそうだったわけではありません。良心は、いわば性生活に対立するものとして出てくるのです。性生活は、生まれ落ちたときから存在しているもので、のちになってから付け加わるものではありません。しかし、誰が見ても分かりますように、幼児は道徳を知らず、がむしゃらに快を追求しようとする衝動を内的に制止する力をもちあわせてはおりません。のちに超自我が引き受けることになるこの役割は、最初は、外的な力、両親の権威によって演じられます。この両親の力は、愛の証しを与えること、および、罰でもって脅すことを通して子供を支配するわけでして、子供にとっては、この罰は愛の喪失を証明するものでもありますため、それ自体がすでに恐怖の的とならざるをえません。この現実不安(6)が、のちの良心による不安の先駆形態であることはまちがいないのですが、これが支配している幼少のあいだは、超自我や良心のことは問題になりえません。さらに時が経たのちはじめて、私たちがえてして正常状態と見なしすぎております二次的状況が形成され、その結果、外的抑止力が内面化されて、超自我が両親という審級に代わって登場することになり、そして今度はこの超自我が、かつて両親が子供に対してしたように、自我を注察し、指導し、脅すことになるわけです。

超自我は、こうして両親という審級のもつ権力と能力、のみならずその方法さえをも受け継ぐわけですが、しかしこれは、この審級の権利継承者であるだけでなく、実際上その嫡出の相続人でもあります。超自我は、この両親という審級から直接生まれ出たものなのです。どのような過程をたどってそうなるのかについては、ちょっと後回し〔次の段落〕にしましょう。その前にとりあえず、この両者の一致しない点について述べておかなければなりません。つまり、超自我は、両親の非情さと厳格さ、命令し罰する機能だけを一面的に継承しているらしいこと、両親の愛に満ちた心づかいのほうは、まるで受け継いでいないということです。両親がじっさいに厳格なしつけを行ったのであれば、子供の超自我が厳格になるとしても、なるほどさもありなんと思えましょうが、経験によりますと、じつは予想に反して、たとえ温和で寛大な教育がほどこされ、脅しや罰ができるだけ避けられたような場合でも、超自我は、同じように、仮借ない非情さを性格として身につけることがあるのです。この矛盾につきましては、またのちに〔本巻一四一―一四二頁〕、超自我形成の際の欲動変転について論じるときに、立ち戻ることにしましょう。

両親に対する関係が超自我に姿を変えることについて、私自身存分にお話ししたいのはやまやまなのですが、今のところそうはできかねます。それはひとつには、この過程はきわめて錯綜しているため、それを叙述するとなると、ここで目論んでおります入門なるものの枠に収まりきらなくなるからですし、さらには、私たち自身、この過程を完璧に見通せたとは思っていないからです。ですから、どうぞ、以下のような仄めかし程度で我慢していただきたいと思います。この過程の根底にあるのは、いわゆる同一化、すなわち、一個の自我の別の自我への同化ということでして、そうした同化の結果、もともとあった自我が、いろいろな点で、この別の自我と同様のふるまいをし、それを模倣し、いわばそれを自らのうちに取り込むことになるわけです。私たちは、この同一化を、人喰いのように口から他人を体内化することになぞらえたことがありますが、それは必ずしも不適当とばかりは言えないでしょう。同一化とは、他人への拘束のひとつの非常に重要な形式、おそらくそのもっとも根源的な形式なのでして、対象選択の類いと同じものではありません。両者の相違はたとえばこう言い表すことができるでしょう。すなわち、男の子が父親と同一化する場合には、父親のように存在するのを欲するのに対して、父親を自らの選択の対象にしようとする場合には、父親をもつ、すなわち所有するのを欲するということです。前者の場合、その子の自我は父親を手本として変化することになりますが、後者の場合は、必ずしもそうしたことが起こるとはかぎりません。同一化と対象選択は、かなりの程度まで別々のものなのです。とは申しましても、たとえば自分が性的対象とした当の人物と同一化し、その人物を手本として自身の自我を変化させることもあります。よく言われることですが、女性の場合には、性的対象によって自我が影響をこうむる事態がとくに頻繁に見られるようでして、これが女性性のひとつの特徴であるとされてもおります。同一化と対象選択のあいだのきわめて啓発的な関係については、すでに以前の講義でお話ししたかと思っております。この関係は、子供と大人、健常者と病者を問わず、だれにおいても容易に観察できるものです。何らかの対象を失ったり、断念せざるをえなかったとき、自分をその対象と同一化し、これを自らの自我のなかに再建することによってその喪失の埋め合わせをすることが、じつにしばしば見られます。そこではつまり、対象選択がいわば同一化へと退行しているということです(7)。

私自身としましては、同一化に関しましてこの程度の説明で満足しているわけではまったくないのですが、超自我の設立が、両親という審級との同一化が成功したケースと見なせることをお認めいただくことができれば、とりあえず、それでじゅうぶんだと思っています。ところで、こうした見方にとって決定的といえる事実は、自我のなかに優越的審級をこのように新たに開設することが、エディプスコンプレクスの運命ときわめて密接に結びついているという事実、その結果として超自我が、子供時代に非常に重要であったこの感情拘束の相続人として登場してくるという事実です。私たちの理解するところでは、子供は、エディプスコンプレクスの放棄とともに、それまで両親に集中的に向けていた強い対象備給を断念せざるをえなくなり、この対象喪失を埋め合わせるために、はるか昔から存在していたと思われる両親との同一化が、子供の自我のなかで、はなはだしく強められることになります。断念された対象備給の澱としてのこうした同一化は、そのあとも子供の生活のなかで頻繁にくり返されはするのですが、しかし、この種の転換の最初のケースがもたらす結果としての超自我には、そもそもそこにそなわっていた大きな感情的価値に見合ったかたちで、自我のなかでの特別の位置が譲り渡されることになるわけです。ですから、詳しい研究の教えてくれるところでは、エディプスコンプレクスの克服が不完全にしか成功していないような場合には、超自我は強さと発育がじゅうぶんでないということにもなります。超自我はまた、その発達の途上で、教育者、先生、理想の鑑など、両親の代わりとなった人々の影響を受けたりもします。こうして、超自我は通例、個人としての本来の両親からだんだんと距離をとるようになり、いわばますます非人称的なものとなってゆきます。もうひとつ忘れてはならないのは、子供の両親に対する評価も、その子の成長時期に応じてそれぞれ変化してくるということです。エディプスコンプレクスが超自我に席を譲り渡すような時期には、両親はすばらしい存在に映っているのですが、のちになるとその力をあらかた失ってしまいます。むろんそうなってもなお、後年のこうした両親との同一化が行われ、それが通例、性格形成に重要な働きをもたらしたりはするのですが、その種の同一化は、ただ自我にかかわっているだけで、もはや超自我に影響を及ぼすことはありません。超自我は、ごく早期に抱かれた両親のイマーゴ(8)によって動かしがたく規定されてしまっているのです。

ここで超自我の樹立ということを打ち出しましたのは――皆さんにはそういう印象をおもちいただけたとは思うのですが――心の構造の諸連関を記述するためでして、たんに良心といった抽象概念を擬人化するためではございません。ですから、私たちは、この超自我に割りふっているもうひとつの重要な機能について、触れておかなければなりません。超自我は、自我理想なるものの担い手でもあり、自我は、この自我理想に照らして自らを測定し、これを模範にして励み、いつまでも尽きることのない完全化を求めるこの自我理想の要求を満たそうと努めます。この自我理想が、かつての両親表象が残した澱であって、かつて子供が両親のうちに見て取った完全性に対する賛嘆の気持ちを表現したものであることは、疑いのないところです[9]。ほかならぬ神経症者にとくに目立っていると言われております劣等感については、皆さんもいろいろお聞きおよびのことと思います。とりわけ文学と称されているものには、これがあちこち出没いたします。作家は、劣等コンプレクスという言葉を用いるだけでもう、精神分析の要求をすべて満たし、叙述をより高い心理学的水準にまで引き上げたと思い込んでいるようでもあります。実際には、そうした劣等コンプレクスなるテクニカル・タームなど、精神分析ではほとんど使用されてはおりません。私たちにとりましては、この語は、何ら単純明快なことを意味してはおりませんし、ましてや、何か根本的なことを言っているわけでもありません。俗にいう個人心理学派[10]の人たちが好んでやっていますように、劣等コンプレクスを、何らかの器官劣等性を自己確認したことのせいにするのは、私たちからすれば、近視眼的な誤謬だとしか言いようがありません。劣等感は、性愛的なものに強く根ざしたものだからです。子供は、愛されていないと気づくと劣等感を抱きますし、それは大人の場合も同じです。ほんとうに劣等だと見なすことのできる器官があるとすれば、それは、唯一、女の子の萎縮したペニスとしてのクリトリスだけなのです[11]。じつは劣等感の主たる部分は、自我の超自我に対する関係から発したものなのでして、それは、まさしく罪責感と同様、この自我と超自我のあいだの緊張を表現するものなのです。そもそも劣等感と罪責感とは、きちんと切り離すことができません。もしかしたら、劣等感とは、道徳的劣等感〔罪責感〕に性愛的な補塡がなされたものと見なすのがいいのかもしれません。これまで精神分析では、この二つを概念的に截然と区分けするという問題には、ほとんど注意が払われてこなかったのです。

劣等コンプレクスなるものがかくも俗受けするようになっている現状にかんがみ、ここであえて、ささやかながらも脱線的にあるエピソードを紹介させていただきたいと思います。現在なお存命中ですが、すでに第一線は退いている私たちの時代の歴史的人物のことなのですが、彼には、出産時に受けた傷害のために、四肢のひとつに、ある種の不全が残っておりました。偉人の伝記をものするのをとりわけ好んでいるたいへん高名な現代の作家が、今申しましたこの人物の生涯も取り上げることになりました(12)。さて、伝記なるものを書く際には、心理学的な深読みをしたいという欲求を抑えるのは、なかなかむずかしいことなのかもしれません。そのせいもあってか、この作家は、主人公の性格の発達全体を、例の身体的欠点によって呼び起こされたにちがいない劣等感をもとにして組み立てようと試みました。しかしその際、彼は、ささいではありますが重要でなくもない、ある事実を見過ごしてしまうことになりました。つまり、普通ならば、病気や障害の子供をさずかる運命となった母親というものは、わが子に過度な愛情を注ぐことによって、このいわれなき不遇の埋め合わせをしようとするものなのですが、今お話ししているこのケースでは、気位の高い母親が、それとは違う態度をとり、その肉体的欠陥のゆえに、わが子に対して愛情を注がなかったのです。この子が長じて一廉の人物になったとき、この大人の彼は、かつての母親の態度をけっして許してはいなかったことを行動でもってはっきり示すことになりました。子供の心の生活にとって母親の愛情というものがどれほど重要な意味をもっているかを考えてみるなら、皆さんはきっと心のなかで、この伝記作家の劣等性理論の誤りを正してみたい気になるだろうと思います。

さて、超自我の話に戻りましょう！　私たちは超自我に、自己注察、良心、理想機能の三つを割りふりました。そして、超自我の発生に関するこれまでの説明から明らかになるのは、超自我が成立する前提として、名状しがたいほど重要な生物学的事実と運命的ともいえる心理学的事実、すなわち、親に対する長期にわたる子の依存という事実とエディプスコンプレクスという事実、この緊密に結びついた二つの事実が存在しているということです。私たちにとって超自我とは、あらゆる道徳的制限の代弁人、完璧さの追求の弁護人にほかなりません。つまり、超自我とは、私たちが心理学的に理解できるようになった、人間生活におけるいわゆるより高きもののことです。超自我の源は、それ自体としては、両親や教育者などの影響に帰着するわけですから、超自我の意義についてさらに詳しく知るには、これらの源泉に目を向ければよろしいわけです。通例、両親ならびにそれに代わる権威者たちは、子供の教育において、自身の超自我の指示に従います。彼らのうちで自我と超自我がどのように折り合いをつけられているかはともかく、こと子供の教育ということになると、彼らは厳格で口うるさくなります。彼らは、自分の幼児期の辛かったことを忘れ、今度は自分が、かつて自分にひどい制限を課した自分の両親と完膚なきまでに同一化できることに満足を覚えるわけです。このように、子供の超自我は、そもそも、両親ではなく両親の超自我を手本として作り上げられるのでして、そのため、両親の超自我と同じ内容で満たされて、伝統の担い手、つまり、こうして幾世代にもわたって連綿と受け継がれてきたすべての超時間的な価値評価の担い手となるのです。ですから、皆さんも容易にご推察できるでしょうが、超自我を考慮に入れることによって、たとえば青少年の不良化[13]といった人間の社会行動を理解するためのきわめて重要な助けを得ることができますし、またもしかしたら、教育にとってのきわめて実践的な指針をも見出すことができるかもしれないのです。いわゆる唯物史観というものは、このファクターを過小に評価しているという点で、明らかに誤りをおかしております。唯物史観は、人間の「イデオロギー」は、現下の経済的諸関係が作り出した産物ないし上部構造にほかならないと断じることによって、このファクターを無視し去っているからです。なるほどそれも真理にはちがいありませんが、しかしそれはけっして真理の全体とは言えないでしょう。人類は必ずしも現在においてのみ生きているのではなく、超自我によって継承されるイデオロギーのなかには、過去、つまり種族と民族の伝統が生きつづけています。この伝統は、現在の力ないし新たな変化にはごくゆっくりとしか道を譲らないものですし、また、超自我を通して作用するわけですから、そのかぎりにおいて、人間生活のなかで、経済的諸関係などには左右されない強力な働きを行使するものなのです〔本巻二三五頁以下〕。

一九二一年に私は、集団心理学の研究に、こうした自我と超自我の区分を適用する試みをやってみました。そこで私はひとつの公式に達しましたが、それは、心理学的集団というのは、同一の人物を〔指導者として〕自らの超自我のなかに取り込み、自我におけるこの共有性にもとづいて相互に同一化することになった個々人の結合体だということです。(14) もちろん、この公式があてはまるのは、一人の指導者をいただいている集団の場合だけです。もしも、この種の応用例がこれ以外にもっと見出されているのであれば、きっと、超自我という仮定に私たち自身が感じているいぶかしさの最後の一片さえ吹き飛んでしまうでしょうし、そもそもは地下世界の雰囲気に馴染んでいる私たちが、心の装置のより表層かつ高尚な層にかかわるときに、やはりどうしても感じてしまうとまどいも、すっかり払拭されることでしょう。むろん、私たちは、超自我を区分することでもって自我心理学の問題をすべて語りつくした、などと思っているわけではけっしてありません。むしろこれは最初の一歩なのです。しかし、じつはこの場合、困難なのは最初の一歩だけにはとどまらないのです。

じっさい、別の課題が、自我のいわば反対側の末端で私たちを待ちかまえています。その課題は、分析作業中の観察から投げかけられるものですが、その観察はそもそも非常に昔からなされているものです。時々起こることなのですが、私たちは、この観察について本気で検討しようと決心するまでに、長い時間を要しました。ご存じのように、そもそも精神分析理論の全体は、抵抗を察知することの上に築き上げられております。私たちが患者のかかえている無意識的なものを意識化させようとする際に、患者が私たちにぶつけてくる抵抗を察知することです。抵抗が生じていることの客観的なしるしは、〔自由連想での〕患者の思いつきが、不首尾に終わったり、扱われているテーマから遠くかけ離れてゆくことです。患者は、肝心のテーマに近づけば苦痛を感じることになるため、そこから、抵抗があることを主観的にも認識することができます。しかし、そうした決定的なしるしが現れてこないこともあるのです。そんなとき、私たちは患者に対して、あなたの態度は今あなたが抵抗を行っていることの証拠である、と告げることにしているのですが、すると患者は、自分は抵抗など行っていない、ただ思いつきがスムーズに湧き出てこないだけだ、などと答えを返してくるわけです。結果的には、私たちのほうが正しかったことがやがて判明することになるわけですが、しかしそうしますと、患者の抵抗もまた無意識的、私たちが除去しようとしていた抑圧されたものとまったく同様に無意識的であったということになります。じつは、この種の無意識的な抵抗が、患者の心の生活のいかなる部分から発しているのかという問いは、もっとずっと前に提起されていてしかるべきだったのです。精神分析の初心者ならこの問いに対してただちに、それはほかでもない無意識的なものからの抵抗なのだと答えるでしょう。しかしこれは、曖昧で役に立たない答えと申さねばなりません。もしこれが、この抵抗が抑圧されたものから発しているということを意味しているのでしたら、私たちとしては、断じてそうではないと答えなければなりません。抑圧されたものにはむしろ、強力な揚力、すなわち、やむにやまれず意識へと浮かび上がってこようとする衝迫力がそなわっているはずだからです。抵抗とは、かつて抑圧を実行し、今もそれをきちんと支えようとしている自我の意志表示でしかありえないのです。それが私たちの以前からの考え方でもありました。私たちとしましては今や、自我のなかに、制限し拒絶する要求の代弁者としての特別な審級、すなわち超自我というものを想定しているわけですから、抑圧はこの超自我の仕事であって、超自我が自ら抑圧を行うか、あるいは、超自我に従順な自我がその指図を受けてこれを行うかのどちらかだ、というふうに言っていいということになります。そうなりますと、分析中に抵抗が患者に意識されていないようなケースが起こるということは、超自我と自我が、非常に重要な状況において無意識的に働くことがありうるということか、あるいは、いっそう重大なことになりますが、自我と超自我の双方の一部がそれ自体無意識的であるということか、そのどちらかしかないということになってしまいます。そしてこのどちらの場合においても、私たちは、(超)自我イコール意識的、抑圧されたものイコール無意識的という等式は成立しないという、まさに願い下げにしたい洞察を手にしなければならなくなるわけです。

皆さん、たぶん皆さんもほっとなさるだろうと思いますが、このあたりでいったん息つぎをさせていただき、話をつづける前に、お許しをいただきたく思うことがあります。私がここでやろうとしておりますのは、十五年前にはじめた精神分析入門講義を追補することでありまして、私としましてはこの先、皆さんもこの休止期間中に他ならぬ精神分析に携わってこられたかのように仮定したうえで、お話しせざるをえないのです。まことに勝手で不当な要求とは思うのですが、そうでもしないとどうにもならず、ほかにやりようがないのです。おそらくこれは、精神分析家でない人に精神分析を理解していただこうとするのがそもそも非常にむすかしいというところからくるものと言えましょう。信じていただけるとは思いますが、私たちは、秘密結社をつくって何か秘密の学問に取り組んでいるかのような見せかけを作りたいなどと思っているわけではありません。とは申しますものの、私たちはやはり、自分自身を分析することによってしか得ることのできない一定の経験を身につけていないような人は、精神分析に容喙する資格がないことも、認めざるをえませんでしたし、これを私たちの信条として公言せざるをえなかったのです。十五年前に皆さんの前で講義をさせていただいたときは、私は、私たちの理論がもつ思弁的部分で皆さんをできるだけわずらわせないよう努めましたが、じつは今日ここでお話ししようと思っております新たな成果は、ほかでもないこの思弁的部分とつながっているのです。

ということで、話に戻ることにします。自我と超自我はそれ自体が無意識的である可能性があるのか、それとも無意識的な作用を発揮する可能性があるにすぎないのかという疑念につきましては、私たちは、じゅうぶんな根拠をもって、前者の可能性のほうに軍配を上げました。それどころか、私たちの考えでは、自我と超自我の大部分は、持続的に無意識的でありつづけることができますし、通常は無意識的なのです。すなわち、当人自身、これらの部分の内容については何ひとつ知らず、それを意識化するには、それなりの努力が必要だということです。自我は意識的であり、抑圧されたものは無意識的であるといった等式が成り立たないことは、動かせないところなのです。意識－無意識という問題に対するこれまでの私たちの考え方を、根底から修正する必要が出てくるわけです。意識性という基準がかくも信頼できないものだと判明した以上、私たちとしましては、まずは、その価値をしかるべく引き下げてみたいという気になります。しかし、それは不当というものでしょう。意識性という基準は、ちょうど私たちにとっての生命みたいなものでして、それ自体はたいしたものでないとしましても、それだけが私たちのもっているすべてなのです。意識という質を道案内の灯火としないならば、私たちは深層心理学の暗闇のなかで迷子になってしまうにちがいないからです。しかし、そうだとしましても、私たちには、進むべき新しい道を見つけ出す試みをすることは許されているのです。

　意識的とはどういうことかということについては、検討する必要などありません。そこには、何ひとつ疑いをさしはさむ余地はありません。「無意識的」という語にごく昔から与えられてきたもっとも確かな意味は、記述的な意味です。そのような意味で無意識的と呼べるのは、作用の結果などから推して、それが存在していることを認めざるをえないけれども、それについて今何も心得ていないような心的出来事です。その場合、私たちは、この心的出来事に対して、まるでだれか他の人間の心のうちに生じたもののように向き合わざるをえないのですが、それはまぎれもなく自分自身の心的出来事のひとつなのです。もっと正確にということでしたら、こんなふうに言い直してみてもよろしいでしょう。つまり、ある心的出来事について目下何ひとつ知られてはいないのに、それが目下活動していることは認めざるをえない場合、そうした出来事を無意識的と呼ぶということです。このように限定しますと、すぐ分かりますのは、ほとんどの意識的出来事は、ほんのわずかのあいだしか意識的ではないということです。それらは、またたく間に潜在的となりますが、いつでも簡単にもとのように意識的になることができます。こう言い換えてもいいでしょうが、意識的出来事が潜在状態になってもなお心的なものであるのがそもそも確実であるような場合、それらは無意識的になったということです。話がここまででしたら、何も新しいことをつかんだことにはなりませんし、心理学に無意識という概念を導入してしかるべきだということにもなりません。しかし、ここに新しい経験が加わってきます。それは、失錯行為ひとつからでも得られる経験です。私たちは、たとえば言い間違いという行為を説明するときには、その言い間違いをした当人には、何を話そうとしたのかはっきりした意図がもともとあったと想定せざるをえません。私たちはその意図を、話の途中にふいに起こった妨害から、確実に推し当てることができるのですが、その意図はじっさいに貫徹されたものではないわけですから、無意識的だったということになります。そこで、この意図をあとからこの話し手に話して聞かせたと想定してみましょう。その場合、話し手が、自分にはたしかにそのつもりがあったようだとすんなり認めるのであれば、その意図は一時的にだけ無意識的だったということになりますし、あるいは、話し手が、自分にはそのような意図はなかったと断固否認するのであれば、その意図は持続的に無意識的だったということになります[15]。私たちはこの経験から、この潜在的と称されるものもまた無意識的だと言明してよいということになります。こうした力動論的連関を考慮に入れますと、無意識的なものは二種類に分けることが可能となります。ひとつは、刻々と生み出されるさまざまな条件のもとにあって、簡単に意識的なものに変化することができる無意識的なもの、もうひとつは、意識的なものへのこうした転換が起こりにくく、かなりの努力のあげくなんとか可能になるか、あるいはもしかしたら、そのようなことがまったく起こらないような無意識的なものです。こうなりますと、無意識的という語を使う場合、どちらの無意識的なものが指されているのか、記述的な意味なのか力動論的な意味なのかという点が分かりにくくなるわけですが、この曖昧さを避けるために、私たちは――許容される範囲内だとは思いますが――単純な方策をとります。ただ潜在的なだけで、すぐに意識化される無意識的なものを、前意識的と呼び、「無意識的」という名称は、もう一方の

〔力動論的に〕無意識的なもののために優先的にとっておくわけです。これで、意識的、前意識的、無意識的という三つの用語が確保できたわけですが、この三つがあれば、なんとかやりくりして心の現象を叙述することができます。くりかえしになりますが、純粋に記述的な意味では、前意識的なものも無意識的なのですが、しかし、私たちは、雑な叙述でことを済ませてよいとき以外、もしくは、心の生活のなかに無意識的な出来事一般が存在しているという主張を擁護しなければならないようなとき以外は、前意識的なものを無意識とは呼ばないようにしているわけです。

おそらく皆さんにもお認めいただけるかと思いますが、ここまではさほど無茶な話ではありませんし、これでむしろスムーズな処理が可能にもなります。たしかにそうではあるのですが、しかし残念ながら、精神分析の作業はどうしても、無意識的という語を、もうひとつ第三の意味で使用しなければならない必要に迫られたのです。もちろん、これが混乱を引き起こすことになっただろうことは言うまでもありません。私たちは、心の生活の広大かつ重要な一領域は、普通は自我の関知するところではなく、この領域での出来事は、正真正銘の力動論的な意味で無意識的だと認めざるをえないという印象を、新たに強くしはじめ、この印象のもとに、「無意識的」という用語を、局所論的ないしは系的な意味としても理解し、系・前意識だとか系・無意識という言い方をしたり、あるいは自我と系・無意識との葛藤といった言い方をするようになっていきました。こうして、やがてだんだんとこの「無意識的」という語に、心のなかにあるものの質というよりむしろ心の一区域といった意味をもたせるようになっていったわけです。そのように考えますと、自我と超自我の一部もまた力動論的な意味で無意識的であるという、あの本来なら願い下げの発見も、何かほっとした感じを与えてくれ、もつれを解いてくれるように思えくるのです。無意識というものが、自我から遠い心の領域だけが専一的にもっている性格ではないということになりますと、むろん私たちとしましても、この領域を系・無意識と名づけるわけにはいきません。よろしい、それならば、「無意識的」という語はもはや系的な意味には用いないことにして、これまで「無意識的」と呼ばれてきたものには、誤解の余地がないより適切な名前を与えることにいたしましょう。ニーチェの言語使用に則し、G・グロデック[16]の促しに従って、私たちは、これからはこれをエス[17]と呼ぶことにいたします。この非人称代名詞は、自我から遠く離れている心のこの区域の主要性格を表すのにうってつけのように思えるからです。こうして、人間の心の装置は、超自我、自我、エスの三つの国ないし領域ないし区域に分割されることになるわけですが、以下、この三つの相互関係についてお話ししようと思います。

その前に、ひとことお断りさせていただきます。皆さんは、意識性のもつ三つの質〔意識・前意識・無意識〕と心の装置の三つの区域〔エス・自我・超自我〕がぴったり三つの対をなすかたちにならなかったことにご不満をおもちでしょうし、その点に、私たちの導いた結果の不明瞭さのようなものを見てとられていることと思います。しかし私たちは、その点を遺憾に思うべきではなく、それどころかむしろ、もともと私たちにはそのようなすんなりとした配置をのぞむ権利などなかった、と言うべきだと思います。ひとつ喩えを使わせていただきましょう。喩えというのは何も決定はいたしません、それは確かなのですが、喩えを用いることによって、何となくしっくり納得のいく感じになることもあります。いかがでしょう、丘あり平野部ありつながった湖ありの多様な地形の広がるひとつの国を想像してみましょう。そこには、雑多な住民——ドイツ人とマジャール人とスロヴァキア人としましょう——が居住して、さまざまなりわいをしているとします。さて、その場合の棲み分けですが、ドイツ人が丘陵地帯に住んで牧畜をいとなみ、平野部にはマジャール人がいて穀物と葡萄を栽培し、湖周辺ではスロヴァキア人が魚を捕ったり蘆を編んだりしているといったふうになっているかもしれません。もしも、棲み分けがこのように整然と乱れなしといったものでしたら、きっとウィルソンとかいう人も喜ぶことでしょうし[18]、地理の授業もやりやすくなることでしょう。しかし、本当は、そんな整然とした秩序などがあるわけでなく、むしろもっと雑然と混ざり合っているものです。それは皆さんがじっさいにそこに旅をしてみれば分かることです。ドイツ人とマジャール人とスロヴァキア人の生活はいたるところで入り組みあい、丘陵地帯に畑があるかと思えば、平野で家畜が飼われていることもあるわけです。もちろん、いくぶんかは皆さんの予想なされた通りになっているでしょう。山では魚は捕れませんし、水のなかでは葡萄も育たないからです。皆さんが心に抱いておられたこの地方のイメージは、たしかに大筋のところで当たっているかもしれません。しかし、個々の点で予想からはずれるようなところがあることは、皆さんもきっと認めざるをえないと思います。

エスに関しましては、新しい名称以外に、ご報告すべき新しいことがたくさんあるわけではございません。エスは、私たちのパーソナリティの暗く近寄ることのできない部分でして、エスについて私たちのもっているわずかな知識は、夢工作と神経症の症状形成の研究を通して得られたものでして、その大半は、ネガのような性格のもので、自我に対立するものとして記述するしかないからです。喩えによってエスに接近しますと、エスとはカオスであり、煮えたぎる興奮の坩堝と言えましょう。私たちのイメージでは、エスは、その末端が身体的なものに向かって開いており、そこから欲動欲求をおのれのうちに取り込みます。そして、この欲動欲求がエスのうちで心的に表現されることになるわけですが[19]、これがいかなる基層において起こるのかは分かっておりません。エスは、欲動からのエネルギーで溢れかえっていますが、いかなる編成ももたず、いかなる全体的意志も形成せず、ひとえに、快原理に従いつつ欲動欲求を満足させることをめざすのみです。エスのなかで生じる出来事には、論理的な思考法則は当てはまりません。とりわけ矛盾律[20]はそうです。そこでは、さまざまな対立する蠢《うごめ》きが、相殺し合ったり離反し合ったりせずに共存しつづけ、せいぜいのところ、経済論的強制に支配されて、エネルギー放散のために妥協し合うにすぎないのです。エスには、否定詞にあたるようなものは存在しませんし、また驚いたことに、空間と時間こそ心的行為に不可欠の形式であるという哲学者たちの命題[21]も、ここでは通用いたしません。そもそもエスにおいては、時間観念に相当するようなものは存在せず、時間的経過がそれとして認められておりませんので、じつに奇妙な――哲学的思考においてはこの先問題とならないではすまない――ことではありますが、心的出来事が時間的経過によって変化をこうむることもありません。いちどもエスの外へ踏み出したことのない欲望の蠢きにせよ、抑圧によってエスのなかに沈められたさまざまな印象にせよ、それらは、実質上不死であって、数十年たったあとでも、今新たに生じたかのように振舞うのです。それらが、過去のものと認められ、無効にされ、エネルギー備給を奪われるためには、その前にどうしても、分析作業によって意識化されることが必要なのでして、じっさい、分析療法による治療効果も、その少なからざる部分は、そこからきているわけです。

くりかえし思いを新たにしているところですが、私たちはこれまで、抑圧されたものが時間によって変更を受けないというこの疑う余地のない事実を、理論のために役立たせるのを余りにもないがしろにしてきました。しかし、どうやらここにこそ、このうえなく深い洞察へと続く通路が開けているようなのです。遺憾ながら、かく言う私も、この点をさらに先に押し進めることはしてこなかったのです。

言うまでもありませんが、エスは価値判断を知らず、善悪も道徳も知りません。そこでは、経済論的契機、お望みとあらば量的契機と申してよろしいでしょうが、それが快原理と緊密に結びついて、いっさいの出来事を仕切っています。放散を求める欲動備給、エスのなかにあるのはこれに尽きている、と私たちは考えております。それどころか、この欲動の蠢きのエネルギーは、他の心の領域におけるのとは異なった状態にあって、動きははるかに柔軟ですし、放散もはるかに容易であるようにさえ思えます。(22)でなければ、エス特有の遷移や縮合、つまり、備給されたもの——自我においてはそれは表象と呼ばれるものにあたるでしょう——の質にはいっさい頓着しないような遷移や縮合が、生じるはずがないからです。こうしたことについては、分かっているのはここまでです、これ以上のことが分かれば、どれほどありがたいことでしょうか。ともあれ、エスに関しましては、ごらんのように、無意識的であるということ以外にいくつかの特性を挙げることができましたので、自我と超自我のいくぶんかは無意識的でありうるとしても、エスと同じような原始的、非合理的な性格はもっていないだろうという点は、皆さんにもお分かりいただけるかと存じます。(23)エスと超自我からできるだけ分離したうえでの本来の自我について、その特性を描写せよとおっしゃるのであれば、いちばん手っ取り早いのは、私たちが知覚‐意識系と呼んでいる心の装置の最表層部に対する自我の関係に着目することでしょう。この系は、外界に向けられていて、外界についての知覚を成立させるのですが、そうした機能が果たされている間に、この系のうちに意識という現象が発生するわけです。ちなみにこの系は、心的装置全体の感覚器官でして、外部からやってくる興奮刺激を感知するだけでなく、心の生活の内部からやってくる興奮刺激も感知できます。証明するまでもないでしょうが、自我は、エスの一部、外界に近いためにその影響をこうむって変化し、刺激受容と刺激保護をこととするようになったエスの一部でして、喩えで言いますと、生命物質の塊を包んでいる外皮のようなものです。自我はこうして、外界との交渉を自らの本務とするようになり、エスの利益のためにエスに対して外界を代表することを自らの使命とするようになっていったわけです。エスは、この強大な外界の力を無視して、ただ欲動充足のみを盲目的に追求するだけでしたら、破滅するしかないからです。自我は、この機能を果たすために、外界を観察し、外界の忠実な写像を自らの諸々の知覚の想い出－痕跡のかたちで保管しておかねばならず、内部の興奮源からこの外界の像に勝手に付加されたものがあれば、現実吟味[24]の活動を通してそれを取り除かなければなりません。自我はまた、エスに託されて運動性へのスウィッチを支配しており、欲求と行動のあいだに思考作業のための猶予時間を挿入し[25]、その猶予の時間に、経験で積み重ねた想い出－残渣を利用するようになります。このようにして自我は、エスのなかでの出来事の経過を無制限に支配している快原理を王座からひきずり下ろし、これを、より高い確実性とより大きな成果を約束してくれる現実原理に代えることになったわけです。

時間に対する関係は記述するのがたいへん難しいのですが、この関係もまた知覚系を通して自我にもたらされたものです。この系の作業方式が時間観念の起源となっていることは、ほとんど疑いを容れないからです[26]。しかし、エスと異なる自我の著しい特徴は、自らがもっている諸内容を統合しようとする傾向、自らのうちで生じた心的出来事をまとめ上げ統一しようとする傾向でして、これはエスにはまったく欠けているところでもあります。自我のこの本質的な性格がどこから発しているのか、その源につきましては、次回の講義で、心の生活のなかに蠢く欲動のお話をするときに、うまく論じることができればと思っております[27]。ともあれ、あの高度の編成を作り出すのは、ひとえにこの性格なのでして、自我は、最良の仕事をなすためにこの編成を必要としているわけです。自我は、欲動の知覚から欲動の支配へと発達してゆくわけですが、この欲動支配が達成されるのは、欲動代理(28)が、より大きな連合のうちに配列されて、ある連関のなかにきちんと取り込まれることによるほかないのです。通俗的な言い方をさせていただきますと、自我は心の生活において理性と思慮を代表し、エスは制御しがたい情熱を代表していると言ってよろしいでしょう。

これまで私たちは、自我の長所と能力を数え上げて、その優れたところばかりを見てきたわけですが、今度は、その逆の面についても考えてみなければなりません。まず言えますのは、自我は、エスの一部、危険きわまりない外界に隣接しているために実用的で目的に適ったかたちに変容された、エスの一部にすぎないということです。力動論的な観点からしますと、自我は非力で、自らのエネルギーをエスから借りているわけです。ですから、自我は、エスからどんどんエネルギーを奪い取らねばならないのですが、その方法——ないしはそのための手練手管と言っていいかもしれません——については、何も分かっていないわけではありません。たとえば、保持されている対象であれ、断念された対象であれ、さまざまな対象との同一化というものも、この種の方策のひとつでしょう。まず、エスの欲動要求から、対象への備給が発されます。自我は、真っ先に、この対象備給に感づかなければなりません。しかし自我は、その対象と同一化することによって、その対象の代わりに自分自身をエスに推薦し、エスのリビードを自分自身に向け変えようとするのです。すでに申しましたように、自我はこうして、自らの生涯において、かつての対象備給のこうした澱を非常に数多く自身のうちに取り込むことになります。自我は、大筋では、エスの意図を実行に移さねばならず、どうすればこの意図がもっともスムーズに達成されうるのかをはじき出して、この課題を果たすわけです。こうした自我とエスの関係は、騎手と馬の関係に喩えることができるかもしれません。馬は移動のためのエネルギーを供給するのですが、目的地を定めて、この力強い馬の動きを御する優先権は、騎手のほうにあります。とは申しましても、自我とエスのあいだには、騎手が馬をその望むところへ進ませざるをえないような、理想とはかけはなれた事態が出来《しゅったい》することも、じつに頻繁に起こるのです。

エスには、自我が抑圧抵抗を通してそこから分かれた一部があります。むろん、抑圧はエスの全域にまで及んでいるわけではありません。自我によって抑圧されたものが、残りのエスの部分へと合流してゆくわけです。

同時に二人の主君に仕えるなかれ、と諺にもあります。しかし、あわれにも自我の場合は、それよりももっとひどい状況にあります。自我は、同時に三人の厳しい主君に仕え、その三人の主張と要求を調和させようと四苦八苦しているのです。三者の主張はいつもばらばらに食い違っており、ひとつに統合するのが不可能なように見えることもしばしばです。ですから、自我がしょっちゅう自らの課題を果たしそこなうのも、むべなるかなといったところです。この三人の横暴な君主とは、外界と超自我とエスのことです。自我は、これら三者それぞれの意を汲もうとする、もっと適切な言い方をすれば、三者それぞれに服従しようとするわけですが、その労苦の一部始終を見ておりますと、この自我を人格化し、これを一個の特別な存在として据えたのも、まちがっていないように思えてきます。自我は三方から締めつけられ、三種の危険に脅かされていると感じているのですが、いよいよ苦境に陥ると、これらの危険に対して不安増長でもって応じるのです。もとより自我は、知覚系で得られた諸経験から生まれ出たものですので、その出自からして、外界の要求を代表するよう定められています。しかし同時に、自我はエスの忠実な召使いでもあろうとし、あくまでエスと協調関係をつづけながら、自分自身を対象としてエスに推薦し、エスのリビードをおのれに引き寄せようとします。自我は、エスと現実の調停役をつとめようと努力し、しばしば、エスの無意識的な命令を自らの前意識的な合理化の衣装でもって無理やりカモフラージュし、エスと現実の葛藤を揉み消さねばならず、エスが頑強でどうにも屈しない場合でも、ずる賢く外交的な駆け引きを駆使して、あたかも現実をきちんと考慮に入れているかのような外観を作り出さなければならないのです。そうしながら他方で、自我は、その一挙手一投足を厳格な超自我によって見張られており、この超自我が、エスおよび外界からの無理難題をまったく無視して、自我に確たる行動規範を押しつけ、それが遵守されない場合には、緊張に満ちた劣等感や罪責感でもって自我を罰するわけです。こうして、エスに駆り立てられ、超自我に締めつけられ、現実によって突き返されながら、自我は、自らのうちで自らに働きかけてくる諸々の力や影響のあいだに調和を作り出すという、自身に課せられた経済論的課題を制覇しようともがきつづけているのです。このさまを見ておりますと、なぜ私たち人間は、かくもしばしば、人生は楽ではないとの声をあげざるをえないのかが、よく分かるような気がしてきます。自我は、自分が弱いことを認めざるをえなくなると、突然、不安状態に陥ります。外界に対しては現実不安に、超自我に対しては良心の不安に、そしてエスのなかの強力な情熱に対しては神経症的不安に陥るわけです。

これまで説明してまいりました心のパーソナリティの構造連関を、ここにお持ちしましたつましい図〔次頁〕でご説明したいと思います。[29]

ごらんのように、超自我はエスのなかまでもぐり込んでいます。エディプスコンプレクスの相続人として、超自我はエスと深い関係にあるからです。超自我の位置は、自我の位置よりも、知覚系からさらに遠くに離れているということになります。エスは、自我を経由してしか外界と交渉することができません。少なくともこの図ではそのつもりなのです。むろん、この図がどこまで正しいのかは、今日ではまだ言いかねます。一点については、明らか

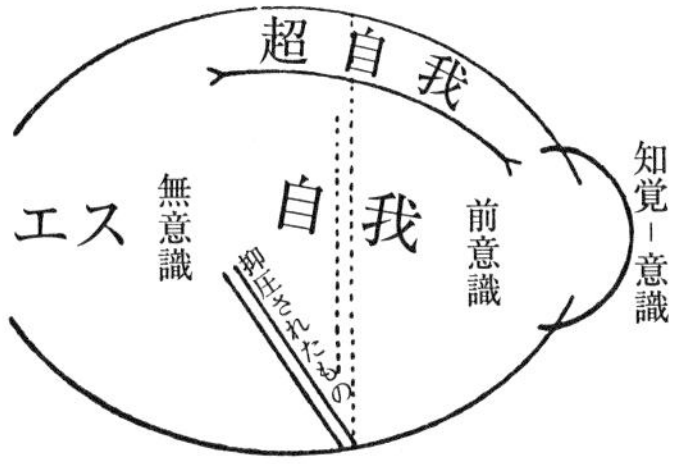

に正しくありません。無意識的なエスが占めている領域は、自我ないしは前意識的なものが占めている領域よりも、比べものにならないほど大きいはずなのです。この点、どうか、皆さんの頭のなかで修正していただければと思います。

もうひとつ、厄介ですっきりしないところもあった以上の説明を終えるにあたりまして、ご注意申し上げておかねばならないことがあります。自我、超自我、エスといったこのパーソナリティの区分けを、どうぞ、政治地理学で人工的に引かれてきたような明確な境界線を有するようなものとお考えにならないでいただきたいということです。心的なものの特性を表すには、線画や原始絵画のように輪郭線をくっきり際立たせるのではなく、むしろ、現代画家がするように色域をぼかしたほうがふさわしいのです。区分けしたあとで、この区分けされたものは、再びひとつに合流しなければならないからです。かくもとらえがたい心的なものを分かりやすく図解しようという最初の試みに対して、どうかあまり厳しい点をおつけにならないようお願いいたします。これらの区分けは、その仕上げが、人によってそれぞれ大きく違ってくる公算もきわめて高いですし、また、これらの区分は、機能する際に、それ自体がずれて変化したり、一時的にもとに戻ったりすることもありうるからです。とりわけ自我と超自我の差異化、系統発生的には最後に位置している微妙きわまりないこの区分けにつきましては、とりわけそのようです。また、心的疾患の方面から同じような区分けの変更を迫られることも疑いないところでしょう。あるいは、ある種の神秘的な操作をほどこして、心のそれぞれの領域のあいだの正常な関係を揺り動かし、その結果、たとえば知覚が、そうした操作をほどこさなければとうてい感知できないようなもろもろの連関を、自我の深部やエスのなかにとらえることができるようになることも、じゅうぶん想像できるところです。むろん、私としましては、そうしたやり方で、あらゆる救済をもたらしてくれそうな究極的叡智が手に入るなどとは、とうてい本気で信じるわけにはまいりません。しかし白状しますが、じつは精神分析の治療努力は、これに似た突破口(30)を選択したこともあったのです。精神分析の意図するところは、言うまでもなく、自我を強化して、これをますます超自我から独立したものに仕立てあげること、自我の知覚領域を拡大し、自我の編成を拡充して、自我がエスのさまざまな部分を新たに獲得できるようにすることにあります。つまり、かつてエスがあったところに、自我を成らしめること(31)、これなのです。

それは、たとえばゾイデル海(32)の干拓にも似た文化事業なのです。

第三二講　不安と欲動生活

皆さん、今回ご報告申し上げようと思っておりますのは、心の生活における不安と基本欲動についてのこれまでの私たちの「把握の仕方」に、いくつか新たな点が出てきたということなのですが、じつを申しますと――いつものことで今さら驚くにはおよびませんが――これらの新たな点のどれひとつとして、懸案となっている諸問題の決定的な解決となるようには思えないのです。今、「把握の仕方」という言葉を使わせてもらいましたが、それには、それなりにはっきりした意図があってのことです。私たちが直面しておりますのは、難渋きわまる課題なのですが、その難渋さは、観察がまだ不十分であることによるものではありません。私たちにそれらの謎を投げかけているのは、ほかでもありません、じつに頻繁に生じている、じつに馴染み深い現象だからです。加えて、この難渋さは、それら見慣れた現象によって触発される思弁が突拍子もないところに行き着いたことによっているわけでもありません。そもそもこの分野では、思弁的なひねくり回しなど、ほとんど何の意味ももたないからです。じつはここで問題となっておりますのは、「把握の仕方」だということ、つまり、いくつかのきちんとした抽象的な考え方を導入して、それらを具体的な観察材料に適用し、それによって、この材料のうちに規則性と透明性を生まれ出させる操作なのです。

不安については、これまでの一連の講義の第二十五回目で、すでにテーマにとりあげました。とりあえず、その内容をかいつまんで振り返っておく必要があります。そこで述べましたのはまず、不安とは、ひとつの情動状態、つまり、快－不快の系列のある度合いの感覚と、この感覚に見合った放散のための神経支配[1]ならびにその感知とがひとつになった状態のことをさすのですが、おそらくは、何らかの重大な出来事が遺伝を通して体内化された澱のようなもので、喩えるなら、各人それぞれが獲得したヒステリー発作にでも匹敵するだろう[2]、といったことでした。私たちは、この種の情動痕跡を残した重大な出来事として、出産という出来事に目をつけました。不安に特有の心拍と呼吸の変動は、もともと出産の際にこそ目的にかなったものだったからです。つまり、原初の不安というものは、何か中毒性のものだったのだろうということです。こうした前提のもと、私たちはまず、現実不安と神経症的不安を区別することから出発しました。前者の現実不安は、危険に対する反応、すなわち予期された外部からの侵害に対する反応として、すんなり理解できるのですが、後者の神経症的不安は、いかにも謎めいていて、何のためのものか分からないものです。私たちは、現実不安を分析して、これを感覚的注意力と運動性緊張の高まった状態として結論づけ、この状態を不安準備と呼びならわしております。この不安準備が不安反応へと発展してゆくわけですが、この不安反応の結末には二種類のものがあります。ひとつは、あの古い外傷的体験の反復である不安増長が、いわば信号としてのみ働く場合で、その場合には、それ以外の反応は、危険状況が新たにふくらんでくるのに合わせて、逃走や防御の手を打つといった結末にいたります。もうひとつは、あの古い外傷体験が圧倒的になり、反応全体が不安増長で尽きてしまう場合で、その場合には、この情動状態は、全身の力を萎えさせてしまうため、逆に現在の状況にとってよろしくない結果となってしまうのです。

　つづいて私たちは、神経症的不安に目を向け、これには三つの異なった事態が観察されることをご報告いたしました。ひとつは、自由に浮遊しどんなものにも向けられる危惧で、新たに浮上してくるどんな可能性とも次々手当

88

たり次第に結びつくため、いわゆる予期不安と称すべきもので、たとえば典型的な不安神経症に見られる類いのものです。もうひとつは、いわゆる恐怖症にみられる、特定の表象内容にしかと結びついた不安でして、この場合、外的危険とのある種の結びつきはなんとか認められはしますものの、これに対する不安が度を越えて誇張されているとしか思えません。最後の三つ目は、ヒステリーや他の形態の重度の神経症に見られる不安で、もろもろの症状にともなって現れる場合も、単独で現れる場合もあり、発作のかたちをとるかと思えば、慢性的なかたちをとったりもしますが、いずれの場合も、何らの外的危険によってもはっきり理由づけることができない点を特徴とするものです。このように見てきた結果、私たちとしましては、次のような二つの問いを提起せざるをえなくなったわけです。すなわち、これら神経症的不安の場合には、そもそも何が恐れられているのかという問い、および、これら神経症的不安は、外的危険に向けられた現実不安とどういう関係にあるのかという問いです。

私たちの探究はけっしてむだには終わりませんでした。重要な解明がいくつか手に入りました。不安に満ちた予期に関しましては、臨床上の経験から、これがいつも性生活におけるリビード家政に関係していることが判明いたしました。つまり、不安神経症のもっとも普通の原因は、フラストレーションに終わった興奮だということです。リビードの興奮が引き起こされても、それが満足させられず、使用もされないような場合、この使用に供されなかったリビードに代わって、びくびくした不安感が出現するわけです。私には、この充足させられなかったリビードがそのまま直接不安に変化すると言い切ってよいとも思えたほどです。こうした把握の仕方が可能になったのは、幼児に広く見られるある種の恐怖症の観察によってのことです。これら子供の恐怖症というものは、私たちにはきわめて謎めいたものが多いのですが、そうではないような恐怖症、たとえば一人きりにされたときの不安だとか人見知りのような不安は、はっきりと説明が可能なのです。つまり、一人きりにされたり、見知らぬ顔が現れたりしますと、それによって幼児は、親しんだ母親への切ない思いをかきたてられ、このリビード興奮を抑えることも浮遊したままにしておくこともできないで、これを不安に変えるということです。この幼児不安は、したがって、現実不安に属するものではなく、神経症的不安のひとつということになります。幼児期恐怖症、ならびに不安神経症の不安予期は、神経症的不安が生じるひとつの方式を説明する二つの好例ともいえます。すなわち、リビードが不安へと直接的に変換されることによるということです。神経症的不安のもうひとつの機制も、すぐに知れます。それは、この第一の機制とさほど違ってはいないのです。

私たちは、ヒステリーやその他の神経症に見られる不安は、抑圧という出来事によるものだと考えております。この抑圧という出来事を、これまでよりも完全なかたちで記述するには、抑圧されるべき表象の運命と、その表象に付着しているリビード量の運命を別々に切り離して扱う必要があります。抑圧を受けて、ともすると見分けがつかなくなるほど歪曲されるのは、表象のほうです。これに対して、表象がもっている情動量のほうは、不安に変わるのが通例です。しかも、その情動の種類が攻撃的なものであれ愛情的なものであれ、そうしたこととは無関係に、情動量は不安に変わるのです。加えて、あるリビード量がどのような理由で使用されないままになったのかということも、本質的な違いをつくりません。幼児期恐怖症の場合のように自我の幼児的な弱さからくるのであれ、不安神経症の場合のように性生活における肉体的出来事〔リビード鬱積〕の結果であれ、あるいは、ヒステリーの場合のように抑圧によるのであれ、本質的な違いはありません。つまり、神経症的不安の発生の二つの機制は、もともと同じだということなのです。

　このような探究を続けているなかで、私たちは、不安増長と症状形成のあいだにきわめて重要な関係があることに注意を向けるようになりました。すなわち、両者は互いに代行しあい、交代しあうということです。たとえば広場恐怖症患者の場合ですと、その病歴の開始点にくるのは、路上での不安発作です。再び路上に出ようものなら、そのたびに、この発作が繰り返されることになりかねません。そこで患者は、自我による制止ないしは自我による機能制限とも呼ぶことのできる路上不安という症状〔広場恐怖症〕を形成し、それによって不安発作をのがれるわけです。これとは逆のことも見られます。たとえば強迫行為などの際によく起こることですが、症状形成に何らかの干渉が加えられたような場合がそうです。洗浄儀式を行うのを妨げたりしますと、患者は耐え難い不安状態に陥るのです。ここからはっきりしますのは、それまで症状が患者をこうした不安状態にならないよう守っていたということです。付け加えさせていただきますと、どうやら、不安増長のほうが先、症状形成が後であるらしく、不安状態の勃発を回避するために症状が形成されるようなのです。幼児期に起こる最初の神経症が恐怖症であるという事実も、このことを裏付けております。この幼児期の恐怖症の状態を見れば、先にまず不安増長があって、これがのちの症状形成にとって代わられることは一目瞭然なのです。私たちの受ける印象からしますと、神経症的不安の理解のための一番の近道は、この幼児期恐怖症という関連から見出せるのではないかと思われます。じじつ、これによって同時に、私たちは、神経症的不安の場合には何が恐れられているのかという問いに首尾よく答えることもできるようになりましたし、また神経症的不安と現実不安のあいだにつながりをつけることもできるようになりました。恐れられているものとは、どうやら、自分自身のリビードのようです。そして現実不安の状況との違いは、〔神経症的不安にあっては〕危険は外的なものではなくて内的なものであること、および、その内的危険は意識的なかたちでは認められないということ、この二点に集約されます。

恐怖症の場合、非常にはっきり認められますのは、この内的危険が何らかの外的危険に転化させられるということ、つまり、神経症的不安が見たところ現実不安に変わるということです。事情はしばしばきわめて込み入ったものになりますので、単純化するために、広場恐怖症の人は、通例、路上でさまざまな出合いによって目覚めさせられる誘惑の蠢《うごめ》きを恐れているのだと、仮定してみましょう。そうしますと、患者は、恐怖症の症状を呈することで、ある種の遷移を目論み、不安の矛先を何らかの外的状況に向け変えているということになります。この場合の患者の利得は、どうやら、こうすることでよりうまく身を守ることができるような気になれるという点にあるようです。外的な危険からでしたら、逃走することで安全を確保することができますが、内的危険から逃走しようとしてもなかなかできないからです。

不安についての以前の講義の最後で、すでに私自身の判断は述べさせていただいておりますが、私たちの探究によって得られた以上さまざまな結果には、相互に矛盾をきたしているとまでは言えないにせよ、どこかしっくりいかないところがあるのも否定できません。不安は、かつてのある危険な出来事〔出産〕が再生してくるときの情動状態だと言われるかと思うと、自己保存に奉仕し、新たな危険を知らせるための信号であるとも言われておりますし、あるいは、抑圧の過程による場合も含めて何らかの理由で使用されなかったリビードから発生すると言われるかと思うと、症状形成にとって代わられ、いわば心的に拘束されるとも言われております――ここには、これらそれぞれを統一する何かが欠落している、という感じがやはり残ってしまうのです。

皆さん、前回の講義では、心のパーソナリティを超自我と自我とエスに分割するということについてお話しいたしましたが、じつは、この分割の結果、不安の問題にも新たな方向づけを与えることがどうしても必要になってまいりました。[3] そのため私たちは、自我こそが不安の宿る唯一の場であって、[4] 自我のみが不安を産出し、感取することができるという命題を打ち出すことで、新たなポジションを確たるものにすることになったのですが、するとそこから、いくつかの連関がこれまでとは違った様相を見せてくることになりました。じっさいのところ、「エスの不安」などと言ったところで、あるいは、超自我に不安を感じる力があるなどと辻褄合わせをしたところで、それにどんな意味があるのかなんとも朦朧たるかぎりです。これに対して、現実不安と神経症的不安と良心の不安というあの不安の三つの代表格は、自我の外界に対する依存性、エスに対する依存性、超自我に対する依存性にみごとに対応しているのでして、私たちとしましては、この対応関係を願ってもないものとして受け入れたわけです〔本巻一〇一頁〕。この新しい把握の仕方によって、これまでも私たちの知らないところではなかった、[5] 危険状況を知らせる信号としての不安の機能が、あらためて前景に押し出されることになりましたし、また、不安はどのような材料からつくられるのかという問いはもはや関心を惹くものではなくなり、現実不安と神経症的不安の関係も、驚くべきかたちで説明され、単純化されることになりました。ともあれ、注目に値するのは、不安の発生に関しては、単純だと思われているケースよりもむしろ、いっけん複雑に見えるケースのほうが、むしろすんなりと理解できるということです。

と申しますのも、私たちは、不安ヒステリーのひとつに分類されているある種の恐怖症の場合に不安がどのようにして発生するのかを、あらためて探究しなおしたからです。私たちはそのために、エディプスコンプレクスに発する欲望の蠢きの典型的な抑圧が認められる症例を調査対象に選びました。当初の予想では、母親対象へのリビード備給が抑圧されて不安に変じたのち、このリビード備給が症状のかたちをとって、父親代替物[6]に結びついて現れるというなりゆきが、突き止められるはずでした。この種の探究のひとつひとつの歩みをここで皆さんにご紹介するわけにはいきませんが、ここでじつは予想に反して驚くべき結果が出てきたということをお伝えするだけでじゅうぶんでしょう。つまり、抑圧が不安を作り出すのではなくて、不安のほうが抑圧よりも先にあって、こちらが抑圧を引き起こすということなのです[7]。ですが、それはいったいどんな類いの不安なのでしょうか。むろん、迫りくる外的危険に対する不安、すなわち現実不安以外にはありません。男の子は、正しくは、リビードの要求に対する不安、この場合には母親への愛情に対する不安を感じているのでして、したがってこれは実際上、神経症的不安のケースと見なさざるをえません。ところが、母親へのこの恋着《れんちゃく》が何か外的な危険状況を引き起こすのでして、ひとえにそれゆえにこそ、男の子にとってはこの恋着は、母親対象を断念することによって逃れなければならない内的危険として立ち現れてくるわけです。この点では、私たちの探究しているどのケースでも同じ結論が得られております。ただ、白状させていただきますが、欲動が引き起こす内的危険が、外的な現実的危険状況を作り出し、これを準備するものであることが判明しようとは、私たちも予想していなかったのです。

しかし、まだまったく申し上げずにきたのですが、子供が母親への恋着の結果だとして恐れている現実的危険とはそもそも何なのでしょうか。それは、ほかでもありません、去勢の罰、男根喪失の罰です。もちろん、それは現実的危険などではない、と皆さんは反論なさるでしょう。わが国の男の子たちは、エディプスコンプレクスの段階で母親に恋着したからといって、まさかほんとうに去勢されるわけではありませんからね。ですが、ことはそう簡単にはまいりません。何よりまず、去勢がじっさいに行われるのかどうかが問題になっているわけではないからです。決定的なのは、この危険が外部から迫ってくるものであって、子供がそうした危険をほんとうに信じているということなのです。子供がそう信じるようになるには、それなりの理由があります。と言いますのも、ファルス段階(8)での早期の自慰の時期に、子供はじゅうぶんしばしば、男根をちょんぎるぞと脅かされているからですし、また、こうした罰の仄めかしは、通例、幼い子供において系統発生的に強化されてきているとすら思われるからです。推測しますに、太古の時代の人間の家族においては、去勢は、嫉妬に駆られた残酷な父親によって、成長期の男の子に対して実際に行使されていたのでして、今なお未開人のあいだで成人式の一部として頻繁に行われている割礼の儀式は、そうした去勢のまぎれない名残なのです。私たちとしましては、去勢不安が、抑圧ひいては神経症形成を引き起こすもっとも頻繁かつ強力な原動力のひとつであるという見方は、一般的見解からはずいぶんかけ離れてはおりますものの、断固手放すわけにはいきません。かつて英米社会ではさほど珍しくありませんでしたように、自慰に対する治療ないしは罰として、男の子に、去勢とまでいかないにせよ割礼がほどこされていたのですが、そのような症例を分析してみますと、この私たちの確信は、いよいよもって揺るぎないものとなってきたのです。ここで去勢コンプレクスの内容にさらに詳しく立ち入ってみたいという誘惑を強く感じるのですが、ここはぐっとがまんして、本題から外れないようにしましょう。去勢不安だけが抑圧の唯一の動機だというわけではもちろんありません。女性の場合ですと、そもそも去勢不安が入り込む余地自体がありません。女性は、去勢コンプレクスはもってはおりますが、去勢不安はもちようがありません。男性と違って女性の場合には、去勢不安の代わりに、愛情喪失に対する不安が前景に出てまいります。それは明らかに、乳幼児が母親と離れたときに抱く不安の延長のようなものです。この不安がいかなる現実的な危険状況の予告であるかは、ご理解いただけると思います。母親がいなくなったり、母親の愛情が子供にそそがれなくなりますと、子供は、どうして欲求をかなえればいいのか分からなくなりますし、場合によっては、とてつもなくひどい緊張感にさらされることにもなりかねません。どうぞお認めいただきたいのですが、この場合の不安の諸条件は、根本的には、やはり母親との離別を意味していたあの本来の出産不安の状況を反復していると言わざるをえません。それどころか、フェレンツィの考え[9]によりますと、去勢不安さえこの系列に加えることができるほどです。と申しますのも、男性性器の喪失は、結果的に、性行為において母親ないしその代替者と再結合する可能性がなくなることを意味しているからです。ついでに申しておきますと、母胎回帰という頻繁に見られる空想《ファンタジー》は、こうした母子相姦欲望に代わるものです。ここにはまだまだ、報告すべき興味深い事柄や驚くべき連関がたくさんあるのですが、精神分析入門の枠を踏み越えるわけにもいきませんので、ただひとこと、ここでは心理学的探究が生物学的事実の領域にまで突き進んでいるということを指摘するだけにとどめておきたいと思います。

精神分析に多大な貢献を果たしたオットー・ランクは、出産行為ならびに母親からの離別がもっている意義を大いに強調したという点でも、功績をもっております[10]。むろん、私たちとしましては全員、ランクがこの出産の契機をもとにして神経症理論や精神分析治療のために引き出してきたもろもろの極端な結論を、そのまま受け入れることはできませんでした。ただ誕生時の不安体験こそ、のちのあらゆる危険状況の範例であるとするランクの理論の核心部は、それ以前にすでに打ち出されていたものなのです[11]。ちなみに、のちの危険状況について述べさせていただきますと、不安条件つまり危険状況は、おのおの成長年齢に応じたものとして、成長年齢それぞれに割り振られているようです。心的な寄る辺なさという危険は、自我の早期の未熟段階に対応しておりますし、対象喪失（愛情喪失）の危険は、まだ一本立ちしていない子供時代初期に、去勢の危険はファルス期に、そして最後に、超自我に対する不安――これは別格の位置を占めております――は潜伏期に、それぞれ対応しているわけです。成長とともに、かつての段階の不安条件は順次放棄されてゆくことになりますが、それは、その条件に応じた危険状況が、自我が強化されることによって、効力を失うからです。とは申しますものの、これは非常に不完全なかたちでなされるにすぎません。多くの人は、愛情喪失に対する不安を克服することができず、他人の愛情に依存しないでやってゆける域にまでじゅうぶん達してはおりません。その点ではまさに幼児的な振舞いを続けているわけです。超自我に対する不安も、通例、終わることはありません。なぜなら、それは、良心の不安として、さまざまな社会関係において無くてはならないものだからですし、個々人が人間社会から独立して生活するような事態はごくまれにしか起こらないからです。あるいはまた、かつての段階の危険状況のいくつかは、不安条件をその時その時に応じて変容させることによって、のちの時期まで生き延びてゆくすべをわきまえております。たとえば、去勢の危険が、梅毒恐怖症の仮面をかぶって維持されてゆくといった具合です。この場合、当人はむろん、一人前の大人として、去勢というものが性的放縦に対する罰として実際に行われているわけではないことは、じゅうぶん承知してはいるのですが、この去勢の代わりに、そうした欲動の全開が恐ろしい病気を招くということを聞きかじったというわけです。私たちが神経症者と呼んでいる人たちが、危険に対する態度においてなお幼児のままであり、はるか昔の段階の不安条件をなおも引きずっていることは、疑いないところです。このことは、とりあえず、神経症者を特徴づけるのに役立つ動かしがたい事実として、受け入れておくことにしておきましょう。なぜそうなのかは、そう手早く説明できないからです。

話全体の見通しを失わないようお願いしたいのですが、ご承知のように、今私たちが問題にしているのは、不安と抑圧の関係がどうなっているのかを探ることです。この点について、これまで私たちは二つのことを新たに知りました。ひとつは、不安が抑圧を作り出すということ、これまで私たちが思っていたようにその逆ではないということです。もうひとつは、恐れられている欲動状況が、つまるところ何らかの外的危険状況に還元されるということです(12)。そこで次の問いはこうなります。すなわち、この場合、不安の影響があって抑圧が出来《しゅったい》するというこの事態は、どのように考えればいいのかということです。私の考えはこうです。自我は、突き上げてくる欲動要求を満足させれば、しかと覚えている危険状況のひとつが避けがたくなるだろうことに気がつきます。それゆえ、この欲動備給をどうにかして抑え込み、廃棄し、無力にしなければなりません。当然のことですが、自我が強力であって、当の欲動の蠢きを自らの編成のなかへと組み入れてしまっていれば、自我はこの課題を首尾よく全うできます。しかし、欲動の蠢きがなおエスの領分に属したままであり、自我がおのれを脆弱だと感じている場合には、抑圧が必要となります。その場合、自我はあるテクニックを用いて切り抜けることになります。そのテクニックとは、要するに、正常に思考を働かせるテクニックと同じものです。この場合、思考とは少量のエネルギーを用いての試験行為のことでして、喩えれば、司令官が軍隊を動かす前に地図上で試験的に小さな駒をあちこち移動させるようなものです(13)。つまり、自我は、憂慮すべき欲動の蠢きが満足させられた状態を先取り的に描き出すことによって、この欲動の蠢きに、恐れられている危険状態がはじまるときの不快感を映し出して見せるわけです。それによって、自動的に快－不快原理が動き出すことになり、そしてこの自動装置が、危険な欲動の蠢きを抑圧するにいたるわけです。

ちょっとストップ、もうこれ以上は無理だ、と皆さんは声を大きくしたくなるでしょう。おっしゃるとおりです、皆さんに受け入れていただくには、その前にまだいくつかつけ加えなければならないことがあるのです。まずお認めいただきたいのは、私がやろうとしてきましたのは、実際には想像もつかないような基底で生じているはずの、意識的でも前意識的でもないのが確実なエネルギー量のやりとりを、私たちの正常な思考の言語に翻訳することなのです。何か強い異議があってこうなったわけではありません。こうする以外にほかにやりようがないからなのです。もうひとつ、いっそう重要なのは、私たちは、抑圧の際に自我のなかで生じる事態と、エスのなかで生じる事態とを、はっきり分けて考えているということです。自我が何をするのかについては、今お話しした通りです。自我は、試験備給を行使し、不安信号を通して快－不快の自動反応を呼び覚ますわけです。このあと、いくつかの反応、あるいはそれらが量的にいろいろに混ざり合った反応が生じると考えられます。たとえば、不安発作が目いっぱい増長させられることで、自我が、この忌わしい興奮から全面的に身を引くこともあります。あるいは、自我が、この忌わしい興奮に対して、試験備給の代わりに対抗備給を打ち出すこともあります。そうなりますと、この対抗備給は、抑圧された蠢きのもっているエネルギーと合わさって症状形成にいたるか、あるいは、自我のうちに取り込まれて、反動形成や、自我の特定の素質の強化や、持続的な自我変容につながっていくことになります[14]。不安増長がたんなる信号の段階までにおさえられている場合には、自我は、それだけいっそう多くのエネルギーを、抑圧されたもの[15]の心的拘束という意味での防衛行動のために使用することになり、この出来事は、それだけいっそう、正常な〔心的〕加工[16]へと、達するとまでは言えないにしても、近づいてゆくことになります。ついでにここでちょっと触れさせていただきますと、皆さんもとっくにお分かりのように、性格と呼ばれているあの定義しがたいものは、まるごとこの自我に属するものです。私たちは、この性格というものを作り上げている契機を、すでにいくつか摑んでおります。まずは、おそらくこれがもっとも重要で決定的なものだと思われますが、幼児期のころの両親審級を超自我として体内化すること、その次にくるのが、後年の両親やその他影響力の大きい人たちとの同一化や、完了してしまったかつての対象関係の澱としての同様の同一化です〔本巻八二－八三頁〕。もうひとつ、性格形成にいつも寄与しているものとしてつけ加えておきたいのは、反動形成です。これは、自我が、最初期には抑圧を行使する際に、のちには、望ましくない欲動の蠢きをたしなめ引き下がらせる際に、より正常な手段を通して手に入れるものなのです(17)。

話を戻して、エスのほうに話題を向けましょう。抑圧が行われるとき、抑えつけられた欲動の蠢きがどうなるのかは、もはやそんなに簡単に言い当てることはできません。私たちの関心がまず向けられるのは、主として、この蠢きがもっているエネルギーないし充塡リビードがいったいどうなり、どのように使われるのかという問いです。覚えておいででしょうが、以前私たちが考えたのは、まさしくこのエネルギーが、抑圧されることによって不安に変わるということでした(18)。今ではもはや、そのように言い切る勇気など、持ち合わせてはおりません。むしろ控え目にかまえて、そのエネルギーの運命はおそらくいつも同じというわけではない、とでもお答えしておくのがよろしいかと思います。すでに自我において生じた出来事と、エスのなかの抑圧された欲動の蠢きに生じる出来事とのあいだには、おそらく緊密な相応関係があるのでして、私たちが知るべきはこの相応関係なのです。私たちは、不安信号によって呼び起こされる快－不快原理が抑圧ということにかかわっているといったふうに考えを変えたわけでして、そうである以上、私たちのこの先の見通しも当然修正してしかるべきです。快－不快原理とは、エスで生じる出来事を無際限に支配しているものです。ですから、この原理には、当の欲動の蠢きに、まさに深部にまでおよぶ変化をもたらす力があるはずです。抑圧が非常にさまざまな結果をもたらすだろうことは私たちもよく分かっております。多かれ少なかれ広範囲におよぶことはまちがいないところです。場合によっては、抑圧された欲動の蠢きは、たえず自我からの圧迫を受けながらも、自らのリビード備給を保持しつづけ、そのままエスのなかで存続してゆくかもしれません。あるいは、場合によっては、それは、自らのリビードが決定的に別の軌道へと導き入れられることによって、完膚なきまでに破壊されることもあるようです。思いますに、エディプスコンプレクスが正常に片付けられる場合はそうなるようです。つまり、そうした望ましい場合には、エディプスコンプレクスは、たんに抑圧されるのでなくて、エスのなかで破壊されるということなのです(19)。加えて、これまでの臨床経験によりますと、抑圧によっていつもながらの結果がもたらされる代わりに、リビードのランク落ち、すなわち以前の段階へのリビード編成の退行が起こることも多々あるようです。もちろん、これが生じるのはエスのなかにおいてのみでして、そのときには同時に、不安信号によって開始されるのと同じ葛藤の影響も見られます。この種のもっとも顕著な例は、リビード退行と抑圧が同時に作用している強迫神経症です。

皆さん、私が心配しておりますのは、以上の説明では皆さんにはたぶん理解しがたいだろうということです。じっさい皆さんは、これではじゅうぶん説明されつくしていないとお思いのことと存じます。ご不満を感じさせることになり、まことに申し訳なく思っているしだいです。ですが、ここで私がねらいとしておりますのは、ほかでもありません、私たちの手にする成果というものがいかなる類いのものなのか、またその成果を得るのがどれほど困難であるのかを、皆さんにわずかでも感じ取っていただくことなのです。心のなかの出来事の研究に深入りすればするほど、ますますその多彩さと複雑さを思い知らされます。当初はこれでやっていけると思えた単純な公式が、のちに不充分だと判明する場合もたくさんありました。私たちはこの先も、たゆまず、これらを修正し改良を重ねてゆく所存でおります。夢理論についての講義〔第二九講〕では、皆さんを、十五年間ものあいだほとんど新しい発見らしきものもなかった領域へご案内いたしましたが、それとは反対に、ここ、不安についての講義では、ごらんのように、すべては流動と変化のまっただなかにあります。しかも、これら新たに迫ってきた問題は、これまでまだ、徹底的に検討しつくされていないものでもあるのです。もしかしたらそのために、ここでの説明も分かりにくいものとなっているかもしれません。どうかご辛抱ください、もうすぐこの不安のテーマは打ち切りにできると思います。もちろん、打ち切りとは申しましても、満足のいくかたちで片付くという意味ではございません。たとえ一歩なりとも前進したのであれば、それでよしとしたいのです。とは申しますものの、話のなかにはいろいろ新しい洞察があったことも事実です。というわけで、不安の研究に触発された洞察として、ここでもまたもうひとつ、私たちのこれまでの自我のスケッチに新しい相貌を付け加えておきたいと思います。これまでの私たちの見方では、自我はエスに対して脆弱で、エスのいわば召使いとして、エスの命令を実行し、エスの要求をかなえることでくたくたになっているとのことでした。むろん、この命題を撤回するつもりはありません。しかし他方、この自我は、より巧みに編成され、現実に照準を合わせてはおりますものの、エスの一部でもあります。ですから、この二つの分離の度を過ごしすぎてはなりませんし、自我がそれなりにエスにおける出来事に影響を及ぼすことができるということになっても、別段驚くにはあたらないわけです。思いますに、自我は、不安信号を用いて、ほとんど全能ともいうべき快－不快原理を作動させることによって、こうした影響を行使するのです。むろん、自我はそのあとすぐに、再び自らの脆弱さを曝露してしまうことになります。と申しますのも、自我は、抑圧という行為を通して、自らの編成活動の一部を放棄するため、そのあと、抑圧された欲動の蠢きを持続的に自らの影響下にとどめておけなくなることを肯んじなければならないからです。

不安の問題について最後にもうひとことだけお許し願います。神経症的不安は、私たちが見方を修正したことによって、現実不安、すなわち特定の外的な危険状況に対する不安に姿を変えました。しかし、ここでことを終えるわけにはまいりません。たとえ後ろ向きの一歩となろうとも、先の一歩を踏み出す必要があります。こう問うてみましょう――この場合、この種の外的な危険状況における危険なもの、恐ろしいものとは、そもそも何なのだろうか、と。言うまでもなく、それは、当人に対する客観的に判定可能な危害、心理的には何らの意味ももっていない危害ではありません。そうではなくて、それによって当人の心の生活に引き起こされる事態です。たとえば、私たちが不安状態の範例と考えている出産は、危害をもたらすおそれはあるにしましても、それ自体が危害だとは見なされないでしょう。危険状況というものはすべてそうですが、出産の場合も、その本質は、心の体験において極度に張りつめた興奮状態を引き起こすところにあります。この興奮状態が不快として感じられ、しかもそれは、排出することでコントロールすることができないのです。快原理にもとづくさまざまな努力を挫折させるこの種の状態を外傷的瞬間と呼ぶことにいたしましょう[20]。そうしますと私たちは、神経症的不安－現実不安－危険状況という一連の系列を経たのちに、ある簡潔な命題にたどり着くことになります。すなわち、「恐れられ、不安の的となっているのは、いずれの場合も、快原理の規準に従って処理することのできない外傷的瞬間の出現である」という命題です。ここからただちに分かるのは、私たちは、快原理を賦与されていることで、客観的危害から守られてきたのではなくて、心的経済に対するある危害から守られてきたにすぎないということです。快原理と自己保存欲動の隔たりはなお大きく、この両者の意図は、そもそもの初めから重なってなどいない、と言えるのかもしれません。しかし、私たちは、これとは違ったもうひとつ別のことにも目を向けています。もしかしたら、こちらのほうこそ、先の問いに対する答えと言えるかもしれません。すなわち、この問いにおいては、いつも、相対的な量が問題になっているのです。何らかの印象を外傷的瞬間と化さしめ、快原理の仕事を麻痺させ、危険状況をゆゆしきものにするのは、唯一、興奮量の大きさだということです。もし事情がそうであって、この難問がかくも平凡単純な答えによって落着ということになりますと、この種の外傷的瞬間が、心の生活において、想定された危険状況とのつながりがなくとも発生しうるということになるでしょうし、したがって、そうした外傷的瞬間においては、不安は、信号として呼び覚まされるのではなく、そのつどの場あたり的な理由づけのもとに発生するということになります。臨床経験がはっきり告げていますように、現にそうしたことが起きているのです。すでに申し上げたような、不安がかつて経験した危険状況を知らせる信号として呼び起こされるといった機制が見られるのは、外傷的瞬間のあとからなされた抑圧の場合にかぎられています。そもそも最初の抑圧は、そのつどの外傷的瞬間から発するリビードの過大な要求に自我が直面した際に、そこから直接発生するのでして、これが、そのつど新たに、むろん出産という範例にのっとって、不安を作り出すわけです。このことは、性機能の身体的毀損による不安神経症に顕著な不安増長の場合に当てはまるかもしれません。この場合、不安に姿を変えているのはリビードそのものであるなどと、もはや私たちは主張するつもりはありません[21]。ですが、不安に二通りの出自があること、つまり、外傷的瞬間の直接的な結果としての不安と、もうひとつ、そうした外傷的瞬間が繰り返されそうだという信号としての不安という二通りのものがあるということ、これに対しては異議をはさむ余地はないと私は思っております。

さて皆さん、皆さんは今、これでやっと不安の話につきあわなくてすむと、ほっと胸を撫で下ろしておられることと思います。ですが、ほっとしてなどいられません。これからの話も、これまでよりましというわけにはいかないからです。私は本日の講義で、ひきつづき、皆さんをリビード理論ないしは欲動理論の領域にご案内しようと思っていますが、ここでも、これまでの話と同様、新たな様相がいくつも出てきているのです。むろん、ここでの私たちの研究は、苦労して聞いていただくだけのかいがあるほどめざましい進歩を遂げた、などとうそぶくつもりはありません。じつはここは、私たちがまさに手探り状態で苦心惨憺、あれこれ模索している領域なのでして、私としましては、ただ、皆さんにそうした苦闘の証人となっていただきたいだけなのです。ここでもまた、以前の講義ですでにお話ししましたいくつものことがらに立ち戻って、話を始めさせていただきたいと思います。

欲動理論は、私たちにとってのいわば神話学のようなものです。欲動は神話のような存在でして、その不分明さたるやじつに途方もないものです。私たちの仕事では、これら欲動からは一瞬たりとも目をそらすことは許されないのですが、そのようにしていてもなお、これらをきちんと見据えているという確信はもてないのです。ご存じのように、欲動は、通俗的な考え方においても、あれこれ引っ張り出されております。自己顕示欲動、模倣欲動、遊戯欲動、社交欲動など、必要に応じて、さまざまな欲動がいくらでも仮定されております。それらは、いわば取り上げられて、それぞれ特別の仕事をさせられては、やがて再び捨てられてしまいます。私たちの心にいつも予感としてありましたのは、これらささやかな借り物にすぎない数々の欲動の背後には、何かのっぴきならない巨大なものがひそかに控えているのではなかろうかということでした。私たちが注意をこらして近づいてみたいと思ったのはこの巨大なものでした。かつて私たちが踏み出した第一歩は、文句なしに控えめなものでした。私たちの言い種はこんなふうでした。「さしあたりは、飢えと愛という人間の二大欲求に従って、二つの主要欲動、二種類の欲動、ないしは二つの欲動群を区別すれば、おそらく大きなまちがいにはならないだろう。ふだんは他のすべての科学からの独立を熱心に主張している心理学といえども、ここ欲動理論の領域では、動かしがたい生物学的事実に圧倒されている。つまり、個々の生き物は自己保存と種の保存という、相互に独立しているらしい二つの意図に奉仕しており、われわれの知るかぎり、これら二つの意図は、その共通の起源もいまだ見出されてはいないし、われわれの動物としての生のなかで、その利害がしばしば衝突しているということである。それゆえここでなされるべきは、そもそも生物学的な心理学であり、生物学的出来事に対する心的随伴現象の研究なのだ」と。そして、こうした解釈を代弁するものとして精神分析に導入されることになったのが、「自我欲動」と「性欲動」だったわけです。前者の「自我欲動」は、個の維持、主張、拡張にかかわることがらいっさいを含んだものとなりましたし、後者の「性欲動」は、幼児の性生活や倒錯的な性生活の説明も可能となるように、その内容が大きく拡大されなければなりませんでした。また私たちは、神経症を研究することで、自我は制限し抑圧する力であり、性的追求は制限され抑圧される側だという見方をとりはじめており、この二つの欲動群の差異だけでなく、両者の葛藤のありようも、具体的に明らかにすることができると思っておりました。当初、研究の的は性欲動のみに絞られ、そのエネルギーは「リビード」と名づけられました。性欲動をもとにして、欲動とは何か、欲動にはどんなことができるのかということについての考えを明確にしようとしたわけです。これがリビード理論の占めた位置なのです。

欲動とは、要するに、外的刺激とはちがって、身体内部の刺激源から発し、恒常的な力のように作用するものでして、外的刺激の場合のように、当人が逃走によって回避することができないものです。欲動においは、源泉と対象と目標の三つを区別することができます。源泉とは身体内での興奮状態であり、目標とはこの興奮の解消でして、欲動は、この源泉から目標へといたる途上でさまざまな心的作用をひきおこすわけです。私たちは、欲動というものを、ある一定の方向をめざして切迫してゆく〔drängen〕、ある種のエネルギー量として思い描いております。欲動〔Trieb〕は、この切迫するという動きにその名の由来をもっているのです[22]。私たちは、欲動には能動的なものと受動的なものがあるという言い方をしていますが、正確には、能動的欲動目標と受動的欲動目標があると言うべきでしょう[23]。受動的目標を達成するためにも、能動的な力の消費は必要なわけです。目標が達成されるのは自身の身体においてですが、通例そこにいたるまでに、外的な対象が挟み込まれており、それによって欲動は自らの外的目標を達成することになります。欲動の内的目標はいつも、満足として感じられる身体変化ということになります。欲動が身体的な源泉から発しているということが、欲動に何らかの特殊性を与えているのか、与えているとすればそれはいかなる特殊性なのか、この点はなお明白になってはおりません。分析の経験によって立証されているところですが、疑いえないのは、ある源泉からの欲動の蠢きは、他の源泉からの欲動の蠢きと合流し、その後の運命をともにするということ、さらには、そもそもある欲動の満足は、それとは別の欲動の満足によって代替可能だということです。ただしお断りしておきますが、この点についても、とりたててよく分かっているわけではありません。欲動と目標ならびに対象との関係も変更可能でして、目標と対象はともに、別の目標と対象に取り換えることが可能なのです。ともあれ、対象に対する欲動の関係のほうがより柔軟性をもっていることはまちがいないところです。社会的に評価される類いの目標変更と対象交換を、私たちは昇華として特別に扱っております。さらには、目標制止されたい欲動というものも、当然ながら、また別個に扱わなければなりません。それは、よく知られた源泉から発し目標もはっきりしているのですが、いかんせん満足にいたる手前で歩みを止めてしまった欲動の蠢きでして、そのため、そこでは対象備給が持続的に行われ、追求がいつまでもつづけられることになります。たとえば、明らかに性愛的欲求に源をもち、通例その満足を断念している情愛関係などが、その類いに属するでしょう。[24]ごらんのように、欲動の特性と運命につきましては、まだまだ分かっていないことが山積しております。ここでもうひとつ思い出すべきは、性欲動と自己保存欲動のあいだに認められる違いでしょう。この違いは、もし群としてのこれらの欲動それぞれにまるごとあてはまる違いなのでしたら、理論的にきわめて重要だといえるのですが、じつはそれがそうではないのです。性欲動で目立っているのは、目標を取り換えることができるという意味での柔軟性、ある欲動満足をそれとは別の満足に代替できるという意味での代行可能性、そしてもうひとつ、先に挙げた目標制止された欲動に典型的にみられる延期可能性というものです。他方、これらの特性は自己保存欲動には与えるわけにはいかないものです。自己保存欲動の特徴として挙げるべきは、非柔軟性、延期不能性、そして、性欲動とはまったく別のかたちでの強制性ということでして、さらには、抑圧ならびに不安に対して性欲動とはまったくちがった関係をもっているということです。[25]しかし、ちょっと考えれば分かることですが、こうした特別のあり方は、すべての自我欲動にあてはまるのではなく、飢えと渇きにのみあてはまるものでして、どうやらこれは、この自我欲動の源泉の特殊性によっているようなのです。どこか混乱したような印象をお感じだと思いますが、そうした印象の大半は、もともとエスに属していた欲動の蠢きが、自我編成の影響のもとでいかなる変化をこうむるのかということについて、これまでことさら考察してこなかったところからくるものなのです。

欲動生活がどのようにして性的機能を果たすことになるのかを探究するという点では、私たちは、もっとしっかり足を地につけて動いております。そこでは、皆さんにとってももはや耳新しいものではないでしょうが、まさに決定的な洞察が得られております。つまり、最初から、男女両性の性細胞の合一という性機能を目標としているような性欲動など存在しないということです。そうではなくて、身体のさまざまな部位や領域から発する数多くの部分欲動があって、それらが、それぞれかなり独立を保ったまま満足を追い求め、その満足を、私たちが器官快と呼んでいるもの[26]において見出すのです。性器は、これらの性源域のうちでいちばん最後に登場するものでして、そこでの器官快は、性的快と呼ばざるをえないと思います。快を追求するこれらの蠢きのすべてが、性機能の最終的編成のなかに取り込まれるとはかぎりません。それらのうちのあるものは、抑圧などを通して不要なものとして排除されますし、あるものは、先に触れました注目すべきやり方[27]で目標から逸らされて、他の欲動の蠢きを強化するために用いられたりします。あるいは、副次的役割にのみ徹し、導入としての前戯を行うため、つまり予快[28]を産み出すためにのみ奉仕するものもあります。すでにご説明申し上げたところですが、性機能のこの長期にわたる発達のうちには、何段階かの暫定的編成が認められますし、また、性機能の脱線や衰退といった事態も、この発達の歴史から説明することができます。私たちは、この前性器期的な諸段階の最初のものを口唇段階と呼んでいますが、そのわけは、性源域としての口唇領域が、乳児がお乳を吸うやり方に即して、この時期の性活動と称してしかるべきものをも支配しているからです。つづく第二の段階になりますと、サディズム‐肛門的衝動が前面に出てまいりますが、むろんこれは、歯の出現、筋肉装置の発達、肛門括約筋機能の支配と結びついております。この際立った発達段階に関しましては、つい最近でも、数々の興味深い事実が確認されております〔本巻一二八—一二九頁〕。三番目に現れるのはファルス段階でして、ここでは、男女ともに、男根および、女の子ではそれに相当するものが、もはや看過できない重要性を獲得することになります[29]。性器段階という名称は、もっぱら、思春期以後に成立する最終的な性的編成を指すためのものでして、女性性器は、この段階にいたって初めてそれとして認められ、男性性器がはるか以前に獲得していた承認を得ることになるわけです。

ここまではすべて、すでに言い古されたことのくりかえしです。むろん、これは、ここで言及されなかったものがもうすべて反古となっているという意味ではございません。何のためにこんなくりかえしが必要だったかと申しますと、これにつなげて、これまでの私たちの洞察の進歩がどんなであったかをご報告申し上げようと思ったからです。この点は自負していいと思いますが、私たちは、まさしくリビードの初期編成について多くの新しいことを知り、昔からの古い知見がもっている意義をより明瞭なかたちでとらえなおすことができたのです。以下、このことを、皆さんに、少なくともいくつかの事例によってお示ししたいと思います。一九二四年にアブラハムは、サディズム－肛門段階が二つの段に分けられることを明らかにしました[30]。早期のほうの段では、毀損と喪失といった破壊的傾向が支配的で、あとのほうの段では、保持と所有といった対象に対する友好的な傾向が支配的になります。つまり、この肛門－サディズム段階の中間において、のちの愛情備給の先駆形態として、対象に対する配慮がはじめて出現してくるということです。同じように、この種の二分割は、最初の口唇段階に対しても行うことが許されます。その第一段で問題になるのは、もっぱら口による体内化だけで、そこでは、母親の乳房という対象に対する関係のうちには両価性《アンビヴァレンツ》はいっさい存在しておりません。第二段は、噛むという行為の出現によって特徴づけられ、口唇サディズム段階と呼ぶことができる時期でして、そこでは、このすぐあとにつづくサディズム－肛門期ではるかに明瞭になってくる両価性の現象がはじめて姿を現すことになります。この新たな区分の威力が発揮されるのは、とりわけ、特定の神経症――強迫神経症やメランコリー――において、素因の位置[31]をリビード発達のうちに探り出そうとするような場合です。リビード固着と素因と退行の関係について私たちがこれまで得た知識を、ここで思い起こしていただければと思います[32]。

総じて、リビード編成の諸段階についての私たちの考え方には、いささかズレが生じることになりました。以前とりわけ強調されていましたのは、ひとつの段階はすぐ次の段階のはじまる前に消滅するという点でしたが、今私たちの注意をひくことになっていますのは、以前のあらゆる段階のじつに多くの部分が、のちの段階の形成物と並存しつつ、あるいはその背後に隠れて残存し、当人のリビード家政や性格のうちに、持続的に代替されつづけるという事実です。そして、これよりさらに重要となりましたのは、病気という条件の下では以前の諸段階への退行がじつに頻繁に生じ、しかもその際、特定の疾病形態には特定の退行が特徴的であるということを教えてくれた研究でした[33]。ですが、ここでそのことを扱う余裕はありません。それは、特殊な神経症心理学に属する問題です。

欲動変転およびそれに類する出来事は、とくに肛門性愛――性源としての肛門領域に発する興奮――を手がかりに研究することができたのですが、驚きだったのは、この肛門性愛的な欲動の蠢きが、いかに多種多様な転用をこうむっているかという点でした。ほかでもない肛門領域は、発達の途上でとくに軽蔑を受けることになった領域でして、私たちにとって、この軽蔑から解放されるのは、もしかしたら容易なことではないかもしれません。だからこそ、肛門は胎生学的には原初の口が腸の下端にまで下がっていったものだというアブラハムの忠告は、しかと肝に銘じておく必要があるでしょう[34]。すると気づかれますのは、自分の糞便、排泄物に価値がないと思うようになるにつれて、肛門を源泉とするこの欲動関心は、贈り物として差し出すことができるような諸々の対象への関心へと移ってゆくということです。考えてみれば、もっともなことです。といいますのも、糞便は、乳児が、自分を世話してくれる女性に対する愛情のゆえに贈り物として自ら手放した最初のものだったからです。糞便に対するこのかつての関心は、このあとさらに、言語の発展途上での語義変化とまったく同じように、黄金や金銭を尊重する態度へと転換してゆく一方で、赤ん坊とペニスに向けられる情動備給を増大させるのに貢献するようにもなってゆきます。子供たちはすべて、排泄孔理論なるものを長いあいだ頑強に信じているものですが、その当の子供たちの確信によりますと、赤ん坊は、ちょうど糞の塊のようにして腸から生まれてくるということになっており[35]、まさに脱糞は出産行為の範例なのです。他方ペニスもまた、腸の粘膜管をいっぱいに満たしこれを刺激している棒状の糞を、前身としております。子供はいずれ、ペニスという一物をもっていない人間がいるということを、仕方なしに承認せざるをえなくなるわけですが、このとき、その子には、ペニスは、身体から取り外し可能なものと思われ、断念されざるをえなかったあの最初の肉体の一片であった排泄物と見まがいようなく類似したものとなるからです。こうして肛門性愛の大部分はペニスへの備給へと移行してゆくわけですが、しかし、このペニスという身体部位への関心は、こうした肛門性愛的な根っ子のほかにも、もしかしたらより強力であるかもしれない口唇性愛的な根っ子ももっております。授乳中止後はペニスが、母親の器官である乳首の跡を継ぐことになるからです。

深層に横たわっているこのような諸連関を知らないならば、空想《ファンタジー》——無意識からの影響をこうむった思いつき——にせよ、人間の症状言語にせよ、それらが何であるのかをきちんとつかむことはできません。ここでは、糞－金銭－贈り物－赤ん坊－ペニスが、同義のように扱われ、共通の象徴によって代表されるわけです。私がご報告できたのはごく不完全なものにすぎないということも、どうぞお忘れにならないでいただきたいと思います。もうひとつ、急いで付け加えさせていただきますが、後になって目覚めることになる膣への関心も、主として肛門性愛的な出自のものです。べつに奇異な見方ではありません。ルー・アンドレアス＝ザローメの巧妙な言い回しによりますと[36]、膣そのものは、肛門に「間借りをしている」のですし、また、性的発達のある部分を経験しなかった同性愛者たちの生活においても、膣はやはり肛門によって代替されるのです。夢には、以前はひとつの部屋だったのに、今は壁で二つに仕切られているトイレ、ないしはそれが逆になったトイレがしばしば現れます。これが意味しているのは、必ずといっていいほど、膣と腸の関係なのです。きちんと跡づけることも可能ですが、女の子の場合は通例、ペニスを所有したいというまったく女性らしからぬ欲望が、赤ん坊をもちたいという欲望に、そしてその後には、ペニスをもっていて赤ん坊を授けてくれる男性をほしいという欲望に変わってゆきます。つまり、ここでもまたはっきり確認できるのは、もともと肛門性愛的な関心の一部だったものが、のちの性器段階の編成へと取り込まれてゆくということなのです[37]。

　リビードの前性器期的段階についてこうした研究をしているあいだに、性格形成に関する新しい洞察もいくらか手に入ることになりました。私たちは、几帳面、倹約、強情といった、同居しているのがほぼ通例になっている三和音的な特性に注意を向け、そうした特性をもった人たちの分析から、これらの特性は、肛門性愛にとことん耽ったあげく、これが別の方向に用いられたことから生まれ出たものだと推察したのです。つまり、私たちは、これら三つの特徴の合体が顕著に見てとれる場合、これを肛門性格と呼び、この肛門性格を、消尽しつくされていない肛門性愛とある種の対立をなすものと見なしているわけです[38]。野心と尿道性愛[39]のあいだにも、これに似た関係、もしかしたらこれよりもっと緊密ともいえるような関係が見出されました。この連関を印象的なかたちで示唆してくれたのは、ある伝説、ヘロストラトスという男が、虚栄の名誉欲から、尊敬厚きエペソスのアルテミス神殿に放火したのと同じ夜に、アレクサンダー大王が生まれ落ちたという伝説でした[40]。まるで古代の人々は、このような関連を知らないではいなかったかのようです。放尿が火や消火とどれほど深くかかわっているかについては[41]、皆さんもご存じのとおりです。もちろん、他の諸々の性格特性もいずれ、これと同じように、特定の前性器期的リビード編成のもたらした澱ないしは反動形成であることが判明するだろうと予想されておりますが、今のところまだ証明されるにはいたっておりません。

しかし、そろそろ話をもとの主題と歴史に戻して、欲動生活のもつごく一般的な諸問題に立ち帰ることにいたしましょう。当初、私たちのリビード理論の根底にあったのは、自我欲動と性欲動の対立でした。しかし、その後私たちは、自我そのものをより詳しく調べはじめ、ナルシシズムの観点を見出すことになったのですが、そうなると、この自我欲動と性欲動の区別そのものが、その存立基盤を失うことになってしまったのです。自我が自分自身を対象にし、自分自身に恋着《れんちゃく》しているかのような振舞いをするのが、まれに見られます。ギリシアの〔ナルキッソスの〕伝説から借りてきたナルシシズムという名称はこうした事態を指すためのものです。むろんこれは、日常ありふれた事態が極端にまで先鋭化されたものにすぎません。ともあれ、ここから分かるのは、自我はいつもリビードの大貯蔵庫であって、対象へのリビード備給はここから出て、再びここへ戻ってくるということ、他方、この戻ってきたリビードの大部分は自我のうちにとどまり続けるということです[42]。自我リビード〔自我に向けられたリビード〕は、不断に、対象リビード〔対象に向けられたリビード〕に変わり、対象リビードは自我リビードに変わるわけです。しかし、だとしますと、この両者は、本性上別物ではありえないということになり、それぞれのエネルギーを区別しても意味がなくなり、リビードという名称は捨て去ってもよし、あるいは、これを心的エネルギー一般といった意味で用いてもよし、ということになるのです(43)。

私たちとしましては、長い間こうしたスタンスをとりつづけていたわけではありません。欲動生活のうちには何らかの対立性があるはずだという予感が、やがて、これとは異なった、より鮮明な表現をとることになったのです。ですが、ここでは、この新しい欲動理論の来歴について述べようとは思いません。この欲動理論もまた本質的に生物学的考察にもとづいたものでして、私としましては、ここではこれをすでに出来上がったものとしてご報告したいと思います。私たちは、欲動には本質的に異なった二種類のものがあると仮定しております。ひとつは、お望みでしたらエロースという呼び方をしてもいい最広義の性欲動、もうひとつは、破壊を目標とする攻撃欲動です。こんなふうに説明されると、皆さんは、なんだ、そんなに耳新しいことではないじゃないか、とお感じになられると思います。たしかにこれは、誰が見ても、愛と憎しみの言い古された対立、物理学が無機的世界の説明のために仮定している引力と斥力の両極性に重なるようなあの対立を、ことさら麗々しく理論化しようとした試みにすぎないように見えます。ところが、奇妙なことですが、この説は、多くの人たちから新説として感じられ、しかも一刻も早く排除すべきじつに忌わしい愚説と感じられているのです。思いますに、この拒絶にはじつは、強い情動的要因が一役買っているようです。私たち自身の場合でさえ、攻撃欲動なるものの存在を承認しようと決断するまでに、なぜかくも長い時間を要したのでしょうか。なぜ、私たち自身、誰もがよく知っているこの明々白々たる事実を、躊躇することなく理論のために利用できなかったのでしょうか。仮に、この種の目標をもった欲動は動物に特有のものだとでも主張するのであれば、きっと、受ける抵抗も小さいに相違ありません。ところが、この欲動が人間の生得の体質のなかにあると認めるわけですから、そりゃけしからん、そいつは数々の宗教的前提や社会的慣習に反している、ということになるわけです。何をばかな、人間というものは生まれつき善良であるはずだし、少なくとも温厚ではあるはずだ、といった声が挙がります。人間は、ときには野蛮で暴力的で残酷になることもあるが、それは、感情生活の一時的な乱れのせいであって、たいていは挑発されて出てきたものであるし、もしかしたら、人間自身が作り上げてきた不合理な社会秩序の結果にすぎないのだ、というわけです。

　残念ながら、歴史が報告していることや、私たち自身が体験したところからしますと、断じてこんなことが言えるはずがありません。むしろ、人間の本性が「善良」だという信仰のほうこそ、悪しき錯覚のひとつであると判定せざるをえません。じっさいには害悪しかもたらしていないのに、生を美化し楽にしてくれると人間たちに期待させる錯覚のひとつにすぎないのです。しかし、この方向で議論を続ける必要はありません。と申しますのも、私たちが人間に特別の攻撃欲動ないし破壊欲動が存在すると仮定したのは、歴史や人生経験が教えるところによってではなくて、サディズムおよびマゾヒズムという現象の検討からたどり着いた一般的考察にもとづいてのことだったからです。ご存じのように、性的対象が苦痛や虐待や凌辱を受けるという条件に性的満足が結びついている場合、私たちはこれをサディズムと呼び、逆に、自らがそうした虐待される対象になりたいという欲求がある場合、これをマゾヒズムと呼んでおります。そして、これもまたご存じのように、正常な性関係のなかにもこれらの二つの性向がいくぶんかは付加的に入り込んでいるのでして、これらの性向が他の性目標を押し退けてしまって、その代わりにおのれの目標だけを据えているような場合、これには倒錯という名前が与えられております。[44] 皆さんはえてして、サディズムのほうは男性性、マゾヒズムのほうは女性性と密に結びついており、ここには何かひそかな親和力のようなものが働いているかのようにお考えになるだろうと思います。しかし、まず申し述べておかねばならないのは、じつは、私たちはそうした道筋をとって論を進めていったのではないということです。この両者、サディズムとマゾヒズム、とりわけマゾヒズムのほうは、リビード理論にとってまさに謎めいた現象なのでして、ですから、取るべき真っ当な方策としましては、ある理論にとって躓きの石となったものを、それに代わる理論にとっての礎《いしずえ》とする以外になかったわけなのです。

そういうわけで私たちは、サディズムとマゾヒズムを、この二種類の欲動の混合、エロースと攻撃欲動の混合を示す二つのすぐれた例とみなし、そのうえで、このサディズムならびにマゾヒズムの連関は範例的であって、私たちの調べうるかぎりのすべての欲動の蠢きは、この二種類の欲動のこうした混合ないし合金から出来ていると仮定するのです。もちろん、その混合の割合はじつにさまざまです。その際、エロース的欲動は、その多種多様な性的目標をこの混合のなかへと持ち込むでしょうし、他方、攻撃欲動は、そのあくまで単調な傾向を緩和され、ぼかされるにとどまるでしょう。こうした想定をすることによって、私たちは、いろいろな病理的出来事を理解するためにいずれ重要な意義をもつことになるかもしれない探究を行う見通しを獲得できるようにもなりました。と申しますのは、この混合が崩壊することもあり、そうなればこの欲動分離のゆえに、きわめてゆゆしい機能障害が生じかねないからです。ですが、この視点はまだ生まれたばかりでして、これまでまだ誰一人、これを実際の研究に利用しようとしていないのが現状です(45)。

さて、マゾヒズムが私たちに課している特別の問題に話を向けましょう。マゾヒズムは、さしあたりそのエロース的成分を度外視して考えますと、自己破壊をめざす性向が存在していることを保証するものです。欲動の蠢きはすべて、もともとは自我――とは言いましても、ここでは当人物全体としてのエスを指してのことです(46)――に含まれているわけですから、それは破壊欲動にもあてはまるのでして、だとしますと、マゾヒズムのほうがサディズムよりも先にあったという把握の仕方をせざるをえないことになります。じっさいサディズムは、この破壊欲動が外へふり向けられることによって攻撃の性格を獲得するようになったものなのです。内部にはもともとあった破壊欲動がなおいくらかは残っていると考えられますが、私たちが知覚によってこの破壊欲動を捉えることができるのは、それがエロース的欲動と結びついてマゾヒズムとなる場合か、あるいは――多かれ少なかれエロース的欲動が付加されて――攻撃として外に向かう場合かのいずれかの条件のもとでしかないようです。ところで、攻撃が現実の妨害に出会って外界での満足を見出せないこともあるわけでして、私たちとしましては、その可能性のもつ意義を見ないですますわけにいきません。攻撃は、現実の妨害に出会いますと、ともすると内部へと後戻りすることになり、内部で働いている自己破壊の度合いを増大させることになりかねません。のちほど申し上げますが、実際にこの通りのことが起こりますし、またこの出来事はすこぶる重大な結果をもたらしているのです(47)。攻撃がはばまれると、どうやら重大な毀損が発生するらしく、じっさい私たちは、自分で自分を破壊せず、自己破壊へ向かう傾向から身を守るためには、他の事物や他の人々を破壊せざるをえないようなのです。これはたしかに、道徳家にとっては、伏せておきたい悲しむべき話とは申せましょう。

むろん、道徳家は、そんな話は現実離れした思弁にすぎないと言いたて、この先も長々と自らを慰めつづけるにちがいありません。なるほど、自らの有機的故郷の破壊をめざす欲動があるとは、奇妙といえば奇妙ではあります。

詩人たちも、たしかにこの類いのことを口にしてはいますが、しかし詩人というものはえてして無責任なものでして、詩人たることの特権を楽しんでいるにすぎません。生理学の分野にも、むろん、自己消化する胃粘膜といったように、これと似たような見方がないわけではありません。しかし、私たちのいう自己破壊欲動にはもっと幅広い裏付けが必要であることは、確かなところではあります。誰かみじめなおっちょこちょいが自らの性的満足を何か珍奇な条件と結び付けたというただそれだけの理由で、かくも重大な仮定をあえて行うわけにはいかないのです。諸欲動の研究を深めてゆけば、必ずや私たちの必要とするものが与えられると、私は考えております。諸欲動は、心の生活のみならず増殖活動をもとり仕切っており、この後者の場合の有機的欲動は、この点で私たちのきわめて強い関心を引くに値するひとつの性格特徴を示しているからです――むろん、それが欲動一般に共通の性格と言えるかどうかは、まだ先にならなければ判定はできませんが。つまり、ここで明らかになるのは、欲動というものは、より以前の状態を復元しようとする努力なのではないかということです。こう仮定していいと思いますが、いったん達成された状態が乱されると、その瞬間に、その状態を改めて再生させようとする欲動が発生し、それが、反復強迫と呼べるようなさまざまな現象を産み出すということです。たとえば胎生学は、この反復強迫をうかがうための絶好のものだと言えます。あるいは、動物界のかなり上位にいたるまで、失った器官を新たに作り出す能力が伸び広がっています。私たちが傷病から回復できるのは、治療による補助もさることながら、治癒欲動があるおかげだといえましょうが、この治癒欲動なるものも、かつて下等動物の段階で大々的に発達したこの器官再生能力の名残なのかもしれません。魚たちの産卵のための回遊にせよ、あるいは渡り鳥の飛行もそうかもしれませんが、動物たちの本能の現れと称されているものはすべて、もしかすると、欲動の守旧的本性の表現としての反復強迫の命令のもとに行われているのかもしれません。心の領域においても、反復強迫の現れは、探し出すのにさほど手間は要しないでしょう。私たちの注意をひいたのは、忘却され抑圧された幼児期の体験が、呼び起こしたところで快原理にもとるにもかかわらず、分析作業中に、さまざまな夢や治療反応、とりわけ転移反応というかたちをとって再現されるという事実でした。私たちとしましては、この説明として、これらの場合には反復強迫が快原理さえをも凌駕していると考えざるをえませんでした。分析以外の領域でも、これに似たようなことは観察できます。自らの不利益となるような同一の反応を、生涯にわたって性懲りもなく反復しつづけている人たちがおりますし、あるいは、いっけん何か仮借ない運命に追いかけられているように見えますが、よく調べてみると、当人が知らず知らずのうちに自分でその運命を招いていることが判明するような人たちがいるのです。このような場合を考えますと、私たちは、反復強迫には魔神的《デモーニッシュ》な性格があると認めざるをえなくなるわけです。

ですが、諸欲動にこうした守旧的な性向があるからといって、それでいったい、私たちのいう自己破壊なるものがどれほど理解しやすくなるでしょうか。それは、この種の守旧的欲動が以前のどのような状態を復元しようとしているのか、という問いと重なっています。答えは、さほど突飛なものではありませんし、広い展望を開いてもくれます。私たちの前提はこうです。すなわち、かつて生命が――考えられぬほど遠い昔に、想像を絶するような方法で――生命なき物質から生まれ出たということが正しいのであれば、この時、この生命を再び破棄し、無機的な状態を復元しようとする欲動が発生したにちがいないということです。この欲動に認められるのが、私たちの仮定した自己破壊なのでして、そうしますと、この自己破壊は、どんな生命過程にもつきまとっている死の欲動の表現として把握しなおすことも許されるでしょう。そうなりますと、私たちが想定している欲動は、大きく二つの群に分かれることになります。生命物質をどんどん束ねてより大きな統一体にしようとするエロース的欲動と、この努力に逆らって生命体を無機的状態に引き戻そうとする死の欲動です。生命現象は、この二つの欲動の協働と反目の作業から生まれ、最後は死によって終止符を打たれるというわけです。

もしかしたら皆さんは、肩をすくめてこうおっしゃるかもしれません。こんなの、自然科学じゃない、ショーペンハウアーの哲学だ、と。ですが、皆さん、はじめに誰か大胆な思想家がずばり言い当て、そのあとやおら、醒めた手間のかかる細部研究がそれを立証するということがあってはなぜいけないのでしょうか。それに、今申しましたことはすべて、これまですでに言われていたことでして、ショーペンハウアーを俟たずとも、それ以前に多くの人が似たようなことを言っているのです。さらにつけ加えますと、私たちの申していることは、正真正銘のショーペンハウアーですらないのです。私たちは、死が生の唯一の目標だなどと主張しているわけではありませんし、死に並んで生があるのを見逃しているわけでもありません。私たちは二つの基本欲動を承認したうえで、そのどちらにも、それ自身の目標を認めています。この二つの欲動は生の過程においてどのように混ざり合っているのか、死の欲動はどのようにしてエロースの意図に奉仕させられるのか、とりわけ、それが攻撃として外に向け変えられるときはどうなっているのか、こうした点を探るのが、私たちの今後の研究課題なのです。私たちはまだ、このような漠たる見通しがようやく開けてくる地点にまでしか達しておりません。守旧的性格はすべての欲動に例外なくそなわっているわけではないのかという疑問、エロース的欲動は生命体をより大きな統一へと統合することをめざすわけですから、こちらもまたより以前の状態を回復しようとしているなどとは言えないのではないかという疑問、(48)これらの疑問に対しても、今のところ私たちは答えを出さないまま置いておかざるをえないのです(49)。

話が私たちの守備範囲からやや離れすぎてしまいました。遅ればせながらではありますが、ここで、欲動理論のためのこうした思索の出発点がどこにあったのかについてご報告しておきたいと思います。出発点は、自我と無意識的なものの関係の修正を私たちに迫ったのと同じところにあります。すなわち、抵抗を行っている当の患者自身がその抵抗について何ひとつ知らないという事態がじつにしばしば起こる、という分析作業から得られた印象です。この場合、患者に意識されていないのは、抵抗しているという事実ばかりでなく、その抵抗の動機もまた意識されていないのです。私たちは、この一つないし複数の動機を探り当てねばならず、驚いたことに、そこで見出されたのは、マゾヒズム的欲望の系列に属するとしかいえない強い懲罰欲求だったのです。この発見がもつ実践面での重要性は、理論面での重要性に劣ってはおりません。この懲罰欲求こそ、治療に向けられた私たちの努力に対するもっともゆゆしき敵にほかならないからです。懲罰欲求は、神経症にともなう苦しみによって満足を得るのでして、そのため患者はいつまでも病気でありつづけることにしがみついて離れようとしないわけです。この無意識的懲罰欲求という動機は、どうやらどの神経症疾患にもかかわっているようです。なるほどたしかにその通りだと思わせてくれるのは、神経症の苦しみが他の種類の苦しみに次々とすり代わってゆくような症例があるということです。その類いの経験について、ひとつご報告しておきましょう。昔、もう若くはないある未婚の女性をその症状群から解放するのに成功したことがありました。この女性は、その症状群のために、ほぼ十五年ものあいだ、苦痛に満ちた生活を強いられ、普通の社会生活に参与することができなくなっていたのです。治療のあと、この女性は、すっかりよくなったと感じて、何か熱中できる活動に打ち込み、そこで、けっして乏しくはない才能を伸ばし、いくばくかの信望と楽しみと成功を手に入れようとしました。しかし、彼女は、その分野でひとかどのものになるには年をとりすぎていることを知らされたり、あるいは自ら思い知るはめになり、それとともに、この試みはどれもこれも、中途で終わってしまうのです。そうしたことが起こると、そのあとは、すぐまた病気がぶり返すことになるのがふつうなのでしょうが、この娘さんの場合は、そうはなりませんでした。その代わり、そのたびごとに彼女の身に災難がふりかかり、そのため彼女はしばらく活動するのをやめて、痛い目を味わわなければならなかったのです。やころんで足をくじいたり、膝を傷つけたり、何かちょっとしたことをしていて手に怪我をしたりしたわけです。やがて彼女は、これらの出来事はいっけん偶然のようだが、じつは自分自身が引き起こしたものであるということに気づくことになり、今度は、いわば別のテクニックを使いはじめました。つまり、同じようなきっかけがあるたびに、災難の代わりに、カタルや咽頭炎やインフルエンザやリューマチ性腫れ物などのちょっとした疾患が出現したのです。そしてそのあげく、これはもういよいよだめだと彼女自身が活動を断念しきったとき、この現象は幽霊のようにころりと消えてしまったのです。

私たちは、この無意識的懲罰欲求の出自については疑う余地はないと考えております。これは、良心の一部のように振舞い、私たちの良心が無意識の領域へとせり出してきたように振舞っているからです。おそらく、この無意識的懲罰欲求もまた、良心と同じ出自をもち、したがって、内面化されて超自我に継承された攻撃の一部に相当するものと言っていいでしょう。「無意識的懲罰欲求」という語の組み合わせが何かしっくり来ないとおっしゃるのでしたら、「無意識的罪責感」とでも呼び換えればいいかもしれません。そのほうが、実践の面では断然ためになると思います。理論的には、私たちは大元のところで、どう判断してよいのか迷っているところがあります——外界から戻ってきた攻撃がすべて超自我によって拘束され、そのうえでこれが自我にふり向けられると考えるべきなのか、それとも、戻ってきた攻撃の一部が、拘束なき自由な破壊欲動として、自我とエスのうちで、その不気味な活動を沈黙のうちに行うと考えるべきなのか、という点です。何かこの類いの配分(50)が起こっていると見るほうが確からしいのですが、いかんせん、それ以上詳しいことは分からないのです。超自我がはじめて設立されたとき、この審級に供給されるエネルギーとして、両親に対する攻撃――愛情固着ならびにさまざまな外的困難のゆえに子供がこのとき自分の外へと放散できなかった〔自分の内へと向けざるをえなかった〕攻撃――が使用されたのはまちがいないところでして、ですから、超自我の厳格さは、たんに教育の厳しさに照応しているとはかぎらないのです〔本巻八一―八二頁〕。のちになっても、攻撃が抑え込まれた場合には、それをきっかけにして、破壊欲動が、あの決定的な超自我成立の時点で開かれたのと同じような道をとるということは、じゅうぶんありうるところです。

このような無意識的罪責感を桁はずれに強くもっている人たちは、分析治療において、先の見通しの芳しくない負の治療反応を示しますので、それと分かります(51)。普通なら、医者による症状解明の報告がされたあとには、少なくとも一時的には症状が消えるものなのですが、この手の人たちにこれを伝えたところで、逆に、症状と苦しみの一時的悪化を招くのがおちなのです。治療中の彼らの態度をほめたり、分析の進捗具合について先の見通しの明るい言い方をしただけで、明らかに容態が悪化してしまうこともしばしばあります。分析家でない人に言わせれば、ここにはそもそも「快復への意志」が見出せないということになるのでしょうが、分析の考え方からしますと、このような態度は無意識的罪責感の現れということになるのでして、この無意識的罪責感にとっては、苦しみと障害をともなう病気の状態こそ、まさに求むべき正当なものだということになるわけです。無意識的罪責感が投げかけてきたさまざまな問題、すなわち道徳、教育、犯罪、不良化などに対する無意識的罪責感の関係は、現在、精神分析家たちの絶好の研究領域となっているのです[52]。ここで私たちは、思いがけなくも、心的地下世界から、開けた市場に押し入ってしまうはめになりました。お話はここまでとしなければならないのですが、今回の講義を終えるにあたりまして、もうひとつだけ、私たちのある考え方をお耳に入れておいていただかねばなりません。私たちのあいだではすでにあたりまえになっている考え方なのですが、私たちの文化は、性的追求というものを犠牲にしたうえに成り立っており、性的追求は、社会からの制止を受けて、一部は抑圧され、一部は新しい目標のために変換利用されます。私たちは、なるほど私たちの文化的成果を大いに誇ってはおりますものの、他面、この文化の要求を満たし、文化のなかで心地よく感じるのは容易なわざではないと認めてもまいりました。私たちに課された欲動制限が重い心的負担となってのしかかっているからです。ところで、以上のような、性欲動に対して認められてきたこうした事態は、もう一方の欲動、攻撃欲動にも、同程度、ないしは、もしかしたらもっと大きな度合いで、当てはまっているのです。人間の共同生活を困難にし、その存続を脅かすものは、何にもまして攻撃欲動なのでして、共同生活に対する攻撃を制限することこそ、社会が個々人に要求しなければならない第一の犠牲、もしかしたらもっとも困難な犠牲といえるかもしれません。この反社会的なものの制御がいかに巧妙に行われているかは、すでに分かっているところです。つまり、危険な攻撃的蠢きを引き寄せ強奪する超自我を打ち立てることによって、いわば、叛乱が起きそうな気配の場所に前もって警備隊を派遣するということです。しかし他面、純粋に心理学的に見ますと、こう白状せざるをえないでしょうが、自我は、こうして社会の欲求のために犠牲にされることになりますと、つまり、自分が他者に対してなしたかった攻撃の破壊的傾向に、自分自身がさらされねばならないとなりますと、当然ながら心地よく感じるわけがありません。それはちょうど、有機的な生物世界を支配しているあの食うか食われるかの板ばさみが、心的領域にそのまま継続的に移行させられたようなものです。幸い、攻撃欲動はけっして単独で存在してはおらず、いつもエロース的欲動と合体しています。このエロース的欲動が、人間のつくり出した文化という条件下にあって、さまざまなことを和らげ、抑止してくれるのです(53)。

第三三講　女性性（1）

119

皆さん、私は皆さんとお話をする準備をしている間じゅう、内心、なにか心苦しさと闘っているような気がしてなりません。このようなことをお話しするためのいわゆる資格なるものが私にあるのか、自信がもてないからです。精神分析研究がこの十五年のあいだに変化を遂げ、内容も豊かになったのは、たしかにそのとおりなのですが、だからといって、精神分析入門というものが、以前のまま補足しないで置いておいていけないということにはならないでしょう。いつも私の脳裏にくっついて離れないのは、今回の私の一連の報告はそもそも存在する必要がないのでは、ということです。私の話は、分析家の方々にはささやかすぎて、新しいものは何ひとつありませんし、他方、皆さんにとっては多すぎまして、理解するには準備が不充分な、また皆さんには不必要な類いのものだからです。ですので私は、いろいろと口実を求めて、それぞれの講義をそれぞれ別の理由づけによって正当化しようとしてきたのです。夢理論のことを扱った最初の講義では、皆さんを一気に精神分析の雰囲気の真っ只中へと連れ戻し、私たちの見解がどれほど根拠のあるものであったかをお見せしようとしました。夢からいわゆるオカルティズムへとつづく道をたどる二番目の講義で私の心を惹いたのは、これを機会にして、今日偏見だらけの期待と激しい反発が相競っているような研究領域について自由に発言することでした。皆さんは、精神分析がお手本をお見せしておりますように寛大な判断を下す訓練ができておられるでしょうから、きっと私に同行してこの遠出についてくるのを嫌がりはなさらないだろうと、私には思えたわけです。三番目の講義、パーソナリティの分割についての講義は、

120

たしかに、皆さんにとてつもない要求を課し、その内容もたいへんなじみのうすいものだったのですが、こちらとしましては、自我心理学なるもののこの最初の一歩を皆さんにご紹介しないでおくことはできなかったのです。もしも十五年前にこの第一歩をつかんでいたのでしたら、きっとそのときにお話ししていたにちがいないと思っています。最後に前回の講義も、ついてくるだけで多大な難儀をおかけしたとは思いますが、これも、避けて通れなかった修正と、重大きわまる難問を解決するための新たな試みをお伝えするものでして、もしも私がこれについて何も語らなかったということになれば、私の入門講義は、とても入門の体をなすものではなくなっていただろうと思えるのです。ごらんのように、こうしていちおう口実を並べ立ててみますと、結局は、すべては避けられなかった、すべてはこうなる定めだったということになってしまうわけです。じっさいこうするほかなかったのでして、どうぞ皆さんも、そのようにお考えくださるようお願いいたします。

本日予定しております講義も、入門の枠には収まりきらないものかもしれませんが、精神分析における細部研究の見本のようなものとなっておりまして、お勧めできる点が二つあります。ひとつは、これが、思弁をほとんど加えず、ただ観察された事実だけを提示している点、もうひとつは、他のテーマと比べものにならないほど皆さんの関心をかきたてるテーマを扱っている点です。女性性という謎につきましては、古来よりどの時代の人々も、さまざまに思案を重ねてまいりました。

「象形文字の僧帽をかぶった頭、
頭巾をまいた頭　黒い縁無し帽をかぶった頭

さては髪をつけた頭も　そのほか数千の
あわれな汗のにじむ頭も……」。

（ハイネ「北海」(2)）

といったしだいです。

皆さんも、男性であるかぎりは、こうした思案と無縁だったはずはないでしょう。むろん、女性の方々はそうではありません、なにしろご自身がこの当の謎だからです。男性か女性かは、皆さんがだれか他の人間と出会うときにまず行う最初の区別でして、皆さんはふつう、この区別を戸惑うことなくきちんとおできになります。解剖学も、ある点では、皆さんと同じ確信をもっており、そこから大きくはずれることはありません。つまり、男性的とは、雄の性的産物である精子とその担体にかかわり、女性的とは卵子とそれを宿している組成体にかかわる性質だということです。双方の性それぞれにおいて、もっぱら性的機能に奉仕する器官——それらはおそらく同一の原基から分化して二つの別の形態になったと考えられます——が形成されております。加えて、双方の性において、これとは別の諸器官や体型や組織などが、性による影響を示していますが、その影響は一律ではなく度合いもまちまちで、これがいわゆる第二次性徴ということになるわけです。科学〔解剖学〕はこのあと、皆さんの予期に反すること、皆さんの感情を混乱させかねないようなことを言います。科学は、男性の性的装置のいくらかは、萎縮した状態ながら女性の身体にも見出せるし、その逆も言えるということに皆さんの注意を向けさせるのです。科学は、この事態を、二性性ないし両性性(3)のしるしとみなし、個体は男性か女性かのどちらかであるというのではなく、いつもその両方であって、ただどちらか一方のほうが他方よりも多いにすぎないといったふうに見るわけです。ですから、皆さんはここで、個体のなかで男性的なものと女性的なものが混在している割合が、かなり流動的だという考え方に慣れるよう求められることになります。とは申しますものの、ふつうひとりの人間のなかには、ごくまれな場合を除けば、一種類の性的産物――卵子もしくは精子――しか存在していないのですから、そうなりますと皆さんは、これらの性的要素が決定的な意義をもっているとは考えられなくなり、男性性もしくは女性性をつくっているのは、解剖学もつかめない何か未知の性格であるという結論に行き着かざるをえなくなってしまうわけです。

　この未知のものを把握できるのは、もしかして心理学ということになるのでしょうか。私たちはふつう、男性的、女性的という言い方を心のあり方の質をあらわすものとして用いることにも慣れておりますし、これまで両性性という観点を心の生活の領域にも同様に転用してまいりました。ですから、私たちは、雄であれ雌であれ人間というものは、ある点では男性的に振舞い、ある点では女性的に振舞うという言い方をするわけです。しかし、すぐにお分かりになると思いますが、こうした見方は、たんに解剖学および慣習に従ったものでしかありません。これでは、男性的、女性的という概念に、何ひとつ新しい内容を盛り込むことはできないのです。男女の区別は心理学によってもできません。皆さんが男性的という言葉をお使いになるとき、それは通例、「能動的《アクティヴ》」という意味ですし、女性的という言葉をお使いになるとき、それは「受動的《パッシヴ》」という意味です。なるほどこうした関係が成り立つのも確かです。男性の性細胞は、能動的に動き、女性の性細胞を探し出すのに対して、女性の性細胞、つまり卵子は、動くことができず、受動的に待っています。これら性的基本組織のこうした振舞い方が、個々の性的個体の性交時のしぐさを決定づけてさえいるのです。雄は、性的結合を目的として雌を追い求め、雌をつかまえて、その中に入り込むというわけです。しかし、たしかにそうだとしましても、こうした能動‐受動による区別は、雄の性格を攻撃という契機に還元して、心理学に転用しようとする方便にすぎません。この区別が本質を言い当てているかどうかは、疑問の余地があります――いくつかの動物においては雌のほうが強くて攻撃的であり、雄のほうは性的結合の行為においてのみ能動的であるという事実を考えてみれば、その点はすぐに納得がいくでしょう。蜘蛛がそのいい例です。哺育や飼育の機能も、私たち人間の場合にはとりわけ女性に特有のものと見えますが、他の動物の場合には、いつも雌に結びついているとはかぎっておりません。かなり高等な種においては、両性が哺育の仕事を分担するのが観察されますし、あるいは、もっぱら雄だけがこの仕事を引き受ける場合すら見受けられます。人間の性生活の領域を見てもすぐに気づくことですが、男性の振舞いを能動、女性の振舞いを受動ということで片付けてしまうのは、きわめて不充分と言わざるをえません。母親は、子供に対してあらゆる意味で能動的であり、授乳行為についてさえも、子供に乳を吸われると言ってよいのと同じように、子供に乳を吸わせると言ってもいいのです。しかも、こうした「重なり合いの錯誤(4)」は、狭義の性的領域を離れれば離れるほどそれだけはっきり目につくようになってきます。そこでは、女性たちは、さまざまな方向へ大きな能動性を展開させることができるようになっており、男性たちも、受動的な従順性を高度に発達させないと、そうした女性たちと共同生活できなくなるのです。皆さんは、この事実のうちにこそ、まぎれもなく、男性も女性も心理学的意味で両性的であることの証拠が見てとれる、とおっしゃるのでしょうが、そこから推察されますのは、皆さんが「能動的」イコール「男性的」、「受動的」イコール「女性的」ときめてかかっておられるという事実です。ですが、そういう見方はしないほうがいいと思います。そうしたところで、役には立つとは思えませんし、新しい認識が得られる見込みもないからです(5)。

受動的な目標のほうを好むという点で女性性を心理学的に性格づけることができると考えることが可能かもしれ

ません。むろんこれは、受動性というものと同じではありません。受動的な目標を達成するためには、大きな能動性が不可欠だろうからです。なるほど、女性の場合には、受動的な振舞いや受動的な目標追求への好みは、その性的機能とのかかわりのゆえに、生き方のなかにまで深く——もちろんその深さには、性生活のあり方がどれほど生き方の手本とされているかに応じて程度の差がありますが——伸び広がっていると言えるかもしれません。しかしながら、ここで注意しなければならないのは、これと並んで女性を受動的状況へと押しやる社会体制の影響を過小に評価してはならないということです。この点につきましては、まだまだはっきりしないところだらけなのです。女性性と欲動生活のあいだにとりわけ恒常的な関係があることは、むろん見逃すわけにはいかないところです。攻撃性を抑え込むことは、女性の体質となっていると同時に、社会的に女性に課されたものなのでして、これが、強いマゾヒズム的な心の蠢《うごめ》きを作り出す温床となっています。このマゾヒズム的な心の蠢きのおかげで、内部に向け変えられた破壊的傾向をエロースによって拘束することができるからです。ですからマゾヒズムは、よく言われるように、真に女性的でもあるのです。とはいえ、マゾヒズムは非常にしばしば男性にも見られる現象でもありますので、そうした場合には、この種の男性は非常にはっきりと女性的特徴を示している、といった言い方をするほかなくなってしまうのです。

このように見ますと、皆さんはそろそろ、心理学もまた女性性という謎を解くことはできないと納得せざるをえなくなるでしょう。この謎の解明は、たぶんどこか心理学以外のところに求めなければならず、そのためにはまず、生物がそもそもどのようにして二つの性に分化したのかを知らなければなりません。これについては何も分かってはいないのですが、二性性こそ、有機的生命を無生物とはっきり分かつきわめて顕著な性格であることはまちがいないところです。しかし、そうは申しましても、女性性器を所有しているということではっきりと、ないしどちらかというと女性に組み入れられている人間個々人にも、詳しく研究すべきところがじゅうぶんにあるのです。その場合、精神分析にふさわしい仕事とは、女性とは何かを記述すること――それは精神分析にはほとんど手に負えない課題です――ではなくて、女性がいかにしてでき上がるのか、もともと両性的素質をもった子供からいかにして女性なるものが発達してくるのかを探ることなのです。これにつきましては、私たちはごく最近、精神分析の幾人かのすぐれた女性の同僚が、この問題に手をつけてくれたおかげもありまして、いくつかのことを知るようになりました。これについての議論は、両性の性差をとりわけ争点とするものでした。と申しますのも、男女の比較が彼女たちの性にとって不利に傾きそうになると、われらが女性たちはいつも、私たち男性の分析家が女性性に対するある種根深い偏見を克服できておらず、その結果、私たちの研究も今なお偏ったものにしかなっていないのではないか、という疑念をはっきり表明してくれたからです。これに対して、私たちはじつは、両性性という基盤に立って、彼女たちに失礼にならないよう、ことを簡単に済ませたものでした。私たちはこう言いさえすればよかったのです――これは何もあなた方のことを言っているわけではないのです、あなた方は例外であって、いま問題としている点ではあなた方は、女性的というよりむしろ男性的なのです、と。

私たちは、女性の性的発達の探究という課題に対しましても、二つの予測をもって近づいております。ひとつは、ここでもまた、生まれつきの素質がそのまますんなり機能に通じることにはならないだろうという予測、もうひとつは、決定的な転回はすでに思春期以前にはじまっている、もしくは完了してしまっているだろうという予測です。この予測はやがて二つとも正しいことが確認されております。さらに加えて、男の子の場合との比較から、女の子がノーマルな女性へと発達することのほうがより困難かつ複雑だということも分かっております。と申しますのも、女の子の発達のほうは、男性の発達にはそれに相当するものがない課題を余分に二つ抱えているからです。以下、男女の成長の経過を、並行的にその最初の段階から追いかけてみましょう。はっきりしていますのは、男の子と女の子では、もともと素材が異なっているということです。このことを確認するのに精神分析は必要ありません。まず性器の形成における差異が、他のさまざまな肉体的相違を生み出すわけですが、これらの相違についてはよく知られているところでもあり、ここで言及するまでもありません。欲動の性向という点でもまた、のちに出現してくる女性らしさを髣髴とさせる違いが現れてきます。小さな女の子は通例、男の子に比べて、攻撃的でも反抗的でも自己満足的でもなく、他者から情愛を注いでほしいという欲求をより強くもっているようで、そのため、より依存的で従順なように見えます。排泄のしつけが女の子の場合のほうがより楽で早いということも、ひとえにこの従順さのなすところと言ってまちがいないでしょう。じっさい尿と糞便は、世話をしてくれる人に対する子供の最初の贈り物でして、これを制御することは、子供の欲動生活がやっとの思いで許す最初の譲歩だからです。それにまた、女の子のほうが同年の男の子よりも利発で活発だといった印象がありますし、女の子は男の子よりも外界に対して、譲歩的であると同時に、より強い対象備給を行いもするのです。女の子の発達のこうした突出が厳密な確認作業によって裏付けられたものかどうかはよく分かりませんが、少なくともはっきりしているのは、女の子は知的に劣っているなどとはけっして言えないということです。しかし、以上の性差はさほど考慮に入れる必要はありません。それは個人差によってどうにでも変わるものだからです。ここでの当面の意図にとりましては、そうした性差は無視してしかるべきものなのです。

リビード発達の早期の段階は、男女とも同じように通過してゆくように思われます。女の子の場合には、早くもサディズム－肛門段階で攻撃性の立ち遅れが目立ってくると予想できそうでしたが、じつはそうではありません。女性の分析家たちによる子供の遊びの分析から分かったのは、小さな女の子の攻撃衝動は、その多彩さと激しさにおいてまったく申し分のないものなのです。ファルス段階に入りますと、男女の性差は完全に背後に退き、一致が前面に出てきます。この段階になりますと、私たちは、女の子は小さな男であると認めざるをえなくなります。よく知られておりますように、男の子の場合、この段階の特徴は、自分の小さなペニスによって快感を得るすべを知り、このペニスの興奮状態を自分なりの性交の表象と結びつけているということです。女の子は、これと同じことを、なんとか小さなクリトリスで行います。女の子の場合、自慰行為はすべて、このペニス等価物を使って行われるようで、女性本来の膣は、まだ男女どちらの性にとっても未発見のままのようです。早期に現れた膣感覚についての報告もたしかに散発的にはなされておりますが、そうした膣感覚を肛門ないし前庭の感覚と区別するのは容易ではないようでして、膣感覚が大きな役割を果たしていないことはまちがいないところです。こう主張しても許されるでしょうが、女の子のファルス段階にあってはクリトリスが主たる性源域だということです。しかし、これがそのまま継続するわけにはいきません。女性性に向けて変わってゆくにつれて、クリトリスは、その感じやすさと、ひいてはその意義を、まるごとないしは部分的に膣に譲り渡さねばならなくなります。これが、言ってみれば、女性が発達することによって解決しなければならない二つの課題のうちのひとつということになるわけですが、これに比べますと男性のほうは恵まれていると言ってよく、性的成熟期には、性の開花期に予行演習した通りのことを、引き続き継続しさえすればいいのです。

クリトリスの役割についてはのちほど戻るとして、次に女の子の発達が背負い込むことになる第二の課題に目を向けることにしましょう。男の子の最初の愛の対象は母親でして、それはエディプスコンプレクスの形成期においてもそうであり、根本的には一生を通じてそうでありつづけます。女の子にとっても、母親——および母親とひとつに重なり合う乳母や養母などの人物——が必然的に最初の愛の対象となります。最初の対象備給は、激しくかつ単調な生の欲求の充足に依託されるかたちで生じるからですし(6)、子供の養育の事情は、男の子にとっても女の子にとっても同じだからです。しかし、エディプス状況になると女の子にとっては父親が愛の対象になるわけでして、その後女の子は、発達がノーマルな経過をたどった場合には、この父親対象から発して、最終的な対象選択への道を見出すことになると予想されます。要するに、女の子の場合には、男の子にはそうする必要がないのに、時とともに性源域と対象を二つともに取り換えねばならないということです。としますとここに、これがどのようにして生じるのかという問題が起こってきます。とりわけ問題となるのは、女の子はどのようにして母親を離れて父親拘束へと移行するかということ、言い換えれば、女の子はどのようにして男性的段階から、生物学的に規定された自らの女性的段階へと入ってゆくのかということです。

ある年齢になると異性間の引き合いという自然の力が優勢となって、女の子を男性のほうへ押しやり、これと同じ法則によって男の子が母親への固執をつづける、と考えることが許されるのならば、これほど願ってもない分かりやすい答えはないでしょう。こう付け加えることができるでしょうが、この場合、男の子も女の子も、両親の性別が送ってよこす合図に従っているわけです。しかし、ことはそんなにうまく運ぶわけではありません。私たちは、分析してもそれ以上分解できないあの神秘的な愛の力、詩人たちがあれほど陶酔的にうたっている愛の力なるものを、まともに信じていいのかどうか、はなはだ疑問なのです。私たちは、これとはまったく別の糸口を、さまざまな難儀な探究の末に獲得することができました。少なくともそれらの探究のための素材は簡単に入手できました。つまり、ぜひとも知っておいていただきたいのは、ずっと後になってもなお、父親対象、それどころかまだ現実の父親に対して情愛面での依存をつづけている女性たちの数がきわめて多いという事実です。そして、強くて持続的な父親拘束にとらわれたこの種の女性たちを調べていると、意外なことが分かってきたのです。私たちとしましては、この父親拘束の前に母親拘束という前段階があったことは、もちろん分かってはいたのですが、この前段階が、かくも内容豊かで長期的でありうること、そして固着と病的素因への誘因をかくも豊富に残留させうるものだということは、分かっていなかったのです。母親拘束の時期には父親はたんにやっかいなライヴァルにすぎず、この母親拘束は、満三歳を越えてもなおつづく場合も見受けられます。のちに父親との関係のなかに見出されるすべてのものは、じつは、すでにこの母親拘束のなかに存在していたもので、のちになって父親へと転移されたものだったのです。要するに私たちの確信しておりますところは、このエディプス以前の母親拘束の段階を検討せずして、女性というものを理解することはできないということです。

　そこでまず知りたいのは、母親に対する女の子のリビード的関係がいかなるものかという点です。その関係はきわめて多種多様である、というのがその答えです。この関係は、子供の性の三つの段階をすべて通過しておりますので、そのそれぞれの段階の特性をも帯びることになり、口唇段階の欲望、サディズム-肛門段階の欲望、ファルス段階の欲望を通して表現されることになります。しかも、これらそれぞれの欲望は、能動的蠢きを代表すると同時に受動的蠢きをも代表しております——できるだけ避けるべきでしょうが、これらの欲望を、後に現れ出てくる性の分化に関係づけて言い表しますと、男性的欲望と女性的欲望ということになるでしょう。加えて、これらの欲望は徹底して両価的《アンビヴァレント》であって、情愛的であると同時に、敵対的－攻撃的な性質をもっています。この後者の敵対的－攻撃的な欲望はしばしば、不安表象に姿を変えたのちにはじめて現れ出てきたりします。これら早期の性的欲望をずばり表現することは必ずしも容易なわざではありません。それらの欲望うちもっともはっきりと表出されるのは、母親に赤ん坊を産ませたいという欲望、ならびに、そのいわば対としての、母親の赤ん坊を産みたいという欲望です。この二つの欲望は、ファルス段階に属するもので、たいへん奇異な感じを与えますが、精神分析的観察によって疑問の余地なく確認されているところでもあります。これらの探究の魅力は、意外な発見をいろいろもたらしてくれることです。たとえば、殺害されるだとか毒殺されるだとかいった不安が発見されたりします。この不安は、のちにパラノイア発病の核ともなりかねないものなのですが、すでにエディプス期以前の時期における母親との関係からきていることが分かったわけです。あるいは、もうひとつ別の例。精神分析研究の歴史における興味深いエピソードを想い起こしていただきたいのですが、私に多大のやり切れぬ経験をさせた一幕でもあります。私がまだ主たる関心を幼年期の性的な夢の解明に向けていたころのことですが、私は、私の女性患者のほとんど全員から、父親に誘惑されたことがあるという報告を受けたのです(7)。最後には私も、これらの報告が事実ではないという判断にいたらざるをえず、ヒステリーの諸症状が、現実の出来事からではなく、空想《ファンタジー》から発していると理解するようになりました。そして、後になってはじめて、私は、この父親による誘惑という空想のなかに、女性における典型的なエディプスコンプレクスの表現を認めるようになりました。そして、こうした経緯のはてに今度は、女の子のエディプス期以前の前史のなかにも誘惑空想が見出されることになり、その際、誘惑者は通例母親であることが分かったのです。しかし、この場合、誘惑空想は現実の土壌に根付いたものです。と申しますのも、じっさいに母親こそが、子供の身体の世話をする際に、性器における快感を引き起こした、それどころかもしかしたら最初に目覚めさせた張本人だったからです(8)。

予想しますに、皆さんはきっと、母親に対する小さな女の子の性的関係が内容豊かで強烈であるというこの見方は、あまりに誇張されていると疑いたくなるでしょう。小さな女の子を観察する機会があっても、そのようなそぶりはまるで見受けられないからです。ですが、この異議は当たってはおりません。観察するすべを心得ておれば、そうしたことはじゅうぶん子供に見て取れますし、加えて、子供というものは、自身の性的欲望を前意識的なかたちで表出できませんし、ましてやそのように伝えることなどできないことを、よく考慮していただきたいと思います。ですから、私たちはこの場合、そうした発達をとりわけ明瞭に、いや度を越したかたちで遂げてきた人たちに見られるこうした感情世界の残滓と帰結を事後的に詳しく調べることにしているのですが、それもそれなりにじゅうぶん正当さをもっているのです。これまでいつもそうでしたように、病理学は、正常状態では覆い隠されたままの諸状況を、単独的に誇張することによって見えやすくしてくれるからです。それに、私たちの探究は、あえて異常の度合いのすこぶる高い人たちを対象になされたものではないのでして、その意味でも、その成果は信じるに足ると見なしてさしつかえないと申せましょう。

続きまして、話をもうひとつの問い、女の子のこの強い母親拘束は何がもとで崩壊するのかという問いに向けたいと思います。すでに述べましたように、崩壊することが、女の子の母親拘束の通常の運命でして、それは父親拘束に席を譲る定めにあるのです。これにつきましては、私たちにこの先進むべき道を示してくれるひとつの事実があります。すなわち、〔母親拘束から父親拘束への〕この発達の一歩において起こっているのは、単純に対象が変更されているのではないという事実です。母親からの離反には、敵意が色濃く染みついており、母親拘束は憎しみで終わりを告げるのです。この種の憎しみは、非常に際立ったものとなってその後一生続くこともありますし、のちになって入念に過剰補償されることになる場合もありますが、通例は、その一部が克服され、一部が存続するというのが多く見られるかたちです。むろん、後年の出来事がこの憎しみに大きな影響を与えることは言うまでもありません。しかしここでは、父親へと向き変わる時期のこの憎しみを調べることに問題を限定し、その憎しみがどのように理由づけされているかを調べてみたいと思います。そうすると、私たちは、子供の敵意を正当化するための母親に対する弾劾と苦情を山ほど聞かされることになるのですが、それらはじつに雑多な価値をもっておりますため、私たちとしましては、それらを評価分けしないわけにはいきません。いくつかのものは、あからさまな理屈づけのためのものにすぎませんので、敵意の本当の源泉を探し出す必要があるのです。今回は、精神分析探究の細部をすべてお見せいたしますので、皆さんがこの点に関心をお寄せくださるようお願いいたします。

母親に対する非難のなかでもっとも遠い過去にまで遡るのは、母親がお乳をくれなさすぎたというもので、これが母親の愛情欠如の証拠と解釈されるわけです。この非難は、現代の私たちの家庭生活においては、ある種の正当さをもっています。母親たちはしばしば、子供にじゅうぶんなだけの栄養をもち合わせておらず、授乳を数カ月、半年、あるいは九カ月で終えてしまってよしとしております。これに対して未開の民族においては、子供たちは二歳ないしは三歳になるまで母乳で育てられます。授乳する乳母の姿は、通例、母親とひとつに融けあってしまうものですが、ひとつにならなかった場合には、母親に対する先の非難は、乳母は子供に乳をやりたがっていたのに、母親がその乳母に早く暇を出しすぎたという非難に、形を変えたりもします。しかし、じっさいの事情がどうであったにせよ、子供の非難がどれもこれも正当であるなどということはありえないことです。真相はむしろ、お乳という最初の食べ物に対する子供の渇望がそもそも完全には満足させえないものであって、そのため子供は母親の乳房の喪失をけっして克服できないということのようです。ですから、仮に、歩いたり喋ったりできる年齢になってもなお母親の乳房を吸うことが許されていたような未開人を分析して、母親に対する同じ非難が明るみに出されるようなことがあったとしても、別段意外でも何でもないわけなのです。毒を飲ませられることに対する不安は、まちがいなく、乳房から引き離されることとつながっています。毒とは、人を病気にする食べ物です。もしかしたら子供は、幼い頃に罹った病気をも、この乳房の断念のせいにしているのかもしれません。偶然の存在を信じるためだけにも、じゅうぶんな知的訓練というものが必要なのでして、未開人、教育のない人、それに子供もまた、生起するあらゆることがらに対して、何らかの理由づけをすることを心得ているものです。もしかしたら、そこには、もともとアニミズムの時代になされていた動機づけと同じ類いのものがあるのかもしれません。現代の大衆のある層においては、今日でも、誰かが死ぬのは、医者を筆頭として他人に殺されたからだ、などと考えられています。それにまた、近親の者の死に対する神経症者の反応というものは、通例、その殺人を犯したのは自分だといった自己告発のかたちをとっているのです。

母親に対する第二の告発は、子供部屋に次の子供が出現したときに燃え上がります。可能な場合には、その告発は、口唇段階におけるあの乳房の断念にしっかと結び合わされます。母親が、新たに生まれた赤ん坊のために栄養が必要だという理由で、その子にお乳をやることができなくなった、あるいは、やろうという気をなくしたからです。二人の子供の年齢が接近していて、母親が次の子を妊娠したために上の子への授乳が妨げられるような場合には、この非難は現実的根拠をえたものとなり、奇妙なことですが、上の子は、年齢差がわずか十一カ月にすぎず、どれほど幼くても、きちんとことの真相を見抜くことができます。しかし、その子は、望まれない闖入者でありライヴァルである赤ん坊がお乳をもらうのを妬むばかりではありません。母親が赤ん坊の世話をにおわすような言動をしただけでも、すべて妬ましく思うのです。子供は、王位を退けられ、略奪され、権利を侵害されたと感じ、下の兄弟姉妹《きょうだい》に嫉妬に満ちた憎しみを投げつけるとともに、不実な母親に恨みを膨れ上がらせ、しばしばその恨みを、わざと好ましくない振舞いをすることで表現することになります。子供は「悪い」子になり、怒りっぽくなり、聞き分けがなくなり、そして、せっかくできるようになっていた排泄の制御もおじゃんにしてしまうのです。これらはすべて、とっくの昔から知られており、自明のことと見なされているところですが、しかし、この嫉妬の蠢きの強さ、いつまでもつづくその執拗さ、またそれが後の発達に及ぼす影響の甚大さなどについては、正しくつかむことがほとんどできていないのが現状です。この嫉妬は、のちの子供時代にくりかえし新たに養分補給されますし、またこのショックは、下の子が新たに生まれるたびにそのまま何度もくりかえされるわけですから、とりわけそう言わねばならないでしょう。その子が、その後も母親にとくに可愛がられているような場合でも、事態にさほど変わりはありません。子供の愛情要求というものは、際限がなく、独占を要求し、分かち合うということを認めないものなのです。

母親に対する子供の敵意の潤沢な温床となるのは、リビード段階によってさまざまに変化する子供の多様な性的欲望、たいていは満足させられることのありえない子供の性的欲望です。これらの不首尾のうちでもっとも強烈なのはファルス期のもので、母親が子供に対して性器での快感活動を——しばしば厳しい威嚇とあからさまな立腹のしるしをもって——禁じるときに起こります。この快感活動を最初に子供自身に教えたのは当の母親だったにもかかわらずです。これが、女の子が母親から離反するのを説明するじゅうぶんな動機だと言えるかもしれません。そうしますと、母と娘のこの分裂は、幼児性欲一般の性質、すなわち愛情要求の際限のなさと性的欲望の充足不可能性から不可避的に生じるものだと判断できることになります。それどころか、もしかしたら、子供のこうした最初の愛情関係は、それがそもそも最初のものであるゆえにこそ、没落を運命づけられていると考えることができるかもしれません。と申しますのも、この早期の対象備給は、通例きわめて両価的《アンビヴァレント》なものであって、強烈な愛情に並んでいつも強烈な攻撃の性向が存在しており、子供は、自らの対象を激しく愛すれば愛するほど、それだけいっそうその対象から味わわされる幻滅と不首尾に対して怒りやすくなるからです。この愛は、結局は、蓄積してしだいに大きくなってくる敵意に屈さざるをえないわけです。あるいは、何でしたら、愛情備給のこうした本来の両価性《アンビヴァレンツ》というのを却下して、母子関係の特殊な性質こそが、これと同じくらい不可避的に子供の愛情を妨げるのだと指摘してもよろしいでしょう。と申しますのも、いかに穏やかな教育であっても、他でもない強制を行使し、制限を導入せざるをえないことがありうるわけでして、子供の自由に対するこの種の干渉はすべて、子供に、その反動として、反抗と攻撃の性向を呼び覚ますにちがいないからです。こうした可能性について論じるのは非常に興味のわくところではあると思うのですが、しかし唐突ながら、ここでひとつ異議をさしはさんで、関心を別の方向へ向け変えましょう。つまり、冷遇にせよ愛の幻滅にせよ嫉妬にせよ、あるいは、誘惑したあとでの禁止ということにせよ、以上の契機はすべて、女の子のみならず男の子の母親に対する関係にも同じように働いているにもかかわらず、男の子を母親対象から離反させることにはなりえないということです。ですから、女の子にのみ特有の契機、男の子には見られない、ないしは男の子の場合と同じようには現れない何らかの契機が見出せないかぎり、女の子の場合の母親拘束の終結が説明されたことにはならないのです。

　私としましては、この女の子に特有の契機はすでに発見済みだと思っております。しかも、意外なかたちをとってではありますものの、予想通りの個所においてなのです。予想通りの個所と申しますのは、これが去勢コンプレクスのなかに見出されているからです。解剖学的性差が、心的な刻印を結果としてもたらさないではおかないわけです。しかし、分析の結果、女の子が自分にペニスがないのを母親のせいにし、この劣等性をもたらした母親を許せないと思っていることが判明したのは、まさに意外というほかありませんでした。

　じつを申しますと、私たちは女性にもある種の去勢コンプレクスがあると考えております。むろん、当然ながら、女の子の場合は、その内容は男の子の場合と同じではありません。男の子の場合、去勢コンプレクスは、その子が、女性性器なるものを目にすることによって、自分が大切に思っている部位が必ずしも身体にくっついているわけではないことを知ったあとに発生します。そのとき男の子は、かつてこの部位をもてあそんだときに受けた脅しを思い出し、その脅しが本当だったのだと信じはじめるのでして、それ以来男の子は、去勢不安の支配下に入り、これがその後の発達のこのうえなく強力な推進力となるわけです。女の子の去勢コンプレクスも、異性の性器を目にすることによって始まります。女の子はただちにその違いに気づき、そして——そうとしか考えられないのですが——その違いの意味をも察知するのです。女の子は自分がひどく損なわれているように感じ、私も「あんなのがほしい」とたびたび口にするようになり、こうしてペニス羨望に落ち込むことになります。そしてこれが、この先、女の子の発達と性格形成に拭いがたい痕跡を残すことになりますし、もっともうまくいく場合でも、打ち勝つには多大の心労を払わねばならないものとなるのです。女の子は自分にペニスがないという事実を承認しますが、それは何も、女の子がこの事実にやすやすと屈服するという意味ではありません。それとは反対に、女の子は、自分もあんなのがほしいという欲望をなおも長らく持ちつづけ、その先、信じられないほど長い年月にわたって、もしかしたらという可能性を信じつづけることになります。分析の証明しているところによりますと、もうはるか昔に、現実についての知見によって、この欲望の成就が達成不可能であることが見極められている時期になってもなお、この欲望は無意識のなかに保たれつづけ、かなりのエネルギー備給を保持しつづけているのです。待望のペニスを何としても手に入れたいというこの欲望が、成熟した女性を精神分析へと引き寄せる動機の一端をなしていることもあります。そうしたとき、その女性が分析を通してしかるべく期待しているもの、たとえば、何か知的な職業をこなす能力などといったものは、じつは往々にして、この抑圧された欲望が昇華によって姿を変えたものであることが判明したりするわけです。

ペニス羨望の重要性につきましては、疑いをはさむ余地はないと言えましょう。男性の側からの不当な悪口の例で恐縮ですが、羨望と嫉妬は男性におけるよりも女性の心の生活において大きな役割を果たしている、といった主張にご注目いただきたいと思います。男性にはこうした特性がまったく見られないだとか、女性の場合その根っこにはペニス羨望以外ないというわけではないのですが、私たちとしましては、女性の場合には男性の場合よりもその傾向が強いという事実を、このペニス羨望の影響によるものだと見なしたいと思っております。とはいえ、分析家のなかには、ファルス段階におけるペニス羨望の最初の発現のもつ意義を低く評価しようとする向きの人もおりました。彼らの考えによりますと、女性に見られるこうした態度は、主として、後年に生じたさまざまな葛藤をきっかけとして、あの幼児期初期の心の蠢きへと退行することによって現れ出た二次的な形成物だということにされております(9)。じつはここには、深層心理学が抱えるある普遍的な問題がひそんでおります。たとえば性倒錯の場合のように、病理的な——あるいはただ普通から外れているにすぎない——欲動の素振りが出現することが多々ありますが、そうした場合に問われねばならないのは、その強さのどの程度までが幼児期初期への固着からくるもので、どの程度までが後年の体験や発達の影響によるものなのかという点です。ここで問題となっているのは、ほとんどの場合、神経症の病因の説明の際に私たちが受け入れてきた一連の相補系列だということです(10)。つまり、固着と後年の体験というこの二つの契機は、そのつど異なった割合で病因を分かちもっており、一方がより少ない場合には、他方のより多いほうによって埋め合わせられるというわけです。そして、あらゆるケースにおいて、幼児期の契機のほうが、つねにとはかぎりませんが、しばしば主導的であって、決定的な力をもっているのです。私としましては、他でもないペニス羨望の場合には、断固として幼児期の契機のほうが優勢であると主張したいと思っております。

自分が去勢されていることとの発見、それが女の子の発達におけるひとつの分岐点です。この発見から発達の方向が三つに分かれていきます。ひとつは、性的制止ないしは神経症へとつづく道、二番目は、男性コンプレクスという意味での性格変容へとつづく道、そして最後に、ノーマルな女性性へとつづく道です。これら三つの方向それぞれに関して、くまなくとは言えないまでも、すでに多くのことが知られるようになりました。第一の方向の核心は、女の子が、それまでは男の子と同じように生き、クリトリスの興奮によって快を獲得するすべを知り、この活動を、母親に向けられたしばしば能動的な自らの性的欲望に結びつけていたにもかかわらず、今やペニス羨望の影響を通して、ファルス段階の自身の性欲の享受をだめにされてしまう、という点にあります。女の子は、はるかにじゅうぶんなものを与えられた男の子と比較することによって自己愛を傷つけられ、クリトリスでのマスターベーションによる満足を断念し、母親に対する愛を退けるとともに、その際じつに往々にして、自らの性的追求一般をあらかた抑圧してしまうことになるわけです。母親からの離反は、おそらく一気に起こるようなものではありません。と申しますのも、女の子ははじめは、自分が去勢されていることを個人的な不幸と見なし、やがてだんだんとこの去勢を他の女性たちの身にまで押し広げてゆき、ついには母親の身にも及ぼしてゆくことになるからです。それまで女の子は、ファルスをもった母親に愛を向けていたのですが、母親が去勢された存在であることを発見するとともに、もはや母親を愛の対象として見ることができなくなり、その結果、長い間蓄積されてきた敵意への動機が優勢になるわけです。つまり、ペニスがないことを発見されることによって、女性というものは、女の子にとって——むろん男の子にとってもそうですし、もしかしたらのちには成人男性にとってもそうなるかもしれませんが——価値がそがれてしまうということです。

　周知のことですが、神経症の人たちは、自分が病気になったのは自慰のせいだとして、これに特別の意味を与えております。彼らは自分の不調をすべて自慰からくるものだとしており、それがまちがいだということを彼らに納得させるには、たいへん苦労させられます。しかし、本当のところ、彼らの申し立てていることは正しいと認めるべきなのかもしれません。と申しますのも、彼らの病気は幼児性欲の発達異常からくるものなのでして、その幼児性欲を遂行するものこそが自慰だからです。もっとも、神経症の人はたいていは、思春期のころの自慰に責めありとしており、本当に問題となる幼児期初期の自慰についてはほとんど忘れてしまっているのが実情です。いつか機会があれば皆さんに詳しくお話ししたいと思っているのですが、早期になされた自慰の細々《こまごま》した事実すべてが、のちの神経症や個人的性格にとって、きわめて重要なものになるのです。これが当時発覚したのかそうでなかったのか、両親に阻止されたのか大目に見られたのか、当人が自分でこれを抑え込むことに成功したのかどうか、といった事実です。こうしたことがすべて、個人の発達において拭いがたい痕跡を残してしまうわけです。ですが私としましては、ここでこんなお話を細々とお聞かせしないでもすむことを、むしろ喜ばしく思っています。そんなお話を求められましても、骨の折れる退屈な仕事になるだけでしょうし、皆さんは私から、幼児の自慰に対して親や教育者がどのような態度をとるべきかということについて、きっと実践的な助言を聞きたがっておられるでしょうから、結局、私自身どうしていいか途方にくれてしまうのがおちだと思います。(11) さて、今お話ししている女の子の発達の途上には、その子自身が自慰から解放されようともがいているような例が見られます。むろん、子供は必ずしもそれに成功するとはかぎりません。ペニス羨望がクリトリスによる自慰に対する強い反対衝動を呼び覚ましたのに、どうしても自慰がやまないこともあるわけでして、そうした場合には、解放のための激しい葛藤が生じることになります。そして、その葛藤のなかで女の子は、いわば、罷免された母親の役割を自ら引き受け、価値の低いクリトリスに対する不満をまるごと、クリトリスによる満足に対する不承認というかたちで表現することになるわけです。何年もたって、自慰活動がはるか昔に抑え込まれてしまっている時期になっても、今なお恐れられている誘惑に対する防衛と解釈するしかないような関心が継続しつづけます。そうした関心は、同じような困難をもっていると思える人たちに対する共感というかたちをとって現れたり、これが動機となって結婚へと踏み出されたりすることもありますし、それればかりか、これが結婚相手や恋人の選択を規定することもありえます。幼児期初期のマスターベーションにいかにけりをつけるかということは、じっさい、けっしてどうでもいいような簡単な問題ではないのです。

クリトリスによるマスターベーションが放棄されるとともに、能動性の一部が断念されます。こうして受動性が優勢になり、主として受動的な欲動の蠢きの助けを借りて、父親への向き直りというものが行われることになります。お分かりいただけると思いますが、ファルス段階の能動性を取り払ってしまうこの類いの発達こそ、女性性のために地ならしをするものなのです。その際に、抑圧によってあまりに多くのものが失われすぎるようなことがないかぎり、この女性性はノーマルな結末を迎えることになります。女の子が父親に向き直るときの欲望は、おそらくもともとは、ペニスがほしいという欲望であり、この欲望を母親がかなえてくれなかったために、今やそれは父親から期待されることになるわけです。しかし、女性としての状況がつくり出されるには、ペニスへの欲望が赤ん坊への欲望に取って代わられ、赤ん坊がペニスの代役を受け持つようになるまで待たなければなりません。赤ん坊は、昔からペニスと象徴的に等価なのです〔本巻一三〇頁〕。むろん、女の子がこれより前、まだ円滑に展開していたファルス段階にも、赤ん坊を欲しがっていた事実を、私たちも見逃しているわけではありません。女の子の人形遊びの意味は、じっさいここにあったわけです。ですがこの人形遊びはそもそも、女の子の女性性をあらわしているのではなく、能動性によって受動性を代替させるために自分を母親と同一化しようとするためのものだったのです。女の子は母親を演じており、人形は自分自身だったのです。女の子はこれによって、母親が自分にふだんしてくれていたことをすべて、子供としての人形にしてやり返していたということです。ここにペニスに対する欲望が合流してくることによってはじめて、人形としての子供は、父親の子供となり、それ以降、きわめて強い女性的な欲望目標となるわけです。子供に対するこの欲望がいつかのちに現実にかなえられ、とりわけ、生まれてきた子が、待ち望んでいたペニスをそなえた男の子であれば、幸福もまたひとしおということになります〔本巻一七四―一七五頁〕。この場合、「父親の子供」という語結合のアクセントは子供のほうに置かれ、父親は強調されないのがごくふつうの成りゆきです。こうして、ペニスを所有したいという昔の男性的な欲望が、女性性が完全に発達した状態になってもなお仄かな輝きを放っているということになるわけです。しかし、私たちとしましては、もしかしたらこのペニスへの欲望こそ、何にもまして女性的な欲望として認めるべきではないかと思っているのです。

子供‐ペニスに対する欲望を父親に転移するとともに、女の子はエディプスコンプレクス状況に入り込みます。母親に対する敵意は、新たに作り出されるまでもないわけでして、これが今やどんどん強くなっていきます。母親は、女の子が父親からもらいたがっているすべてを現にもらっているライヴァルとなるからです。私たちは長い間、女の子のエディプスコンプレクスにばかりに目を奪われて、エディプス期以前の母親拘束を洞察することができないでいたのですが、このエディプス期以前の母親拘束こそ、女の子にとって非常に重要で、長期にわたる固着を残すものなのです。女の子にとってエディプス状況は、長く困難な発達の終着点、ないしは一種の暫定的結末なのでして、とりわけ潜伏期の開始が間近に迫っているということもありますため、すぐには立ち去るわけにはいかない休息地点となるわけです。ですから、エディプスコンプレクスと去勢コンプレクスの関係で注目すべきは、両性におけるその違いということになります。この違いが、のちのち重大な影響をおよぼすことは確実です。男の子のエディプスコンプレクス――そこでは男の子は母親を欲し、ライヴァルとしての父親を排除したいと願います――は、言うまでもなく性的ファルス段階から発達してきたものです。しかしここに来て、去勢の脅しが、そうした態度を放棄するよう男の子に迫ることになります。エディプスコンプレクスは、ペニスを失う危険があるという感触のもとに、放棄され、抑圧され、もっともノーマルな場合には徹底的に破壊されて、その相続人として厳格な超自我が樹立されるのです。女の子に起こるのは、ほとんどこれとは正反対と言えるような事態です。ここでは、去勢コンプレクスは、エディプスコンプレクスを破壊するどころか、むしろそれを用意するのでして、女の子はペニス羨望に影響されて母親拘束から追い立てられ、ちょうど安息所に入り込むようにしてエディプス状況へと入り込んでゆくのです。ここには去勢不安が抜け落ちているわけですから、エディプスコンプレクスの克服へと男の子を駆り立てた主要動機が欠落することになります。女の子は、どれほどかは判然としませんが長い間エディプスコンプレクスのうちにとどまりつづけ、後になってから、それも不完全なかたちでこれを崩壊させるにすぎません。こうした事情のもと超自我の形成は損なわれざるをえず、超自我は、それが文化面であたえられている重要性にふさわしい強さと独立性に達することができなくなりますし、さらには――フェミニストたちには耳が痛いところでしょうが、この契機が、平均的な女性的性格の形成にあたって大きな作用をおよぼすことになるのです。

さて話を前に戻しましょう。私たちは先に、自らが去勢されていることを発見したあとの女の子の反応のしかたの二番目の可能性として、強い男性コンプレクスの発達というものを指摘しておきました〔本巻一六四頁〕。その意味するところは、女の子が、好ましくない事実を承認するのをいわば拒否し、頑な反抗を貫きながら自身のこれまでの男性性をいっそう膨れ上がらせ、クリトリスを用いた活動に固執して、ファルスを持った母親との同一化、あるいは父親との同一化へと逃げ込んでゆくということです。この結末を決定的にしているのは何なのでしょうか。

思い浮かぶのは、体質的な要因、つまり、ふつうなら男の子に特徴的な、より度合いの強い能動性というもの以外にはありません。ともあれ、この出来事の核心をなしているのは、発達のこの段階において、女性性への向き変わりを開始させる受動性への一歩が回避されるということです。この男性コンプレクスがもたらすもっとも極端な結果は、対象選択への影響が顕在的な同性愛というかたちで現れ出ることでしょう。精神分析の経験によりますと、たしかに、女性の同性愛は幼児期の男性性をそのまま直線的に継続したものではありませんし、あったとしてもごくまれです。その種の女の子でさえ、どうしてもしばらくのあいだは父親を対象としてエディプス状況に入り込むらしいからです。しかしながら、彼女たちは、その後、父親に対する避けがたい幻滅を通して、早期の男性コンプレクスへと退行してゆくのを余儀なくされるのです。ここでの幻滅の意義を特別のこととして過大に評価してはなりません。女性性へと向かう定めの女の子も、どのみちこの幻滅を免れるわけにはいかないのでして、ただその結果が違っているというだけのことなのです。たしかに、体質的な契機が優勢であることは疑いえないようですが、しかし、女性の同性愛の発達におけるこの二つの段階〔エディプスコンプレクスと退行〕は、同性愛の女性たちの実践行為のなかに、じつにみごとなかたちで映り出ています。彼女たちは、互いに男と女を演じ合うのと同じ頻度と明瞭さで、母と子をも演じ合うのです。

以上お話しさせていただいたことは、いわば女性の前史とでも称すべきものです。それは、このごく数年のあいだに得られた成果でして、精神分析による細部研究の見本として皆さんにも関心をもっていただけただろうと思っております。女性自身がテーマとなっておりますだけに、ここではあえて、この研究に重要な貢献をしてくれている幾人かの女性の名前をとくに挙げさせていただきます。ルース・マック・ブランスウィック博士は、エディプス期以前の時期での固着にまでさかのぼり、けっしてエディプス状況にまで達することのなかった神経症の症例をはじめて記述いたしました[12]。それは嫉妬パラノイアの形式をもったもので、治療の手が届くものであることが判明しております。ジャンヌ・ランプル＝ド・グロー博士は、ファルス段階の女の子の母親に対するじつに信じられないほどの能動性をしかと観察し立証しておりますし[13]、また、ヘレーネ・ドイチュ博士は、同性愛の女性たちの愛の行為が母子関係を再現していることを教えてくれております[14]。

私としましては、前史以後の女性の振舞いを、思春期から成熟期にわたって追跡するつもりはございません。それに、私たちの手にしている認識では、やろうにも不充分でもあります。以下、いくつか特徴をまとめておくにとどめさせていただきます。前史とのつながりで、ここで強調しておきたいのは、ただ一点、女性性の発展は、男性的だった大昔の時代の残存現象によって阻害されつづけるということだけです。つまり、あのエディプス期以前の段階の固着への退行が、非常に頻繁に生じるということでして、人によっては、男性性が優位になった時期と女性性が優位になった時期とが人生のなかでくりかえし交代することもあるということです。私たち男性が「女の謎」と呼んでいるものの一部は、もしかしたら、女性の人生におけるこうした両性性の表出からくるものかもしれません。しかし、こうした探究をつづけているあいだに、これとは別の問題に決着をつけることができたようにも思えます。私たちは性生活の原動力をリビードと呼びならわしております[15]。性生活は男性的－女性的の二極性によって支配されておりますので、当然ながら、この対立とリビードの関係がどうなっているのかを考えてみる必要があるわけです。もし仮に、それぞれの性にそれぞれ特有のリビードが割り当てられていて、一方の種類のリビードが男性の性生活の目標を追及し、他方の種類のリビードが女性の性生活の目標を追及するということが判明したとしましても、べつに意外でも何でもないのかもしれません。しかし、そのようなことはけっしてありません。リビードにはひとつしかないのでして、それが男性の性機能のためにも女性の性機能のためにも使用されるのです。リビード自身に性を割り振ることはできません。私たちは、能動性イコール男性性という慣習的な見方にしたがって、リビードを男性的と称したくなるのですが、しかしその場合でも、リビードが受動的な目標の追求をも代表していることは忘れてはならないのです。が、それはともかく、「女性的リビード」という言い方は、その語結合自体にそもそも無理があるのです。リビードがあえて女性的機能のために使用されている場合、私たちは、リビードには、男性的機能のために使用されている場合よりも無理強いがなされたといった印象を受けますし、自然が——目的論的な言い方を許していただくと——リビードの要求に対して、男性的機能に使用される場合ほど気を配っていないという印象を受けるのです。その理由は——これもまた目的論的なもの言いになりますが——生物学的目標を貫徹することが、男性の攻撃に任され、女性の同意とはある程度無関係になされてきたということにあると言えるのかもしれません。

女性にしばしば不感症が見られるのは、こうしたリビード面での冷ややかな待遇を証明しているように思えるのですが、この女性の不感症という現象については、今のところまだじゅうぶん理解が行き届いているとは言えません。それは、心因性の場合もあり、その場合には何らかの影響を通して改善も可能なのですが、そうでない場合には、どうも体質的なしばりがあるのではと想定できますし、また解剖学的要因が関与しているとさえ考えられるのです。

お約束しましたように、精神分析的観察で見てとれる、成熟した女性の心的特性についてもいくつかご紹介させていただきます。これについての見解を提示させていただくに際して、私たちは、平均的な真理価値以上のものを求めてはおりませんし、それに、どこまでが性機能の影響で、どこまでが社会的育成の影響に帰されるべきか、必ずしも容易には区別できないのが実情でもあります。ですので、私たちとしましては、女性性の特徴として、より大きな度合いのナルシシズムというものを指摘しておきたいと思います。この大きなナルシシズムが、女性の対象選択に影響を及ぼし、愛するよりも愛されるのをより強く欲する女性のあり方を決定すると考えるわけです。女性のこうした肉体的見栄には、ペニス羨望の作用もかかわっております。なぜなら、女性は、自身の魅力を、もともとの性的劣等性に対する後年の補償として、その分高く評価せざるをえないからです(16)。羞恥心は、とりわけ女性的な特性と見なされており、じつは思った以上に慣習によるところが大きいのですが、私たちは、この羞恥心の本来の意図は、性器の欠陥を隠そうとするところにあると考えております。むろん、この羞恥心がのちに他の機能を引き受けてきたことは、言うまでもないところです。一般に女性は、文化史上の発見や発明にあまり貢献してこなかったと考えられていますが、ひとつの技術だけは、もしかしたら女性の発明になるものだと言えるかもしれません。編んだり織ったりする技術のことです。そうだとしますと、この功績の無意識的動機は何かということを推測してみたい気にもなります。この模倣の手本を提供してくれたのは自然自身だと言っていいかもしれません。つまり、性的成熟とともに女性性器を覆い隠すための陰毛が自然と生えてくることが模倣されたということです。これに続いてなされた一歩が、身体の皮膚に刺さって縺れあっているだけの陰毛繊維を整然と束ねる技術だったというわけです。もし皆さんが、この思いつきを荒唐無稽な話として却下なさり、女性性の形成に対するこうしたペニス欠如の影響をただの固定観念〔fixe Idee〕のひとつにすぎないとおっしゃるのでしたら、私としましては、もちろん反論のしようもございません。

女性が対象選択を行うときの条件は、非常にしばしば、社会的諸事情によって見えにくくされております。対象選択が自由になされることが許されている場合には、それはしばしば、女性が昔なりたいと欲していた男性というナルシス的理想に従ってなされます。女の子がなお父親拘束、したがってエディプスコンプレクスのうちにとどまりつづけている場合には、対象選択は父親のタイプを手本としてなされます。母親から父親への向き直りの際には、母親に対する両価的《アンビヴァレント》な感情関係にはらまれている敵意がなお残存しつづけておりますので、父親を手本とするこの種の選択には、幸福な結婚が保証されているはずです。しかし、両価的な葛藤のこの種の解決を大枠において脅かすような結末が生じることもじつにしばしばあります。残存している敵意が、積極的な拘束を求め、新たな対象へと延び広がってゆくのです。最初は父親の跡継ぎであった夫が、時とともに母親の跡継ぎとしても現れてくるわけです。こうなると、女性の後半生が夫に対する闘いに明け暮れることにもなりかねません。それはちょうど、彼女のより短い前半生が母親に対する反抗で明け暮れたのと同じです。こうした反動が尽きはてたあとで第二の結婚がなされると、それは、最初の結婚のときよりもはるかに満足のいくものになる可能性があります(17)。また、これとはちがった変化、恋する二人には思いもよらないような変化が、妻の本性のうちに現れ出るかもしれません。結婚生活において最初の子供が生まれたあとです。自分も母親になったのだという印象のもとに、結婚前まで逆らいつづけてきた自分の母親との同一化が妻のなかで再活性化し、これが自由に使えるリビードをすべて引き寄せる結果、反復強迫によって、両親の不幸な結婚生活と同じものが再現されたりするわけです。ペニス欠如という古い契機がなお力を失っていないことを示しているのは、息子が生まれたか娘が生まれたかによって母親がちがった反応をするという事実です。息子に対する関係のみが、母親に無際限の満足をもたらすのでして、そもそもこれこそが、あらゆる人間関係のうちでもっとも完全にして、もっとも両価性《アンビヴァレンツ》をもたない関係です(18)。母親は、かつて自分が抑え込まなければならなかった野心を息子に転移させ、息子から、自分のうちに残存している男性コンプレクスのすべてを満足させてもらうことを期待できるからです。結婚生活でさえ、安心できるものとなるためには、妻は、夫を自分の子供に仕立て、夫に対して母親の役を演じるのに成功しなければならないのです。

女性の母親同一化には二つの層が認められます。ひとつは、母親に対する情愛深い拘束の上に安らって母親を範とするエディプス期以前の層であり、もうひとつは、これよりあとの層、母親を排除して父親にその代替をさせようとするエディプスコンプレクス期からの層です。両方とも、その多くは将来にわたって残存するものでして、おそらく、このどちらも、女性の発達の過程においてじゅうぶん克服されることがないと言ってもまちがいないと思います。ですが、女性の将来にとって決定的なのは、情愛に満ちたエディプス期以前の拘束の時期のほうです。この時期に女性としての諸々の特性を身につける準備がなされるからです――女性は、やがてそれらの特性を身につけて、性機能における女性としての役割を満足にこなすようになり、女性としてのかけがえのない社会的仕事を引き受けるようになるわけです。女性はまた、この同一化のなかで男性に対する魅力も身につけ、男性のエディプス的な母親拘束をけしかけ、これを恋着《れんちゃく》にまであおり立てるのです。ただし、この場合、男性がわがものとしたがっていたものは、往々にして、のちに息子がはじめて手に入れることになります。印象として言わせていただくなら、男の愛と女の愛は、心理的な拘束時期が一段階ちがっているということなのです。

女性には公正というものを理解する力が乏しいように思えるのは、おそらく、女性の心の生活において羨望（ペニス羨望」が優位を占めていることとかかわっているのでしょう。と申しますのも、公正への要求は、羨望を消化し処理することですし、羨望を放棄するための条件を提示するものだからです。また、よく口にされるところですが、女性の社会的関心は男性のそれよりも弱く、女性の欲動昇華能力は男性のそれよりも乏しいのが通り相場です。女性の社会的関心が弱いのは、おそらく、あらゆる性愛関係がもつまがいなき特徴である反社会的性格からきているようです。愛する者どうしは二人でいるだけで満足ですし、家族も、より大きな集合体に組み込まれることには抵抗を感じるものです(19)。昇華の適性は、たしかに個人によってそれぞれ非常に大きな差があります。しかし私としましては、分析の仕事中にいつも感じるある印象のことをお話ししないでおくことはできません。三十歳くらいの男性はふつう、みずみずしく、むしろまだ出来上がっていないところが強いため、分析が彼のために打ち開いてくれる発達可能性を存分に利用できるだろうことは、大いに期待できます。ところが、同年輩の女性の場合には、私たちは、その心的な硬直性と不動性にしばしば舌を巻いてしまいます。彼女のリビードは、もはや最終的な位置取りをすませてしまっており、そこを去って別の位置に向かうことができないように見えます。さらなる発達へとつづく道は開けてきませんし、まるで、全過程がすでに終了し、この先何らの影響も受けつけることはないように見えます。それどころか、女性性に至るためのこれまでの困難な発達のために、その個人としての可能性がすべて尽き果てたかのようにさえ見えるのです。私たちは、神経症的葛藤を処理することで病気を終わらせるのにたとえ成功するとしましても、こうした事情につきましては、治療者として、遺憾に思わざるをえません。

私が女性性についてお話ししようと思っておりましたことは以上です。たしかに、不完全かつ断片的で、そのうえ、必ずしも愉快とは言えないものです。しかし、お忘れにならないでいただきたいのですが、ここで叙述したのは、その本質が性的機能によって規定されているかぎりでの女性だということです。この性的機能の影響はもちろん非常に広範囲におよんではおりますが、私たちは、個々の女性がそれ以外の場面でもひとりの人間であるという事実を、ないがしろにしているわけではありません。もし皆さんが女性性についてもっとお知りになりたいのでしたら、どうぞご自分の生活経験にお尋ねになるとか、詩人たちの書いたものをお読みになるとかなさってください。あるいは、科学がもっと深くすぐれた関連情報をもたらしてくれるまでお待ちになるのがよろしいかと存じます。

第三四講　釈明・応用・治療姿勢

皆さん、いわゆるそっけない調子にもそろそろうんざりされたことでしょうし、ここでは、理論的意義はほとんどありませんが、皆さんが精神分析に好意的であってくださるかぎり皆さんとも身近にかかわっていることがらについて、お話しすることを許していただきたいと思います。さて、今ためしに、皆さんが、無聊のなぐさめにと、今日の人間や状況が描かれていそうなドイツなりイギリスなりアメリカなりの小説を手にとったと仮定してみましょう。すると、何頁も読み進まないうちに精神分析についての講釈に行き当たり、少し行くと、またその類いのものに出くわします。脈絡からして、そんなものが必要とは思えない場合でもそうです。そこでは、登場人物もしくはその行動をよりよく理解してもらうために深層心理学が用いられているとは、およそ考えられもしません――むろんそうした試みが実際になされている真摯な作品が皆無というわけではありませんが。そうなのです、それらは、たいていは冷やかしのための発言なのでして、小説の著者は、それによって自分が物知りで知性が高いことを見せつけようとしているだけです。それに、著者がほんとうにきちんとわきまえたうえでものを言っているといった印象さえ、必ずしももてるとはかぎらないのです。あるいは、皆さんが、何か社交の集まりに、気晴らしに出かけられたと仮定してみましょう。場所はことさらウィーンにかぎる必要はありません。しばらくすると話題は精神分析におよび、じつにさまざまな人が自らの判定を口にするのを聞かされることになります。たいていは自信たっぷりの口調です。その判定は、精神分析を蔑視するものが相場で、しばしば中傷になったりもしますが、少なくとも冷やかしであることにはまちがいありません。ここでもしも、不用意に口をすべらせて、これについてはいくらか理解をもっているとでも言おうものなら、皆さんは、たちまち全員にわっと押しかけられて、あれこれ情報や説明を求められるといったことになり、しばらくのちにはこう確信せざるをえなくなります――先に出された厳しい判定はいずれも何の知識もないままになされたものであって、これら敵対者のうちほとんど誰一人として精神分析の書物など手にとったことがない、いや手にしたことがあるとしても、珍奇な材料に出会ったときのしょっぱなの抵抗を乗りきることができなかったのだ、と。

もしかしたら皆さんは、精神分析入門なるものから、分析についての明白な考え違いを正すにはどのような議論を駆使すればいいのか、よりよい知識をもってもらうにはどのような本を推薦すればいいのか、といった指示をも期待しておられるかもしれません。あるいは、〔分析に対する〕社会の態度を変えるためには、討論の際に、自分の読書や経験のなかからどんな例にうったえればいいのか、といった指示さえ期待なさっているかもしれません。しかし、そうしたことはどうぞお考えにならないようお願いいたします。無駄なだけです。そもそもいちばんいいのは、自分のほうがよく知っているということを隠しておくことなのです。もし隠しておくのがどうしても可能でないような場合には、こう述べるくらいにとどめておくのがよろしいでしょう――私のかじっているかぎりでは、精神分析というものは、理解し判定を下すのがじつにむずかしい特別の知の分野でして、面白半分で近づけないほど慎重を要することがらを扱っております、ですので、世間話のネタにしたいのでしたら何かこれとは別の遊び道具を探したほうがいいと思います、と。言うまでもないことですが、おっちょこちょいの輩が自分の見た夢について話すことがあっても、皆さんは、そうした解釈にはかかわらないのがいいでしょうし、いろいろな治療報告を持ち出して分析の人気取りをしようという誘惑にも、足をすくわれないようしなければならないでしょう。

しかし、いったいなぜ、本を著したりお喋りを楽しむ人たちが、このようなまちがった態度をとることになるのか、と皆さんがお尋ねになりたくなるのももっともです。そうなるのはこれらの人たちのせいばかりでなく、精神分析の側にも責任があるのでは、と皆さんは考えたくもなるでしょう。その通りです、私もそう思っています。じつは、文学や社交の場で皆さんが出くわす偏見の類いは、以前に下された判定――公式の科学を代表する人たちが生まれたばかりの精神分析に対して下した判定――の残響なのです。これについては、私は、かつて精神分析の歴史について書いたときに(1)、すでに苦言を呈しておきましたので、ここでそれを繰り返すつもりはありません――もしかしたらあの前回の苦言さえ余計だったのではと思っているくらいです。ですが、じっさい、あの当時、精神分析の学問上の敵対者たちは、もはややり残したものがないほど、ありとあらゆる論理矛盾、礼儀違反、醇風違反を犯したのです。そのひどい状況は、中世の時代に、犯罪者ないしはたんなる政敵さえもが、さらし柱につながれて賤しい民衆の虐待にゆだねられたのにも似たものでした。私たちの社会において、そのような狼藉がどれほどの規模で広がっているか、人間というものは、集団の一人として個人の責任が問われないと感じているときには、どれだけ馬鹿なまねをするものであるかは、もしかしたら皆さんの理解の域を越えているかもしれません。あの時代の初めのころは、私もかなり孤立しており、やがてまもなく、論争しても展望は開けないし、苦言を呈したり、もう少し理解のある人たちに訴えかけても詮ないということを嫌というほど知ったものでした。なにしろ、苦情を持ち込むべき法廷自体が存在していなかったのです。ですから私は、これとは別の道をとることにしました。私は、ここではじめて精神分析を応用することを覚え、群集の態度を、個々の患者の治療において除去しなければならない抵抗と同じ類いの抵抗の現象とみなし、あえて敵対者との論争は避けて、徐々に集まってきた私の支持者たちにも、これと同じ方向をとるようすすめたのです。このやり方がよかったらしく、当時精神分析がこうむっていた追放は、それ以来撤廃されることになってはいきました。とは申しますものの、精神分析が科学の世界から当初こうむったあの締め出しは、捨て去られた信念が迷信となって生き伸びたり、科学の放棄した理論が俗説として残りつづけるように、本を著したりお喋りを楽しむ素人たちの冷やかし的な軽蔑のかたちをとって、今日なお生き残りつづけているわけです。これでもう皆さんも、精神分析の受けている軽蔑を何ら不思議とはお思いにならなくなったことでしょう。

しかし、期待しないでいただきたいのですが、精神分析をめぐる闘いは終わった、精神分析が科学として承認され、教材として大学に入ることを認可されたことで闘いはついに終わりを告げた、などといった福音はまだまだ聞ける状況にはありません。そんなことは論外です。闘いはまだ続行されており、ただ、前よりも控えめになっただけのことです。もうひとつ、新しくなったのは、学問界において精神分析とその敵対者のあいだに、ある種の緩衝地帯のようなものが作り出された点、人々が、精神分析のどこか一部なりを認め、面白おかしい留保を付したりしながらもそのことを公言するとともに、それ以外の部分に関しては、あらんかぎりの声を張り上げて拒絶するようになったという点です。人々が精神分析のどこを認めどこを認めないかの選択基準が何であるかについては、容易に推し測ることはできません。それはどうやら、個々人の好き嫌いによっているようでもあります。ある人は性欲に、ある人は無意識に嫌悪を示すといった具合で、とりわけおぞましがられているのは、象徴法(2)というまぎれもない事実のようです。精神分析という建物は、なお未完とはいえ、今日すでにある種の統一体となっており、誰もがそこから好き勝手に要素を抜き出してもかまわないというわけではないのでして、このことが、これら折衷主義者たちの頭に入っていないようなのです。私がこれらの生半可あるいは半・生半可な支持者たちから得た印象では、彼らの拒絶はじっくり吟味した結果だとはいえません。すぐれた人たちのなかにもこの範疇に入る人がいます。なるほど、そうした人たちは、自分の時間と関心を精神分析以外のものに捧げ、その分野を制覇するという点で重要な仕事を成し遂げたわけですから、その事実でもってじゅうぶん許されてはおります。しかし、それならば、あえて党派的な態度をとらないで、むしろ判定を差し控えたほうがいいのではないでしょうか。これらの偉人たちの一人で、すぐその場で精神分析のほうに転向していただくことになった方がおられます。世界的に名の知られた批評家で、当今の精神的潮流に好意的理解と予言者的慧眼でもって応じてこられた方です(3)。私がはじめてお知り合いになったときには、この方は八十歳を越えておられましたが、そのお話はまだ魅力たっぷりのものでした。どなたのことを言っているのか、皆さんには容易にお分かりですね。そのとき精神分析の話をはじめたのは、私のほうではありませんでした。この方のほうが精神分析の話をしはじめ、きわめて控えめなもの言いながら、私にこう挑んできたのです。「私は一介のもの書きにすぎませんが、あなたのほうは自然科学者であり発見者です。ですが、私としましても、一点だけどうしてもお断りしておかねばなりません、私は、これまで一度たりとも、自分の母親に対して性的感情を抱いたことなどありませんでした」。これに対して私はこう答えました。「あなたにそのような覚えがあったかどうかは問題ではないのです。それは、大人にとっては、無意識的な出来事だからです」と。「ああ、そんなふうにお考えなのですね」とこの方はほっとしたようすで言い、私に握手をしてきたのです。私たちはなお二、三時間お喋りをして、このうえないほど意見の一致をみることができました。あとで聞いたことですが、この方は、その後残された短い生涯に、精神分析についてくりかえし好意的な発言をし、「抑圧」という自分にとって新しい用語を用いるのを好んだとのことです。

よく知られた諺に、汝の敵に学ぶべしといった意味のものがあります。じつを申しますと、私はこれまでこれに成功したためしがないのですが、今回はがらにもなく、敵たちが精神分析に対してぶつけてきた非難や異議を皆さんとともに逐一吟味し、不当さと論理矛盾を暴き出してお示しすれば、きっと皆さんのためになるだろうと考えていたのです。ところが「《よく考えなおして〔on second thoughts〕》」みますと、そんなことをしても面白くもなんともない、疲れて嫌な気持ちがするだけで、まさにこれこそ、この何年ものあいだ私が注意して避けてきたことではないか、ということにはたと気がついたしだいです。ですから、どうぞお許し願いたいのですが、もうこれ以上、こうした道をたどるのはやめ、私たちのいわゆる学問上の敵たちの判定でもって皆さんをわずらわせないようにしたいと思います。なにしろこの敵たちは、ほとんどが、精神分析的な経験からあえて身を遠ざけていることによって保持してきた無邪気さなるものを唯一の資格証明としている輩ばかりだからです。ですが、これとは事情の異なる場合には、当然ながら、皆さんもそう簡単には私を釈放するわけにはいかないでしょう。皆さんはこう言って私を問責なさるでしょう。「先生が今最後におっしゃったことがあてはまっていない人たちもたくさんいるじゃないですか。精神分析で得られた経験から逃れることもなく、患者を分析し、ともすれば自らが分析を受け、それどころか、ある期間先生の相棒でもあった人たちのことです。その人たちはしかし、その後先生と異なった見解と理論に行き着き、それがもとで先生から離反し、精神分析の独立した一派を創り出すことになりました。精神分析の歴史のなかで頻繁に繰り返されたこうした離反の動きの可能性と意義について、先生は私たちに釈明する必要があるのではないでしょうか」と。

ごもっともです、そうさせていただきましょう。ただし手短かにやらせていただきます。と申しますのも、こんなことをしましても、精神分析の理解という点では、皆さんが期待なさっているものはほとんど出てこないからです。まず最初に皆さんの頭に浮かぶのは、アードラーの個人心理学のことでしょう。これなど、たとえばアメリカでは、私たちの精神分析と同等の資格をもった傍系と見なされ、通例、精神分析と一括りにして名を呼ばれておりますからね。じつはこの個人心理学は、精神分析とはほとんど関係がないのですが、ある歴史的事情のために、精神分析に寄り掛かって一種の寄生生活のごときを送っているにすぎないのです。この一派に対立している私たちのものと見なされてきた諸要因は、創始者〔アードラー〕にはごくわずかしかあてはまっておりません。個人心理学という名称そのものは不適切で、困り果てたあげくの産物のようです。私たちとしましても、群集心理学の反対としてのこの名称の用い方ならば異を唱えることはできないでしょうが、私たちがやっていることもまた、たいていの場合、とりわけ個としての人間の心理学なのです。本日は、アードラーの個人心理学に対する客観的批判に立ち入るつもりはございません。そんなことをすれば入門の枠をはみ出すことになるからですし、それに、私はそうした批判をすでに一度やっており、今そのどこかを変更しなければならない理由もほとんどないからです(4)。しかし、この個人心理学にまつわりついている印象につきましては、以下に、精神分析が生まれる何年も前に私の体験したささやかな出来事によって分かりやすく説明しておきたいと思います。

私が生まれ、三歳の子供のころに離れたモラヴィア地方の小邑(5)の近くに、美しい緑に囲まれた目立たない湯治場があります。ギムナジウムに通っていたころ、私は、何度か休暇で当地を訪れたことがありました。そのあと二十年ほどたって、ある親戚の女性が病気になった折に、再びこの地を訪れることになったのですが、そのときのことです。この親戚の女性を看てくれていたここの湯治場の医者とお喋りしているとき、私は彼に、冬期にはここでの彼の唯一の患者となるスロヴァキア人——私にはスロヴァキア人と思えたのですが——の農夫たちとどのようなかわり方をしているのか、といったようなことも尋ねました。彼の話してくれたところによりますと、診療はこんなふうに行われるようなのです。診察時間が来ますと、患者たちは彼の部屋に入って来て一列に並びます。それから一人ずつ前に進み出て、ここそこが苦しいと訴えます。腰痛もあれば胃痙攣もあり脚の疲労もあって、いろいろです。そのあと医者は患者を調べ、だいたいの状況が分かると、大きな声で患者に診断を伝えるのですが、なんと、それがどれもこれも同じ診断なのです。医者は私に、その病名を翻訳して教えてくれましたが、ほぼ「憑きもの」くらいの意味なのだそうです。私は驚いて、そんなにどの患者にも同じ所見を出していれば、農夫たちの顰蹙を買うことにはなりませんか、と尋ねました。すると医者の答えていわく——「とんでもない、患者たちは大満足ですよ。予期していた通りの診断ですからね。彼らは皆、列に戻ってゆくとき、顔つきと身振りで他の患者たちに、それとなく「まったく、よく分かってらっしゃる先生様じゃ」とでも知らせているようですよ」と。当時私は、のちに自分がどんな事情のもとでこれに似た状況に再会することになるか、ほとんど想像もしていなかったのです。

すなわち、アードラー派の個人心理学者は、患者が同性愛であれ屍体性愛であれ、不安に悩むヒステリーであれ、閉鎖的な強迫神経症であれ、はたまた猛り狂う精神病者であれ、すべて一律に扱い、そうした状態を惹き起こしている動因として、自己主張したい、劣等感を過剰に補償したい、優越していたい、女性路線から男性路線へ転換したいといった傾向を指摘して、恬《てん》としているということです。これと似たことを、私たちは若い学生のころ臨床講義で、ヒステリー症例を紹介されたときに聞かされたものです。ヒステリー者は、自分に関心をもってもらい、自分に注意を向けさせるために症状を作り出しているというわけです。困ったことに、古言はいつまでも繰り返されるものなのです。むろん、こうした心理学もどきの診断は、すでにその当時から、私たち学生にとって、ヒステリーの謎を解いてくれるようには思えませんでした。そこには、たとえば、患者がなぜ自分の意図を達成するために、ほかでもないこの方法を用いているのかという説明が欠けたままだったからです。もちろん、個人心理学者たちのあの教えにも、全体に対してほんのわずかとはいえ、いくぶんかは正しいところがあるにちがいありません。自己保存欲動は、あらゆる状況を利用しようとしますし、自我は、病気であることから利益を引き出そうとするからです。この事態は精神分析では「二次的疾病利得」(6)と呼ばれております。とは申しましても、マゾヒズムだとか無意識的懲罰欲求だとか神経症的自己毀損といった事実は、自己保存に反する欲動の蠢《うごめ》きがあるという仮定をとらざるをえなくさせるのでして、これらの事実を念頭に置きますと、個人心理学という教えの基礎になっているあの月並みな真理の普遍的妥当性も信じられなくなってきます。しかし、大衆は、こうした説をこそ大歓迎するにちがいありません。そこでは、いかなる複雑なもつれもなきに等しくされ、理解困難な新しい概念も何ひとつ導入されず、無意識的なものはいっさい関知されず、万人の重荷となっている性の問題が一撃のもとに排除され、人生を快適にするための抜け道の発見だけが本分とわきまえられているからです。大衆というのは気楽なものでして、説明の根拠はひとつ以上要求せず、科学の長ったらしい解説などありがたいとは思わず、単純な解決をほしがり、ともかく問題に片がつけばそれでいいと思っているのです。個人心理学がいかにそうした要求に応えるものであるかを考えてみますと、『ヴァレンシュタイン』のなかのあの一文がよみがえってくるのもいたしかたのないところです。

「この考えがかくもいまいましいまでに筋が通っていなけりゃ、
　こりゃ何たるたわけた考えだと心底言ってみたい気にもなるんだが[7]」。

精神分析に対しては、専門家たちの批判はじつに手厳しいのですが、個人心理学に対しては総じて、腫れ物にさわるような扱いをしてきました。しかしアメリカでのことではありますが、名望ある精神科医の一人が、「《もう結構〔Enough〕》」という標題の反アードラーの論説を公けにし、個人心理学者たちの「反復強迫」に対するうんざりした気持ちをきっぱり表明するような事態も起こりはじめております。これまで他の人たちがはるかに好意的な態度をとってきましたのは、おそらく分析に対する敵意によるところが大だったと思われます。

私たちの精神分析から枝分かれしていった他の諸派については、多言をつくす必要はありません。かつてそうしたことが生じたということは、精神分析の真理内実にとってはプラスともマイナスとも評価できません。多くの人は、順応したり従属したりするのを困難に感じるものですが、そうした強い情動的契機のことを思い浮かべてくだされぱいいでしょうし、あるいは、いみじくも《十人十色〔quot capita tot sensus〕》という諺で強調されているような、さらに大きな困難のことを想定していただければいいと思います。意見の違いがある限度を越えてしまえば、袂を分かって、以後別の道を行くというのがいちばん目的に適ったことだったのです。理論上の相違のために治療実践の変更が生じざるをえないような場合には、なおさらでした。たとえばある分析家[8]が、個人の過去がもっている影響力を軽視し、神経症の原因を、もっぱら現在的な動機と未来に向けられた期待のうちに求めているとしましょう。

すると、その分析家は、幼年期の分析をないがしろにし、もとより私たちとは違った技法を用いることにもなるでしょうし、幼年期の分析から得られる成果をもたないわけですから、この欠落を、自身の教師然とした影響力を強化したり、何らかの人生目標を直接的に指示したりすることによって、埋め合わさなければならなくなります。そうなりますと、私たち反対派は、これもまた知の一派であることはまちがいないとしても、けっして精神分析とはいえない、と言わざるをえないでしょう。あるいはまた、別の分析家が[9]、出産時の不安体験こそがのちの神経症障害のきっかけをつくるという見解にいたったとしましょう。すると、分析作業をこの出産時の印象のもたらす影響にのみ局限し、三、四カ月の治療で成果があがると患者に約束することが、その分析家にはいかにも理に適ったことだと思えてくるわけです。お気づきのように私がここにとりあげたのは、まったく正反対の前提のうえに成り立つ二つの例です。これら「離反運動」のほぼ一般的とも言える性格は、それぞれが、精神分析のおびただしい主題群からその一部をわがものとし、たとえば権力欲、倫理的葛藤、母親〔の重要性〕、性器愛などの略奪を基盤にして、自ら独立した一派を形成するという点にあります。こうした分離派が、精神分析運動の歴史においては、すでに今日までの段階を見ただけでも、他の精神運動の場合よりも多いように皆さんには感じられるかもしれませんが、ほんとうにそう言うべきかどうか私には分かりません。もし多いというのでしたら、それは、理論的見解と治療行為の密接なつながり――これが精神分析の核心です――にその原因があるとしか言いようがありません。意見の相違だけの問題でしたら、もっとずっと長く寛容を保てるはずなのです。世間では、私たち精神分析家を非寛容だと言って非難するのが好まれています。ですが、この醜悪な性質が表面化したと申しましても、それは唯一、考えを異にする者たちからの決別というかたちでしかありませんでした。それ以外に、彼らに害が加えられたことはまったくありません。むしろ逆に、彼らは得をしたのでして、以来、決別前よりもうまく行っているほどなのです。と申しますのも、袂を分かつとき、彼らは通例、私たちがあえぎながら担いでいる重荷のひとつ──たとえば悪名高い幼児性欲や笑止千万たる象徴法など──を振り捨て、後に残された私たちにはまだ与えられていない世間の信用を、今やある程度得るまでになっているからです。それにじっさい彼らは──際立った例外[10]はひとつありますが──自らすすんで除名されていったのです。

寛容とはおっしゃいますが、いったい皆さんはこの寛容という名のもとに、どのようなことを要求なさるおつもりなのでしょうか。根本的に間違っていると思われる見解を誰かが表明した場合、その人に対してこんなふうに言うのがせいぜい寛容というところでしょう──「貴重な異論をご披露いただき、まことにありがとうございます。おかげさまで、独りよがりの危険に陥らなくてすみますし、私たちが、いつもアメリカ人たちの望んでいるような「《寛大な〔broadminded〕》」人間であることを、彼らに証明してやる機会ももてたわけです。私たちは、あなたのおっしゃっていることを一言も信じてはおりませんが、そんなことは何でもありません。きっと、あなたも私たちと同じように正しいことをおっしゃっているのです。どちらの言い分が正しいのか、いったい誰が分かるというのでしょうか。はばかりながら、私たちは、反対の意見ではありますが、書くもののなかではあなたのご見解を支持させていただくつもりでおります。ですから、その代わり、あなたのほうも、あなたがしりぞけておられる私たちの見解のために、好意をもってご尽力くださるようお願いいたします」と。なるほど、こんなもの言いは、将来、アインシュタインの相対論がそこいらじゅうで濫用されるようにでもなれば、学問研究において慣習となるにちがいありません。しかし今のところ、私たちはまだそこまでひどくはなっておりません。私たちは、昔の流儀通り、自身の確信するところだけを主張するにとどめ、どうしても防ぐことのできない誤謬の危険を身をもって引き受けながら、反対意見を却下してゆくほかないのです。精神分析においては、私たちは、よりすぐれた考えを見出したと思えるときにはそれまでの意見を変えてよいという権利を、存分に行使してきたわけなのです。

さて、精神分析の最初の応用のひとつは、ほかでもありません、精神分析を手がけているという理由で世間が私たちに向けた敵意の何たるかを、精神分析を通して学んだということでした〔本巻一八〇―一八一頁〕。それ以外の応用は、客観的・中立的な性質のものですから、これよりも広範な関心を引いてしかるべきものです。私たちがいちばん最初に意図したのは、人間の心の生活のさまざまな障害を理解することでした。と申しますのも、精神分析においては理解と治癒がほとんど同時に生じ、一方から他方へと通行可能な道がつづいていることが、ある奇妙な経験を通して示唆されたからです(11)。じっさい、これが、長いあいだ、私たちの唯一の意図でした。ところがその後、私たちは、病的な出来事といわゆる正常な出来事のあいだに近しい関係、それどころか内的な同一性があることを認識し、精神分析は深層心理学と化すことになりました。もとより、人間のやることなすことすべては、心理学の助けなしには理解できないわけですから、やがて精神分析はおのずと、数多くの学問領域、とりわけ精神科学の領域に応用されることになりました。そしてその応用は、進撃を開始しはじめ、さまざまに働きかけることになったわけです。しかし残念なことに、この応用という課題は、さまざまな障害にぶつかることにもなりました。それらの障害は、ことの性質上、今日もなお克服されておりません。この種の応用にはどうしても、分析家が持ち合わせていない専門知識が必要ですし、他方、専門知識をもっている人たちは、精神分析については何も知らないし、もしかしたら知りたくもないと思うかもしれません。ですから、その結果、分析家たちは、あくまで半可通として、多少ともそれらしく武装をととのえ、しばしば蛮勇をふるうようにして、神話学だとか文化史だとか民族学だとか宗教学などの学問領域への突入を企てることになったわけです。彼らは、それらの領域を住処としている研究者たちから、せいぜい闖入者くらいにしか扱われず、彼らの方法や成果は、たとえ注目に値するものであったとしても、さしあたりは拒絶されるのがおちだったのです。むろん、こうした事情は今やだんだんと改善され、あらゆる分野において、精神分析を研究し、これを自らの専門分野において利用して、いわば植民者として開拓者たちに取って代わろうとする人々が多数育ってきております。この領域では、新しい洞察が豊かに収穫できると期待してよろしいでしょう。ともあれ精神分析の応用は、精神分析の証明でもあるのです。学問研究が実践活動とより遠く隔たっている分野でなら、避けがたい意見の衝突も、きっとその激しさもましになるにちがいありません。

精神科学への精神分析のこうした応用の例を、皆さんに逐一ご紹介したいという誘惑には、打ち克ちがたいものがあります。それは、知的関心の旺盛なすべての人にとって知るに値することがらでしょうし、それに、しばらくの間でもアブノーマルなことや病気のことを耳にせずにいられるとすれば、それも一服の清涼剤であるにちがいありません。しかしながら、それは断念せざるをえません。そんなことをすれば、またも入門講義の枠を越え出てしまうことになりかねませんし、それに正直なところ、私にはこの課題は荷が重すぎるのです。これら応用分野のいくつかは、たしかに私自身が第一歩を印したところなのですが、今日ではもはやこの膨大な全体像を眺望することは私にはできなくなっておりますし、私がことをはじめて以来付け加わったものをすべて制覇しようということにでもなれば、途轍もない勉強が必要となるからです。皆さんのなかで、私がこうしてお断りしたために失望なされた方は、医学以外の分野への精神分析の応用を旨としている私たちの雑誌『イマーゴ』で、どうぞその償いをつけていただければと思います[12]。

ですが、ただひとつだけ、そう簡単に通り過ぎてしまうことができないテーマがあります。それは何も、私がそれをとくによく理解しているからではありませんし、私自身これについてそれなりの貢献をしたからでもありません。むしろ正反対でありまして、私はほとんどそれにかかわったこともないのです[13]。とはいえ、そのテーマはきわめて重要、かつ未来を開く希望に満ちたもので、もしかしたら、精神分析すべての営為のなかでもっとも重要なものと言えるかもしれません。申し上げたいのは、精神分析の教育学への応用ということ、次世代の教育ということです。娘のアンナ・フロイトが、この仕事を生涯の課題とし、私がおろそかにしていたことをそうしたかたちで埋め合わせてくれているのですが、少なくともそうご報告申し上げることができるだけでも、私にとっては喜ばしいことであります。この分野への応用がどのような経緯をたどってきたか、その道を見通すことは容易です。成人の神経症者を治療していて、その症状の何たるかを決定しようとすると、私たちはいつもきまって、患者の幼年期初期に連れ戻されました。その時期以降の病因を知り当てたところで、それだけでは病気の理解には不充分でしたし、治療効果をあげるにもじゅうぶんではなかったからです。こうして私たちは、小児期がかかえている心的特殊性を探り当てざるをえなくなり、分析を通す以外には知りえないたくさんのことがらを知り、幼年期について一般に信じられている数々の見解を修正することもできるようになったわけです。私たちは、幼児期初期(五歳くらいまで)には、いくつかの理由から特別の意味があることを認識しました。第一の理由は、この時期には性の開花期が含まれており、この開花期がのちに成熟期の性生活にとって決定的な刺激となって残るということです。第二の理由は、この時期に受けたさまざまな印象は、未熟で脆弱な自我を標的にし、この自我に対して外傷のような作用を及ぼすということです。自我は、それらの印象が呼び起こす情動の嵐から、抑圧によってしかわが身を守ることができず、こうして、のちに病気や機能障害をもたらす素因をすべて、幼児期のうちに身につけてしまうことになるのです。私たちの理解したところでは、幼年期がかかえている難しさは、子供が、何万年にもわたる文化発展の結果としての欲動支配や社会適応を、少なくともそれらの第一段階くらいは、短期間のうちにわがものにしなければならないという点にあります。子供は、独力での発達を通しては、この変化のごく一部しか達成できず、その多くは、教育によって強制的に押しつけられねばなりません。[14] 子供がこの課題をしばしば不完全にしか制覇できないとしても、何も驚くにあたらないのです。多くの子供は、この早い時期に、神経症にも匹敵するような状態を通過します。のちにはっきりと発病することになる子供にいたっては、例外なくそうです。子供によっては、神経症の発病が成熟期まで待っていないこともあり、早くも幼児期に突然起こり、両親や医者をわずらわせることになる場合もあるほどです。

私たちは、見まがいようのない神経症の症状を呈していたり、好ましくない性格発達へと向かっているこの種の子供たちに、分析治療を応用することを躊躇したりはいたしませんでした。分析に敵対する人たちは、分析が子供に有害だとの危惧を表明いたしましたが、そうした危惧が何ら根拠のないものであることはすでに判明しておりま す。こうした企てによって私たちが得た利益は、成人の場合にはいわば過去の資料から推定されていたことを、リアルタイムで生きている対象において確認できたということでした。他方、子供たちにとっての利益もたいへん芳しいものでした。子供は、分析治療にとって効果覿面《てきめん》の対象であることが判明いたしました。その治療成果は根底的で、長つづきするのです。もちろん、成人向けに作り上げられた治療技法は、大幅に変更して子供用にしなければなりません。子供は心理学的には成人とは別の対象でして、まだ超自我を所有しておらず、自由連想の方法も広範に及ばせることができず、それに現実の両親がまだ目の前にいるわけですから、転移は成人の場合とはちがった役割を果たすのです。私たちは、成人の場合には彼らのもつ内的抵抗を取り除こうとするわけですが、そうした内的抵抗は、子供の場合はたいてい、何か外的な困難に代替されたかたちで現れています。両親が自身の抵抗を子供に伝染させている場合には、往々にして分析の目標ないし分析そのものが危機にさらされることになりますため、子供の分析に連結するかたちで、分析によっていくらかでも両親に感化を与えることもしばしば必要になります。他方、患者のなかには幼児的性格を多分に保持している者もおりますので、分析家が、そうした対象に合わせてある種の小児分析の技法を用いざるをえなくなることがありますが、そのような場合には、子供の分析と成人の分析との避けがたい差は縮まることになります。子供の分析は、おのずとそうなるように、女性の分析医の領分となってしまっておりますが、その点はおそらく今後も変わらないだろうと思われます。

子供たちのほとんどがその発達の途上で神経症的な段階を通過するという洞察には、すでに予防医学的な要求がきざしております。すなわち、子供に障害の徴候がまったく見えなくとも、精神分析によって子供に援助の手をさしのべるのが、子供の健康保護のために措置として理に適っているのではないか、という問いの立て方ができるということです。それはちょうど、今日子供がジフテリアに罹るまで待たずに、健康なうちに予防接種がほどこされているのと同じことです。この問題についての議論は、今日ではまだ学問上の関心を引くにすぎず、私としましても、こうして皆さんの前で論じるのがはばかられるほどなのです。現代の大多数の人たちには、そんな企画を立てるだけでも、とんでもない邪道と映るでしょうし、それに、世のご両親たちのほとんどが精神分析にどういう態度をとっているかを考えれば、そうした企画の実現の見込みなど目下のところありそうにもありません。加えて、神経質症[15]に対するこの種の予防は、やってみればきっと非常に有効なのかもしれませんが、そのためには、今とはまったく異なる社会制度が前提ともなるわけです。今日では、精神分析を教育に応用するための合図ののろしは、そうした予防とは別のところから立ち昇っています。まずはっきりさせておきたいのは、教育に求められている、いの一番の課題とは何かということです。それは、子供に欲動支配を学ばせるということになるでしょう。子供を自由放任にして、好き勝手な衝動のままに任せるのは、できない相談です。そんなことをしようものなら、児童心理学者にとってはたいへんためになる実験ではあるかもしれませんが、両親にとってはたまったものではありませんし、それに子供たち自身にとっても、ただちに現れるか何年かのちに現れるかはともかく、たいへん有害な結果をもたらすことになるでしょう。要するに、教育というものは、制止し禁止し抑え込まなければならず、じっさいまた、これまでどの時代においても、そうした役目を果たしてきたのです。ところが、精神分析から知られたところによりますと、他でもないこうした欲動の抑え込みこそ、神経症に罹る危険性をもたらす元凶でもあるということです。ご記憶とは思いますが、私たちは、これがどのような道筋で起こるのか詳しく検討いたしました[16]。教育というものは、したがって、放任と断念を前門の虎《スキュラ》、後門の狼《カリュブデス》として、その狭間に道を求めなければならないということになります。そもそもこの課題が解決不可能でないとしますと、功が最大で害が最小という方向で、教育にとっての最善の状態を探し求める必要があります。問題となるのは、どれくらいの量を、どのような時に、どんな手段で禁止してよいかを決定することでしょう。さらに考慮に入れねばならないのは、教育によって感化を与えるべき対象は、それぞれ生まれつき非常に異なった体質をもっているという点、それゆえ、教育者が同一の措置をこうじても、どの子供にも一様にいい結果になるとはかぎらないという点です。少し考えればすぐに思い知らされますが、教育はこれまで、自らに与えられた課題をまっとうに果たすのに失敗し、子供たちに大きな害を及ぼしてきました。教育が最善の状態を見出し、自らの課題を理想的なかたちでこなすようになった暁には、それは、病気の原因のひとつの要因としての偶然的な幼年期外傷の影響を、消し去ることができるでしょう。もうひとつの要因、不屈の欲動素質のもつ力は、教育によってけっして除去されることはないとしてもです。ところで、子供の体質的な特性をきちんと見きわめ、子供の未熟な心の生活で演じられていることを些細な徴候から推察し、子供に適切な量の愛情を注ぎつつもそれなりの権威を保っておくという、教育者に課せられた困難な課題のことを考えますと、教育者という職業のための唯一目的に適った準備は、精神分析の徹底した訓練を受けることだ、と言わねばならないでしょう。教育者自身が分析を受けた経験があれば、それがいちばんいいことです。自身が身をもって経験したのでないかぎり、分析を真にわがものとすることはできないからです。教師ないし教育者を分析することは、子供たち自身を分析することよりもいっそう有効な予防措置のように思われますし、それにまた、実施に際しましてもはるかに困難が少なくてすむのです。

分析によって子供の教育を直接的ならぬ間接的に援助することは、この先だんだんと大きな影響力をもってくるでしょうから、ほんの付け足し程度ながら、これについて少し触れさせていただきます。申し上げたいのは、両親が自ら分析を受け、分析に多くの恩恵――そのなかには自分の受けた教育の誤りをしかと認識することも含まれています――をこうむっているような場合には、その子供は、より大きな理解をもって扱われることになりますし、両親自身がどうしても逃れられなかった多くのことをしなくともすむようになるということです。その他、分析家は、教育に影響をおよぼそうという努力に並んで、〔青少年の〕非行や犯罪の発生と防止についてのさまざまな探究も行っております。しかしここでも、私はただ皆さんのためにドアを開いて、部屋をお見せするだけにとどめ、部屋のなかへはご案内しないことにさせていただきます[17]。精神分析に関心をもちつづけておられるかぎり、やがて皆さんは、こうしたことがらについていろいろ新しい貴重なことをお聞きになれるはずだからです。ですが、この教育というテーマを切り上げるにあたって、どうしても触れておかないわけにはいかない観点がひとつ残っています。昔から言われてきた――そして確かにまちがっていない――ことですが、教育というものはすべて党派的であって、その目指すところは、現行の社会秩序がそれ自体として、どれほど貴重でどれほど支持できるかということにいっさい頓着なく、子供をその秩序のうちに組み込むことにほかなりません。私たちの現在の社会制度にはっきり欠陥があると確信されている場合には、精神分析的教育をそうした制度のために奉仕させることは、正当とは認められません。その場合、この精神分析的教育には、これとは別のより高い目標、現在支配的な社会的要請から自由になった目標を設定することが必要となります。しかし、この種の議論はこの場にふさわしくないと思います。要求が分析の任務権限を越えているからです。肺炎の治療にあたる医者は、患者が真っ当な人間であれ自殺志願者であれ犯罪者であれ、あるいは、生きつづけていてよい人間であれ、ぜひとも生きていてほしい人間であれ、そういったことにはかかわるべきでないのと同じです。教育に設定しようとするこの別の目標もまた、しょせんは党派的なものとなるでしょうし、どの党派につくかを決定することは、分析家のなすべきことではないのです。精神分析が現行の社会秩序と相容れない意図をもっていることを公言することになれば、精神分析は教育に影響を及ぼすことがいっさい許されなくなるわけでして、私としましては、そんなことはするつもりはこれっぽっちもございません。

精神分析的教育が、自分の生徒を暴徒に仕立て上げようと目論むようなことになれば、それこそ、頼まれもしない仕事に首を突っ込むようなものです。精神分析的教育は、生徒をできるだけ健康かつ有能な状態で卒業させることを自らの責務としているのです。精神分析的教育は、それだけでもう、じゅうぶんに革命的要素をはらんでおります。それは、この教育を受けた者なら、その後の人生において、けっして退歩と抑え込みの味方にはならないことを保証するものなのです。私は、革命的な子供というものはいかなる意味でも好ましいとは言えないとさえ考えているのです。

皆さん、もうあと少し、治療としての精神分析についていくつかお話しさせていただきたいと思います。治療の理論面につきましては、すでに十五年前にお話しした通りでして(18)、その点は今日でも変更するところはございません。ここで申し上げておかねばならないのは、この休止期間中の経験についてです。ご存じのように、精神分析は治療として生み出され、それをはるかに踏み越えるかたちで成長してきたのですが、自らのホームグランドを放棄することなく、つねに患者との交わりを生命線として保持するなかで、いっそうの深化と発展に励んでまいりました。私たちの理論の発展の礎となるのはもろもろの印象の積み重ねなのでして、そうした印象は、患者と交わる以外のやり方では、手に入れることができません。治療者として経験する失敗が、次々と新たな課題を突きつけてくるわけでして、まさに現実に生きていることからもたらされるさまざまな要求が、私たちの研究にはやはり不可欠でもある思弁をむやみに蔓延させないための有効な保護弁の働きをしてくれるのです。精神分析が患者たちに助けを提供するものであるなら、それはどのような手段、どのような方法によっているのかということについては、すでに大昔に論じてきたところですので、今日は、精神分析がどの程度の助けを実践できるのかということを問うてみたいと思います。

ご承知いただいているかもしれませんが、私は、これまで熱狂的な治療崇拝者であったことはけっしてありません。ですから、この講義を〔治療の〕宣伝のために乱用する危険もいっさいございません。どちらかと言いますと、私は、喋りすぎよりも寡黙のほうが好きなのです。私のほかにまだ分析家なるものがいなかったころ、私は、私の仕事に理解をもっていると称している人たちから、いつもこう言われたものでした。お考えはじつに素晴らしく、才気にあふれておりますが、どうか、あなたが分析によって治療なさった事例を見せていただけないでしょうか、と。これは、世に新しく生まれた不快なもの〔精神分析〕を排斥するために現れては消えていった数々の決まり文句のうちのひとつでした。もちろん、これもまた、他の多くの決まり文句と同じく、今日ではもう時代遅れになっております――当今では、分析家のカバンのなかにも、快癒した患者たちの礼状が束になっているほどです。とはいえここでも、似たような事態はとどまることを知りません。精神分析はじっさい、他の治療と同様、ひとつの治療です。そこには、それなりの成功もあれば失敗もあり、困難も制限も特殊処置もあります。ある時期、分析に向けられた苦情は、こういう内容のものでした――分析は、治療成果の統計を公表しようとしないのだから、まともに治療として受け取ることはできない、と。その後、マックス・アイティンゴン博士の創設したベルリンの精神分析研究所は、当初十年間の治療結果報告書を公表いたしました[19]。治療成果など、自慢する理由にも恥じる理由にもなりません。この種の統計は、そもそも役に立つようなものではありません。統計処理される素材はじつに雑多ですので、何か意味のあることを言うためには、まさに膨大な数が必要です。自分が経験した個々のことがらを参考にしたほうがよっぽどましなのです。申し上げたいのは、私は、私たちの治療成果がルルド[20]のそれに匹敵するなどと思っていないということです。聖母の奇蹟を信じている人のほうが、無意識的なものの存在を信じている人よりもはるかに多いのです。他方、目を転じて、この世の競争相手ということになりますと、精神分析治療を、精神治療の他の方法と比べてみる必要がでてきます。今日では、神経症状態の器官的・物理的治療ということは、もはやほとんど問題にするにおよびません。分析は、精神治療の方法としては、医学のこの専門分野の他のもろもろの方法と対立するものではなく、それらを無効にしたり排除したりするものでもありません。精神療法家を自認する医者が、症例の特徴ならびに外的状況の良し悪しに応じて、あらゆる他の治療方法と併合的に精神分析を患者に用いることになっても、理論的には大いに整合的だと言えましょう。しかし実際上は、医療活動の専門化を強いているのは技法なのです。外科と整形外科が袂を分かったのもそれによっています。精神分析の活動は、難しくやっかいなものでして、読書のときには掛け、散歩のときにははずす眼鏡のように便利な扱いができるものではありません。通例、精神分析が医者と関係するときには、全か無かというかたちをとります。臨機応変に精神分析も利用するといった精神療法家の手合いは、私の知るかぎりでは、分析の確たる地盤の上に立っているとは言えません。彼らは、分析をまるごと受け入れてはおらず、分析を水で薄め、もしかしたら「毒抜き」をしているのです。彼らを分析家の仲間に入れることはできません。これは残念なことだとは思います。ですが、分析家が、医療行為において、分析とは異なる専門的方法だけを用いている精神療法家と協力してことにあたることは、まちがいなく当を得たところなのです。

精神療法の他のいろいろな方法と比べますと、精神分析は、まちがいなくいちばん威力ある処置です。当然といえば当然のことですが、精神分析は、すこぶる骨が折れ時間もかかりますので、簡単な症例には使うわけにはいきません。しかし適切な症例に用いられると、さまざまな障害を除去することができますし、精神分析以前の時代には望みようのなかった変化を呼び起こすこともできるのです。むろん、精神分析にはそれなりの目立った限界もあります。私の支持者のなかには、治療の野心に駆られ、精神分析によってあらゆる神経症障害を治癒可能にすべく、これらの支障をはねとばそうとじつに多大の努力を払った人たちもおりました。彼らは、分析作業を強引に短い時間に圧縮し、患者の転移をどんな抵抗にも負けないくらいまで強め、これを他の種類の影響とひとつに合体させようと試みることによって、ぜがひでも治癒にこぎつけようとしました。こうした努力が称讃に値することは確かではあります。しかし、思いますに、それは徒労です。そうした努力は、精神分析の領域を逸脱して、果てしない実験に落ち込んでしまう危険と抱き合わせになっているからです。[21] 神経症的なものはすべて治癒可能だとの期待は、神経症などそもそも存在する権利などもてない余計ものだとする素人の思い込みから発しているのではないか、と私には思えてなりません。しかし神経症は、本当は、体質的な固着による重大な疾患なのでして、幾度か散発的に発症して終わるようなことはまれで、たいていは長期間つづいたり、場合によっては生涯持続したりするものなのです。分析上の経験からしますと、病気の歴史的な誘因〔幼児期の病因〕と偶然的な補助契機〔成人期の外傷体験〕をつかんでしまえば、あとはじゅうぶん神経症に対して力を及ぼすことができますので、そのため私たちは、治療を実践するにあたっては、体質的な要因は無視することにしたのですが、むろんそれは、この体質的な要因には手の出しようがないからでして、理論においては、当然ながら、この要因はつねに念頭に置いておかなければならないものです。精神病は、一般に分析治療の手に負えない領域でして、しかも神経症と密接な関係をもっているわけですから、その事実ひとつとっても、私たちは、神経症の治療に対して高望みしないよう注意しなければなりません。

精神分析の治療効果は、重要かつ難攻不落の数々の契機によって、つねに制約を受けているわけです。もっとも大きな成果を見込めるはずの子供の場合、こうした制約となるのは、両親との関係が引き起こす状況という外的な困難であり、その困難は子供であるかぎりはどうしても避けることができないものなのです。成人の場合には、そうした制約となる契機としてまずは二つ挙げることができます。ひとつは心的硬直の強さ、もうひとつは、いっそう深いところで規定を受け、すべてが覆い隠されてしまった類いの疾病形態です。遺憾なことに、この第一の契機は、しばしば見過ごされています。たしかに、心の生活は大いに可塑性に富んでおり、かつてあった状態を回復する可能性も大きいのですが、すべてのものが元の通りに活発になるとはかぎりません。変化をこうむったもののうちには、決定的に取り返しがつかないように見え、何らかの過程がすでに完了してしまったあとのかさぶたのように思えるものもあります。また、これとはちがって、心の生活が全体的に硬直しているといった印象を受けることもあり、この場合、別の経過をたどらせることがじゅうぶん可能なはずの心的出来事が、どうしてもこれまでの道筋から離れることができないように見えるのです。しかし、もしかしたらこれは、先の場合と同じで、ただ見え方がちがっているだけのことなのかもしれません。いずれにせよ、新たな変化を引き起こすに必要な原動力(22)が治療に欠けているだけだと感じられるような局面が、困ったことに頻繁にありすぎるのです。何らかの依存性、ある種の欲動成分が、私たちの動かしうる対抗力と比べて強すぎるわけです。精神病にじつに広くにみられるのは、こうした事態です。私たちは、精神病については、梃子をどこにあてがえばいいのかという点までは理解できているのですが、いかんせん、私たちの梃子では重荷を動かすことができないのです。だからこそここに、将来の希望、ホルモン作用——これについては皆さんもご存じのとおりです——についての知識が、病気の量的要因をうまく克服するための手段をもたらしてくれるかもしれないという希望も出てくることになるのですが、今日のところまだまだそこまではほど遠いのが現状です。私としましては、状況がすべてこのように不確かでありますゆえ、そこからまた、分析技法とりわけ転移の技法をさらに完全にしようという絶えざる推進力も生まれてくるのだと理解しております。分析の新参者はとくに、何かうまくいかないことが出来《しゅったい》しますと、その原因が症例の特異性によるのか、それとも自分の治療処置のまずさによるのか決めかねて悩みつづけることになります。しかし、すでに申しましたように、こうした方向であれこれ骨を折っても、大して得るところはないように私には思えるのです。

分析の成果を制約するもうひとつの契機となるのは、疾病形態です。すでにご承知のように、分析治療を適用できる領域は、恐怖症、ヒステリー、強迫神経症といった転移神経症、およびこれに加えて、これらの病気の代わりとして発達した性格異常ということになります。それ以外のナルシス的神経症ないし精神病の状態は、すべて、多かれ少なかれ分析治療には適しておりません。ですから、この種の症例を注意深く締め出すことによって治療の失敗から身を守るのは、まったくもって理に適ったことなのです。こうした用心をすることで分析の統計結果も大いに向上することはまちがいないところです。たしかにそうではあるのですが、しかしここにはひとつ難しい問題があります。私たちの診断が、事後になってはじめて下されるのがじつにしばしばであるため、ヴィクトル・ユゴーで読んだスコットランド王の魔女吟味法みたいになってしまう点です(23)。魔女を見分ける間違いない方法をもっていると豪語していたあの王様です。この王様は女を釜でぐつぐつゆでさせ、そのスープを味わってから、こいつは魔女だったとか、こいつはそうでなかったとか判定を下したのです。私たちの場合もこれと似ておりますが、ただし、損害をこうむるのは私たちのほうなのです。私たちは、治療にやってくる患者や、分析の専門教育を受けにやってくる志願者に診断を下すには、その前にまず、数週間ないし数カ月かけてその本人を分析して調べざるをえません。猫を見もしないで袋に入ったまま買っているからです。患者ははじめ、何か漠然とした一般的な苦衷を訴えてきますが、それでは確かな診断は下せないのです。この吟味期間ののちに、それが分析に不適な症例であることが判明するかもしれません。そうなれば私たちは、志願者にお引き取り願うなり、あるいは、患者の場合ならば、もっと按配のいい光を当てて調べられないものかどうか、もうしばらく試してみたりするのです。これに対して、患者のほうは、分析失敗例のリストを増やすことによって、仕返しをすることになりますし、また追い返された志願者なら、それが偏執狂的性格の持ち主だったりすると、自分で精神分析関係の本を書いたりして、腹いせをすることになります。このように、私たちがいくら用心しても、役に立たないものは役に立たないのです。

こうした細部の説明をしていては皆さんの関心がそがれてしまうのでは、と気がかりではあります。ですが、治療としての精神分析に対する皆さんの敬いの気持ちを、私が故意に引き下げようとしているとでもお考えでしたら、私としましては、それ以上に残念に思わざるをえません。もしかしたら、出発点がまずかったのかもしれません。私は、逆のやり方をして、分析の治療上の制約を、それらの制約の不可避性を指摘することによって正当化しようと思ったしだいなのです。これと同じ意図から、ここでもう一点、分析治療には桁はずれに長い時間がかかるという非難に目を向けておきたいと思います。この非難に対する答えとすべきは、心的変化はまさに徐々にしか起こらないということ、変化が迅速かつ突然に生じるのはむしろ悪い徴候にほかならないということです。じっさい、やや重度の神経症の治療は、往々にして数年にも及ぶものなのですが、治療がうまくいった場合で、疾患はそれまでどれくらいつづいてきたのか、ちょっと考えていただきたいと思います。一年の治療に対して十年は確実につづいていたのです。つまり、病気の状態は、治療を受けない病者にしばしば見てとれますように、そもそも消滅することはありえないということです。症例によっては、何年もたったのちに分析を再開せざるをえなくなるような理由が出てくる場合もありますが、それは、人生の途上で何か新しいきっかけがあったため、それに対して新しい病的反応が発生したからでして、患者は、その中間休止のあいだ健康でいたということなのです。最初の分析が患者の病的素因をすべてさらけ出させてしまったわけではないということも理由のひとつでしょうし、また当然のことながら、成果があがると分析は中止されるのがふつうでもあるのです。一生を通して分析の保護のもとにあり、くりかえし分析を受けなければならないひどく損な役回りの人たちもおりますが、そうした人たちは、そうしなければそもそも生きる力をもてないのでして、私たちは彼らをこの切れ切れの循環的な治療でもって支えてあげることができるのを、喜びとしなければならないのです。性格障害の分析もまた長い治療時間を要しますが、これはしばしば首尾よく効果があがることがあります。いったい、こうした課題をわずかでも手がけることのできる治療が、分析以外にどこにあるというのでしょうか。以上のような指摘によって、治療の方面での野心が満足させられることにはならないかもしれませんが、しかし、肺結核や狼瘡の例が教えてくれていますように、治療成果というものは、疾患の性格に応じた治療をほどこすことによってしかあがるものではないのです(24)。

私は先に、精神分析はひとつの治療としてはじまったと申しましたが、しかし皆さんの関心を精神分析に向けようとしましたのは、これが治療だからという理由からではありません。そうではなくて、精神分析のもつ真理内容のゆえ、もっとも人間の関心を引くもの——すなわち人間の本質——について精神分析がもたらしてくれる解明のゆえ、さらには、精神分析が種々雑多な人間活動のあいだに暴き出してくれる諸連関のゆえなのです。精神分析は、治療としては、数ある治療のうちのひとつですが、言うまでもなく《居並ぶ同輩たちの首席〔prima inter pares〕》なのです。もしも精神分析に治療としての価値がなかったなら、精神分析はきっと、病気の人たちに知られることもなく、三十年以上にわたって発展してくることもなかったにちがいありません。

第三五講　世界観なるものについて[1]

皆さん、前回の集まりでは細々《こまごま》した日常の雑事に時間を費やしてしまい、いわば、粗末なわが家の家事整理をさせていただいたような次第となってしまいました。今回は、思い切りよく打って出て、これまで他方面からくりかえし突きつけられてきた問いにあえて答えてみたいと思います。その問いとは、精神分析は、何かある一定の世界観なるものへと向かっているのかどうか、向かっているとすればそれはいかなるものかというものです。

気になりますのは、世界観というものが、なかなか外国語には訳しづらい類いの、ドイツ語独特の概念だという点です。ですから、いま私なりにその定義を試みてみますが、皆さんはきっと、何かしっくりこない感じをおもちになると思います。私の考えております世界観とは、この私たちの生をとりまくあらゆる問題を、何らかの上位の仮定にもとづいて統一的に解決してくれる知的構築のことでして、したがってそこでは、未決のまま放置されている問いは何ひとつ存在することはなくなりますし、私たちの関心を引くものはすべて、きちんとしかるべき場を見出すことができるわけです。容易に理解できるところですが、この種の世界観なるものを所有することは、人間の理想欲望[2]のひとつであるに相違ありません。そうした世界観を信じて生きておれば、人生安泰と感じることができますし、また、何に向かって努力すればいいのか、情動と関心をどのように扱うのがいちばん当を得ているかを知ることができるからです。

世界観なるものの性格がこうだとしますと、先の問いに対する答えは、精神分析には難しいものではなくなります。つまり、精神分析は、ひとつの特殊科学、心理学の一分枝――深層心理学ないしは無意識の心理学――でして、そういうものとして、独自の世界観をつくり上げることとは相容れないということ、精神分析は科学の世界観を採用しなければならないということです。むろん、科学的世界観ということになりますと、もうそれだけで、先の定義からはっきり逸脱することになります。なるほど、世界を説明する際の統一性というものは、科学的世界観によってても受け入れられてはおりますが、しかしその統一性は、たんにひとつのプログラム、実現はまだずっと先に繰り越されているプログラムでしかありません。それ以外の点では、科学的世界観は、消極的な性格で際立っており、眼前の知りうるもののみにかかわるだけで、自分とは縁のない諸要素はきっぱり切り捨てるといった姿勢を特徴としております。それが主張しているのは、世界についての知の源泉は、入念に検証された諸観察の知的処理、つまり研究と呼び習わされているもの以外にはありえず、そこには、啓示だとか直観だとか予言にもとづく知などの入り込む余地がないということです。こうした見方は、この何世紀かのあいだに、広く一般の承認を得られるに近いところまでいっていたように思えます。しかしこの二十世紀になってからはとみに、この種の科学的世界観はみすぼらしくて慰めもなく、人間精神の要求と人間の心の欲求をないがしろにしている、といった倣岸な異議が申し立てられるようになってきたのです。

このような異議は、いくら厳しく却下しても厳しすぎるということにはならないかと存じます。これにはまったく根も葉もありません。精神と心は、人間外の諸事物とまったく同様、あくまで科学的研究の対象だからです。この点では、精神分析は、科学的世界観を代表してものを言う特別の権利をもっていると言えます。なぜなら、精神分析には、世界像のなかに混入している心的要素をおろそかにしてきた、といった非難は当たっていないからです。

科学に対する精神分析の貢献は、他でもありません、研究を心の領域にまで拡大した点にあります。この種の心理学がなければ、科学がきわめて不完全であることは言うまでもないでしょう。とは申しましても、人間（ならびに動物）の知的機能や感情的機能の解明を科学のなかに取り込んだところで、科学の全体的な姿勢に何ひとつ変更が生じないのは明らかなところですし、そこから知の新しい源泉や新しい研究方法が生まれてくることもありません。仮に直観だとか予言だとかいうものが存在するとしますと、それらが、そうした新しいものということになるのでしょうが、誰が見ましても、それらは錯覚に類するものでして、欲望の蠢《うごめ》きが成就されるかたちのひとつなのです。それに、ちょっと考えれば分かることですが、世界観なるものが要求される場合、その根底にあるのは、情動的なものにすぎません。科学は、そのような要求を作り出しているのは人間の心の生活であることをわきまえており、そうした要求がどこから出ているのかを探り出そうとしているのですが、この要求そのものを正当であると承認しなければならないと考えているわけではまったくありません。科学は、むしろ逆に、およそ錯覚なるものすべて、この種の情動的要求の所産すべてを、知というものから厳密に区別することを自らの使命としているのです。

とは申しましても、こうした欲望を軽蔑すべきものとして無視し去ったり、そうした欲望が人間生活にとってもっている価値を低く見積もればそれでいいというわけではまったくありません。私たちは、こうした欲望が、芸術の仕事だとか宗教や哲学のシステムのなかでどのように成就されてきたかを、よろこんで追跡するつもりではおります。ですが、この要求をすすんで認識の領域にまで押し広げてゆくのは正当ではなく、出鱈目きわまるやり方なのでして、私たちは、このことを見て見ぬふりをするわけにはいかないのです。そんなことをすれば、個人精神病であれ集団精神病であれ、ともかく精神病の圏域へと続く道が開かれることになるのがおちですし、欲望や欲求をできるかぎり現実のなかで満足させるために、当の現実に対してなされているまっとうな追求を骨抜きにしてしまうことになるからです。

科学の立場からしますと、ここで批判を行使し、拒絶と却下をもって前進してゆくのは、避けられないところです。「科学は人間の精神活動の一領域であり、宗教と哲学は、科学と少なくとも等価である別の精神的領域であって、科学はこの二つの領域にいっさい干渉してはならない。三者は三者とも真理を目指すという同じ要求をもっており、これらのうちのいずれから確信を得ようと、いずれを信じようとそれは各人の自由である」などと軽々しく言うのは許されることではありません。一般には、この類いの見方が、とりわけすぐれた、寛容で、包容力があり、偏狭な先入観を免れた態度だと見なされています。ところが残念ながら、このような見方は、根拠がないばかりか、非科学的な世界観のもつあらゆる有害性をそなえており、実際上、それと同類のものと言っていいと思います。いかんともしがたいことですが、真理は、けっして寛容ではありえませんし、いかなる妥協もいかなる制限も認めません。研究は、人間の活動のあらゆる領域をわが領分と見なしており、それとは違う何か別の力がこの領域の一部でもわがものにしようとする場合には、断固として批判の鉾先を鋭くしないではいられないのです。

科学と競いあうことのできる三つの力のうち、やっかいな敵といえるのは、唯一宗教だけです。芸術は、ほとんどいつも無害で益をもたらし、自ら錯覚以外の何ものであろうともしません。いわゆる芸術狂いと言われているわずかな人々の場合は別として、芸術はあえて現実の領域に介入しようとはしません。哲学は、科学に対立するものではなく、自ら科学のようにさえ振舞い、ある程度までは科学と同じ方法を用いて作業するのですが、隙間のない首尾一貫した世界像を提示できるという錯覚を手放そうとしないために、科学と袂を分かつことになります。そのような世界像は、私たちの知が一歩前進するごとに、そのつど崩壊せざるをえないからです。哲学の方法としての誤りは、私たちの論理的操作がもつ認識価値を過大に評価するとともに、その一方でさらに、直観などのような、論理的操作とは別の知の源泉を認めている点にあります。しばしば人びとの口にのぼるところですが、詩人（H・ハイネ）が、哲学者について次のような言葉を口にするとき、この嘲りはまんざら不当だとはいえないのです。

「ナイトキャップや寝間着の布片《きれ》で
世界の組織のつくろいなんぞお手のもの[3]」。

しかし哲学は、膨大な数の人間に直接影響を及ぼすようなことはなく、数少ないインテリ上層部、しかもそのうちのわずかな人たちの関心を引くにすぎませんし、他の人々にとってはほとんど理解不能のしろものです。これに比べますと、宗教は、人間のこのうえなく強烈な感情を自由に操ることのできるとてつもなく大きな力です。周知のように、宗教はかつて、人間生活において精神性として何らかの役割を演じているすべてのものを含んでおりましたし、まだ科学なるものがほとんど存在していなかった時代に科学の代わりを果たしてもおりました。加えて宗教は、比類ない一貫性と完結性をそなえた世界観を作り出してもきたのです。その世界観は今日、ぐらつきはしていますものの、なお存続しております。

宗教というものがどれだけ大がかりなものであるかをつかみたいのであれば、宗教が人間に対して何をなそうとするものかをしかと見つめる必要があります。宗教は人間に、世界の出自と発生について説明し、有為転変の人生において保護と最終的幸福を保証し、そして、自らの全権威を賭けて主張する掟を通して、人間の考えと行動を律します。つまり宗教は三つの機能を果たすわけです。第一の機能は、人間の知識欲を満足させ、科学が科学的手段でもってなそうとするのと同じことをするというもので、この点で宗教は科学と競合することになります。第二の機能は、おそらく、宗教のもつ影響力の大半を作り出しているものです。つまり、宗教は、危険だとか人生の有為転変に対する人間の不安をやわらげ、よい結果がくることを人間に保証し、不幸が起これば慰めを与えるということなのですが、この点では、科学は宗教と張り合うことはとうていできません。宗教はたしかに、ある種の危険はどうすれば回避できるのか、ある苦しみにはどうすれば打ち克つことができるのかを教えてくれますし、その意味で、宗教が人間の力強い援助者であることを疑うのは、いかにも不当だということになるでしょう。しかしながら宗教は、数多くの状況において、人間を苦しむままに放置せざるをえず、ただただ屈服するよう勧めることしかできないというのも実情なのです。宗教の第三の機能は、掟を与え、禁止と制限を課すというものですが、宗教はこの点で科学から最も遠ざかることになります。科学はあくまで、探究し立証することで足れりとしているからです。もちろん、科学を応用することでも、そこから、人生処方の規則や助言を引き出すことはできます。この規則や助言は、場合によっては、宗教が提示してくれるのと同じであることもあるのですが、しかしそうした場合でも、その根拠づけが宗教とは違っているのです。

宗教に以上三つの内容が同居していることは、必ずしもすんなりと説明がつくわけではありません。世界の発生についての説明は、特定の倫理的掟がもつ厳しさと、いったいどうかかわっているというのでしょうか。これに比べますと、保護と幸福の保証のほうが、まだしも密接に倫理的要求とつながっています。この保証は、これらの戒律をきちんと守ったことに対する報酬となっているからです。戒律に従う者のみがそうした恩恵にあずかれますし、服従しない者には罰が待っているわけです。ちなみに、科学の場合にもこれと似たようなことが見られます。科学の言うところによりますと、科学の応用をあなどる者は、必ずや損害を身に受けるからです。

なぜ宗教のうちに、奇妙にも、教示と慰めと要求の三つが共存しているかは、宗教を発生史的に分析したときはじめて合点がいきます。これら三つ揃いのうちもっとも奇異に思える要素、つまり世界の発生いかんにかかわる教示から、この発生史的分析を始めさせていただきます。と申しますのも、宇宙開闢譚のごときものが、いつもきまって宗教システムの構成要素とならねばならないことはないはずだからです。その教えによりますと、世界が創造されたのは、人間に似てはいるものの、力や知恵や情熱の強さなどあらゆる点で人間よりもはるかに大きな存在、つまり理想化された超人なるものによるとされております。動物が世界創造者とされているのは、あとで一言くらいは触れるつもりでおりますトーテミズムの影響によるものでしょう。興味深いのは、数多くの神々が信じられているところでさえ、こうした世界創造者はいつも一人しかいないという点です。そしてもうひとつ興味をひくのは、女性神たちの存在は仄めかされてはおりますものの、創造神はほとんどの場合、男ときまっているという点、および、いくつかの神話では、他でもない、男性神が、怪物に身を落とした女性神を殺害するところから創世の話が始まっているという点です。このあたりには、非常に面白い問題が細々《こまごま》とからんでいるのですが、今それを論じているゆとりはありません。この創世譚のその後の展開はよく知られているところです。この創造神が直接父と呼ばれることになるわけです。精神分析の推測するところでは、これはまさに、実際の父親、かつて子供にとってそうであったあの堂々たる父親にほかなりません。敬虔な宗教的人間は、世界の創造を、自分自身の誕生とだぶらせて表象しているわけです。

このように考えますと、慰めの保証と厳格な倫理的要求が、どのようにして宇宙開闢譚のなかに合流してくるのかが、すんなりと説明がつきます。子供に生をめぐみ与えた人物、すなわち父親（より正しくは、父親と母親から成る両親審級）はまた、外界にひそんでいるあらゆる危険にさらされている弱々しく無力な子供を保護し見守ってきたからですし、子供は父の庇護のもとで自らの身の安全を感じることができたからです。なるほど、人間は、大人になりますと、以前よりも大きな力を所有していると自覚するようにはなりますが、同時にまた、生の危険を洞察する力も大きくなっており、当然のことですが、自分は根本的にはまだ依然として子供時代と同じように無力で無防備のままであり、世界に対しては今なお寄る辺なき子供であるにすぎないと結論してしまいがちです。つまり人間は、大人になった今でも、子供の頃に恵まれていた保護をきっぱり諦めきれないだろうということです。とはいえ、大人は、自分の父親の力が限られたものであること、父親があらゆる長所を備えているわけではないことを、とっくの昔に見抜いてもおります。そのため大人は、子供時代に過大に評価していた父親の想い出像に立ち戻ってゆくことになります。そして、これを神の位置にまで高め上げ、現在の現実のなかへ据え置くわけです。この想い出像にまつわる情動の強さと、大人になってもなお残り続ける保護の欠如、これら二つが手を取りあって、大人の神に対する信仰を支えることになるのです。

宗教の掲げる綱領の第三の要《かなめ》である倫理的要求もまた、幼年期のこうした状況を考えれば、おのずと説明がつくというものです。星々をちりばめた天空とわれらが内なる道徳律を二つ同時に並べているカントのよく知られた言葉[5]を想い出していただきたいと思います[6]。たしかに、これら二つを並置するのはいかにも奇異な感じがいたします——じっさい星々が、他人を愛すべきか殺すべきかという問題と何のかかわりがあるでしょう。しかしこの並置が重大な心理学的真理に触れていることも事実です。子供に生を与え、子供を生の危険から守ってきたのと同じ父親（両親審級）が、じっさいまた、何をしてよいか、何をすべきでないかを子供に教え、欲動欲望のある程度の制限を甘んじて受けるよう命じ、そして子供が、家族の一員ないしは、のちにはより大きな集団の一員として、寛大に扱われ気にいられるためには、両親および同胞に対してどのように配慮しなければならないかを、子供に教えてきたからです。子供は、愛を恵み処罰を課すというシステムを通して、社会的義務を知るよう教育され、安心して生きてゆけるかどうかは、両親や、のちにはその他の人々にも愛され、また彼らへの自分の愛を彼らに信じてもらえるかどうかにかかっているということを教え込まれます。こうして、のちに人間は、この事情をそっくり宗教のなかへ持ち込むことになるわけです。両親による禁止と要求は、道徳的良心となって人間の胸のうちに生きつづけ、この同じ賞罰システムの力を借りて、神は人間世界を統治することになりますし、また、こうした倫理的要求を満たしているかどうかによって、個々人にどの程度の保護と幸福がふさわしいかが決められることになります。神に対する愛と神に愛されているという意識から安心感が生まれ、この安心感に包まれて、外界ならびに人間界の危険に対して闘うことができるようになるのです。かくしてついに、祈ることによって神の意志を直接左右するすべを覚え、それによって神の全能の一部をわがものにできるようになったということです。

話に耳を傾けてくださっているあいだに、皆さんの胸のうちにはいろんな疑問が浮かんできたことだろうと思います。皆さんがそれらの答えを聞きたがっておられることは、私も承知しております。私としましては、今ここでそれに答えることはできかねますが、確信をもって言えますのは、そのような細部の探究をどれほど積み上げようとも、宗教的世界観は私たちが幼年時代に置かれていた状況によって規定されているという核心命題は揺らぐことはないだろうということです。そうだとしますと、ますます注目すべきは、この宗教的世界観には、その幼児的な性格にもかかわらず、さらに先行するものがあるということです。宗教がなかった時代、神々がいなかった時代が存在したことは疑う余地のないところです。それはアニミズムの時代と呼ばれております。その時代にもまた、世界は人間に似た霊的存在で溢れておりました。魔神《デーモン》と呼ばれている存在です。当時、外界の対象はすべて、これら魔神の住まいか、もしかしたら魔神と同一だったのかもしれません。しかしこの時代は、これらすべての魔神の創造者かつ支配者としての超越的な力、私たち人間が保護と援助を求めることができるような超越者といったものは、存在してはおりませんでした。アニミズム時代の魔神たちは、たいていの場合、人間に敵意を抱いていましたが、人間は当時、後の時代におけるよりももっと自分の力を信じていたようです。人間はたしかに、始終これら悪い霊どもをとてつもなく不安に感じてはおりましたが、お祓いのような特定の行為を通して、自力でそれらから身を守っていたからです。それ以外の点でも、人間は自らを無力だとは思ってはおりませんでした。たとえば、自然に対して「雨よ降れ」などといった欲望を向けるとき、当時の人間は、天候の神に祈りを捧げるのではなく、じかに自然に影響を及ぼしてくれそうな魔術を用い、雨が降るのに似たしぐさを自ら行ったりしたのです。周囲の世界の諸力と戦うために人間が用いた最初の武器は、今日の私たちの技術の最初の一歩ともいうべき呪術でした[7]。私たちの考えるところでは、呪術への信頼は、自らの知的操作能力への過信、ついでに言わせていただくとわが強迫神経症患者たちにもしばしば見受けられるような「思考の万能」の信念から発したものです[8]。言語の獲得によって思考は大いにはかどったにちがいなく、それゆえ、かの時代の人間は、これを獲得したことをとくに誇らしく感じていたと想像できましょう。彼らは言葉に魔力を付与しました。そしてこの特徴が、のちに宗教に引き継がれることになったのです。「神は言われた。「光あれ。」こうして、光があった[9]」というわけです。ともあれ、呪術行為という事実が示していますのは、アニミズム時代の人間は、たんに自分の欲望の力だけをあてにして待っていたわけではなかったということです。当時の人間はむしろ、自らが何らかの行為を実践し、自然をしてその真似をする気にならしめることによって、思い通りの成果が得られると考えていたのです。ですから、雨が欲しいときには、自分で水をまき散らしたりしましたし、大地を豊かにしたいときには、大地に対して、野原で性交の演技をして見せたりしたわけです。

いったん心的な表現をとることになったものが、いかに没しがたいものであるかは、皆さんもよくご存じのところでしょう。ですから、こう聞かされても皆さんは別に驚きにならないでしょうが、アニミズム的なものの表れの多くは、たいていは、俗にいう迷信というかたちをとって、宗教と並んで、ないしはその背後に隠れて、今日にいたるまでなお残存しているわけです。しかし、ことはそれだけではありません。みなさんもきっと否定なさることができないと思いますが、われらが哲学なるものも、アニミズム的思考法の本質的特徴を保存してきたと判断できるのです。言葉の魔術の過大評価、すなわち、この世界の現実の出来事は私たちの思考がそれに割り振ろうとするとおりの道筋をたどって進行するという信念がそれです。むろん、これはアニミズムとは申しましても、呪術行為をともなわないアニミズムと言えましょう。他方、かの時代にもすでに一種の倫理めいたもの、人間相互の交際のためのもろもろの規則が存在していた、と予想できなくもないのですが、ただし、それらの規則が、アニミズム的信念のほうにより密接につながっていたということを証拠立てるものは何ひとつありません。おそらく、それらの規則は、権力関係と実生活上の必要性を直接的に表現したものだったのでしょう。

アニミズムから宗教への移行を強いたものが何だったのかは、大いに知ってみたいところです。しかし、容易に想像がおつきになると思いますが、人間精神の発展史の太古ともいうべきこの時代は、今日なお、暗闇におおわれたままなのです。どうやら事実らしいのは、宗教が最初に現れた形態は、奇妙なトーテミズムという動物崇拝であって、最初の倫理的戒律であるタブーもまた、このトーテミズムの結果として登場したということです。かつて私は『トーテムとタブー』〔本全集第十二巻〕という著作で、この〔アニミズムから宗教への〕シフトは、人間の家族関係の急変[10]が生じたための結果ではないかという推測を練り上げたことがあります。ともあれ、アニミズムと比較して宗教のなした主たる仕事は、魔神《デーモン》に対する不安を心的に拘束し克服したことにあります。とは申しましても、悪しき霊は、太古の時代の生き残りとして、今なお宗教システムのなかに、ひとつの場をもちつづけてはおります。

以上が宗教的世界観の前史ということになりますが、つづいて、その後史、そして今でも私たちの目の前で起こっていることに話を向けることにしましょう。科学的精神が、自然現象の観察によって力をつけ、時とともに、宗教を人間の手になるもののように扱い、これに批判的吟味を加えるようになってきたのです。宗教はそのような批判的吟味に耐えることができませんでした。人々に奇異な感じを与えるとともに、不信感をつのらせたのは、まず真っ先に、宗教特有の奇蹟譚の類いでした。これらの奇蹟譚は、冷静な観察によって得られたことがらにことごとく矛盾しておりましたし、またそこには、人間の空想《ファンタジー》活動の影響がじつに明白に見てとれたからです。つづいてそのあと、今ある世界を説明するための宗教の教義が、撥ねつけられないではすまなくなりました。そうした教義には、古き時代の刻印を打たれた無知、自然法則に精通するにつれてだんだんと克服されていった無知が、はっきりと確認できたからです。魂をもった生物と無生物としての自然とをはっきり区別せざるをえなくなり、それとともに太古以来のアニミズムを固守することが不可能になってきますと、それ以来、個々の人間の誕生との類比のもとに、世界は生殖行為ないし創造行為によって生まれたにちがいないとする宗教的な見方も、もはや自明の前提ではなくなってしまいました。さらには、さまざまな宗教システムの比較研究の影響や、それらのシステムが互いに排除しあい、互いに非寛容な態度をとり続けているといった印象も、こうした趨勢を押し進めていった要因として無視できないところです。

科学的精神は、いわばこれらのウォーミングアップにより力を得て、いよいよ勇気を奮って、宗教的世界観のもっとも重要にして、かつ情動面でもっとも大切な部分の吟味に取りかかりはじめることになっていきました。人間があるきまった倫理的要請を満たしさえすれば保護と幸福を約束してやるという宗教の主張も、じつは信ずるに足りないものであることは、いつの時代でも見抜けたはずなのですが、あえてはっきり口に出すことができるようになったのは、ずっと後になってからのことでした。父母のような注意深さで個人の安寧を見守り、その身にかかわるいっさいに幸福な結末をもたらしてくれるような力が、この宇宙に存在するなどということは、とうていありそうにもありません。人間の運命はむしろ、善意の世界という考え方とも折り合うことができませんし、公正の世界という、これとは一部矛盾している考え方とも、折り合いをつけることができないものなのです。地震、洪水、火災は、信心深い善男善女であるか、信仰心のない悪人であるかを区別いたしません。命なき自然を考慮からはずし、個々の人間の運命が他の人間との関係によって左右されるような場合に限ったとしましても、徳には報いが、悪には罰がときまっているわけではけっしてありません。乱暴で狡猾で見境いのない輩が、人のうらやむこの世の財をかっさらい、信仰厚い者が徒手で帰るという事例は、あちこちにころがっています。何だかはっきりしない冷酷無情な力が人間の運命を規定しているのでして、宗教が世界支配の根拠に用いてきた賞罰のシステムなど、どこを見ても存在していないようです。こうしたこともまた、今では、アニミズムの世界から宗教のなかへと生き残ってきた入魂という考え方を棄却するためのきっかけとなっているわけです。

宗教的世界観に対する批判の最後の後押しをしたのが精神分析でした。精神分析は、宗教の起源は子供のころの寄る辺なさにあると指摘し、宗教の内容を、成熟した大人になってもなお抱き続けられた幼児期の欲望と欲求から導き出すことによって、その役目を果たしたのです。それは、必ずしも宗教の否定を意味しておりませんでしたが、しかし、宗教に関する私たちの知にとって不可欠の総仕上げでしたし、少なくとも、宗教自身が神からの由来を要求しているという一点に対する抗議となったことはまちがいありません。もちろん、神に関するこの私たちの解釈が承認を受けることになりましても、それで、宗教の言っていることがまちがっているということになるわけではありません。

宗教的世界観に対する科学の側からの総括は、したがってこうなります。宗教は、個々それぞれに、われこそが真理の所有者なりと争いあっていますが、私たちに言わせますと、宗教のもつ真理内容など、もとよりまともに扱うだけの価値はありません。宗教とは、私たちが生物学的ならびに心理学的な必然性に従って自らの内に育てあげてきた欲望世界をもとに、私たちの住まっている感覚世界を制覇しようとするひとつの試みなのです。しかし、宗教にはこれをなし遂げる力はありません。宗教の教義には、それが生まれた時代の刻印、人類の無知な子供時代の刻印がこびりついております。宗教のもたらす慰めは、なんら信頼に値するものではありません。世界が子供部屋ではないことは、経験が教えるところです。宗教は倫理的要求にアクセントを置こうとしておりますが、倫理的要求というものには、むしろ宗教以外からの根拠づけが必要です。と申しますのも、倫理的要求は人間社会になくてはならないものでして、その要求の厳守を宗教的敬虔というものに任せきるのは危険だからです。宗教を人類の発展過程のなかに組み入れて考えれば分かりますように、宗教は永続的な不動の財などではなくて、文化的人間なら誰しも幼年期から成熟してゆく途上で通り抜けなければならない神経症に匹敵する一過性のものにすぎないのです。(11)

もちろん、以上の私の説明に批判を加えるのは、皆さんのご自由ですし、私自身としましても、そうした批判は歓迎したいところであります。宗教的世界観がだんだんと崩れてきたことについて私が申しましたことは、あくまで簡略化したもので、けっして完全なものではありませんでしたし、ひとつひとつの出来事も、必ずしもきちんと順序を踏んだものではありませんでした。科学的精神が目覚めたとき、さまざまな力が作用していたことについても、追及することはいたしませんでした。加えてまた、宗教的世界観が頑として支配していた時代、ならびにその後になって批判が目覚めて力をもちはじめた時代に、宗教的世界観それ自体のうちに生じた移り変わりについても、私は一顧だにいたしませんでした。最後にもうひとつ申し上げさせていただくと、私は話の論点を、厳密に言いますとただひとつの宗教形態にのみ、すなわち西洋諸民族の宗教形態にのみ絞ったのです。つまり、大急ぎでできるだけ印象深い説明を与えるために、いわばひとつの解剖模型《ファントーム》を作り出したということです。そもそも私の知識が、この解剖模型をもっと良質で完全なものに仕上げるのにじゅうぶんであったかどうかは、ここでは問わないことにいたしましょう。私が申し上げたくらいのことは、皆さんは別のところでも、もっときちんとしたかたちでごらんになることができます。ここには何も新しいものなどないのです。ぜひともお分かりいただきたいのは、私は、宗教問題という題材にどれほど入念に分け入ろうとも、けっして私たちの結論が揺らぐことはないと、はっきり確信しているということです。

ご存じのように、宗教的世界観に対する科学的精神の闘争は完了しておりません。闘いは現在なお私たちの眼の前で進行中です。精神分析は、ふだんなら論争という武器をあまり用いないのですが、ことこの抗争にはきちんと目を通さないわけにはゆきません。そうすることで、もしかしたら世界観というものに対する私たちの態度も、いっそう明確になるかもしれません。すぐお分かりになりますが、宗教の支持者たちが持ち出してくる論拠のいくつかは、いとも容易に退けることができるものです。むろん、おいそれと論駁できない論拠も、当然ながらあります。

まずよく耳にする宗教側からの反論の第一は、宗教を科学的探究の的とするのは科学の思い上がりだというものです。宗教は至高のもの、人間のあらゆる悟性的活動を越えたものであって、これに小賢しい批判を向けることなどもってのほかだというわけです。別の言い方をすれば、科学には、宗教にあれこれ口を出す資格はないということです。科学はおのれの領分にとどまっていてこそ有用で尊重すべきものであるが、もとより宗教は科学の領分には属さないのであって、そこには科学が求めるものなど何もありはしない、ということらしいのです。こうしたつっけんどんな拒絶にめげることなく、ではいったい宗教が人間のあらゆる営為のうちでこのように例外的な地位を要求できる根拠は何なのかと問うてみますと、答えを返すに値すると認められた場合には、こんなふうな答えが返ってくることになります――宗教というものは人間の尺度で測ることは許されない、それは神に出自をもつものであって、人間精神などが理解すべくもない霊の啓示を通して私たちに与えられたものなのだから、と。ですが、これほど容易に却下できる論拠もないでしょう。なにしろ、これこそ、ドイツ語ではどううまく表現すればいいのか分かりませんが、petitio principii ないし begging the question の典型とも申すべきものだからです。ここで問われているのは、他でもない、神の霊、ないしそれによる啓示といったものがそもそも存在するのかという問題なのですが、まさにそこにおいて、それは問うことあたわず、なにしろ神は問われてはならないのだから、などと言われたところで、解決にも何にもなりはしないのです。これと似たようなことは、時々分析作業中にもお目にかかります。たとえば、いつもは分別のある患者が、何らかの要求を撥ねつけるために、いかにも馬鹿げた論拠を持ち出してくるような場合がそうなのですが、この場合、その論拠の論理薄弱さそれ自体を見ただけで、そこに反論のための反論といったとくに強烈な動機──それはもっぱら情動的な性質のもので、ある種の感情的拘束とでも言うほかない動機です──がひそんでいることが、一目瞭然なのです。(12)

これとは別の答えが返ってくることもありますが、そこにもやはりこの種の動機がはっきりと透けて出ています。つまり、宗教は、人間の精神が生み出した至高のもの、このうえなく貴重にして崇高なものであって、とてつもなく深遠な感情を表現するとともに、世界を耐えやすく、生を人間にふさわしいものにしてくれる比類ないものなのだから、これに小賢しい批判的吟味を加えるのはまかりならん、といった類いの答えです。これに対しては、宗教にはそのような価値などないと異議を唱えるかたちで答を返す必要などありません。鉾先を別の事情に向け変えればいいのです。つまり、この場合、科学的精神が宗教の領域に干渉しているどころか、逆に宗教が科学的思考の領域に干渉していることになるではないかと、その点を突いてやるわけです。宗教は、どれだけ素晴らしい価値と意義をもっていようとも、思考をいささかでも制限する権利をもってはおりませんし、したがって自分自身を思考の適用外に置いておくという特権ももっていないのです。

科学的思考は本質的に、私たち誰もが、信仰をもつと否とにかかわらず、日常生活のさまざまな用件をこなす際に用いている普通の思考活動と、なんら異なるところはありません。それは、ただいくつかの点で特別のかたちをとったにすぎず、はっきりした直接的な利用ができないようなものにも関心を向けます。個人的な要因や情動的な影響を注意深く避けるように努め、推論のもととなる感官知覚――もっと厳密に言えば感官知覚の確実性ということになりますが――を批判的に吟味し、日常的手段では得られないような新たな知覚を切り開くとともに、これらの新しい経験をもたらす条件を、意図的にヴァリエーションをつけたさまざまな実験を通してひとつひとつ分離して確定してゆくのです。科学的思考が求めていますのは、現実との一致に達すること、すなわち、私たちの外部に私たちとは独立して存在し、私たちの欲望が成就するか挫折するかを決定的に左右する――と経験が教えてくれている――ものとの一致に到達することです。現実の外界とのこうした一致を、私たちは真理と呼んでおります。科学的作業の目標はあくまでこの一致にあるのでして、その場合、そうした一致のもつ実践的価値いかんを問題にしないこともいくらだってありうるわけです。ですから、宗教が、自分は科学の代わりをすることができる、自分は恩恵と精神的高揚をもたらすことができるのだから、自分は真理でもあるはずだなどと言い張るならば、それはじっさい干渉以外の何ものでもなく、私たちとしては、万人の利益のためにこの干渉を撥ねつけるべきでありましょう。経験の規則に従い、現実に配慮しつつ日々の仕事を営むことを学んできた人間にとっては、合理的思考の掟からの自由をおのれの特権として要求するがごとき審級に、他でもない自身のごく個人的な利害の処理を委ねよというのは、じつに不当な要求と言わざるをえません。もうひとつ、宗教が信者たちに約束している保護ということに関して言わせていただくなら、たとえば、交通規則などおかまいなしに、高揚した空想《ファンタジー》の衝動のおもむくままに運転するなどと豪語している運転手の車には、私たちとしては誰一人、一瞬たりとも乗りたいとは思わないだろうということです。

宗教が自己保存のために発する思考禁止も、危険がないなどということは断じてありません。個人にとっても人間社会にとっても、そうです。分析の経験が教えてくれたところによりますと、この種の禁止は、元来はある特定の領分に限定的に向けられていたとしても、おのずと拡大してゆく傾向をもっており、やがては、当人が生活を維持してゆく上で重大な制止の一原因ともなるからです。女性一般がこの影響を強く受けていることもよく観察されるところですが、それは、女性は頭の中でだけであっても自身の性のことを考えてはいけないという禁止からの帰結にほかならないのです[13]。宗教による思考制止の有害性については、伝記類が、過去のほとんどすべての偉人たちの生涯において証明しているところでもあります。それに対して、知性——私たちにより馴染みのある言い方をすれば理性——のほうは、ひとつにまとめ上げるのが困難なためほとんど操縦不可能とも言える人間たちを統合するための作用がもっとも期待できる力のひとつです。想像してみていただきたいのですが、だれもがそれぞれ自分だけの九九をもち、自分だけに特別な長さや重さの単位をもっただけでも、人間の社会は成り立たなくなってしまいます。私たちが未来に託しております一番の希望は、知性——科学的精神ないし理性——が、やがては人間の心の生活において独裁権を獲得するようになってくれることです。そうなったとしましても、理性は、人間の感情の蠢きや、それに規定されているものに、しかるべき場を与えてくれることを怠りはしないはずです。それは理性の本質が保証しているところです。しかし、理性のこうした支配が有無を言わさず社会全般に行き渡ってはじめて、人間たちを統合するもっとも強力な紐帯となり、さらなる統合の道を切り開いてくれることになるのです。ですから、宗教の命ずる思考禁止のように、こうした発展に逆行するものはすべて、人類の未来にとっての危険だとしか言えないわけです。

としますと、次に問われるのは、いったいなぜ宗教はこの勝算の乏しい抗争を終わりにしてしまわないのかということです。宗教は、大っぴらにこう宣言すればいいのです。「おっしゃる通り、私は諸君に、一般に真理と呼ばれているものを与えることはできません。真理を求めるのでしたら、どうぞ科学の方に助けをお求めください。ですが、私が与えることのできるものは、諸君が科学から得ることができるどんなものよりも比較にならないほど素晴らしく、慰めに満ち、感動的でもあります。ですから、言わせていただきますが、私が与えることができるものは、科学とは違ったより高い意味で真だということなのです」と。宗教がなぜこう宣言しないのか、その答えは簡単です。宗教がこうしたことを告白できないのは、そんなことをしようものなら、大衆に対する影響力をことごとく失ってしまうからです。普通の人は、いわゆる普通の意味での真理しか知りません。より高い真理、あるいは最高の真理など、彼には想像もつきません。普通の人にとって真理というものは、死と同じように、度合いを高めることなどできないものであり、また、美から真理への飛躍といったことも、彼にとっては知ったことではないのです。私もそうなのですが、もしかしたら皆さんも、普通の人はそれでいいのだとお考えだと思います。

つまり闘争はまだ終わっていないということです。宗教的世界観を信奉する人たちは、攻撃は最大の防御なりという古くからの教えにのっとり、こんなふうに問いをたたみかけてきます。――何千年ものあいだ何百万もの人間に平安と慰めをもたらしてきたわが宗教の価値を、かくも不遜におとしめようとするこの科学という輩は、いったい何様のつもりでいるのか。科学のほうでは、これまでいったいどんな実績をあげてきたというのか。そしてこの先、われわれは科学からいったい何を期待できるというのか。慰めと感動をもたらすことは科学にはできない。それは科学自身が認めているところでもある。よろしい、しからば、この点については、簡単に水に流すわけにはいかぬが、とりあえずは問わないでおくことにしよう。だが、科学の学説のほうはどうなっているのか。科学は、この世界がどうやって生まれ、この先いかなる運命に向かうのかを、私たちに教えてくれることができるのか。ほんのわずかでも、統一的な世界像を描いてみせることができるのか。生命という説明しがたい現象にはどう片をつければいいのか、霊的な力はどのようにして不活発な物質に作用を及ぼすことができるのか、これらについて、科学は私たちに教えてくれることができるのか。もし科学にそれができるのであれば、私たちとしても、科学に敬意を払うにやぶさかではない。しかし、科学はまだ、以上の問い、ないしその類いの問題を、何ひとつ解決してはいないのだ。科学は、認識と称されるものの諸断片を差し出すだけで、それらの断片を調和的にひとつにまとめ上げることはできないばかりか、さまざまな出来事の経過のうちに現れた規則性を観察、収集し、その規則性に法則という名を与えて、これらを危なっかしい科学的解釈なるものの支配下に治めるのだ。加えて、科学は、自らがもたらした成果に対して、なんと乏しい確実性しか与えることができないことか。科学が教えることはすべて、一時的にしか妥当性をもっておらず、今日最高の学識と称えられたことが、明日になれば棄却され、またぞろ、ほんの試験的なかたちで、別のものと交代させられるのだ。こうして、他ならぬ最新の誤謬が真理という名をかぶせられることになる。いったい私たちは、たかがこれっぽっちの真理のために、われらが最高の財を犠牲にしなければならないのだろうか。

皆さん、皆さんは、ご自身が今攻撃の的とされていた科学的世界観の信奉者でしょうから、これくらいの批判にはさほどぐらつかされることはなかっただろうと思います。ちょっと思い出していただきたいのですが、いつだったかオーストリア帝国で、ある言葉が発されたことがありました。かの老御大《おんたい》が、(14)荷やっかいな政党の代表団に向かって怒鳴りつけたときのことです。いわく、「これはもう並の野党とは言えん、党派的野党じゃ」。たいへんよく似ているなとお感じでしょう。科学は世界の謎をまだ解いてはいないという科学非難は、不当にも憎悪によって誇張されております。じっさい、そのような大事業をやり遂げるには、これまでまだ科学には、時間が少なすぎたのです。科学はまだごく新しく、遅れて発達をみた人間活動です。ためしにほんのいくつか日付を挙げてみましょう。ケプラーが遊星運行の法則を発見したのが、まだほぼ三百年前のことです。光をスペクトル分析したり、重力の法則をとなえたニュートンが生涯を閉じたのは一七二七年、ほぼ二百年前のことでしかありません。ラヴォアジエが酸素の識別を行ったのはフランス革命直前のことです。人類の発展の長さに比べればひとりの人間の寿命などたいへん短いもので、私など今日ではもうよぼよぼの老人というしかありませんが(15)、それでも、Ch・ダーウィンが種の起源についての著作を公刊したときには私はもう生まれておりました。その公刊と同じ一八五九年には、ラジウムの発見者ピエール・キュリーが生まれています。もっと昔に遡れとおっしゃるのでしたら、アルキメデスや、コペルニクスの先駆と目されるサモスのアリスタルコスなどのギリシア人(ともに前二五〇年ころ)たちのもとでの精密自然科学の草創期でもよろしいし、はたまた、古代バビロニア人たちのもとでの天文学の黎明期まで遡ることもできましょうが、しかしそうしたところで、そのタイムスパンは、人類が猿に似た原始形態から発展してくるのにかかったと人類学が推定している十万年以上もの長きにわたる期間に比べれば、ほんの微々たるものにすぎません。ですから、忘れないようにしたいのですが、新しい発見が山ほどもたらされ、科学の進歩が飛躍的に促進されたのは、まだつい前世紀のことだったわけでして、それゆえ、科学の今後を信頼して待ってよいとする根拠も大いにあるということなのです。

これ以外の非難に対しては、ある程度正しいと認めざるをえないところがあります。科学の道は、まさに指摘のとおり、のろのろと手探りしているようなもので、困難の連続です。これは否定できませんし、変更しようにも変更できません。反対陣営のお歴々が不満に感じるのも無理からぬところです。なにしろ連中は、楽をするのに慣れており、啓示というものに寄りかかって、ことをもっとやすやすとすませてきたからです。科学の仕事が進歩してゆくさまは、精神分析の場合とほぼ同じだと言えましょう。分析作業のなかにもいろいろな予断がどうしても入り込んできますが、それらは極力抑制しなければなりません。観察を通して、ここかしこで、ばらばらに新しい事実と出くわすことになりますが、さしあたり、それら断片が整合的につながることはありません。推測が立てられ、仮説が作られますが、それらは事実に合っていることが確証されなければ撤回されます。たいへんな忍耐と、あらゆる可能性に対する心構えが必要ですし、それまで抱いてきた確信の類いをいったん破棄して、そうした色眼鏡のもとに新しい予期せぬ要素を見落としてしまうことがないようにしなければなりません。そして最後にきてようやくこれら努力全体が報われることになり、ばらばらの発見はつながりを見出し、心的出来事全体が見通されます。こうして当面の課題は解決され、次の課題へと向かってゆくことになるわけです。普通の科学的作業との違いは、唯一、精神分析では実験による研究補助というものが望めないという点だけです。

とは申しましても、科学に対する先ほどの批判には、かなりの部分、誇張されたところもあります。科学がひとつの試みから次の試みへと盲目的によろめき歩き、ひとつの誤謬を新たな誤謬でもって次々と取り替えてゆくというのは、当たっていません。科学の行う通例の作業は、芸術家による粘土作品の製作のようなものでして、芸術家が、荒削りの構想に倦むことなく手を加え、土を塗りつけたり削り取ったりしながら、やがてなんとか、作品が、目の前ないしは想像上の対象にじゅうぶん納得がいくほど似てくるところまでこぎつけるのと同じなのです。そればかりではありません。少なくともいくらか年季の入った成熟した科学においては、今日すでに堅固な基礎部分が出来上がっており、その基礎部分は、修正されたり建て増されたりすることはあっても、もはや全面撤去されることなどありません。科学の実情は、先に指摘されたほどにはひどいものではないのです。

となりますと、結局のところ、科学に対するこうした激しい誹謗は、いったい何を目指しているのでしょうか。科学は、今日ではまだまだ完全ではありませんし、数々の困難を克服しきれておりませんが、それでもやはり私たちに不可欠のものですし、他の何物によっても取り換えがきかないものなのです。科学は、予想もつかない完全化の域に達する力をもっておりますが、宗教的世界観にはその力はありません。宗教的世界観は、その本質的な部分がすべてすでに出来上がっておりますので、過去において誤謬であったとすれば、この先永遠に誤謬であり続けるしかないのです。科学は、私たちが現実の外界に依存して生きていることを正当に見つめようとしているのでして、この事実は、科学をいくらけなそうとも動揺することはありません。それに対して、宗教はあくまで錯覚なのでして、欲動欲望の蠢きに迎合するところから自らの強さを引き出しているのです(16)。

以下ひきつづき、科学的世界観に対立している宗教以外の世界観についてもいくつか触れておかなければならないのですが、なかなか気がすすみません。そうした世界観について判定を下すにじゅうぶんな資格が私には欠けているからです。ですから、どうぞこのことを頭に置いたうえで、これから申し上げますことをお聞き願いたいと思います。そして、そのうえでなお興味がわくようでしたら、どうぞ、もっときちんとした教えを、どこぞ他の筋からお求めになっていただければと存じます。

ここでまず挙げなければならないのは、さまざまな哲学体系ということになるでしょう。哲学体系というのは、たいていは世界から目をそむけて思考にふけっている人たちの頭に映じたような世界の像を、あえて描き出したものだからです。ですが、そうした哲学およびその方法の一般的特徴については、すでに試み程度に述べたところでもありますし〔本巻二一〇―二一一頁参照〕、また、これら個々の哲学体系に正当な評価を下すには、おそらく私ほど場違いな人間もめったにいないだろうとも思われます。ですからここでは、皆さんの目を、これとは別の二つの現象のほうに向けさせていただきたいと思います。まさに私たちの時代には無視して通り過ぎることができない現象です。

それら二つの世界観のうちのひとつは、言ってみれば、政治的アナーキズムと対をなすものでして、もしかしたらそこからの一分枝と言えるかもしれません。たしかにこの種の知的ニヒリストたちは以前にもいました。しかし彼らは現在では、現代物理学の相対性理論のおかげで、すっかり舞い上がってしまっているように見えます。彼らは、なるほど科学の土俵に立っているのですが、科学を自己止揚ないし自殺へと駆り立てるすべを身につけ、科学に対して、その要求の正しさを否定することによって己れ自身を抹殺すべし、という課題を負わせるのです。そこにしばしば感じられるのは、このニヒリズムは、科学を自殺に追い込む課題をやり遂げるまでの暫定的なポーズにすぎないという印象です。科学が一掃されてしまえば、その空になった場所に、何やら神秘主義めいたものだとか、そうでなくとも、かつての宗教的世界観が、またぞろのさばることになるのかもしれません。このアナーキズムの説くところによれば、そもそも真理など存在しませんし、外界の確実な認識も存在しません。私たちが科学的真理と称しているものは、刻々と変化する外的条件に応じて現れ出る私たち自身の欲求の産物にすぎず、すなわち、これまた錯覚だということになります。つまるところ、私たちは、私たちが必要と思うものしか見出さないし、私たちが見たいと思うものしか見ない、私たちには、それ以外のことはできないというわけです。そこには真理の標識、すなわち外界との一致というものが欠落しているため、私たちがどんな考えをもっていようとも、そんなことはまったくどうでもいいということになります。すべての考えがどれも等しく真であり、等しく偽ということになるのです。こうして、他人の誤謬をとがめる権利をもつ者は誰一人いなくなってしまうわけです。

認識理論の方面に関心をおもちの向きでしたら、これらアナーキストたちが、どんな道筋をとり、どんな詭弁を弄して、科学からこうした最終結論を巧みに引き出すのに成功しているのかを調べてみたいといった気になるかもしれません。調べたところで、結局行き着くことになるのは、「クレタ人はみな嘘つきである、とあるクレタ人は言った(17)」といった周知の例から導き出されてくるような状況でしょう。ですが、私には、この点について深入りするつもりもなければ、そんな能力もありません。ただひとこと言えるのは、アナーキズムの説くところは、抽象的なことがらに関する議論にかかわるかぎりでは図抜けているように聞こえるのですが、一歩実際の生活に入り込むと、とたんに無力をさらけ出してしまうということです。もとより、人間の行動は、人間のもった考え、知識によって導かれるものでして、原子の構造だとか人類の起源についてあれこれ思弁を働かせるのが科学的精神だとしますと、その同じ科学的精神が、堅固な橋の設計も行うわけです。もしも、私たちが何を考えようがまったく大差はない、あるいは、私たちがいろいろと考えるうちで現実との一致という点で特にきわだっている知識など存在しない、などとうそぶくのであれば、橋を石で建築しようが、ボール紙でこしらえようがどちらでもいいということになるでしょうし、あるいは、患者に百分の一グラムのモルヒネの代わりに十分の一グラムを注射しようが、麻酔のためにエチルエーテルの代わりに催涙ガスを使おうが、どうでもよいということになるでしょう。しかし、いくら知的アナーキストといえども、自分たちの理論をこんなふうに実践使用することに対しては、目を剝いて反対するのはまちがいないところでしょう。

さて、もうひとつの敵に対しては、こうしたアナーキズムよりもずっと真剣に取り組む必要がありますが、しかしここでもまた、いかんせんその方面での私の知識は貧弱きわまりないものでして、その点、まことに遺憾に堪えません。思いますに、これについては、皆さんのほうが私などよりずっとよくご存じでしょうし、マルクス主義の是非についての態度決定も、もうとっくにすませておられることでしょう。社会の経済的構造について、ならびに、さまざまな経済形態が人間の生活の全領域に及ぼす影響についてK・マルクスが行った探究は、今日ではすでに、揺るぎない権威を獲得しております。もちろん私には、この探究が個々の点でどこまで正しく、どこまで誤っているかは判断できかねます。耳にしたところでは、私とは違ってもっと事情に通じた人たちにとっても、どうやらこれについての判断はおいそれとはできかねるようです。マルクス主義理論において私が常々奇異に感じてきましたのは、社会形態の発展は自然史的過程であるだとか、(18)社会階層の変化は弁証法的過程をとって次々と連続的に生じるといった類いの命題です。私はこれらの主張を正しく理解しているのかどうかまるで自信がありませんし、それればかりかその主張は、私には「唯物論的」ではなく、むしろマルクスもその学派の一員として出発したあの怪しげなヘーゲル哲学の澱が沈殿しているように聞こえるのです。私はどうしても素人考えから抜けきれることができず、社会における階級形成の動因を、わずかの差異しかもたないいくつもの人間群族のあいだで有史以来戦われてきた闘争にあると見なすのが、習い性となっております。社会的な力の差は、もともとは種族的ないし人種的な差異に由来するものだ、というのが私の昔からの考えです。この闘争で勝利を決定づけることになったのは、体質的な攻撃欲の大きさだとか、群族内の組織力の強さといった心理学的要因でしたし、あるいは、よりすぐれた武器の所有といった物質的要因でした。そして、同一の土地で共同の生活を営むに際して、勝者は支配者となり、敗者は奴隷となっていったのです。そこには、〔マルクスの言うような〕自然法則だとか〔弁証法的〕概念変化が見出されることはありません。むしろはっきり見てとれるのは、自然諸力の支配の進歩が人間の社会関係に及ぼす影響です。人間たちは、新たに獲得した手段としての力をつねに攻撃にも用い、これを相互に行使し合うことによって、社会関係に影響が及んでゆくわけです。青銅や鉄といった金属の導入は、それまでの文化期全体とその社会的制度にピリオドを打つことになりました。私は火薬つまり銃火器が騎士制度と貴族支配を崩壊させたと本気で信じております。また、ロシア専制主義〔ロマノフ朝〕の命運は、第一次大戦で私たちが敗北する以前にすでに尽きていた、とも心底思っています。なぜなら、ヨーロッパを支配するいくつかの血筋の内部でいかなる近親婚がなされようとも、それによってダイナマイトの爆破力に抵抗できるだけの力をもったツァーリ〔ロシア皇帝〕の一族を生み出す力はもはやなかったからです。(19)

それどころか、大戦に引き続いて起こっている現在の経済危機もまた、もしかしたら、ひとえに、自然に対する最近の偉大な勝利ともいえる空の征服ということに対して、私たちが支払わなければならない代価にすぎないと言えるのかもしれません。こんな言い方は、あまり説得力があるとは思えませんが、少なくとも、ことの成り行きの発端ははっきりさせてくれるでしょう。イギリスの政策は、周囲が海で囲まれていることからくる安全というものにその基礎を置いておりました。しかし、ブレリオがドーヴァー海峡の横断飛行に成功した瞬間[20]、防衛のためのこの隔絶は破られてしまい、そして、ドイツのツェッペリン飛行船[21]が平時の訓練のためにロンドン上空を旋回したあの夜、おそらくドイツに対する宣戦布告はすでに決定済みになっていたのです。[*1]むろんこの点では、潜水艦の脅威[22]というものも忘れることはできません。

かくも重要で複雑なテーマを、かくも乏しい不充分な言葉でもって皆さんにお話ししていますと、なんとも恥ずかしい気持ちになってまいります。それに私としましても、今申しましたことが、皆さんにとって何ひとつ新しいものではないということは、じゅうぶん承知しているつもりです。私が狙いとしておりますのは、皆さんに、ただひとつ次の点に留意していただくことだけです。すなわち、人間は同胞との戦いのための武器を自然支配から借りてくるわけですが、人間とそうした自然支配との関係が、必ずや人間の経済的制度にも影響を及ぼさないではすまないということです。世界観の問題から遠く離れてしまった観がありますが、またすぐそこに立ち戻るつもりでおります。マルクス主義のすぐれたところは、察しますに、歴史の理解の仕方とそれにもとづいた未来の予言にあるのではなく、人間の経済的関係が知的、倫理的、芸術的な考え方に及ぼす避けがたい影響を、切れ味鋭く立証したところにあります。これによって、それまではほとんど完璧に見誤られていた一連の因果関係と依存関係が暴き出されることになったわけです。しかしながら、経済的動機が社会における人間の行動を決定する唯一のものだとま

*1　これは私が、戦争が始まった年に、信頼すべき筋から聞き知ったところである。

で極論されますと、私たちとしましては、受け入れることができなくなります。さまざまに異なった個人や種族や民族が、同じ経済的条件下にあってもそれぞれ異なった動きをするというまぎれもない事実ひとつを見ただけでも、経済的契機の専一的支配というものが成り立たないことが分かるはずです。そもそも理解できないのは、生きて動く人間の反応が問題になる場合に、どうして心理的ファクターを無視してよいわけがあろうかという点です。と申しますのも、経済的諸関係が生み出されるところにはすでに、そうした心理的ファクターが関与していたはずだからですし、それればかりか、経済的諸関係の支配がすでに行き渡っているところでも、人間は、ほかでもない、自己保存欲動、攻撃欲、愛情欲求など、自らの根源的な欲動の蠢きを発動させ、快獲得と不快忌避を衝迫的に求めるからです。あるいはまた、以前の探究で超自我の重要な要求について論じておきましたように、超自我が、過去の伝統と理想形成を代表し、新たな経済状況からの動因に対してしばらくのあいだは抵抗したりもするわけです〔本巻八七―八八頁〕。もうひとつ、最後に忘れてならないのは、経済的必然性に縛られている人間集団の上には、さらに文化発展の過程――文明化の過程と呼ぶ人もあります(23)――も流れているということです。この過程は、なるほど他のすべてのファクターから影響をこうむりはしますが、もともとはそれらのファクターに左右されないこともたしかでして、喩えれば何か有機的な過程のようなものとして、自らの側から他のもろもろの契機に影響をおよぼす力をじゅうぶん有してもいます(24)。つまり、この過程は、欲動目標を遷移〔たとえば昇華〕させたり、それまで我慢できていた〔野蛮な〕ものを我慢ならなくさせたりするということです。あるいは、科学的精神がだんだんと強化されてゆくのも、どうやらこの過程の本質的部分のひとつと言ってもいいと思われます。以上挙げましたさまざまな契機、すなわち、人間の一般的な欲動資質や、その人種的ヴァリエーション、ならびに、社会的地位や職業活動や生計手段などの条件下でのその文化的変形といったものが、どのような動きを見せ、相互にどのように制止しあったり促進しあったりするのか、もしそうした問題を、個々にわたって確証することができるということにでもなれば、きっと、マルクス主義は補完されて、本物の社会学に仕上げられるにちがいありません。と申しますのも、社会における人間の行動を扱う社会学もまた、つまるところ、応用心理学以外の何ものでもないからです。厳密に言いますと、科学には、心理学(純粋心理学と応用心理学)と自然学の二つしか存在しないのです。

経済的諸関係のもつ広範な意義があらたに洞察されてくるにつれて、この経済的諸関係の変更を、歴史の展開のなすがままにしておくのではなく、革命による干渉を通して主体的に遂行してみようという誘いが生まれ出ることになりました。そして今や、理論的マルクス主義は、ロシアのボルシェヴィズムというかたちで現実的具体化をみるなかで、世界観としてのエネルギーと完結性と排他性を獲得することになったわけですが、しかしそれと同時に、自らが闘っている当の敵との不気味なほどの類似性をも帯びることになってしまいました。理論的マルクス主義は、そもそもそれ自体ひとつの科学でして、実践される際にも科学と技術にその基礎を置いているのですが、それがこともあろうに、かつての宗教による思考禁止と見まがうほどの仮借ない思考禁止を作り出すはめになってしまったのです。マルクス主義理論に対する批判的探究は禁じられておりますし、その正しさに疑義をはさむことは、かつてカトリックの教会によって異端が罰されたのと同じように罰せられます。マルクスの著作は、いわば啓示の源として、今やバイブルやコーランの位置を占めるにいたっているのです――それ自体、これら昔の聖典以上に、矛盾や曖昧さを免れているわけではないにもかかわらずです。

マルクス主義の実践はたしかに、観念論的体系と観念論的錯覚をすべてすっぱりと一掃してしまいましたが、にもかかわらず今度は自らが、かつての錯覚にまさるとも劣らぬほどのいかがわしく証明不能な錯覚を作り上げるはめになってしまいました。その希望的観測によりますと、それはわずか何世代かのうちに人間の本性を大きく変えることが可能であるらしく、その結果、新しい社会秩序のもとで、ほとんど摩擦のないような人間の共同生活が生まれ、人間は強制されなくても労働の責務を引き受けるようになるとのことなのです。そうした事態が実現するまでは、このマルクス主義の実践は、社会に不可欠の欲動制限を別の方向に向け変え、いかなる人間共同体にとっても脅威の的である攻撃的性向を外部にそらすために、貧者の富者に対する敵意、これまでの無力者たちがかつての権力者たちに対して抱いている敵意を、うまく利用するわけです。ですが、そうした人間の本性の変化など、とてもありそうには思えません。大衆が現在ボルシェヴィズムの促しに熱狂的に従っているのは、現在なお新しい秩序が未完成で、外部からの脅威を受けているかぎりにおいてなのでして、ですから、その熱狂自体が、新しい秩序が完成し脅威もないような未来がやってくることを保証しているわけではないのです。宗教とまったく同じように、ボルシェヴィズムもまた、その信者たちに、満足させられない欲求などもはや存在していないようなよりよき彼岸を約束することによって、彼らの現在の生の苦しみと不自由を償わねばなりません。むろん、このパラダイスは、この世のものとされ、この地上に打ち建てられ、見通せるほどの近い将来にその扉が開かれるとされてはおります。しかし、想い起こしていただきたいのですが、彼岸の生についていっさい関知しない宗教をもっているユダヤ人でさえ、メシアのこの世への到来を待ち望んできましたし、またキリスト教中世でも、神の国がいよいよ近づいたとくりかえし信じられていたのです。

これらの非難に対するボルシェヴィズムの側からの答えがどのようになるかについては、疑う余地はありません。

おそらくこんなふうになるのです。人間の本性がまだ変化していない以上、今現在人間に影響をおよぼしうる手段に訴えざるをえない。人間を教育するには、強制というものが不可欠であって、思考禁止や、流血の暴力行使もやむをえない。例の錯覚の類いを人間の心に呼び覚ましでもしないかぎり、人間をそうした強制に従わせることはできない、と。こう言いながら、ボルシェヴィズムは、何か別の方法があるのならどうか教えていただきたい、と恭しく懇請してくるかもしれません。そんなことをされれば、私たちの負けは必定でしょう。私には、とてもいい助言など浮かびそうにありません。私としましては正直にこう白状せざるをえないでしょう。私や私と考えを同じくする人たちでしたら、この実験の諸々の条件にかんがみて、はじめからそうした実験に着手することなどしなかったでしょう、と。ですが、今活動している当事者は、私たちの類いだけではないのです。この世にはいわゆる行動型の人たちもおります。信念を揺るがされることなく、疑いを寄せつけず、他人が自分たちの意図を邪魔する場合には、その人たちの苦しみはまるで意に介さないような類いの人たちです。現在ロシアであのような新秩序の壮大な実験がじっさいに行われているのは、その種の人たちによっているのです。キリスト教信仰を断固守ることによってしか国の安寧は望めない、などと諸大国が公言しているようなこのご時世にありましては、むしろロシアにおける変革のほうが——すなおに喜べない状況は個々いろいろあるとは申しましても——よりよき未来を告げる知らせのように響いております。しかし残念ながら、この実験がどのような結果に終わるのかについては、私たちの抱いている疑念からも、私たちとは考えを異にする人たちの熱狂的な信念からも、何ら見通しは出てきません。未来がこれを教えてくれることになるのでしょうが、もしかしたら将来、この実験が時期尚早であったことが突きつけられることになるかもしれません。つまり、さまざまな新発見によって自然力に対する支配が高まり、それによって私たちの欲求の満足が今より容易にかなえられる状態にならないかぎり、社会秩序の根底からの変更は、成功の見込みなどほとんどありえないということです。じっさい、新しい社会秩序は、そのような時が到来してはじめて、大衆の物質的欠乏を駆逐すると同時に、個々人の文化的要求をかなえることもできるようになるのだと思います。むろん、そうなってもなおその先、人間の本性の制御不能性のゆえにいかなる種類の社会共同体にもつきまとってくる困難と、私たちが果てしなく長く闘いつづけなければならないことは、言うを俟たないところです。

皆さん、精神分析と世界観の問題との関係についてお話ししなければならなかったことを、ここで最後にまとめさせていただきます。精神分析には独自の世界観を作り出す力はない、と私は思っております。作り出す必要もありません。精神分析は、ひとつの科学でして、科学的世界観を受け継げばいいからです。とは申しましても、この科学的世界観なるものは、世界観という大袈裟な名前に値するほどのものではありません。科学的世界観は、全体をずばり直観的につかみ取るものではなく、あまりにも未完すぎるもの、そもそも完結性や体系構築を求めていないものだからです。科学的思考は人類のもとに生まれてまだ非常に日が浅く、まだ余りにも多くの大問題を制覇しきれておりません。科学の上に打ち建てられる世界観なるものは、現実の外界を重視するという点を除けば、真理に対する謙虚さだとか錯覚の峻拒といった本質的に消極的な特徴をもっているにすぎません。私たちの同胞で、このような状態に満足できない人、あるいは、この不満を即座になだめようとして、これ以上のものを求める人は、どこか見つかるところで、それを手に入れればよろしいかと思います。そうなさっても、私たちとしましては、それを悪くとったりはいたしませんし、助け舟を出したりすることもできません。むろん、そのような人がいるからといって、私たちのほうも考えを変えるというわけにはいかないのです。

終わりのある分析と終わりのない分析

渡邉俊之訳

Die endliche und die unendliche Analyse

I

一人の人間のもろもろの、神経症的症状、制止、性格異常をその人から取り除くことは、経験が教えるところだが、長い時間のかかる仕事である。わたしたちはだから、とうの昔から、分析の期間を短くしようと数々の企てを試みてきた。そのような努力には正当化の必要性はまったくなかった。最大級に道理にかなっていて、最もその目的に即した動機にその拠りどころを求めることができたのである。しかし、おそらく、そういった努力のなかでまだなおその影響力を保ちつづけていたのは、かつての医学が――神経症は眼に見えない損傷から生じる余計なものだと見なしていたときに――神経症に対していだいていた、時間がかかっていらいらするという、かの軽蔑の残滓だろう。ひとは今でも、神経症と取り組まねばならなくなったとしたら、少なくともできるだけ早いうちにそれを片づけてしまいたいと思うだろう。この方面でとくに精力的な企てを行ったのはO・ランク[2]で、その著書『出産外傷[3]』（一九二四年）との関わりにおいてである。彼は、つぎのように想定している。出生なる行為は、母親への「原固着」が克服されず「原抑圧」としてそのままつづいてゆくという可能性をもたらすから、神経症の本来の源泉になる、と。この原外傷[5]を分析的に事後的に処理することによって、ランクは神経症全体が取り除かれることを期待した。そうすればわずかな分析を行うだけで残りのすべての分析の仕事はしなくても済むことになる。この作業にはほんの数カ月もあれば十分なようだ。ランクの考えが大胆で才知豊かなものだったこと、これに異論をはさむ者はいないだろう。しかしこの考えは批判的検討には耐えられなかった。ついでながら言うと、ランクの企ては時代の落し子、つまり戦後のヨーロッパの悲惨[6]とアメリカの「《繁栄〔prosperity〕》」の対立の印象のもとに着想され、分析治療のテンポをアメリカの生活の慌ただしさに合わせるためになされたものであった。[7]わたしたちは、このランクの計画が複数の症例に行われてみてどんな成果が得られたかについては、多くを聞いていない。[8]おそらくそれは、石油ランプが倒れたことによる家の火事のさい、火の元となった部屋からそのランプを運び出すことで満足している消防隊の行動と大差がないのではないか。確かにそうすれば消火活動のかなりの短縮にはなるだろう。[9]ランクの企ての理論と実践は今日では過去のものである——アメリカの「《繁栄》」そのものにほかならない。[10]

分析治療の流れを速めるまた別の方法をわたし自身、戦争の時代の前[11]にとったことがあった。当時わたしは、ある若いロシア人男性の治療を引き受けていた。[12]このロシア人は、その資産に甘え、完全に寄る辺のない状態で、専属の医者と看護人に付き添われてウィーンまでやって来たのだった。*1 数年間が経過して、大部分のところで彼に自立をふたたび促すこと、生活への関心を呼び覚ますこと、彼にとって最も重要な人々との関係を修復することなどに成功した。しかしそれからこの進展は止んでしまった。のちの病気の土台になっている幼児期神経症[13]の解明はそれ以上進まず、つぎのことがはっきりと認められた。それは、患者はその当時の自分の状態をかなり居心地よく感じており、自分を治療の終わりに近づけるようなどんな歩みも望んでいなかった、ということだ。それは治療の自己制止の一例であった。すなわち治療は、ほかならぬその——部分的な——成功のゆえに失敗の危険に瀕していたのである。こういった事態のなかでわたしは、期日設定というヒロイックな手段に訴えてみた。[14]わたしは仕事のシーズンの初め、その患者につぎのように打ち明けた。「このつぎの年度[15]が治療の最後の年となりましょう。そのまだ使える時間のうちにあなたが何を果たせるかということにはかかわりなく」と。当初患者はわたしを信用しなかったが、わたしの意図のゆるぎない真剣さを確信してからというもの、彼のなかにわたしの期待どおりの変化が生じてきた。患者の抵抗は退縮し、この最後の数カ月の間に彼はすべての想起を再生することができ、彼の早期の神経症の理解と現在の神経症の克服のために必要不可欠であると思われる、すべての関連を見出すことができたのである。一九一四年の夏の盛り[16]、この患者はわたしのもとを去っていったが、わたしたちのだれもがすぐそこまで近づいていたあの出来事を予感していなかったように、そのときのわたしは、彼が根本的かつ永久的に治癒したものであると思っていたのだった。

病歴の追記[17]（一九二三年）のなかですでに報告したことであるが、これは当たっていなかった。この患者が戦争の終わりごろ、資産を失った難民としてウィーンに戻ってきたとき、わたしは、転移の解決されていない部分を克服すべく、彼の助けとならなければならなかった。これは数カ月でうまくゆき、わたしは補遺の部分をつぎのような報告で締めくくることができた。「戦争のせいで故郷も財産もあらゆる家族関係も奪われていた患者は、それ以来、自分を正常と感じており、その挙動も申し分ない[18]」と。それから十五年の間、この判断の間違いが取りざたされることはなかったが、それでもそれには一定の留保をつけざるを得なかった。患者はウィーンにとどまりつづけ、自ら、つましい生活ではあったが、それでも一定の社会的地位を得てやっていけることを示した。しかし彼の健康状態はこの時期、彼の宿痾の神経症[19]の支脈としか理解できないような病気の突発によって何度も遮られていたのであ

＊1　患者の同意を得て公表した論文「ある幼児期神経症の病歴より〔狼男〕[20]」（一九一八年〔執筆は一九一四年〕）〔本全集第十四巻〕を見よ。この論文では、この若い男ののちになって現れた病気の詳細については述べられていない。ただ、幼児期神経症との関連でどうしても記述する必要のあることだけ簡単に触れられている。

る。わたしの女性の弟子の一人であるルース・マック・ブランスウィック博士(21)がいつも巧みに、短期の治療でこの状態を終息に向かわせてくれていた。わたしはだから、彼女が近いうちに、自らこの経験について報告してくれるものと期待している(22)。これらの発作のいくつかでは、相も変わらず〔この患者にまだ〕残されていた転移が問題となっていた。そんなときそれらの発作は、ごくわずかな時間ではあったが、明らかにパラノイアの特徴を示していた。しかし、それ以外の発作においては、病因となる素材は彼の幼児生活歴の断片から構成されていた。それらの断片とはつまり、わたしが分析を行っていたときには現れず、このたび――ここで喩えを用いることが避けられないが――あたかも手術のあとの縫合糸や壊死に陥った小骨片のように、事後的に自らを出来《しゅったい》させた、そういったものなのだ。わたしには、この患者の治療歴(23)はその病歴に負けず劣らず興味ぶかいものであると思われた。

　わたしはその後、期日設定の方法をいくつか別の症例にも応用し、わたし以外の分析家の経験にも心を留めていた。この無理強いするやり方がどういった価値をもつのかについての判断は、はっきりしているのではなかろうか。つまり、適切な時期に行われるのであれば、それは有効だということだ。しかしながら、このような期日設定が〔分析の〕課題の完璧な遂行を保証することはできない。わたしたちに確言できるのは、その逆で、そうした脅かしの強制下にあっては、素材の一部は手に入りやすくはなろうが、そのほかの部分は背後に押しとどめられたままで、いわば埋没させられてしまい、治療的努力から失われてしまう、といったことだ。ひとたび期日を設定したあとでは、それを延長することはけっして許されない。さもなければ信頼が失われた状態が将来にわたってつづく。誰かほかの分析家のもとで治療をつづけることは最も手の届きやすい逃げ道だろうが、もちろん周知のように、そういった〔治療者の〕交代は、新たな時間の損失、それまで費やされた仕事の成果の放棄を意味する。また、この力まかせの技術的な手法の投入にふさわしい時がいつやって来るのか、普遍妥当的に述べることはできない。それは治療者の勘に委ねられたままなのだ。失敗したらその埋め合せはもはやできない。「獅子が跳ぶのはただ一度[24]」ということわざの言うとおりにちがいない。

II

さて、どのようにしたら分析のゆっくりした流れを加速させることができるかといった技術的な問題に関する議論は、それ以上に深い関心をさそう別の問いへとわたしたちを導いてゆく。すなわち、いったい分析の自然な終わり[25]というものが存在するのか、分析をそういった終わりへと導くことがそもそも可能なのかどうか、といった問いである。分析家たちの間で交わされている日常の言葉はそういった問いを肯定的に支持しているように見える。というのも、わたしたちはしばしば、相手が、残念そうに、あるいは弁解するように、分析が不完全な状態のままにある患者[26]について話すのを耳にするからである。つまり「その患者の分析はまだ仕上がっていない」とか、「その患者はまだ終わりまで分析されていない」などと言うわけだ。

わたしたちはまず、「分析の終わり」というこの多義的な言い回しで何のことが言われているのか、互いに合意をとり合わなくてはならない。臨床実践的にはそれは簡単に述べられよう。分析家と患者が分析を行う時間にお互いもはや会うことがなくなれば、分析は終結している。二人がそういったかたちで会わなくなるのは、つぎのような二つの条件がほぼ満たされているときである。第一に、患者が自分の症状にもはや苦しめられることなく、もろもろの不安や制止を克服したとき[27]、第二に、問題となっている病的過程の反復をもはや恐れずともよい程度にまで、患者のなかで、抑圧されたものの意識化、不可解なものの解明、内的抵抗の克服がなされたと、分析家が判断するとき、以上である。(28) もしもわたしたちが、なんらかの外的な困難によってこの目標に到達することを妨げられてしまった場合には、未完成な分析という言い方をするよりも不完全な分析という言い方をするほうがよい。(29)

分析の終わりのもう一つの意味は、上のことよりさらにもっと、はるかに野心的である。この言い方では、一体わたしたちは、分析をこの先つづけてもこれ以上の変化が生じることはないところまで十分に、患者に影響を及ぼすことができたのかどうか、といったことが問われている。それはあたかも、ひとは分析を通じて絶対的な心的正常性の水準に到達することができ、しかもひとはそういった水準において自らの安定を保つ能力があるとしてよい、と言っているかのようだ。まさかとは思うが、それはあたかも、これまでに生じたすべての抑圧を解消したり、想い出の欠落をすべて埋め合わせたりすることは可能だ、と言っているかのようだ。わたしたちはまず、そのようなことが生じるのかどうか、経験にたずね、そういったことがそもそも可能なのかどうか、理論にたずねよう。(30)

分析家にはだれしも、治療上たいへん喜ばしい結末を迎えた症例が二、三例はあると思う。現下の神経症性の障碍を取り除くことに成功し、その障碍は回帰することもなく、ほかのどんな障碍とも代替されることがなかった、といったことだ。わたしたちはまた、こういった結果に対する条件への洞察を持ち合わせていないわけではない。患者の自我は目立った変容(31)をこうむってはいなかったわけで、その障碍の病因は本質的に外傷性のものだったのである。あらゆる神経症性の障碍の病因は、なるほど混合的なものである。すなわち問題となるのは一つに、強すぎる欲動、すなわち自我による飼い馴らし(32)に反抗する欲動であり、あるいはまた、もう一つ、未熟な自我がそれを支配することのできなかった幼少期の外傷の、つまり時期尚早の外傷の効果である。たいていの場合、それら二つの要因、つまり体質的な要因と偶然的な要因が、ともに作用しているのである。体質的な要因が強ければ強いほど、外傷は固着されやすくなるだろうし、発達の障碍があとに残るようになる。また、外傷が強ければ強いほど、正常な欲動状況下でもその弊害がより確実にもたらされるようになるだろう[33]。分析にとっては疑いなく、外傷による病因のほうがずっと好都合な機会を提供している。分析がりっぱにその仕事を行うことができるのは、外傷が優位を占める症例においてだけである。「りっぱにその仕事を行うことができる」とはつまり、自我が強化されていたおかげで、早い時期になされた不十分な決定が、正確な処理によって代替される、ということだ。こういった場合にだけ、最後まで行われた分析、という言い方ができる。ここに分析はその責任を果たし終え、それ以上つづけられる必要がなくなる。このようにして回復した患者がもう二度と、分析が必要となる障碍を生み出すことがない場合、こうした免疫のどれほどの部分が、運命のお慈悲――それによってあまりにも過酷な試練が患者から遠ざけられたのかもしれないからこう言うのだが――によるものなのか、わたしたちにはもちろん分からない。

体質的な欲動強度、そして防衛の戦いで後天的に獲得した自我の不都合な変容、これらは、ある種のねじ曲がりかつ制限という意味において[34]、分析の効果にとっては不都合なものであり、分析の期間を長引かせ終結できないものにしてしまう要因となる。わたしたちは、前者の欲動強度に、もう一方の自我変容が作り上げられてしまうことの責めを負わせたい誘惑にかられるが、こちらの自我変容もそれ固有の病因を有しているように思える。結局わたしたちが認めざるを得ないのは、これら両者の関係はまだ十分には分かっていないということだ。それはまさに、今になってようやく分析の研究の題材になってきたのである。わたしには、分析家の関心の向かう照準が、この領域においては、正しくない方向にまるっきりずれているように見える。わたしは、分析による治癒はどのようにして成立するのか、という問いに関しては、すでに十二分な説明がなされてきたものと考えるが、こういった問いについて研究するかわりに、むしろ、どういった障碍が分析による治癒の妨げになるのか、といった問いを立てるべきかもしれぬ。

これに関連してわたしは、すぐつぎの実例で示そうと思うのだが、分析の実践から直接に得られた二つの問題についてとり上げたい。自らも分析を行って大きな成果を収めていた一人の男性がいる。彼は、だれに何と言われようと、自分の、男性に対する関係、女性に対する関係が——つまり彼の競争相手である男性たち、および彼が愛している女性に対する関係が——神経症性の障碍から自由になっていないと判断する。そのため彼は、自分よりも優っていると見なしている別の分析家の分析対象となって、分析を受けることにする(35)。このようにして自らの人となりを批判的にくまなくスキャニングしたことは、彼に十全な成果をもたらすことになる。彼はその愛する女性と結婚し、さらに、自分が誤ってそう思っていたところのかの競争相手たちの、友となり教師となるといった変貌をとげる。かつての分析家との関係についても、なにも損なわれないまま多くの年月がすぎる。しかしその後、はっきりとした外的な理由は不明なまま、一つの困難が生じる。被分析者は分析家に対して敵対的な態度をとりはじめる(36)。彼は、分析家が自分に対して完全な分析を行うことを怠った、といって分析家を非難する。すなわち、「だってあなたは、転移関係というものがただ単に陽性のものだけであるはずがない、ということを知っていなければならなかったし、考慮に入れていなければならなかったですよね。つまり、陰性の転移の可能性を気にかけていなければならなかったですよね」と。それに対して分析家はつぎのように釈明する。「分析を行っていたときは陰性転移なんてまったく気づかなかったのだ。しかし、そういった陰性転移のごく微かなサインがあったにもかかわらず、わたしがそれを見逃した、ということがたとえ認められたとしても——分析のあのような早い時期の地平のまだ狭い状況下にあっては、そういった見逃しがあることは否定できないわけだが——なんらかの主題、あるいはわたしたちの言う、なんらかの「コンプレクス」に対して、ただ指摘するだけでそれを活性化させることができたかどうか、疑わしい限りだ。患者自身のなかでもそれは現勢的ではなかったのだから。しかし、それを活性化させるためには確かに、患者に対して現実的な意味で[37]非友好的な行動をとる必要があったかもしれない。また、ことのついでに言えば、分析家と被分析者の——分析中および分析後の——仲のよい関係をことごとく転移と見なすべきではなかろう。現実的に[38]基礎づけられ、生きる力のあることが明らかとなる友好的関係もあるのだから」と。

わたしは直ちに、同じ問題が生じている二番目の例を付け足すことにする。ある年配の未婚女性[39]のことだが、彼女は思春期以来、激しい下肢の痛みのため歩行不能となり、人生から締め出しを食らっていた。この状態はどうやらヒステリーによるものらしく、多くの治療を試みてもよくならなかった。九カ月にわたる分析治療によってその状態はとり除かれ、有能で世の役に立つ人物である彼女には、人生に関わる権利がふたたび与えられるのである。回復後の数年間はよくないことばかりがもたらされる。すなわち、家庭の破局、財産の喪失、愛の幸福および結婚のチャンスが年を重ねるにつれて消えていったこと、などだ。しかし、このかつて病人だった女性はすべてのことにりっぱに耐え、困難な時代にあって家族の支えとなって働くのである。治療が終了して十二年後だったか、十四年後だったか、わたしにはもはや不明瞭なのだが、彼女はおびただしい出血をきたして婦人科の診察を余儀なくされた。そして子宮全摘を必要とする筋腫が見つかった。この手術を起点として女性はふたたび病気になった。彼女はその手術の術者に対して恋着《れんちゃく》をおこした。しかし同時に、自分の体内のおぞましい変化についてのマゾヒズム的な空想《ファンタジー》にふけり、そういった空想でもって自らの恋愛感情を覆い隠した。さらに彼女は、分析の再度の試みを寄せつけなくなって、実際その生涯の最期に至るまで、もはや正常に戻ることはなかった。成功を収めた治療はもうずっと過去のこと――わたしが分析治療を始めた最初の数年間の時期のこと――なので、ひとはその治療に対して、要求がましいことをあれこれ言うことはできない。とにかく、この二番目の病気は、幸いにも克服された一番目の病気と同一の根から生じ、分析では不完全な処理しかなされなかった同一の抑圧された蠢《うごめ》きが、そのかたちを変えて現れたものであった、ということができるだろう。しかしそれでも、わたしとしては、この新しい外傷がなければ神経症の再発には至らなかったと信じたいところだ。

これら二つの症例は、類似した多くの症例のなかから意図的に選び出したものではあるが、わたしたちの目下のテーマについて議論の火を煽りたてるには十分だろう。懐疑論者も、楽観主義者も、功名心にはやる者も、それぞれにかなり違ったやり方でこれらの症例を利用するだろう。懐疑論者たちは、こう言うだろう。「これで今や、たとえうまくいった分析治療でも、そのとき治癒した者が、後年、別の神経症に、それどころか同一の欲動の根をもつ神経症に、つまりはっきり言えば、回帰した昔の神経症に罹るのを防ぐことはできない、ということがはっきりした」と。懐疑論者以外は、この証明は有効ではないと考えるだろう。彼らはつぎのように異議を申し立てよう。「これら二つの症例の経験は分析のまだ初期の時代、つまり一つは二十年前、もう一つは三十年前のものです。(40) そのような時代以来、わたしたちの洞察は深められ広げられ、その技法は新しい知見が獲得されるにつれて変えられていったのです。今日ではつぎのように要求してもいいし期待してもいいでしょう。つまり分析による治癒が永続的であることはもう実証済みなのだと。あるいは少なくとも、新たに生じた病気が、新しい表現形式をまとってよみがえった以前の欲動障碍でないことははっきりしているのだと。わたしたちは、経験から見ても、わたしたちの治療に対する要求をそんなにセンシティヴに制限する必要はないのです」と。

わたしがこれら二つの観察症例を選び出したのはもちろん、それらがもうはるか過去のものだからである。治療の成功が最近のものであればあるほど、それは、言うまでもなく、わたしたちの考察に使えないものとなってしまう。なぜならわたしたちは、治癒のその後の運命を予測する手段をもたないからである。楽観主義者らが抱いている期待は明らかに、必ずしも自明とは言えないことをさまざまに前提している。第一に、ある欲動葛藤（もっと適切に表現するなら、自我の、ある欲動との葛藤）を永続的かつ最終的に処理することがそもそも可能だ、とすること。第二に、ある人間について、その一つの欲動葛藤の治療をしながら、そういった葛藤可能性をもつほかのすべての欲動葛藤にいわば予防接種を施すことができる、とすること。第三に、わたしたちは、そのような、目下のところ病気の徴候をまったく示していない病因となる葛藤を、予防としての治療の目的で目覚めさせることができ、なおかつそれに賢く対処できる、とすること、以上である。わたしはこれらの問いを投げかけるだけにして、今はそれに答えずにおきたいと思う。ひょっとすると目下、わたしたちがこれらの問いに確実に答えるのはまったくもって不可能であるかもしれない(41)。

理論的に考察すればおそらく、以上の問いを正当に評価するための寄与を二、三行うことができるだろう。しかし、わたしたちには今やそれとは別のことが、すでに明らかとなってしまっている。すなわち、分析治療に対する要求の高まりに応える道は、治療期間の短縮に向かうものでも、それを越えてどこかに向かうものでもない、ということだ。

III

数十年にもわたる分析経験やわたしの活動のやり方の変化が、わたしを勇気づけ、立てられた問いに答えようという気にさせてくれる。分析をはじめた最初の頃、わたしはかなりの数の患者たちと関わっており、彼らは、当然のことながら、わたしに早急な決着を迫っていた。ところがここ数年は、養成分析が優位を占めるようになり[42]、割合にするとごく少数の重症の患者たちだけが――短い治療休止期間、あるいは比較的長めの治療休止期間によって途中さえぎられもしたが――引きつづきわたしのもとで継続的な治療を受けていた。こういった重症の患者にあっては、治療の目標設定が当初のそれとは別のものになってしまっていた。治療の短縮についてはもはや考慮のなかにはなく、目指すところは、病気になる可能性を徹底的に出し尽くし、患者の人となりの深みまで達するかたちでの変容をもたらすこと、であった。

ここでは[43]、わたしたちが分析治療の成功を左右する決定的な要因であると認めた三つのもの――外傷の影響、体質的な欲動強度、自我変容――のうち重要なのはただ、二番目のもの、すなわち欲動の強さだけである。ことのついでによくよく考えてみると、「体質的な」（あるいは、「先天的な」）という形容詞による限定が絶対に必要なのかどうか、といった疑問が生じる。そもそもの始めから体質的な要因がどれほど決定的なものであるとしても、生まれて以後に現れる欲動の強化がそれと同等の効果を示すかもしれない、といった可能性はそのまま残る。もしそうであるなら、「体質的な欲動強度」という定式は、「その時の欲動強度」というふうに書き改められるべきだろう。わたしたちの問いの一つ目は、欲動の自我との葛藤ないし自我に対する病因的な欲動要求は、分析的な治療によって永続的かつ最終的に処理することができるかどうか、であった。「欲動要求の永続的な処理」という言い回しで何が意味されているのか、それをもっと詳しく述べることは、誤解を避けるためにはおそらく無駄なことではない。この言い回しの意味するところは、欲動要求が消滅して、もう二度とその要求の消息が聞かれることはない、といったことではけっしてない。これはだいたいにおいて不可能であるし、まったくもって望ましいことでもないだろう。そういったものではなく、それ以外の、ほとんど欲動の「飼い馴らし」(44)とでも名づけうるようなもの、すなわち、欲動が、(45)自我の調和のなかにすっかり収め込まれ、欲動以外のもろもろの自我の追求による影響のすべてに立ち入ることができ、もはや満足のために欲動の独自の道を行くということがない、といったことが意味されている。どのような方法、どういった手段によってそのようなことが生じるのか、と問われれば、それに答えるのは簡単なことではない。「それじゃやっぱり魔女に世話を頼むほかはありませんな」(46)と思わざるをえない。すなわちメタサイコロジーという名の魔女である。メタサイコロジー的に思弁したり理論づけしたりすることがなければ——ほとんどそれは「メタサイコロジー的に空想にふける」と言ってしまいそうになるところであるが——ここから先に一歩も進むことができない。残念ながらこの魔女から得られる情報は今回の場合も、非常に明晰ということもなければ非常に詳細ということもない。わたしたちはたった一つだけ手がかりをもつ——ただしこの上もなく貴重な手がかりである——つまり、一次過程と二次過程の対立(47)という点に一つだけ手がかりをもつのであり、ここでもわたし(48)はこの対立について指摘しておきたいのである。

もう一度わたしたちの最初の問いに戻ると、わたしたちはその新しい観点が、いやおうなく自分たちにある一定の決断を迫っていることに気づく。その問いとは、欲動葛藤を永続的かつ最終的に処理することができるのか、つまり欲動要求をそういった仕方で「飼い馴らす」ことができるのか、というものであった。この設問には欲動強度がまったく言及されていないが、ほかならぬこの欲動強度にこそ、転帰は左右されるのである。さて、わたしたちは、神経症者の分析で行われていることは、健常者が分析の助けなしに行っていることとなんら異なるところがない、という主張から出発しよう[49]。しかし、日常の経験が教えるところによれば、健常者においては欲動葛藤の解決はどんなものでも、ただ一定の欲動強度に対してだけ妥当するのだ。より正しい言い方をするなら、欲動の強度と自我の強度のあいだのある一定の関係のなかでだけ妥当する。[*2] 自我の強度が、病気、疲弊、あるいはそれに準じるものによって低下すれば、そのときまでうまく飼い馴らされていたすべての欲動がふたたび要求を申し立てはじめ、異常な仕方で代替満足を追求しはじめてしまう。[*3] この主張の正しさをすでにはっきりと証明しているのが夜の夢である。つまりそれは、欲動要求は目を覚ましつつ、自我の眠っている態度に反応しているのである。

また同じように疑う余地のないものとして、それとは別の素材がある。個人の発達の流れのなかで二回、ある種の欲動[50]の著しい強化が生じる――すなわち、思春期と女性の場合の月経閉止期である。わたしたちは、それまで神経症的ではなかった人たちが、そういった時期に神経症になっても、まったく驚かない。彼らは、欲動の強度が比較的弱いときにはその飼い馴らしに成功していたのだが、それが強化されたとき失敗しているわけだ。抑圧は押し寄せる大水に対するダムのように振る舞う。これら二つの生理的に生じる欲動強化によって引き起こされたことと同じことが、不規則に、生活史のなかでそれとは別のどんな時期であっても、偶然的な影響から生じる可能性がある。欲動強化を出来《しゅったい》させる原因としては、新たな外傷、押しつけられた不首尾、欲動相互の副側路的な影響関係が挙げられる。結果はあらゆる場合で同一であり、それによって病気の原因のうちの量的要因という抗いがたい力が強められてしまう。

わたしはここで、こういった回りくどい議論をすべてにわたって行ったことを恥じ入らなければならないような印象を抱いている。なぜなら、これらの議論で言われていることはもうとっくに周知で自明なことだからである。実際、わたしたちはそれをもう知っているかのようにいつも振る舞ってきた。ただ、わたしたちは、自分たちが理論的な説明を行うさいほとんどの場合、力動論的観点、局所論的観点と同一な程度に、経済論的観点を考慮に入れることを怠ってきた、ということは言える。つまりわたしの言い訳は、こういった怠りがあったことを皆に知らしめしたい、ということなのである[51]。

しかしわたしたちは、わたしたちの問いに対する答えをどうするか決めてしまうまえに、ある異論に耳を傾けなければならない。その異論の強みは、おそらくそれを聞いたはなからその異論が正しいという気にさせられてしまう点にある。それは次のように主張する。「あなたがたの主張の論拠はどれもこれも、自我と欲動のあいだに起こる自然発生的な事象に由来し、分析的治療は、条件が合った正常な状況下で、自然に生じるようなものしか作り出

＊2　きちんとした修正をほどこすなら、「この関係のある程度の広がりのなかでだけ」となる。

＊3　こういったことを述べるのは、過労やショック作用などといった非特異的な要因が病因となるという主張の正しさを弁明するためである。これらの要因はいつも、確実にその一般的な承認を得られるものではあったが、ほかならぬ精神分析によって背後に退かされなければならなかった。健康もまさに、わたしたちが見抜き——もしそう言いたければ——解明し、推測した、心の装置の諸審級、それらのあいだの力関係に関与しつつ、メタサイコロジー的に記述される以外記述されようがない[52]。

すことができないものだ、ということを前提としている」と。しかし本当にそうだろうか。わたしたちの理論こそは、自我のなかに自然発生的にはけっして存在しないような――しかも、その新しく生み出されたものが、分析を受けた人間と分析を受けていない人間とのあいだに本質的な相違をつくり出すような――そういった状態をもたらそうとする要求を掲げているのではなかろうか。この要求が一体何に基づいているのか、立ち止まって考えてみよう。抑圧はすべて幼年期早期に起こる。それは未熟で弱い自我の原初的な防衛措置である。その後年、新たな抑圧が生じることはないが、これらの古くからの抑圧は保たれたままで、これらの抑圧の活用が自我によって、その後も欲動支配のために要求されるのである。新しい葛藤は、わたしたちの表現をもってすれば、「踏襲性抑圧」[53]によって処理される。これらの幼児期の抑圧については、わたしたちが広く主張してきたこと、すなわち、それらが全面的に相対的な力の比率に左右され、欲動強度の高まりに対して持ちこたえることができない、といったことが妥当するのかもしれない。しかし分析は、成熟し強化された自我をして、これらの古くからの抑圧を修正させようとするのである。そういった抑圧のいくつかは撤去され、それ以外のものは、承認されるけれども、より頑丈な素材を用いて新しく作り上げられる。これら新しいダムは、以前のものと較べ、まったく異なった堅牢さを有する。つまりわたしたちは、新しいダムに対して、それらはそんなにたやすく欲動の高まりの洪水にやられてしまわないだろう、という信頼を寄せることができる。であるから、根源にあるその抑圧過程を事後的に、量的なファクター〔欲動の高まり〕の優位を終息させるかたちで訂正すること、これが分析的治療の本来の営みであるといえるだろう。

以上のところまでがわたしたちの理論である。わたしたちは、抵抗できないような強制《ツヴァング》[54]が加えられないかぎり、これを放棄することはできないだろう。一方、経験からは何か言うことができるだろうか。経験は、おそらくはまだ、信頼に足る決定を下すための十分な幅の広さを有していない。それがわたしたちの期待するとおりの結果を与えることも十分しばしばあるのだが、いつもそうだとはかぎらない。分析を受けなかった人のその後の態度については、わたしたちがそれを追求し、期待し、主張しているほどには、分析を受けた人との違いが鮮明となっていないということが、最終的にはっきりするとしても、それは驚くほどのことではないのかもしれない、という印象をわたしたちはもっている。そうであれば、分析は、確かにときどきは欲動強化の影響を封じることができるのだろうが、いつも決まってできるというわけではなくなる。あるいはまた、そうであれば、分析の効果は制約され、分析を行ったのちには、分析を行うまえ、あるいは分析を行わなかった場合にくらべ、ずっと強力な要請に太刀打ちできる程度にまで〔欲動の〕抑制(55)の抵抗力を高める、というだけのことに過ぎなくなる。わたしはここで実際になんらかの決断を下すことはとてもできないし、目下のところ、決断を下すことが可能かどうかも分らない。

しかしわたしたちは、分析の効果のこうした不安定さを理解するにあたって、別の方向からこれに近づくことができる。わたしたちは、混沌のなかに秩序をもたらす一般性や規則や法則を見つけ出すことこそが、自分たちの生きている周囲世界を知的に克服するための第一歩である、ということを知っている。こういった仕事をつうじてわたしたちは現象の世界を単純化するのだが、その世界を誤ってとらえることもまた回避できない。とくに、発展かつ変転する出来事が問題になっている場合にはそうである。重要なのは質的な変化をとらえることである。しかしそのさい、わたしたちは通常、少なくともその最初、量的なファクターをおろそかにするものだ。現実には、はっきりと分けられた対立している状態よりも移行かつ中間段階のほうがはるかに多い。発展や変転が生じているさい、わたしたちの注意はただ単に結果にのみ向けられる。わたしたちはつい、ふつうそのような出来事は多かれ少なかれ不完全にしか遂行されないものであって、実際のところ、ただ部分的な変化にすぎない、ということを見逃してしまいがちだ。旧オーストリア帝国[56]の辛辣な風刺作家のJ・ネストロイはかつてこんなことを言った。「あらゆる進歩はどれも、それが最初に思ったよりも半分くらいの価値しかない[57]」と。わたしたちは、この毒舌の文章がかなり一般に妥当するのではないか、という気持ちに駆られるだろう。ほとんどどんな時でも、部分的に取り残されるという残存現象が存在する。気前のよいパトロンが散発的に見せる吝嗇傾向によってわたしたちを驚かしたり、ふだんはあまりにも善良な人が急に敵意に満ちた行動をほしいままにしたりすることがあるが、こういった「残存現象」は病態発生的な研究にとって計り知れない価値がある。これらの残存現象は、かの〔気前の良さや善良さなどの〕称賛に値する価値の高い性格特徴が、代償および過剰代償に基づくものであり、しかも、それらが、期待されたほどには、徹底的かつ全面的にうまくいっていなかったことを示している。リビード発達に関するわたしたちの最初の記述のなかで言われていたのは、最初に口唇期というものがあって、それがサディズム肛門期およびファルス性器期にとって代わる、ということであったが、その場合、その後の研究が以上のことと矛盾することはまったくなく、ただ修正として、これらの置き換え《エアゼッツング》は突然ではなく徐々に行われ、その結果、どんな時でも以前の編成のいくつかの部分がより新しい編成と並んで存続しつづけることになる、とされる。しかも、正常な発達においてさえも、この変転はけっして完全に行われることはなく、最終的な形態にあってもなお、それ以前のもろもろのリビード固着の残存物が保たれたままでありうる、とされる。わたしたちはまったく異なった分野においても同一のことがあるのに気づく。もう克服されたと言われている人類の迷信や盲信のうち、どれ一つとしてその残遺物が今日のわたしたちのもとで生きつづけていないようなものはない――比較的下層の文化民族においてもそうであるし、あるいは最上層の文化社会においてさえそうである。いったん生まれ出でたものはしぶとく自らを主張することができるのだ。ときどきは、太古の恐竜は本当に絶滅してしまったのかと疑ってみてもよいだろう。

さて、わたしたちの場合に以上のことを適用してみると、思うに、分析的な治療が不安定なのはどうしてか、という問いに対する答えはひょっとして、破れのある抑圧を自我に適った信頼できる制覇によって代替するといったわたしたちの意図が、いつも十二分な広がりのもとで達成されるわけではないからだと、つまり、十分に徹底的なかたちで達成されるわけではないからだという具合になりはしないか。変転には成功しても、それはしばしば部分的なものにとどまる。すなわち古くからの機制という持ち分は分析の仕事が手つかずのままとどまっている。それが実際にもそうなのだ、ということを証明するのは困難である。つまり、そういったことを判断するには、必要とされる成果を実際に手に入れる以外方法がない。しかし分析の仕事を行っているあいだに受ける印象は、わたしたちの仮定に対立するものではなく、むしろこの仮定を支持しているように見える。わたしたちは、自分たちが被分析者のなかに呼び起こしている確信に対する物差しとして、わたしたち自身の洞察の明断さだけをとり上げてはならない。こう言ってよければ、そうした確信に欠けているものは「深さ」であろう。見過ごされがちだが、問題となるのはいつも量的なファクターである。これが正解なら、分析とは、欲動支配を確保することによって神経症を治すといったことを主張しながら、理論ではつねに正しく、実践ではつねに正しいとはかぎらないもの、と言うことができる。もっと正確に述べるなら、十二分な広さにわたる欲動支配の土台の確保に分析がいつも成功するとはかぎらないから、分析は実践においてつねに正しいとはかぎらないのである。このように一部失敗することの理由は簡単に見つけ出すことができる。すなわち、欲動強度という量的要因が、かつて、自我の防衛追求に反逆していた。そこでわたしたちは、分析の仕事に助けを求めたのだった。そして今度は、この同じ量的要因が分析という新しい努力の有効性の限界設定をしているのであると。欲動強度があまりに強いと、かつての寄る辺ない自我がそうだったように、分析に支えられている一人前の自我もまた課題の遂行に失敗する。つまり、欲動支配はより適切にはなるが、また一方で不完全なままにとどまる。防衛機制の変転が不十分にしか起こらないからである。これについては驚くべきことはなにもない。というのも、分析を行うときに用いる力の手段は無尽蔵なものではなく、制限されたものであり、その最終的な成果はお互いに争っている審級の相対的な力関係にいつも左右されるからである。

分析治療の期間を短縮することは疑いなく望ましいことだが、わたしたちの治療的な意図を貫徹するための道は、わたしたちが自我につけ加えようとしている分析的助力の強化を経由することによってしか前に進んでゆかない。催眠が与える影響はわたしたちの目的のためのすばらしい手段であるように思えた。しかし、その理由については周知のように、わたしたちはこの手段をあきらめなければならなかった。催眠の代わりとなる代替物はこれまでのところ見つかっていないが、こうした観点から、フェレンツィのような分析の名人がその後半生を捧げつつも、残念ながら成功しなかった治療的努力[58]について、わたしたちは理解することができる。

IV

二つの互いに繋がりのある問いがある。[59]一つは、ある欲動葛藤の治療中の患者を、将来の欲動葛藤から守ることができるのかどうか、という問い、もう一つは、予防の目的ではたして、目下のところ現れていない欲動葛藤を目覚めさせることが実行可能かつ適切なことなのかどうか、という問いであるが、これらの問いはいっしょに取りあつかわれるべきものである。というのも、最初の問いは明らかに、二番目の問いを解決することによってのみ、つまり、将来に生じうる葛藤を、それを左右できるような影響の下におかれた現勢的な葛藤へと変化させることによってのみ、解決されうるものだからである。この新しい問い立ては、根本的にはそのまえに立てられた問いのつづきにすぎない。そのまえは、同一の葛藤の回帰を防止することが問題であったが、今回は、その葛藤をなにか別の葛藤で代替できるかどうか、が問題となっている。ここで企てられていることはたいへん野心的に聞こえるかもしれないが、はっきりさせようと思っているのはただ、分析の治療能力にはどのような限界が設定されているのか、ということだけである。

この種の問い立てがわたしたちの治療上の野心をどれだけ惹きつけようとも、経験ははっきりとした、却下という答えを用意するのみだ。ある欲動葛藤が現勢的な状態になく、外に現れていない場合、それに影響を与えることは分析をもってしても不可能である。眠っている犬を起こすな、という警告は、心的地下世界を探るわたしたちの努力に対して非常によく持ち出される反論であるが、こと心の生活の事情に関するかぎりまったくの誤りである。というのも、欲動が障碍をなしているとき、それは犬が眠っていない証拠となるし、犬が実際眠っていると思われるときには、それを起こすのはわたしたちの力のおよぶ範囲の外だからだ。しかしながらこの後半の主張は、まったく的を射ているというわけでもないように見える。それはより立ち入った議論を呼び込むものだ。目下のところ潜伏性の欲動葛藤を現勢的なものにするために、わたしたちにはどんな手段が与えられているか、よく考えてみよう。わたしたちにできるのはおそらく二つのことだけだ。つまり、欲動葛藤が現勢的なものになるような状況を引き起こすか、分析中に欲動葛藤の話をし、そのようなことが生じうる可能性を指摘するだけで満足するか、である。

最初の目論見は二通りの仕方で達成できる。第一に、現実のなかの場合、第二に、転移のなかの場合である。いずれの場合でも、患者を、一定量の、不首尾およびリビードの鬱積による現実的苦痛にさらすことによってそれは達成できる。さて、わたしたちは、確かに、日常の分析活動のなかですでにそういった技法を用いている。そうでないなら、分析は「不首尾の状態のなかで[60]」行われるべきだ、という規定の意味は一体何なのか、ということになる。ただし、これはすでに現勢的になっている葛藤を取りあつかうさいの技法である。わたしたちは、葛藤の解消に向けて欲動力を高めるために、葛藤を先鋭化させ、それを最も鮮明な形へもたらそうと試みるのである。分析の経験がすでにわたしたちに示していることだが、「前よりもよい」はいかなる場合も「よい」の敵である[61]。つまり、わたしたちは、いかなる回復期であっても、不十分な解決に甘んじてしまう用意のある患者の怠惰と戦わねばならない。

しかしもし、わたしたちが、単なる可能性としてだけの、現勢的ではない欲動葛藤の予防的処置を目標にするのであれば、目下生じている不可避的な疾患を調整するだけでは十分でない。新たな疾患を人生のなかに呼び入れる決断をしなくてはならないだろう。ただし、こうした呼び入れはこれまで——たぶん正当にも——運命の手中に委ねられてきたものなのだ。だからもしそんなことをしたら、わたしたちはすべての方面から、運命と張り合って哀れな人の子らにこんなにも残酷な試みを行うなんて、といった不遜さの警告を受けることになるだろう。ところで、こうした残酷な試みとはいったいどういったものか。病気を予防するため、まずまずうまくいっている結婚をぶち壊したり、被分析者の生活を保障しているその地位を手放させたりする責任を、わたしたちは負うことができるのか。幸いなことに、わたしたちは、そうした現実の人生への介入が正当だなどと考えるようなことはけっしてない。

わたしたちには、そういった介入に必要な絶対的権力など与えられてはいないのである。また、たとえこの治療的実験に参加したとしても、その対象者たちは、これを一緒にやってみようとは思わないだろう。したがってそうしたことは、臨床実践上、ほとんどありえないも同然だが、理論上はなおも、それに対して別の異議が唱えられる。すなわち、分析の仕事が最もうまくいっていると言えるのはどういうときかというと、病因となる体験が過去に属し、そのため、自我がそれらの体験から距離を保てるときである。急性の危機的な状況では、分析はほとんど必要とされることはない。そういったときには、自我の関心はすべて、つらい現実によって奪われてしまうので、このつらい現実という表面の背後にまわって過去の影響を発見しようとする分析を受けつけることはない。であるから、新しい葛藤をつくり出すことは分析の仕事をただ、長びかせ困難なものにするだけなのである〔という異議である〕。

　つぎのように反論することもできよう。以上のことはまったく余計な議論である。潜在性の欲動葛藤の治療可能性を、意図的に新しい疾患状況をひき起こすことによってつくり出そう、などと考える者はだれ一人としていない。それはしかも、まったく称賛に値しない病気予防行為である。たとえば周知のように、猩紅熱[62]については、それを乗り越えれば、この同じ病気の再発を防ぐための免疫をあとにとどめる。しかし、だからといって、内科医たちが、今後ひょっとして猩紅熱に罹るかもしれない健康な者を、その安全の目的で猩紅熱に感染させよう、などといった考えを思いつくわけではない〔という反論である〕。予防治療は、その病気そのものと同じ危険状況をつくり出すものであってはならない。そうではなく、種痘およびそれと類似の手法をもつ多くのもので実現されているように、危険状況がきわめて少ないものでなくてはならない。したがって、分析的に欲動葛藤を予防する場合においても、別の二つの方法だけしか考慮に入れることはできないだろう。一つは、現実性の特徴には欠けるのだが、新しい葛藤を転移のなかで人工的につくり出すこと、もう一つは、そういった葛藤についての話をし、これらの葛藤が生じる可能性に馴れ親しませることにより、被分析者の表象にそういった葛藤を呼び覚ますこと、以上である。

わたしは、これら二つの比較的弱められたやり方のうち、一つ目のものが、分析にまったく使えないしろものであると主張してよいものかどうか、分からない。とりわけてその方面に向けられた研究が不足しているのである。しかし、この企てをそんなに有望なものとは思わせてくれないような困難がすぐに迫ってくる。第一に、わたしたちは転移のためのそういった状況を選ぶのにかなりの制約を受けている、ということがある。被分析者自らが自らの葛藤のすべてを転移のなかに収め込むことはできない。同じように、分析家も転移状況のなかから患者のあらゆる可能な欲動葛藤を呼び起こすことはできない。わたしたちはたとえば、患者に嫉妬心を起こさせたり、愛の失望を味わわせたりすることはできるが、そのために技法上の意図を必要とするわけではない。そういったことは技法上の意図がなくてもたいていの分析で自然と生じるのである。しかし第二に、そういった意図の実施はすべて、被分析者に対する非友好的な行いとなることが避けられない、といったことが見過ごされてしまってもいけない。このような行いによって損なわれるのは、分析家に対する情愛的な態度、つまり、被分析者を共同の分析の仕事へと参加させる最も強力な動機である陽性の転移なのだ。だから、これらのやり方からはけっして多くを期待することはできないだろう。

以上のことから、わたしたちがはじめから、おそらくはこれ一つだけ、と考えに入れていたあの方法だけが残る。つまり、別の欲動葛藤の可能性について患者に話して聞かせ、自分にもそういった欲動葛藤が生じるかもしれないという予期を患者に目覚めさせるのである。わたしたちはそこで、そうした申し聞かせおよび警告によって、患者のなかで、指摘された葛藤の一つが、慎ましやかな程度ではあるが、それでも治療のためには十分な程度にまで活性化される、といった成果がもたらされるだろうと期待する。しかしこのとき、経験が一つの明確な答えを与えてくれる。期待されるような成果は生じないのだ。患者はこの知らせに十分耳を傾けるのだが、共鳴は起こらない(63)。患者は、「たしかにそれは大変興味ぶかい。しかしなにも響いてこない」と心の底で思っているかもしれない。わたしたちは患者の知識を増やしただけで、それ以外、患者のなかの何一つ変えることはできなかった。これは精神分析の本を読むのとほぼ同じことだ。これらの本の読者は、自分が言い当てられたと感じた個所、つまり、彼のなかの目下活動中の葛藤が言い当てられた個所においてだけ、「心をかき乱されました」と言うのである。それ以外の個所はすべて彼の気持ちを揺り動かさない。わたしは、子どもに性教育をほどこす場合にもそれと類似のことが経験されると思っている。わたしは、性教育が有害だとか不必要なものだとか主張する気持ちはさらさらないのだが、世間的にはおそらく、こういった自由主義的な措置による予防的効果をあまりに過大評価しすぎていたのではなかろうか。子どもたちがそれまでは知らなかったことを今や知るようになる。しかし、そのような新しい知識が贈られても、子どもたちはそれをどうすることもできない。わたしたちが確信するところでは、子どもたちにあっては、これらの知識を受け入れるために、彼らがその不完全なリビード編成に依拠しつつそれに合致したかたちで作り上げた、かの――こう言いたければ――自然に育った性理論、すなわち、コウノトリの役割とか、性交の本性とか、赤ちゃんはどのように生まれてくるか、といった性理論(64)を、そんなに急激に犠牲にするような準備は整っていないのである。彼らは、性教育を受け入れたのちも、なお長いあいだ、未開民族のように、すなわち、キリスト教を無理やり押しつけられ、しかし密かに自分たちの昔の神々を崇めつづけている未開民族のように振る舞う(65)。

V

わたしたちは、いかにしたら分析の仕事のこのつらく長い持続期間を短くできるか、という問いから出発した。それからわたしたちは、それでも、時間についての事情にはたえず関心を払いつつも、問いとして、はたして恒久的治癒をもたらすことはできるのか、あるいは、一体、予防的治療によって将来的に起こりうる発病を回避させることができるのか、といった研究にまでその歩みをすすめた。そのときわたしたちは、自分たちの治療的努力が成果を上げるかどうかの基準になるものとして、以下のものを捉えることができた。すなわち、外傷的病因の影響、支配すべき欲動の相対的強度、そしてわたしたちが自我の変容と名づけたものである。これらの要因のうち、わたしたちがそこにとどまって比較的詳しく論じたのは二番目のものだけだった。そこでは、量的なファクターがきわめて重要なものだという認識をうるきっかけとなったし、また、どのような説明を試みる場合でも、メタサイコロジー的な考察の仕方をその当然の権利として用いてもよいことを強調するきっかけともなった。

三番目の要因である自我変容については、わたしたちはまだなに一つ口に出していなかった。さてこの要因に取り組んでみると、わたしたちは、ここには問われるべき問い、答えるべき答えが多く、それについて述べられねばならないことはあまりにも不十分にしか示されないだろう、といった第一印象を受け取ってしまう。この第一印象は、この問題にさらに深く関わり合ってみても動じることがない。分析状況の肝《きも》とは、周知のように、わたしたちが対象となる人物の自我と同盟を結び、その人物のエスの自制のきかない部分を服従させること、つまり、その部分を自我の統合のなかへ加え入れること、これである。分析の仕事のそういった協力関係が精神病者の場合にはきまって失敗するという事実は、わたしたちの判断に第一の確固とした足がかりを与えてくれる。わたしたちがそういった協定を結ぶことのできる自我は、正常な自我でなければならない。しかしそういった正常‐自我は、正常性一般がそうであるように、一つの理想虚構である。わたしたちの目的には使えない異常な自我は、残念ながら理想虚構とは言えない(66)。正常な人はだれでも、まさに平均的に正常であるとしか言うことができず、このような自我も、なんらかの点で、多い少ないといった程度の差こそあれ、精神病者の自我に近かったりする。そういった系列の一方の極からの離隔の距離およびもう一方の極への接近の距離の総計が、わたしたちにとってさしあたり、あまりにも曖昧なままに「自我変容」と名づけられたものの規準となるだろう。

自我変容がそんなにも多種多様な種類と程度をもつことになったのは一体何に由来するのだろうと問えば、まずもって避けることのできない二者択一として、そういったものが最初からあったものなのか、それとも獲得的なものなのか、という選択がある。後者の場合のほうが前者よりも取りあつかうのが容易であろう。つまり、獲得されたものである場合には、それはきっと、人生の最初期以来の発達の過程のなかで獲得されたものであるに違いない。なにしろ自我は、そもそもの始めから、つぎのような自らにとっての課題を果たすことに努めなければならないのだから。すなわち、快原理への奉仕のためエスと外界とのあいだを仲裁すること、エスを外界の脅威から守ること、といった課題である。自我が、こうした努力を行っているうちに、自らのエスに対しても防衛的な態度をとり、エスの欲動要求を外的な脅威のように取りあつかうことを学習するとすれば、それは少なくとも一部、理由として、欲動満足が外界との葛藤をひき起こすであろうことを自我が理解している、ということから生じるのである。それから自我は、教育の影響のもと、闘争の舞台を外から内へ移すこと、つまり、内的な脅威を、それが外的な脅威になるまえに克服してしまうことに慣れてくる。そして自我にとってはおそらくたいていの場合、そうすることのほうがよいのである。二つの前線でのこの闘争のあいだ――のちに第三の前線が加えられることになるが(67)――自我は、自らの課題を満たすため、あるいは一般的に表現すれば、脅威、不安、不快を避けるために、さまざまな方法を用いる。わたしたちはこういったさまざまな方法のことを「防衛機制」と呼ぶ。それらはしかし、まだわたしたちには細かな点まで十分に知られているわけではない。それら防衛機制の多種多様さや多方面にわたる重要さにはじめて気づかせてくれたのは、アンナ・フロイトの著作であった*4(68)。

これらの防衛機制の一つ、抑圧については、神経症的過程一般の研究がその出発点となった。抑圧は、自我がその目的を果たすために有しているただ一つの方法ではない。この点に関しては疑わしいことは何もなかった。ただし、抑圧はまったく特別なものであって、それ以外の防衛機制から、それら同士が区別されるよりもより鋭く区別されるものである。わたしはこれら抑圧以外の防衛機制と抑圧との関係を、一つの比喩を用いて明らかにしてみたいと思う。しかしながら、これらの領域のなかでは比喩によって覆われる範囲はけっして広くはない、ということも分かってはいる。さて、本がまだ印刷出版されるまえの、ばらばらに手書きで書かれていた時代において、ある本がとりうる運命というものを考えてみよう。そしてそういった本のなかに、のちの時代にあっては好ましくないと見なされる記述があるとしよう。たとえば、ローベルト・アイスラー*5によるものだが、フラウィウス・ヨセフスの著作(69)のなかに、のちのキリスト教徒たちがこころよく思わない、イエス・キリストに関する個所が含まれていたはずだ、といった事例がある。今日に至ってしまっては、当局の検閲は、防衛機制を用いるにあたって、出版されている全体のその最後の一冊に至るまで没収し破棄する以外方法がないだろう。当時は、無害化のためのさまざまな方法が用いられた。一つには、こころよく思えない個所を太く線を引いて消して読めなくしてしまう、ということがあった。そうしてしまうと、それらの個所は書き写すこともできなくなり、その本をつぎに書きとる筆写者は、とがめられる点はないが、いくつかの個所には欠落があり、おそらくそこは理解不能な状態の本文を提供するだろう。もう一つには、そういったやり方に満足せず、本文を切断せよとの指示も回避してしまおう、ということがあった。つまりその場合には、本文を歪曲する方向へと変わる。いくつかの言葉を省略したり、ほかの言葉で代用したり、新しい文章を挿入したりする。最もよい方法は、その個所全部を削除し、その場所にまったく正反対の意味の別の文章をはめ込むことであった[70]。そうすると、つぎにその本を書きうつす筆写者がつくり出せるのは、疑わしいところのない、しかし偽りの本文なのであった。その本文にはもはや、著者が伝えようとしていることが含まれていない。それから、非常に信憑性が高いことだが、そういった本文は、真理のために[71]、訂正が加えられたわけではなかったのだ。

この比喩をとことん厳密に追い詰めることをしなければ、抑圧の、それ以外の防衛方法に対する関係は、省略の、本文歪曲に対する関係に同じである、ということができる。そして、このような偽りにはさまざまな型がある、といった点に、自我変容の多様さに対するアナロジーを見出すことができる。ところで、つぎのような異議を試みに

＊4　アンナ・フロイト『自我と防衛機制』イマーゴ出版社、ロンドン、一九四六年、初版、ウィーン、一九三六年。

＊5　ローベルト・アイスラー『王《バシレウス》　イエス』宗教学叢書、W・シュトライトベルクによる創刊、第九巻、ハイデルベルク、カール・ヴィンター、一九二九年。

唱えることができる。すなわち、この比喩はある本質的な点で当たっていないのではないかと。なぜなら、本文の歪曲は偏向傾向のある検閲の行った仕事であって、自我の発展はそういった検閲に対応する部分を示していないのだからと。しかし事態はそのようではない。というのも、この傾向は、広い範囲にわたって、快原理の強制《ツヴァング》によって代表されているからである。心的装置は不快に耐えられず、どんな犠牲を払っても不快から身を守らなければならない。そしてもし、現実の知覚が不快をもたらすなら、それ——すなわち真理[72]——は犠牲にされなければならない。外的な脅威に対しては、ひとは長い時間にわたって、脅威状況からの逃走および回避によって自らを助けることができる。そしてついには、ひとは後年いつか、積極的に現実を変容させることによって、そういった脅かしを止揚するに十分なほどの強さを身につけるのである。しかし、ひとは自分自身から逃走することはできない。内的な脅威に対しては、逃走は助けにならない。であるから、自我の防衛機制は、内的知覚を歪めることを強い、わたしたちのエスに欠点があり歪曲があるという認識だけをわたしたちにもたらすことを強いるのである。そのとき自我は、自我のエスに対する諸関係のなかで、自我のもつもろもろの制限によって麻痺させられているか、自我のもつもろもろの誤謬によって目くらましにあっているのである。そして心的出来事におけるその成果は、まるで、ハイキングをしながらその土地のことを知らなかったり、歩く元気がなかったりする場合と同一であるに違いなかろう。

　防衛機制は、脅威を遠ざけておくという目的に奉仕するものである。そういったことに防衛機制が成功しているということは、議論をするまでもなく明らかである。また、自我がその発達のあいだに完全に防衛機制を放棄することができるのかどうかは疑わしいが、これら防衛機制そのものが脅威となりうることもまた確実である。ときには、自我のために働いた防衛機制の奉仕に対して、自我があまりにも高い代価を支払ってしまった、というようなことがはっきりする場合もある。防衛機制を維持するために必要とされる力動論的な消費、およびこれら防衛機制にほとんどいつも必然的に伴っている自我制限は、明らかに心的経済の重大な負荷となる。さらにまた、これらの防衛機制は、自我の発展の困難な時期のあいだ自我の手助けをしてしまったあとも、その役目をたたむことはない。当然のことだが、防衛機制をどれもこれもすべて用いることができるような人間はいない。用いることができるのは、それらの防衛機制のうちのある一定の選ばれたものだけである。しかしこれらは自我に固定される。すなわちそれらは、性格という規則的な反応様式となり、生涯をつうじて、その本来の状況に似た状況が回帰するたびごとに、反復される。そういったことで防衛機制は幼児症《インファンティリスムス》[73]と化し、それらが有用であった時代を超えてまで自らを保ちつづけようと努力する、きわめてさまざまな制度しきたりとその運命を分かち合うのだ。詩人〔ゲーテ〕が嘆いたように、「そうしているうちに道理が非理になり、いい法律が悪法になる」[74]のである。成人の強化された自我は、現実にはもはや存在しない脅威に対して自らを守りつづけようとする。否、それどころか、本来そうであった脅威とほぼ代替できる現実の状況をつくり出すようせき立てられている。それは、これらの状況に対していつもきまった反応様式をとってしまう、といった自我の固執の正当性を理由づけするためである。以上のことから、防衛機制が、どんどん大きく広がってゆく外界からの疎隔をもたらし、間断なくつづく自我の弱化をもたらすことをつうじて、神経症の発症を準備し、それを促す、ということは簡単に理解できるであろう。

　しかしながら、わたしたちの関心は目下、防衛機制の病因的役割に向けられているのではない。わたしたちが調べてみようと思うのは、それらの防衛機制に伴って生じる自我変容がわたしたちの治療的努力にどのような影響をおよぼしているのか、ということである。この問いに対する答えのための素材は、上に述べたアンナ・フロイトの著作のなかで与えられている。そのとき本質的に重要なのは、被分析者がこれらの反応様式を分析の仕事の最中にも反復するということ、それらをいわば、わたしたちの眼前で演じるということである。実際のところわたしたちは、そういった場面があるからこそ、これらの反応様式の存在を知るのである。このことはしかし、それらが分析を不可能にしてしまうということを意味するわけではない。それらはむしろ、わたしたちの分析の課題のうち、その半分を担うものだ。課題のもう半分は、分析の初期の時代にいちはやく着手されたこと、すなわち、エスのなかに隠されたものを明るみに出すことである。わたしたちの治療上の努力は、治療を行っているあいだ、一片のエス分析から一片の自我分析へと、たえず振り子のように行ったり来たりする。わたしたちは、ある場合には、エスについての何かを意識化させようとし、またある場合には、自我についての何かを修正しようとする。というのも、決定的な事実はつぎのようになっているからである。すなわち、かつての脅威に対する防衛機制は、治療においては、治癒に対する抵抗として回帰する、というわけだ。治癒そのものが、自我によって、新しい脅威として受け取られる結果となる。

治療的効果を上げるためには、エスのなかの、その言葉の最も広い意味で抑圧されたもの、これを意識化しなければならない。わたしたちはこの意識化のために、解釈および構築(75)による方法を準備している。しかし、自我が、以前からの防衛に固執し、抵抗を放棄できない状態にあるかぎり、わたしたちは解釈を、被分析者のためではなく、わたしたち自身のためにのみ行ってきたのであった。さて、これらの抵抗は、自我に属しているとはいえ、まだ無意識的なものであり、ある意味では、自我の内部にあって〔自我のほかの部分から〕隔離された状態にある。分析家は、エスのなかに隠されたものよりも、そういった抵抗には簡単に気づくことができる。この場合も、これらの抵抗をエスの分担分として取りあつかい、意識化をつうじて自我のその他の部分と関連性をもたせる、というやりかたで十分なはずだろう。このような方法をとれば、分析の課題のその半分は解決されるだろう。つまり、抵抗を明るみに出すことに対する抵抗は、考慮に入れなくてよくなるかもしれない。しかしつぎのようなことが生じる。つまり、抵抗についての〔分析の〕仕事を行っているあいだ――程度の差はあろうが真剣に――自我が、分析状況がそれに基づいて成り立っているところの契約から逸脱する、ということがある。自我はもはや、エスを明るみに出すというわたしたちの努力を支持しなくなり、これに反抗し、分析の根本規則を守らなくなり、もうそれ以上、抑圧されたものの蘖《ひこばえ》を浮かび上がらせようとしなくなる。分析には治す力があるのだという強い確信を、わたしたちは患者から期待できなくなる。患者はもともと、分析家に対して――もし今後、陽性転移という要因が呼び覚まされれば、それによって分析をつづけようとする力にまで強化されるような――一片の信頼は持ち合わせていただろう。しかしながら、防衛葛藤が新しく出現したことによって感じ取られる不快の蠢きの影響のもと、今度は陰性転移が優勢となり、分析状況を完全に解消してしまうかもしれない。分析家はいまや、患者にとっては、自分に対して不愉快な要求を押しつけてくるよそ者にすぎなくなる。患者は分析家に対して、子どもが見知らぬ人をいやがり、その人のことをなにも信用しないのと、まったく同じように振る舞う。分析家が試みに、患者に対して、防衛のなかで生じた歪曲の一つを指摘し、それを訂正しようとしても、患者が無理解の状態にあり、よい論拠を示しても無駄だということが分かるだろう。このように、抵抗が明るみに出ることに対する抵抗というものが実際に存在する。そして防衛機制は、それらがもっと詳しく探求されるまえにわたしたちが最初に名づけた名前に、実際に値するようになるのである。(76) つまりそれは、エスの内容の意識化に対する抵抗のみならず、分析一般に対する抵抗でもあり、さらに、治癒に対する抵抗でもある、ということだ。

自我における防衛の効果、わたしたちはおそらくこれを「自我変容」と名づけることができよう。もしもわたしたちが、この「自我変容」という言葉を、分析の仕事にゆるぎない同盟上の信頼を確約してくれる虚構の正常－自我からの隔たりとして理解するのであれば。さて、日々の経験が示しているところだが、分析的治療のなりゆきがどうであるかは、本質的に、自我変容のこれらの抵抗がどれだけ強いか、どれだけ根深いか、ということにかかっている。このことは容易に信じることができるだろう。ここでわたしたちがふたたび出会うのは、量的ファクターの重要性であり、ふたたび思い起こされるのは、分析というものが、ある一定の限られた量のエネルギーしか消費することができず、それだけの量のエネルギーで敵の力と競わねばならないという事実である。それはあたかも、たいていの場合、戦争で勝つのは実際、より強力な大隊を有している側だというのと同じである。

VI

つぎの問いは――わたしたちの意味における――自我変容はすべて、幼少期の防衛闘争をつうじて獲得されるものであるのかどうか、ということになろう。その答えに疑う余地はない。自我に始めからもって生まれた違いがあるということと、その意義に対して異論をさしはさむ理由はない。(77) すでにあの一つの事実が決定的である。すなわち、どんな人間も可能な防衛機制のなかから自分なりの選択を行い、選択されるのはいつも決まって若干数だけだが、選ばれたのちはいつも同じそれらの防衛機制が用いられるという事実である。このことが示唆するのは、自我はそれぞれ、最初から個別的な素因および傾向をそなえているということだ。しかしもちろん、それら素因や傾向の性質であるとか、それらを条件づけているものについて、はっきりとしたことは述べることができない。さらに、わたしたちは、遺伝性および獲得性の特質の違いを、対立するものとしてあまりにもはっきりと区別してはならない、ということも分かっている。遺伝性のものでも、先祖が獲得したということが関わりとして重要なのは確かだからである。「太古の遺産」[78]という言い方をするとき、わたしたちが通常考えているのはただエスのことだけであり、さらに、自我というものは個人の生命が始まったときにはまだ存在していない、ということを仮定しているようにも見えるだろう。しかし、わたしたちは、エスと自我がもともとは一つのものである、ということを見逃すことはしない。さらにわたしたちは、自我について、それがのちのち、どういった発展の方向性、傾向、反応を現すことになるのかは、自我がまだ存在していないときからすでに決定済みである、という意見を、信ずるに足るものと考えているのだが、そう考えたとしても、それだけではまだ、遺伝性を神秘主義的に過大評価していることにはならないだろう。もろもろの家族、民族、国民が有する心理学的に固有な特徴については――分析に対してこれらの集団がとる行動においてもまた――他に説明のしようがないのである。いや、そればかりではなく、分析の経験によってわたしたちは、つぎのような確信へといやおうなく導かれてしまっている。すなわち、象徴表現のような一定の心的内容もまた、遺伝から持ち越された《ユーバートラーグング》もの以外の源泉があるとは考えられないと。また、さまざまな民族心理学に関する研究からも、太古の遺産のなかには、さらにそれ以外の、同じように特殊化された、初期人類の歩みの堆積物がある、と前提したくなる。

わたしたちが抵抗として感じ取ることのできる自我の独自性は、遺伝的に規定されているのかもしれないし、防衛闘争のなかで獲得されたものかもしれない、という洞察を行うことで、何が自我で、何がエスなのか、といった局所論的な区別は、わたしたちの研究に対するその多くの価値を失ってしまった。分析の経験の歩みをさらに進めてみると、わたしたちは、それまでとは種類のちがう抵抗、すなわち、もはやそれらをどこかに限局することもできず、心の装置のなかの基本的な環境状態に左右されるように見える抵抗に出会う。わたしは、この種の抵抗についてはただ、二、三の試みを例示できるだけであり、この領域全体はまだ、混乱を招くほど異質で、不十分にしか研究されていない。たとえば、独特な「リビードの粘着性[79]」というものがあると見なしたくなるような人々がいる。こういった人々の治療が導いてゆく経過は、そのほかの人々における場合よりも非常にゆっくりとしたものである。なぜならば、彼らは——わたしにはそう思われるのだが——リビード備給をある対象から引き離して、新しい対象へと遷移させる、という決心をつけることができないのである。しかも、そういった〔最初の対象への〕備給の忠誠をつづける特別な理由が見当らないにもかかわらず、である。また、それとは正反対の類型をもつ人々もいる。彼らのリビードは、とくに簡単に動かすことができるように見え、分析が提案する新しい備給に対してもすぐさま応じ、それ以前の備給は放棄してしまう。これは、造形芸術家が、硬い石で仕事をしているのか、軟らかい粘土で仕事をしているのか、というときに感じ取るかもしれないような違いである。この二番目の類型を分析した成果は、残念ながら、しばしば非常に脆《もろ》いものとなる。つまり、新しい備給はまもなくふたたび捨て去られてしまう。それはまるで、粘土で仕事をしていたというより、水のなかで字を書いていた、といった印象である。「身につけるのも早ければ、消えてゆくのも早い[80]」という警句がこの場合、その通りになる。

以上とは別の症例群においては、ふだんはそうあってしかるべき柔軟性の枯渇、すなわち変化し発展してゆく能力の枯渇としか関連づけようがない態度に驚かされることがある。わたしたちは、ある程度の心的な不活発さ《トレークハイト》(81)に対しては分析中に十分な備えができている。すなわち、わたしたちは、分析の仕事が欲動の蠢きに対して新しい道を開いたとき、そうした道行にはかならず、はっきりとした躊躇《ためら》いが伴われるということを、ほとんど例外なく観察するのである。わたしたちはこうした態度を、まったく正しいものではないかもしれないが、「エスの抵抗(82)」と名づけた。しかし、いま問題にしている症例群では、経過、関係、力配分のすべてが、変化しないもの、固着したもの、硬直したものとなるのである。これは、非常な高齢者たちに見られるのと同じく、いわゆる習慣のもつ力、受け入れる能力の枯渇、つまりは一種の心的エントロピー(83)によって説明されることだ。しかしここで問題になっているのは、まだ若い人々なのだ。以上に記述した類型の人々を正しく理解するためには、わたしたちの理論的備えは不十分なように思われる。考慮に入れておくのはたぶん、時間的な特徴、すなわち、心的生活のなかでまだきちんと評価されていない発達リズムの異常である。

また、これまでのものとは違って、もっと深い根拠に根差しているかもしれないのは、分析的治療に対する抵抗の源泉のかどで、および治療的成果を邪魔する障碍物のかどで、責任ありとしなければならないような、さらに別の症例の一群における自我相違である。ここで問題となっているのは、心理学的研究一般が認識することのできる最後のもの、すなわち、二つの原欲動の、配分、混合、分離のありよう(84)、つまり、エス、自我、超自我という心の装置の、どれか一つの領野に限定されるだけでは表すことのできないもののことである。分析の仕事のあいだにはさまざまに印象的な抵抗が生じるが、あらゆる手段を用いて回復を阻止し、なにがなんでも病気や苦しみにしがみつこうとしている力ほど強烈な印象を与えるものはない。この力の一部をわたしたちは――必ずや正しいことと思うが——罪責意識および懲罰欲求[85]として身元確認していたし、自我の、超自我に対する関係のなかにとどめ置いていたのだった。しかしこれは、超自我によっていわば心的に拘束され、そういった仕方で識別されるようになる部分にすぎない。この同じ力のそれ以外の量は、不定のどこかの場所で、拘束された形式ないしは自由な形式をとって、働いているのかもしれない。非常に多くの人々がそうである内在的なマゾヒズム[86]、神経症者たちに見られる負の治療反応および罪責意識[87]、こうしたもろもろの現象がまとめられる像をその全体としてとり上げてみれば、わたしたちはもはや、心の出来事がもっぱら快の追求によってのみ支配されているといった信念に取りすがることはできなくなる。これらの現象は、心の生活において、わたしたちがその目標に応じて、攻撃欲動と呼んだり、破壊欲動と呼んだりしている力が、つまり、生命が吹き込まれている物質〔すなわち生命体〕にもともと備わっている死の欲動から導出される力があるのだ、ということの間違いようのない示唆となっている。悲観主義的生命理論に対して楽観主義的生命理論が対立している、といったことが問題になるのではない。ただ、エロースと死の欲動という二つの原欲動が協力して作用し合うのか、対立して作用し合うのか[88]、ということだけが、多彩な生命現象を説明するのであり、けっしてそれらのうちの一方からだけでは説明できない。

個々の生命機能が果たされるためには、これら二種類の欲動の、それぞれどれだけの部分がお互いに協力し合っているのか、どういった条件のもとでこれらの統合状態はゆるんだり、だめになったりするのか、これらの変化に相応してどのような障碍が生じるのか、どのような感覚をともなって、快原理を測定する指標である知覚はそういった変化に答えるのか、これらの問いを解明することこそが、心理学的研究における最もやりがいのある課題だろう。いまのところ、わたしたちは、それらの力の強大さの足元にひれ伏すだけであり、それに携わっている自分たちの努力が失敗しているものと考えている。単純マゾヒズムに対する心的な影響というものがすでに、わたしたちの能力の真価をきびしく試している。

破壊欲動が働いていることを示している現象の研究をするさい、わたしたちはその観察を病理的素材だけに制限しているわけではない。そういった説明を早急にしなければならない事実が、正常な心の生活について数多く存在する。そしてわたしたちが眼を鋭く凝らせば、それだけ豊富にそういった事実が目についてくる。このなかなかに大きなテーマは、あまりにも新しく、あまりにも重要なものなので、この議論のなかで付随的に取りあつかうことはできない。若干数の試みをとり上げるだけで満足するとしよう。つぎがその実例となる。(89)

いかなる時代にあっても、周知のことながら、一方の傾向がもう一方の傾向を損ねることなく、同性の人も異性の人も性対象とすることのできる人間たちがいたし、いま現在もいる。わたしたちは、こういった人々のことを両性者と呼び、彼らの存在を、さほど驚くこともなく受け入れている。しかしながら、わたしたちが学んだところによると、すべての人間はそういった意味において両性的であり、そのリビードを、顕在的な仕方ないしは潜在的な仕方で、両性の対象に配分している。しかしそのさい、つぎのことに気づく。第一の顕在性の仕方にあっては、両方の傾向はぶつかり合うこともなくお互い折り合っていたのだが、つぎの潜在性の仕方にあっては——こちらのほうが頻度は高い——両方の傾向は折り合うことのできない葛藤状態のなかにある、というわけだ。つまりある男性が異性愛をもっているとすれば、それは、同性愛に耐えられないし、その逆もまた同様である。前者の傾向がより強ければ、前者は後者を潜在性の状態のままにし、現実充足から押しのけておくことに成功する。しかしその一方で、男性の異性愛の機能にとって、潜在性の同性愛による障碍ほど大きな脅威というものはない。わたしたちは、これら、互いに競争し合う傾向をもつ二つの性欲がそれをめぐって闘わなければならないような、ある一定量のリビードだけがまさしく、使用可能な状態にあるのだ、といってその説明を試みることができるかもしれない。しかしながら、なぜ、彼ら競争者たちは、使用可能なリビードの量を自分たちの相対的な強さに応じて、いつも規則正しくお互いに配分し合えないのか――というのもそれができる場合も多いからである――といった問いの答えはまだ分からない。わたしたちはどうしても、葛藤に向かう傾性は、リビードの量とは独立に、その状況に新しくつけ加わったなにか特別なもの、という印象をもってしまう。このように独立して出現する葛藤傾性は、それを一片の自由な攻撃性(90)の介入に帰着させる以外、帰着させるところがないのである。

いまわたしたちが議論している例を、破壊欲動あるいは攻撃欲動の現れであると認めるなら、すぐにまたつぎのような問いが立てられる。それは、これと同じ理解をそれ以外の葛藤の例に拡大適用するべきではないのだろうか、といった問い、否、それどころか、わたしたちはそもそも、心的葛藤に関するわたしたちの知識のすべてをこの新しい観点のもとで修正すべきではないのだろうか、といった問いである。わたしたちが仮定するところでは、その答えは肯定的なものである。すなわち、未開人から文明人への発達の過程のなかで、攻撃性のきわめて著しい内化、内向化(91)が生じたのだと、そしてそのとき行われないままになっている外部闘争の分だけ、内的葛藤はかならずや正確な等価物となっているであろう、と。死の欲動、破壊欲動、攻撃欲動といったものを同じ正当性のあるパートナーとして、リビードのなかで自らを告知しているエロースの隣に並ばせようとする二元論的理論は、一般にほとんど賛同を得られなかったし、精神分析家たちのあいだでも実際浸透していかなかった。このことをわたしは重々承知している。それだけになお、最近、わたしたちの理論を古代ギリシアの大思想家の一人のなかに再発見したときは、その喜びを禁じえなかった。こういった確証が得られるのであれば、わたしは、独創性という威信など喜んで犠牲にしよう。ことに、わたしは、自分がかつて読んだ本の分量の多さから、自分の独創的な新しい考えだと思っているものが潜伏記憶[92]の働きでなかったのかどうか、確信が持てなくなってしまっているのだから。

アクラガス（ジルジェンティ）のエンペドクレス＊6[93]は、紀元前四九五年頃に生まれた人だが、ギリシアの文化史のなかで最も偉大で最も注目すべき人物の一人であるように思われる。彼の多彩な個性は、非常にさまざまな方面で発揮された。彼は、研究者にして思想家、預言者にして魔術師、政治家であって慈善家、さらに博物学に精通した医者でもあった。彼は、セリヌントという都市をマラリヤから救ったといわれており、同時代の人々から神のように崇められていた。彼の精神はきわめて鋭く対立するものを自分のなかで統合していたように思える。すなわち、物理学的研究および生理学的研究を行うときは手抜かりがなく冷静であるが、薄暗い神秘的なものをまえにしても怯《ひる》まず、驚くべき空想的大胆さで、宇宙規模の思弁を打ち建てる。カペレはエンペドクレスを、「いくらか神秘がわかる[94]」かのファウスト博士に比している。エンペドクレスの教えの多くは、知の王国がまだそんなに多くの地方に分裂していない時代に成立したものであるため、わたしたちには素朴なものに感じられるのも致しかたない。彼は、物の多様性を四大の混合によって説明した。四大とは、地、水、火、風のことである[95]。また彼は、自然が生命に満ちあふれているということを信じ、魂の転生を信じていた。しかしまた、生物の段階的進化、適者生存、こういっ

＊6　以下はヴィルヘルム・カペレ著『ソクラテス以前の人々』アルフレート・クレーナー、ライプツィヒ、一九三五年による。

91

た進化において偶然《テュケー》[96]の果たす役割の認識など、近代的な考え方も彼の教えの体系のなかに入り込んでいる。

しかしながら、わたしたちの関心は、つぎのようなエンペドクレスの教えに向けられて然るべきである。それはすなわち、精神分析の欲動理論にあまりにも似ているため、もしも、このギリシア人の教えが一方で宇宙規模の空想《ファンタジー》であって、わたしたちの教えが他方、生物学的妥当性を得たいという要求に甘んじている、といった違いがなければ、両者の教えはまったく同じだろう、と主張したくなるような教えである。もっとも、エンペドクレスが個々の生物と同じ生命が宇宙にもあるとする事情は、両者の違いからその重要な部分の多くを取り上げてしまうことになるが。

さて、この哲学者の教えは以下のとおりである。世界の生活の出来事にも心の生活の出来事にも[97]、お互いに永遠の闘争状態におかれている二つの原理がある。彼は、これらの原理を、《ピリア》――愛――と《ネイコス》――争い――と名づけている[98]。彼にとっては根本において「欲動として作用する自然力であって、けっして目的意識をもった知性ではない」[*7]これらの力のうちの一つは、四大の元の部分を集めて一つのまとまりを目指そうとする力であり、残りのもう一つは、それとは正反対に、これらの混合のすべてを取り消し、四大の元の部分をそれぞれからお互いに分け隔てようとする力である。彼は、世界過程をつぎのような時期の、けっして止むことのない連続した交替であると考えている。すなわち、これら二つの基本となる力の一方ないし他方が勝利を手にし、あるときは愛が、あるときは争いが、その目的を十分に果たし、世界を支配する、するとつぎには、もう一方の負けた側が始動し、今度はこちら側でその相手を負かしてしまう、と。

エンペドクレスのこれら二つの基本原理──《ピリア》と《ネイコス》──は、その名前からしても機能からしても、わたしたちの二つの原欲動であるエロースと破壊に同じものである。その一方は、存在しているものをどんどん大きなまとまりへと統合しようとするものであり、もう一方は、こうした統合体のまとまりを解き、それによって成り立っていた構造物を破壊しようとするものである。しかし、この理論は、二五〇〇年の歳月を経てふたたび浮上したのだから、多くの点で変化がみられることについては、驚くこともないだろう。わたしたちに課せられている生物精神的な要因への制約を度外視すれば、わたしたちの基本物質はもはやエンペドクレスの四大と同じものではないし、わたしたちにとって生命は無生物から厳密に区別されているし、〔四大の〕物質の粒子が混合したり分割されたりすることはもはや考えられない。むしろわたしたちが考えているのは、欲動成分の接合および分離である。[99]また、わたしたちは、わたしたちのいう破壊欲動を、生命あるものが生命のない状態へと戻ろうとする衝迫であるところの、死の欲動へと還元することによって、かの「争い」の原理をいわば生物学的に基礎づけたのだった。このことは、似たような欲動[100]がすでに以前から存在していたことを否定するものではなく、もちろん、そういった欲動が生命の出現と同時に初めて生じたのだと主張するものでもない。そして、エンペドクレスの教えのなかにある真理の核がいったい、どんな衣をまとってのちの時代の洞察に対してその姿を見せるのか、だれも予見することはできない[101]。

＊7　前掲書、一八六頁。

VII

S・フェレンツィが一九二七年に行った内容豊かな講演「分析の終結の問題」[*8]は、わたしたちを慰めるような確信に満ちたつぎのような言葉で締めくくられている。「分析は終わりのない過程ではない。そうではなく、分析家のそれにふさわしい専門知識と忍耐のもとで、自然な終結へともたらされることができる」[(102)]。しかしわたしは、この論文は、全体として見れば、目標として立てるべきは、分析の短縮ではなく、分析の深化である、といった一つの警告にも等しいものだ、と思う。フェレンツィはさらに、つぎのような価値の高い見解をつけ加えている。すなわち、分析家が自分自身の「間違いや失敗」から十分に学び、「自らの人格の弱点」を自分の支配下においたかどうか、これが成功のために決定的に大切なことなのだ、と。これはわたしたちのテーマの重要な補足となる。患者の自我の性状ばかりではなく、分析家の個性もまた、分析の治療の見通しに影響を与え、その治療を抵抗の種類におうじて難しくするような要因のなかに数え入れる必要がある。

これまで、分析家たちが自分たち自身の人格という点で、彼らが患者たちにもたらそうとしている心的正常性の尺度に達していた、などということがまったくありえないのは明らかである。分析の敵対者たちは、嘲笑しながらこの事実を指摘し、それを分析的努力が無駄であるということの論拠に役立てようとするのが常である。こういった批判は不当な要求であるとして拒むこともできるだろう。分析家は、特定の技術を使うことを学んだ人間であると同時に、ほかの人々と同じ人間であってもよいのである。というのも、それ以外の場合として、ある人の内臓が健康でないからといってその人が内科医に不適格だということを、だれも主張しようとは思わないからである。むしろ逆に、自身が結核に脅かされている者のほうが、結核患者の治療をその専門とするような場合、そこにある種の利点が見出せるだろう。しかし、これらの場合がまったく同じというわけではない。肺の病気ないしは心臓の病気にかかっている医者は、その医者にそもそも作業能力が残されているかぎり、自分に病気があるからといって、内科的疾患の診断という点においても治療という点においても、邪魔されることは何もないのであるが、分析家の場合は、分析という仕事の特殊な条件のため、その分析家自身の欠陥によって実際に、患者の事情を正しく理解し、目的に役立つ仕方で患者に反応を与える、という点で障碍されてしまう。したがって、わたしたちが、分析家の能力証明の一部としてその分析家から、比較的高い規準の心の正常性および申し分のなさを要求するのは、しかるべき意味があるのだ。さらにもう一つつけ加えるなら、分析家はある種の優位性も必要とする。ある分析状況では手本として、また別の分析状況では教師として患者に働きかけるために、である。そして最後に、分析関係とは、真理愛の上に、つまり、現実の承認の上に築かれているものであって、見かけや錯覚については、そのいかなるものも受け入れてはいない、ということを忘れるべきではない。

わたしたちは、分析家に対する同情、彼がその活動を遂行するにあたって非常に困難な要求を満たさなければならない運命にあるという、わたしたちの心からの同情を分かってもらうために、すこしだけ立ち止まろう。というのも、分析を行うことはほとんど、その成果の不十分なことが最初から確実視できる、かの「不可能な」職業のうちの三番目のものにあたるかのような印象があるからである。一番目のものと二番目のものとは、古くから知られ

＊8　*Internationale Zeitschrift für Psychoanalyse*, Bd. XIV, 1928.

ているように、教育することと統治することである。[103]将来の分析家は、分析に従事するまえに完全な人間であること、すなわち、非常に高度で非常にまれな完全性をそなえた人物たちだけがこの職業にすすむこと、こういったようなことなど要求できないのは明らかだ。しかしでは、この最高に哀れな者は、自分の職業に必要となる理想的な適性をどこで、どのようにして、獲得すればいいのだろうか。答えはつぎのようになろう。自己分析からであると。自己分析とともに分析家の将来の活動のための準備は始まるのである。実際上の理由からこのような自己分析はただ短い期間の、不十分なものでしかないが、その主要な目的は、教師に、その志願者に対してさらなる教育をしてもよいかどうかを判断させることにある。自己分析という営みが果たされるのはつぎのような場合だ。すなわち、自己分析によって、その生徒に無意識の存在の確かな確信がもたらされ、抑圧されたものが現れるさいにそれまでは信じることもできなかったような自己知覚が生徒にもたらされ、なにか最初に試されたことに即して、分析的活動のなかでしか示すことができなかったような技法がその生徒に示される、こういった場合である。これだけでは教育としては十分ではなかろうが、わたしたちは、自己分析において得られた刺激は、自己分析が中断しても消えることがないこと、自我の仕立て直しの過程は、被分析者である生徒のなかで自然に進行し、今後の経験のすべてをその新しく獲得された意味のなかで利用することになるだろう、といったことを計算に入れている。このことは実際にも生じることであって、それが生じるかぎりにおいて、その被分析者は分析家の適性がある者とされるのだ。

さらにまた、いま述べたのとは別なことが生じることもあるのは残念なことだ。わたしたちがつぎのようなことを書きとめておこうと思うとき、それはあくまでも印象をあてにしたものにとどまってはいるのだが。つまり、客観的研究に対して好ましくない雰囲気をつくり出しているのは、一方で敵意、また一方で党派性である、ということだ。すなわち、多くの分析家たちは、防衛機制を用いる術を学びながら、分析の推論および要求の方向を、おそらく自分以外の人間に対して向けることによって、自分自身から逸らしてしまう、その結果、彼ら自身は彼ら自身のままにとどまり、批判したり修正したりする分析の影響から逃れることができる——こんなことが生じているとわたしには思われるのである。こういった出来事は、「一人の人間に権力が与えられるとその権力を乱用せずにいることは難しい」という警句を発した詩人の正しさを認めることになるのかもしれない[*9]。また時には、特別な注意も払わないで取りあつかっているときのレントゲン線の作用と類似のありがたくないことが、分析の理解を求めて努力している者に襲いかかることもある。人間の心のなかで解放を求めて必死になっている抑圧されたものすべてと止むことなく取り組むことによって、分析家の側でも、そんなことをしなければ抑え込みの状態にとどまっていたはずの欲動要求がすべて揺り起こされてしまうだろう、ということは驚くにあたいするものでもなかろう。これもまた「分析の脅威」である。しかも今度は、分析状況にある二人の人物のうち、受動の側ではなく能動の側の人物を脅かすものである。しかし、わたしたちはそういった脅威に出会うのを怠るべきではないだろう。どのような仕方でそうあるのがよいのかについては不明瞭なところは何もない。どんな分析家も周期的に、たとえば五年経過するごとにくり返し、自らの身を分析の対象に置く必要があるだろう。そしてこういった措置を恥じてはならないのだ。であるから、以上のことが意味するのは、患者を相手にした治療的分析ばかりではなく、自己分析もまた、終わりのある課題から終わりのない課題へと変わりうるだろうということだ。

＊9　アナトール・フランス『天使たちの反逆』〔一九一四年〕。

しかしながら今この時点で、誤解に対して予防線を張る必要がある。わたしはなにも、分析というものがそもそも終結の見えない仕事であるなどと主張したいわけではない。この問いに対してどのような理論的立場に立とうとも、分析の終結は臨床実践の一つの要件であると思う。経験ある分析家ならだれでも、《治療がうまくいって[104]》、患者と以後ずっと会うこともなく別れを告げた症例をいくつも想い出すことができるだろう。いわゆる性格分析[105]の症例では、臨床実践と理論との距離はずっと近くなる。ここでは、自然な分析の終わりを予見することは簡単にはできないだろう。たとえわたしたちが、それに過大な期待をもつことを遠ざけ、その分析に極端な課題を課さないとしても、である。わたしたちは、あらゆる人間の個性を、図式的な正常性の枠にあてはめるために削り落とすことなど、その目標とはしていないし、ましてや、「徹底的に分析された者」はどんな情念も持ってはならず、どんな内的葛藤も展開させてはならない、などといった要求を目標とするわけがないだろう。分析とは、自我機能に最もふさわしい心理学的条件をつくり出そうとするものである。それができれば分析の課題はおしまいになるだろう。

VIII

治療上の分析においても性格分析においても[106]、わたしたちは、二つの問題がとりわけ目につき、分析家に尋常ならざる苦労を与えているという事実に気づくようになっている。そこに現れている法則的なものを、わたしたちはいつまでも見誤るわけにはいかない。これら二つの問題は性別の違いと結びついたものである。つまり、問題の一つは男性に特徴的なものであり、もう一つは女性に特徴的なものである。内容的には異なったものであるにもかかわらず両者には明らかに対応関係がある。両方の性別にとって共通するものが、性別の違いをつうじて異なった表現型へと押し出されているのである。

これら二つの互いに対応し合う問題は、女性にとってはペニス羨望[107]——男性性器を所有したいという陽性の追求——であり、男性にとっては自分以外の男性に対して自分が受動的ないし女性的態度をとることへの反抗である。これらに共通するものについては、精神分析の言い方では早くから、去勢コンプレクスに対する態度[108]として強調してきたのだが、のちになってアルフレート・アードラー[109]が、男性に対しては、「男性的抗議[110]」という非の打ちどころのない適切な名称を用いたのだった。わたしは、この、人間の心の生活の非常に奇妙な部分に関する正しい名称としては、最初から、「女性性の拒否[111]」がよかったのではないかと思っている。

わたしたちの理論的な学問体系のなかに組み入れる試みにさいしては、このファクターはその性質からして両方の性別に同じような収め方ができないということを見逃してはならない。男性においてはこの男性性追求は、最初からそして一貫して、自我親和的である。つまり、受動的な構えは、去勢を受け入れることを前提としているので、断固として抑圧され、しばしば、そういった構えが存在しているのを知らしめるのは、行き過ぎた過剰代償だけなのである。女性においてもこの男性性の追求は、ある一定の時期、すなわち女らしさが発達するまえのファルス期にあっては、自我親和的である。しかしその後、その男性性の追求は、かの重要な抑圧過程に屈服してしまう。これまでしばしば述べてきたように、この抑圧過程の行方次第によって、女性性の運命が左右される[112]。非常に重要なのは、十分量の男性コンプレクスが抑圧を免れているのではないか、その同じコンプレクスが性格にたえず影響を与えているのではないか、ということだ。つまり、このコンプレクスの大部分は、ふつうの場合、変転をこうむり、女性性の形成に寄与するものなのである。すなわち、ペニスを求める止むことのない欲望は、子どもを求める欲望および、ペニスをそなえている男性を求める欲望へと変わる運命にある。しかし、〔男でありたいという〕男性性欲望が無意識のなかにとどめられた状態になっていて、この欲望が抑圧を起点としその欲望の作用としての障碍を展開しているさまを、わたしたちは異例なほどしばしば見出すことになるだろう。

以上述べたことから見て取ることができるように、両方の場合ともに、抑圧をこうむるのは自分の性別とは反対のものである。すでに別の場所で述べたことのあることだが、*10 この見方は当時わたしがヴィルヘルム・フリース(113)から教えられたことだった。フリースは、性別の対立こそが抑圧の本来の原因で原動因である、と説明しようとしていた。わたしは、抑圧に対してそういった仕方で性的に特色づけること、すなわち、ただ心理学的ばかりではなく生物学的にも基礎づけることは認めないが、そう言うときわたしはただ、当時わたしが行った反論(114)を反復しているにすぎないのである。

これら二つの問題——女性のペニス欲望および男性の受動的構えに対する反抗——のもつ特別な重要性については、フェレンツィの注意を惹かないわけにはいかなかった。一九二七年に行った講演で彼はつぎのような要求を出している。分析で成果を収めたいのであれば、どんな場合においても、これら二つのコンプレクスを片づけて克服済みにしておかなければならないだろう、*11 と。わたしは自らの経験から、フェレンツィがここで要求していることはあまりにも要求水準が高いと思う、ということをつけ加えたい。分析の仕事をしていて、どんなときに一番、反復して行っている努力が実を結ぶことがなく、うちひしがれた気持ちに苛まされるか、「魚に説教している」のではないかとの疑念に苛まされるかといえば、それはまさしく、女性たちに対して、彼女たちのペニス欲望は実現不可能なものだからそれを放棄するように動かそうとする場合と、男性たちに対して、男性に対する受動的な構えがいつも去勢の意味をもつわけではなく、多くの生活の諸関係のなかでは避けられないものなのだ、ということを〔こちら側が〕説得しようとする場合なのだ。最も強力な転移性抵抗の一つが、男性のこの反抗的な過剰代償から導かれるものである。男性は、父親代用には屈服しようとしないし、感謝の義務を負わされることを欲しない。であるので、また医者からも治してもらおうと欲しないのである。これと類似の転移は女性のペニス欲望からは生じえない。この源泉からは、それとは反対に、分析による治療は何の役にも立たないだろうとか、病者は救われないだろうとか、内面的な安全保障をめぐる重度のうつ状態が発症してくる。それが自分には欠けていることを苦痛に感じている、ほかならぬその男性器官をそれでもやはり自分は持ちたいという願望こそが、女性を治療へと向かわせる最も強い動機であった、ということが分かれば、女性の言動を間違いだと判断することはできないだろう。

しかしまた、以上のことからわたしたちは、抵抗がどういった形で現れるのか、転移としてなのかそうではないのか、ということは重要なことではない、ということを教えられるのである。決定的に重要なことは、抵抗はどんな変化も生じさせないということ、すべてはそれがそうである状態にとどまっている、ということである。わたしたちはしばしば、ペニス欲望と男性的抗議でもって、あらゆる心理学的地層を貫いた果ての「頑として揺るがない

＊10　「「子供がぶたれる」(115)」〔本全集第十六巻〕。

＊11　「……男性患者はだれでも、医者に対して、去勢不安を克服した証しとして同等の権利をもっているという感情を獲得しなければならない。女性の病者はすべて、その神経症がもし完全に決着のついたものと見なされるならば、彼女たち女性病者の男性コンプレクスは克服されているに違いないし、遺恨なく女性の役割という思考可能性に身を任せるに違いない」〔前掲論文、八頁〕。

岩盤」へと突き当たってしまい、そういったかたちでわたしたちの仕事が終わりになる、といった印象をもつ。これはおそらくそうであるに違いない。というのも、心的なものにとって実際、生物学的なものはその下面に敷かれた頑として揺るがない岩盤の役割を果たすからである。女性性の拒否はそれこそ、生物学的な事実、かの性別という大いなる謎の一部にほかならない。[*12] わたしたちは分析による治療においてこのファクターを克服することに成功できるのかどうか、できるとすればいつできるのか、これを明言するのは難しい。わたしたちは、自分たちが被分析者に対し、このファクターに対する被分析者の構えを再検討しそれを変化させるための、あらゆる可能な刺激を提供しつづけたのだ、という確信のもと、自らを慰めるのである。

＊12　「男性的抗議」という名称によって、わたしたちは、男性の拒否が、いわゆる女らしさの社会的側面としての受動的構えに当てはまるものだ、といった誤った考えに導かれてしまってはならない。そういったことを論駁するのはつぎのような、簡単に確認される観察である。つまり、そういった男性はしばしば女性に対してマゾヒズム的態度、ほとんど隷属とでもいうような態度を誇示するのである。男性はただ、ほかの男性との関係における受動性に対して抗うのであって、受動性一般に対してではない。表現を変えていえば、「男性的抗議」は実際、去勢不安にほかならないのである。(116)

論稿（一九三三―三七年）

シャーンドル・フェレンツィ追悼(1)
Sándor Ferenczi

誰しも覚えがあるように、願いごとをするのは元手もいらず手軽にできる。だから私たちは、このうえなく温かい最高の願いの言葉を、気前よく贈り合っている。なかでもその筆頭にくるのは、長寿の願いである。しかし、ほかでもないこの長寿の願いというものには、いい面と悪い面の両面があり、それは、よく知られたオリエントの逸話が教えてくれているところでもある。スルタンが二人の賢者に星占いをさせた。一人はこう言う。「おめでたいことでございます、御前さま。御前さまにあらせられましては、親戚縁者ご一同さまの最期をおみとりになるとの星まわりにございます」。この占い師は処刑の憂き目を見ることになる。もう一人の賢者のほうも同じようにこう述べる。「おめでたいことでございます、星々から読み取れますのは、御前さまがいずれのご親戚縁者の方々より長生きをなされるということでございます」。こちらのほうは、たくさん褒美をいただくことになる。両者とも、長寿という同一の欲望成就を言葉にしたにもかかわらず、この結果なのである。

一九二六年一月、私は、私たちの忘れがたい友人カール・アブラハムに追悼の辞を捧げねばならなかった(2)。そのわずか数年前の一九二三年には、私はシャーンドル・フェレンツィの満五十歳の誕生日の祝辞を述べさせていただくことができた(3)。それから十年経つか経たないかの今日、私は、またもやこのフェレンツィよりも生き延びてしまった悲しみに打ちひしがれている。あの誕生日の祝辞では、彼の多面性、独創性、天分の豊かさを皆さんの前で讃えることはできたが、親友としての秘密保持のため、彼の愛すべき、同胞愛にあふれ、大いなるものへと開かれた個性については、口にするのを差し控えざるをえなかったことが思い出される。

彼が若かりし精神分析に対する関心に駆られて私のもとにやってきて以来、私たちは多くのことをともに分かち合った。一九〇九年、マサチューセッツ州ウスターに招待されて、記念週間のための講演を行ったとき[4]、私は彼に同行してくれるようお願いした。朝方、講演の始まる前、彼と連れ立って大学の建物の前を散策しながら、その日何についてしゃべればいいのかアドヴァイスしてくれるよう彼に相談をもちかけたものであった。こうして彼が出してくれた草案を、私は三十分後に即興で講演することになった。彼は、そのようなかたちであの「五つの講演」の成立にかかわってくれたのである。その後しばらくして、一九一〇年のニュルンベルクでの国際会議では、私は、私たちがいっしょに考案していた国際協会のようなものに分析家たちを組織することを、彼に提議してもらった[5]。この国際協会(国際精神分析協会)は、この時わずかな修正を加えて承認され、今日なお活動を続けている。このあと何年ものあいだ、私たちは、秋の休暇をいっしょにイタリアで過ごした。そこでのさまざまな会話のなかで数多くの論文が最初の着想を得、やがてのちに、彼の名前もしくは私の名前で文献に登録されることになった。大戦が始まると、私たちは自由に行き来することができなくなり、私たちの分析活動も麻痺状態に陥ったが、そのときでも彼は、この休止期間を利用して、私のもとで教育分析を受けはじめた。これはその後、彼の召集によって中断されたものの、のちに継続することができた。私たち二人のあいだのおびただしい共同体験のもとで培われた確かな連帯感は、彼がすばらしいご夫人と——残念ながら晩年になってからのことだったが——結婚生活に入ったときも、何ひとつ妨げられることはなかった。ご夫人は今日、先立たれた身となられて彼の死を悼んでおられる。

十年前、『国際精神分析雑誌』がフェレンツィの五十歳の誕生日を祝って特別号を編んだときには、すでに彼の仕事はあらかた公刊されており、それらはすべての分析家たちを敬服させていた。しかし彼は、その最も輝かしく、最も思想豊かな業績をまだ公けにするのを控えていた。私はそのことを知っていたので、このとき寄稿した祝辞の末尾で、ぜひそれを私たちへの贈り物にしていただけるよう促した。こうして翌一九二四年に『性器理論の試み』が出版される運びとなった。この小ぶりの本は、精神分析的というより、むしろ生物学寄りの研究といえ、精神分析に特有の観点と認識を、性的事象としての生物学に、さらには有機的生命現象一般に応用したものであり、もしかしたら、当時試みられた精神分析の応用のうちもっとも大胆なものだったと言えるかもしれない。そこで基本的な考え方として強調されているのは、何であれ、外的な妨害によって放棄された状態を復旧させようとする諸欲動の守旧的本性である。さまざまな象徴が、かつてあった諸連関を証言するものとして認識され、身体的実質の太古における変化の痕跡が心的なものの諸特性のうちに保存されていることが、印象的な例を挙げながら示されている。この書を読めば、これまでつながりをつけて見通すことができなかった性生活の数々の特異性もすんなり理解できるように思えてくるし、生物学の広い領域で深い洞察がもたらされるといった予感で一杯になるようにも思えてくる。この書において、どこまでが信じるに足る認識として受け入れてしかるべきか、どこからが科学的空想《ファンタジー》の類いによって未来の認識を窺い知ろうとしたものかを区別しようとするのは、今日の段階ではまだ無理である。かくしてこの小著は、「いっきに理解するには内容が豊富すぎる、しばらくしてからもう一度読み直すことにしよう」などと判断されて、中途で脇に置かれてしまうことになる。しかし、こんなふうに感じるのは私ひとりではなかろう。おそらくは、フェレンツィが予告したような「生物分析学」なるものがいずれ実際に立ち上げられることになるだろうが、その時この「生物分析学」なるものが、あの『性器理論の試み』に手を伸ばさざるをえなくなるのはまちがいのないところである。

このレベルの高い仕事が公けになったあと、この友人はだんだんと私たちのもとから離れていった。アメリカでの一シーズンの研究期間から戻ると、彼はますます孤独な仕事に引きこもってゆくように見えた。以前は、分析仲間たちのあいだで起こったことには何にでも、じつに強い関心を向けていたにもかかわらずである。聞いたところによると、もっぱらあるひとつの問題しか、彼の興味を引かなくなっていたそうである。つまり、治療し援助したいという欲求であり、これが彼のなかでとてつもなく膨れ上がっていったということである。おそらく彼は、私たちの今日の治療手段では達成不可能な目標を設定したのだと考えられる。患者たちが子供のころに欲しがっていた愛を彼らにじゅうぶん与えてやれば、治療においてはるかに大きな成果をあげることができるはずだという確信(6)が、彼自身の尽きることのない情動的源泉から溢れ出てきたのである。精神分析の置かれている現状の枠内でこれがどのようにして実行可能であるかを、彼は探り当てようとした。そして、それはうまくいかず、そのために彼は仲間たちから離れていき、友人たちとの意見の一致という点でも、もはや自信をもてなくなったようである。彼のとったこの道がどこに続いていくことになったにせよ、ともかく彼は、その道を最後まで歩き通すことができなかった。それまで何年ものあいだ彼の人生を曇らせていたとおぼしき重度の器質性の破壊過程の徴候が、だんだんと露わになってきたからである。満六十歳を迎える直前に彼を打ち負かした病は、悪性貧血であった。私たちの科学の歴史は、今後もけっして彼のことを忘却することはないであろう。

一九三三年五月

（道籏泰三　訳）

マリー・ボナパルト著『エドガー・ポー――精神分析的研究』への序言[1]

Vorwort zu „Edgar Poe, étude psychanalytique", par Marie Bonaparte

わが親友であり門下生でもあるマリー・ボナパルト女史[2]は、この著作において、ある偉大にして病的な素質の詩人の生涯と作品に、精神分析の光を当てた。彼女の解釈作業のおかげで、今やわれわれは、この詩人の作品のどれほど多くの特質が、その人物の個性によって決定されているかが理解できるようになったし、それぱかりか、その個性自体が、彼の青年時代早期の強い感情拘束と苦痛に満ちた体験が沈殿したものであることもまた、理解できるようになった。この精神分析的探究は、詩人の天才を説明しようとするためのものではなく、どのような動機が詩人の天才を呼び覚まし、どのような材料が運命によって詩人に差し出されたかを示そうとするものである。傑出した個人を手がかりに人間の心の生活の法則を研究することには、またひとしおの魅力があると言わねばなるまい。

（道籏泰三 訳）

GW-XVI 276

ある微妙な失錯行為
Die Feinheit einer Fehlhandlung

私は、ある女性の友達[1]に誕生日の贈り物を用意する。細工して指輪にはめこむための彫物入りの小さな宝石である。中央にその宝石が留められた一枚の硬い厚紙に、私はこう書く。「帆と櫂をもった船があしらわれたこの小さな石のため、これを金の指輪に仕上げる……ためのL時計店保証書」。しかし、ここの「仕上げる」と「ため〔für〕[2]」のあいだの「……」の個所にある一語を書き込んでしまい、私はこれを、まったく文意にそぐわぬものとして削除しなければならなかった。それは、「まで〔bis〕[3]」というささやかな一語であった。だが、いったいなぜ私は、こんな語を書き込むはめになったのだろうか。

この短い文をざっと読んで気づくのは、ここには、すぐ続いて二度、「～のため」という前置詞が使われていることである。「小さな石のため——金の指輪に仕上げるため」という二個所である。これは響きがよくないし、避けたほうがよろしい。そういうわけで、まず思いつくのは、「ため」に代えて「まで」が挿入されてしまったのは、文のまずさを避けるための試みにちがいないということである。たしかに、それはその通りだろう。しかし、いくら試みとはいえ、なんと不手際なやり方ではないか。「まで」という前置詞は、この個所にはまるでお呼びではなく、どうしても必要な「ため」の代わりをつとめることなどできない。ならば、よりによって「まで」が挿まれたのはいったいなぜなのだろうか。

GW-XVI 37

しかし、もしかしたら、この「まで〔bis〕」という小さな語は、時間的リミットを意味する前置詞などではなくて、まったく別の意味のものなのかもしれない。ひょっとすると、ラテン語のbis(二度)であるかもしれず、それは、同じ意味でフランス語に移行してもいる。ローマ法ではNe bis in idem と言われているし[4]、フランス人は、演奏曲目のアンコールを要求するとき、Bis, bis と叫ぶ。そのように考えるなら、私のばかげた書き損ないもそれなりに説明がつく。二度目の「ため」を使う前に、同じ単語を二度繰り返してはならないという警告が響いた。「ため」の代わりに何か別の単語をあてがわねばならない！　本来必要な語をここに用いてはならないという抗議の意味の外国語のbis〔二度〕が、ドイツ語の前置詞とたまたま音が一致しているために、まるで書き損ないがなされたように「ため」を「まで」に取り替えることを可能にしたということである。しかしこの失錯行為がその意図を達成するのは、これが実行されることそれ自体によってではなく、これが手直しされることによってである。私は、この「まで」を削除しなければならず、それによって、言うならば、私を妨害しているあの反復自体を片づけたということになるわけである。これは、錯誤行為の機制のいくぶん興味深いヴァリエーションのひとつと言えよう。

私はこの解決には大いに満足している。しかし、自己分析の場合にはとりわけ、答えが不完全に終わる危険性が高い[5]。そうなるのは、性急に部分的説明で満足してしまうからであるが、じつはその背後で、もしかしたらもっと重要かもしれないことが、抵抗によって押しとどめられている可能性が高いのである。私が娘にこのささやかな分析について話すと、娘はただちに、この分析の接ぎ穂をこう継いだ。「パパは、その人に、以前にもそんな指輪のための宝石を贈ったことがあったのだわ。きっとそれが、パパが避けようとした反復にちがいないわ。だれだって、同じ贈り物をあげたいとは思わないものね」。これでピンときた。どうやらこれは、同じ言葉の反復ではなく、同じ贈り物の反復に対する抗議のようなのである。同じ言葉の反復ということは、もっと重要なことから目を逸らせるための、何か些細なことへの遷移にすぎないのであって、もしかしたら何らかの欲動葛藤の代わりとして文体上の美的困難が現れ出てきたのかもしれないのである。

こうなれば、さらなる話の続きは容易につけられる。私は、この宝石を贈りたくない動機を探す。よくよく考えると、私はかつてこれと同じもの――これと非常によく似たもの――を贈り物にしたことがあった。動機はまさにそこにあったのである。いったいなぜ、この抗議は、背後に隠れ、変装をこらしているのだろうか。そこには、何か表に出してはいけないものがあるにちがいない。それが何であるかは、すぐに判明した。私はあの小さな宝石を断固贈り物にしたくないと思っている、私自身、それをたいへん気に入っているということなのである。

この失錯行為の意味を解明したことは、私の心に大きなひっかかりとはならなかった。やがてまもなく、何かほっとするような慰めが湧いてきたからである。この種の物惜しみはひとえに贈り物の価値を高めるものだ、という慰めである。少しも惜しいという気が起こらないような贈り物など、贈り物とは言えないだろう。ともあれこの一件は、いかに目立たない、単純といわれる心の出来事でさえ、どれほど複雑なものであるかという印象を、あらためて強くさせてくれるものであった。「ため」のみが必要とされているところに、書くときにまちがって「まで」を置き、それに気づいて修正したという、このささやかな誤り――じっさいは誤りの試みにすぎないが――には、非常に数多くの前提と力動論的条件がひそんでいた。たしかに、この誤りは、この素材〔宝石〕がとびきりのものでなかったならば、起こりえなかったものだったのである。

（道籏泰三　訳）

チェコ語版『精神分析入門講義』へのまえがき(1)

Vorwort zur tschechischen Ausgabe der *Vorlesungen zur Einführung in die Psychoanalyse*

私の講義のこのチェコ語翻訳が、この新たに花開きつつある国で、まだ年若き精神分析学の支持者を獲得するのに成功してくれればと願うばかりである。加えて、すでに年老いた私が、あの諺に反して私の祖国に少しでも受け入られることになれば(2)、望外の幸せでもある。

ウィーン、一九三五年四月十六日

S・フロイト

（道籏泰三　訳）

トーマス・マン六十歳の誕生日に寄せて(1)
Thomas Mann zum 60. Geburtstag

親愛なるトーマス・マン様

あなたの六十歳の誕生日に、心からの愛ある挨拶を、親しくお受け取り下さい。私は、あなたの「最も歳をとった」読者であり崇拝者である一人です(2)。私はあなたのために、大変長い幸福な人生を祈念することもできるでしょう。このような機会には、そうするのが習いです。しかし、私はそうはしません。祈念するというのはお安いことで、私には、思考の魔術的な万能を信じていた時代への逆行のように映ります。それに私は、まったく固有の経験から、思いやりある運命が私たちの寿命を適切な時期に区切ることはいいことだと思っています(3)。

その上さらに私は、このようなお祝いの機会に情愛の念が尊敬の念以上に表に出ることや、人間として賞賛攻めにされ、芸術家として分析や批評の対象にされるのを祝われる人がじっと聞かないといけないようなことは、模倣するに値しないと考えています。私は、こうした不遜の罪を犯したくはありません。ですが、別のことを敢えて行うことはできます。あなたと同時代人である無数の人々の名において、あなたは卑劣で下品なことを決して行ったり言ったりなさらない――作家の言葉は行為と言えますね――という私たちの確信を表明するのは、してよいことです。あなたは、判断を混乱させる時代や状況においても、正しい道を行き、それを他の者たちに指し示されることでしょう。

一九三五年六月

心から敬服するあなたの

フロイト

（福田　覚　訳）

ロマン・ロラン宛書簡(1)――アクロポリスでのある想起障害
Brief an Romain Rolland (Eine Erinnerungsstörung auf der Akropolis)

尊敬する友へ

あなたの七十歳の誕生日のお祝いに何か文章を寄せてほしいという切なるご要請を受けて(2)、ある意味であなたにふさわしいもの、あなたの真理への愛や、公言なさっていく勇気や、博愛精神や、親切心に対して、私の賛嘆(3)に表現を与えることのできるものを何か見つけようとずっと努力して参りました。あるいは、私にこれほど多くの喜びや高揚感を下さった詩人に対する感謝を証言できるものをです。ですが、その努力は実を結びませんでした。私はあなたより十歳年上で、私の創造力は枯れてしまいました。結局、私が差し上げられるのは、「かつてよりよい日々を経験した」精彩のない男からの贈り物です。

ご承知のように、私の学問的な仕事は、心の生活の普通とは言えない、異常な、病理学的な現象の解明を目標としていました。それはつまり、そうした現象をその背後で作用している心的な諸力に還元することであり、そこで働いている機制を示すことでした。私はこれを、最初は自分自身において、次に他の人において、そして最後には、大胆な越権を行って、人類全体においても試みました。一世代〔約三十年〕も前のことになりますが、一九〇四年に私はそのような現象の一つを体験し、全然理解できませんでした。それが最近、私が過去を想起するなかに繰り返し現れてきます(4)。最初は何故か分かりませんでした。最終的に私は、このささやかな体験を分析することに決めました。そして、ここであなたにこの研究の結果をお伝えすることにします。それに関して、当然のことながら、私の個人的な生活についてお話しする部分には、いつも以上に注意をお払いいただくようお願いしなければなりません。

アクロポリスでのある想起障害

当時私は、毎年八月の終わりか九月の初めには、弟と一緒に休暇旅行に行くようにしていました。旅行は何週間か続き、最後は、ローマか、イタリアの地方のどこかの土地か、地中海の沿岸に行き着くのでした。弟は十歳年下で、ですから、あなたと同い年です――これは偶然の一致で、いま初めて気付きました――。この年、弟はこう言いました。「仕事のせいであまり長く不在にはできない。留守にできるのは、せいぜい一週間だ。僕らの旅行は短縮せざるを得ない」。それで私たちは、トリエステを経由して〔ギリシア西部の〕コルフ島へ行き、僅かな休暇の日々をそこで過ごすことに決めました。トリエステで弟は当地に住んでいる取引相手を訪れ、私も同行しました。親切な男性は、私たちがこれからどうするつもりかも尋ねましたが、私たちがコルフ島へ行くつもりであると聞くと、強い調子で私たちにやめるよう言いました。「この時期にそこで何をなさるおつもりですか。とても暑くて、何もできませんよ。むしろアテネに行かれた方がいいですよ。ロイドの汽船が今日の午後出ます。汽船は、街を見るのに三日時間をくれて、帰り道にまた連れて帰ってくれます。そうした方が割に合いますし、快適ですよ」。

このトリエステ男性のところを後にした時、私たちは二人とも妙に不機嫌でした。私たちは提案された計画について議論し、まったく不適当だと考えました。実行を妨げる困難ばかりが目に付きましたし、それに、パスポートがなければギリシアへの入国は許可されないと思っていました。ロイドの事務所が開くまでの数時間、私たちは腹を立て、決心がつかないまま、街のなかを歩き回っていました。しかしその時間が来ると、窓口に行って、当たり前のようにアテネ行きの船の切符を買いました。色々困難だと称していたことについては何も気にせずにです。それどころか、決心の理由をお互いに口に出すこともありませんでした。こうした振る舞いは、それでもやはり、とても奇妙でした。私たちは後に、コルフ島ではなくアテネに行ってはどうかという提案を、直ちに、極めて乗り気で受け入れていたことを認めました。では何故、私たちは、窓口が開くまでの合間の時間、不機嫌さによって気持ちを乱し、自分たちに対して支障や困難ばかりだと思わせていたのでしょうか。

そのあと到着後の午後にアクロポリスに立ち、視界に風景を収めた時、私に突然奇妙な考えが浮かびました。「それじゃあ、これらはすべて、本当に、我々が学校で学んだ通りに存在してるのか?!」より正確に記せば、発言をした人が、この発言を聞いた別の人から、通常目に付くよりもはるかに明瞭に分け隔てられたのです。そして両者は驚きました。同じことに驚いたわけではありませんが。一方の振る舞いはまるで、疑う余地のないものを見たという印象のせいで、それまでその存在は不確かだと思っていたものを信じざるを得なくなったかのようでした。多少誇張して言えば、まるで、誰かがスコットランドのネス湖のほとりを散歩していて、色々言われている怪物の陸に打ち寄せられた体を突然目の前で見てしまい、認めざるを得ない状況に置かれたかのようだったのです。「それじゃあ、それは本当に存在しているんだ、我々が信じなかった海蛇が!」しかし、もう一方の人物が驚いたのは、正当なことでした。アテネやアクロポリスやこうした風景の現実の存在がかつて疑いの対象になっていたなんて、知らなかったのですから。そのもう一人はむしろ、陶酔や高揚の言葉を期待していたのでした。

こうなると、次のように言いたくなるのはもっともです。「このアクロポリスでの奇妙な考えというのは、自分自身の眼で何かを見た時は、それについてただ聞いたり読んだりしただけの時とは幾らかまったく違っている、ということを強調したいだけだ。でも、それだと、面白くない常套句にとても奇妙な服を着せたものにとどまってしまう。あるいは、敢えてこう主張することもできる。ギムナジウムの生徒の頃は、確かに、アテネの街の歴史にまつわる現実やその歴史について確信していたが、アクロポリスで先の考えが浮かんだことで、当時、無意識のうちではそれを信じていなかったということがまさに分かったのだ、と。今初めて、「無意識に達する」確信をも獲得したというわけだ」。このような説明はとても意味深いものに聞こえますが、証明することに比べると提示することは簡単で、理論的に見てもかなり攻撃されやすいものでしょう。そうではなく私には、トリエステでの不機嫌とアクロポリスで浮かんだ考えという二つの現象は、緊密に結び付いているように思えるのです。そのうち前者の方がより理解しやすく、後者を説明するのに助けとなってくれるかも知れません。

私が気付くところでは、トリエステでの体験は、やはり不信の念を表現したものに過ぎません。「我々がアテネを見られるというのか。だけど、そうは行かないんじゃないか。難しすぎるだろうよ」。その場合、それに付随する不機嫌というのは、そうは行かないことへの残念な気持ちに対応しています。「もしそうだったら、とても素晴らしかっただろうになあ」。こうなると、何が問題なのか、分かります。それは、私たちがよく知っているような、「《本当にしては話がうますぎる》」ということの一事例なのです。くじで当たったとか、賞をもらったとか、若い女性であれば、密かに好きだった男性が両親のところに求婚者として現れたなどの、幸運をもたらす知らせに驚いた時にしばしば起こる信じられない気持ちの一事例です。

一つの現象を突き止めれば、当然のことながら、直ちにその原因についての問いが生じてきます。そのような不信の念は、明らかに、現実の一端を拒絶しようとする試みです。しかし、その話の一部には不可解なものがあります。そのような試みが、不快をもたらしそうな現実の一端に向けられているというのであれば、私たちはまったく驚かないでしょう。私たちの心的な機制〔メカニズム〕は、そうしたものに合わせていわば調節されているのです。ですが、逆に大変な快を約束するものに対するこの種の不信の念は、どうして起こるのでしょうか。本当に逆説的な態度です！　けれども私には、すでに以前に一度、似たような事例の人物たちを扱ったことが想い起こされます。その人たちは、私のかつての表現によれば、「成功において挫折する」[5]のです。その他の人であれば、大抵は、人生にとって重要な欲求や願い〔欲望〕が不首尾に終わったり、実現しなかったりした時に病気になりますが、この人たちの場合は反対に、圧倒的に強い願い〔欲望〕が成就した時に、病気になり、たとえそんなことでも破綻するのです。しかし、二つの状況の対照性は、最初に思ったほどは大きくありません。逆説的な事例では、単純に、内的な拒絶が外的な拒絶の代わりに出てきただけなのです。自分自身に幸福を許さず、外的な拒絶に固執するよう内的な拒絶が命じます。でも、なぜでしょう。一連の事例では、答えはこうなります。何かそんなにいいことを運命に期待できないからです。つまり、ここでもまた、「《本当にしては話がうますぎる》」なのです。それは、ペシミズムの表れです。このペシミズムについては、私たちの多くが、その大きな塊を自らの内に抱いているように思われます。他の事例では、成功において挫折する人たちとまったく同じです。それは罪責感、あるいは、劣等感です。それは次のように翻訳できます。「私はそのような幸福には値しない、私にはふさわしくない」。ですが、この二つの動機付けは、根本のところでは、同一のものです。一方は他方の投射に過ぎません。というのも、とうの昔から知られているように、ひどい扱いを期待する運命というのは、私たちの良心を具体化したものだからです。その良心とはすなわち、私たちの子供時代の処罰する審級が沈殿した、私たちの内にある厳格な超自我です(6)。

これでトリエステでの私たちの振る舞いは説明されたことと思います。私たちは、アテネを目にするという喜びが私たちに本当に与えられる定めなのか、信じることができませんでした。私たちが拒否しようとした現実の一部が、最初は単なる可能性に過ぎなかったということが、私たちの当時の反応の特異性を規定していました。その後、私たちがアクロポリスに立った時、可能性が現実になっていました。そして、同じ不信の念が、今度は変化した、しかしはるかに明快な表現を見出しました。これは、歪曲がなければ、次のように言われていたはずでした。「アテネを自分自身の目で見る機会がいつか私に与えられるだろうなんて、本当に思わなかった。だがそれが今、間違いなくそうなっている」。旅をして世界を見たいという燃えるような想いが、ギムナジウムの生徒だった頃やその後の私をいかに支配していたか、その切なる想いが実現し始めたのがいかに遅かったかを想い起こすと、アクロポリスでのこの事後的な作用は不思議ではありません。当時私は四十八歳でした。弟が私と似たようなことを感じているかどうかは、尋ねませんでした。ある種の遠慮が体験全体を覆っていて、すでにトリエステにいた時から、私たちの意見交換を妨げていたのでした。

しかし、アクロポリスで浮かんだ考えは、私が今この場所にいるということに対する私の喜びに満ちた驚きを表しているということで、その考えの意味を正しく推定したとしても、ではこの意味が、思い浮かんだ考えにおいて、あれほど歪曲された、そしてまた歪曲するような表現をまとうことになったのは何故なのか、というさらなる疑問が生じてきます。

思考の本質的な内容は、歪曲されたなかでも保持され続けていました。それは、不信の念です。「私の感覚が証言するところによれば、私はいまアクロポリスに立っている。しかし、私にはそれが信じられない」。ですが、この不信の念、現実の一部に対するこの疑いは、表れる時に二重にずらされます〔遷移させられます〕。第一に、過去へと動かされ、第二に、私のアクロポリスに対する関係から切り離されて、アクロポリスそのものの存在へと移されます。そのようにして、「私はかつて一度アクロポリスの現実の存在を疑った」という主張に等しいもの、しかし私の過去に対する想起がそれを正しくない、それどころかあり得ないと退けるものが成立するのです。

この二つの歪曲は、互いに独立している二つの問題を意味しています。転換のプロセスにより深く立ち入ろうと試みることは、可能です。私がそこに到った経緯について詳しく述べることはやめて、根底にあったものは、当時の状況には何か信じられないもの、本当ではないものが感じられるという一つの感覚であったに違いない、ということから出発したいと思います。その状況には、私という人間、アクロポリス、そしてそれに対する私の知覚が包含されています。私には、この疑いをうまく片付けることができません。アクロポリスに関する私の感覚的印象を疑うことなど、私にはできませんから。でも、私が想い起こすところによれば、私は過去において、まさにこの場所に関わる何かを疑っていて、それによって疑いを過去に移すという逃げ道を見つけるのです。しかしその際、疑いはその内容を変えます。私がいつか自分自身でアクロポリスを見ることになるだろうという点を以前は疑っていた、ということが単純に想い起こされるわけではなく、私は当時アクロポリスの実在性をそもそも信じていなかった、と主張することになります。まさに歪曲のこの結果として、私は、アクロポリスでの目下の状況には実在性に対する疑いの要素が含まれていた、という結論を引き出すのです。これまでのところ、経過を明らかにすることに成功していないのは確かです。ですので、締め括りに短くこう述べようと思います。見たところ混乱していて、描写することが難しい心的状況の全体は、次のように仮定するとそのもつれがスムーズに解決できます。私は当時アクロポリスで、一瞬の間、「私が見ているものは本当ではない」という感情を抱いた、あるいは、抱こうと思えば抱き得た、という仮定です。これは、〔現実に対する〕「疎外感」と呼ばれるものです。私はそれを払いのけようと試みました。そしてそれは、過去について偽りの言明をするという犠牲を払って成功したのです。

この疎外というのは、大変奇妙な、まだほとんど理解されていない現象です。「感じ方」として言い表されますが、明らかに複雑な過程で、特定の内容と結び付き、この内容に関する決断と繋がっています。ある種の心的な病では非常に頻繁に見られますが、例えば健康な人が時々幻覚を見るように、正常な人間にも未知のものではありません。しかし、それがやはり失錯行為であることは確かで、夢のように異常な構造をしています。夢は、健康な人に規則的に現れるにもかかわらず、私たちには、心の障害の範型と見なされています。疎外は、二通りの形式が観察されます。現実の一部が私たちに馴染みのないもののように思われるか、あるいは、自らの自我の一部がそうであるか、どちらかです。後者の場合、「人格喪失」だと言われます。疎外と人格喪失は、内的に緊密な関係にあります。また、それと対をなすいわばポジティヴな対照物だと認められるかも知れない別の現象があります。それはいわゆる「《誤った再認》」、「《既視感》」、「《既話感》」です[7]。つまり、疎外では何かを私たちから締め出そうと努めるのに対して、何かを私たちの自我に属するものとして受け取ろうとする、そういう錯覚です。ナイーヴで神秘主義的な、心理学的とは言えない説明の試みは、《既視感》の現象を、私たちの霊的な自我が以前にも存在したことの証明に用いようとします。「人格喪失」は、極めて奇妙なものである「《二重意識》」へと道が通じています。《二重意識》はより正確には「人格分裂」と名付けられます。これらはすべて、まだとても不明瞭で、学問的にもとても僅かしか征服されておりませんので、それについてあなたの前でこれ以上論じることは、慎まなければなりません。

疎外現象の二つの一般的な性格に話を戻すことが、私の意図に添うことです。第一の性格は、この現象はすべて防衛に役立ち、何かを自我から遠ざけ、否定しようとする、ということです。ここで二つの側から、防衛を必要とする新しい要素が自我に迫って来ます。現実の外の世界からと、自我に現れる思考や感情の動きの内なる世界からです。ひょっとしたら、この二者択一のせいで、本来の疎外と人格喪失との区別が見えづらいのかも知れません。防衛という課題を処理するのに私たちの自我が用いる方法――機制と我々は言いますが――は、非常にたくさんあります。私のごく近い周囲で今、この防衛方法の研究に取り組む一つの仕事が生まれつつあります。児童分析家である私の娘が、ちょうどこの問題について一冊の本を書いています[8]。精神病理学一般へと向かう我々の深化は、これらの方法のうち最も原初的で最も徹底したものである「抑圧」が出発点でした。抑圧と、承認や熟慮や判断や目的に適った行動を通じて行われる、苦痛で耐え難いものに対する正常と言うべき防衛との中間には、自我によってなされる、多少なりともはっきりした病的性格をもつかなりの数の行動様式があります。そのような防衛の一つの境界的事例で足を止めてもよろしいでしょうか。あなたは、スペインのムーア人の有名な哀歌、「《悲しや、わがアラマ》」をご存知でしょう。この歌は、ボアブディル国王[9]が彼の街アラマ陥落の知らせをどのように受け取ったかを物語っています。彼は、この損失が彼の支配の終焉を意味することを、感じ取ります。ですが、彼はそれを「事実と認め」ようとはせず、その知らせを「《届かなかった[10]》」ものとして扱うことを決めます。詩の一節には、こうあります。

す。

《手紙が彼に届いた
　アラマが奪われたという手紙。
　彼はそれらの手紙を火のなかに投じた
　　そして、使者を殺した。》

国王のこうした態度には、自分が無力であるという感情に抵抗したいという欲求が関与していることは、容易に推察されます。手紙を燃やし、使者を殺させることで、彼はなおも自らの力の完全性を誇示しようとしているのです。

疎外のもう一つの一般的性格は、過去への依存性、自我が想起する豊富な追悼や以前のつらい体験への依存性です。つらい体験は、ひょっとしたらそれ以降に、抑圧されているかも知れません。こうした性格が疎外に与えられることには、異議がないわけではありません。ですが、アクロポリスでの私の体験は、想起障害へと到り、過去を偽ることになって終わるので、ちょうどこの体験が、この〔過去の〕影響を示すことに役立ってくれるでしょう。私が、かつてギムナジウムの生徒だった頃に、アテネの現実の存在を疑っていた、というのは正しくありません。私は、自分がいつかアテネを見ることができるだろう、ということを疑ったに過ぎません。そんなに遠くまで旅すること、そこまで「偉くなること」は、私にはどうしたって無理なことだと思われました。それは、若い頃の私たちの生活環境の窮屈さやみじめさと関連していました。旅へのあこがれは、間違いなく、あの圧迫から逃れたいという願い〔欲望〕の表現でもありました。それは、多くの成長途上の子供たちに家から逃げ出したいと思わせる衝迫に似たものでした。旅行の喜びの大部分は、この早い時期の願い〔欲望〕の成就がその本質であるということ、すなわち、家や家族に関する不満に根差したものであることは、私にはずっと前からはっきりしていました。初めて海を見たり、海洋を横切ったり、とても長い間遠くにあって手の届かない念願だった街や国を現実のものとして体験したりすると、信じられないほど偉大な行為を成し遂げた英雄のように感じるものです。私は当時アクロポリスで弟に、こう尋ねることもできたでしょう。「お前はまだあの状況を覚えているか。僕らは若い頃、毎日毎日、同じ道を歩いた。＊＊通りからギムナジウムへ。それから日曜には、いつもプラーター公園に行ったり、もうすっかり分かってる郊外行き遠足のどれかに参加したり。それが今、アテネにいて、アクロポリスに立ってる！　僕らは本当に偉くなったもんだ！」こんな些細なことをもっと大きなことと比較してよければ、初代のナポレオンは、ノートルダムでの戴冠式(11)の間に、兄弟の一人の方を向いて――おそらくそれは一番上の兄のジョゼフだったでしょう――、こう言ったのではなかったでしょうか。「我らの父上がいまここにおられたら、何とおっしゃっただろう」。

ところが〔疎外の一般的性格の話から〕我々はここで、どうして私たちがすでにトリエステで、アテネ旅行の楽しみを揺さぶられることになったか、という小さな問題の答えに行き当たります。それはきっと、こんなに偉くなったという満足感には罪の感情が結び付いている、ということなのです。正しくないこと、昔から禁じられていることが、そこに付随しています。それは、父親に対する子供らしい批判と関係しています。つまり、父親という人物を子供時代の初期に過大評価していたのと入れ替わりに現れた過小評価と関係しています。それは、あたかも成功の本質が父親よりも偉くなることであるかのようであり、あたかも父親を超えようとすることがいまだにまだ許されていないかのように見えます。

こうした一般的に妥当する動機付けに加えて、私たちの事例には、特殊な契機も加わっています。アテネやアクロポリスといった話題自体に、息子たちの優位を示唆するものが含まれているのです。私たちの父親は商売人で、ギムナジウムの教育は受けておらず、アテネが父親にとって多大な意味をもつことはあり得なかったのです。ですから、私たちがアテネ旅行を楽しむのを妨げたのは、〔父親への〕畏敬の念という心の動き〔蠢き〕でした。これで今、あなたが驚かれることももうないでしょうが、私自身が歳を取り、大目に見てもらうことが必要となり、もはや旅行もできなくなって以来、アクロポリスでの体験の想起に非常に頻繁に見舞われるのです。

こころからのご挨拶を。あなたの

ジークムント・フロイト

一九三六年一月

(福田　覚　訳)

ゲオルク・ヘルマン宛書簡三通(1)

Drei Briefe an Georg Hermann

〔書簡一〕

一九三六年二月一日

教授博士フロイト　ウィーン、九区、ベルクガッセ十九番地

拝啓

貴兄よりも私のほうが一歩長じている点について、とり急ぎひとこと申し上げさせていただきます。私は、貴兄のお書きになったものについてはよく存じあげているつもりです。それは、貴兄が私の書いたものについて知っておられる以上です。昔、『ヘルツフェルト博士の夜』や『エレン・シュタインの夢』(2)の重苦しい美しさを味わわせていただきましたが、そのあと、私には、詩人という存在に対する親近感のようなものがずっと残っておりました。このたび貴兄のお手紙を拝受したとき、この感情が再び強くわきあがってきたような気がいたしました。

とは申しましても、罪責意識など現在では存在しなくなっているのでは、という貴兄の抗弁(3)につきましては、私は正当だとは思っておりません。人間というものはそんなに素早く、またそんなに根底から変化するものではあり

ません。この二十年のあいだの神経症者からはっきり見てとれるもの〔罪責感〕が、他のいわゆるノーマルな人たちにも存在しているのは、まちがいのないところなのです。この両者の違いは、根本的なものではありませんし、さほど大きいわけでもありません。もちろん、今申しておりますのは、われわれ分析家が良心のひとつの現れと見ておりますす意識的罪責感のことだけではなく、はるかそれ以上に、無意識的罪責感のことです。われわれは、この無意識的罪責感という言葉を、用語矛盾をあえておそれず、一貫して使用しております。(4)無意識的罪責感というのは、まずは不条理のように聞こえるかもしれませんが、生において作用している破壊的諸力についてのわれわれの理論に一歩深く踏み込んでいただければ、意味深いことがお分かりになるでしょう。(5)これはむしろ、処罰欲求とでも呼んだほうが分かりやすいかもしれません。(6)昔どこかで書いたことがあるのですが、人間は――分析すれば明らかです――これまでふつう予想されていたよりも、はるかに「非道徳的」であるだけでなく、はるかに「道徳的」でもあります。(7)言い換えますと、この相反する二本の流れが、人間の奥深いところまで達しているということです。

以上が私の側からの主張です。私としましては、この主張がさほどすっきりとお分かりいただけなかったのではと危惧しております。ですが、私は、貴兄の誤った見解を咎めているわけではありません。ただ、あまりにも誇張しすぎている点をご注意申し上げているだけなのです。現在、生きている人間の一部、ごく一部が、罪責感から攻撃へと文化的に退行しつつあるように見えますが、じつはこの攻撃こそが良心の源泉でもあるのです。以前にもこのような時代はありましたし、この今の時代がこの先ずっと続いてゆくわけでもありません。〔貴兄がおっしゃるように〕これが最後の時代ということにもならないと思います。教師めいた口ぶりをどうぞお許しください。われわれ分析家はようやく、人間の心におけるこうした変化を理解するためのとば口に立ったばかりです。もしそのことの自覚が私自身にないのでしたら、私は貴兄に、もっとたくさんのことを言っていると思います。もうほんの一センチ深ければ、貴兄のおっしゃっていることも――たいていの詩人たちの言っていることが正しいように――おそらく正しいのです。

敬具

フロイト

一九三六年二月十六日

教授博士フロイト　ウィーン、九区、ベルクガッセ十九番地

〔書簡二〕

拝啓

文通を続けるきっかけを与えてくださったことに感謝いたします。

お送りいただいたタイプ原稿(8)をざっと読ませていただいて、詩人の造形力が、あらゆる問題のうちもっとも労多くして得るところの少ない問題に取り組んでいるやり方には、まったく感服するほかありませんでした。と申しますのも、私には、死から「その棘」を除去し、死が破壊するものから何かを救出しようとする努力はすべて、その類いの問題だと思えるからです。これまで一度でも、この種のことが「詩人」に成功したためしがあったでしょうか。〔バーナード・〕ショーも成功していないことはたしかです。彼の『メトセラに帰れ(9)』は、とにかくつまらない

だけです。

あえて意見を言わせていただきますと、貴兄の――一見しただけでは面白おかしい――物語衣装は、たとえば、知の内容と、情動にもとづいた考えとを区別するといったように、深みを与えることによって、もっとよくなっていただろうと思われます。そうすれば、テクニックと意図との不均衡も、もっと小さくなっていたことでしょう。しかし、こんな思いつきめいたものをひけらかすなんて、どうかご容赦いただけましたらと思うばかりです。

ですが、これからこの物語に何か手を入れるおつもりでしたら、ぜひとも、ルーマニアのユダヤ人Fr（フロイトのこと）をモラヴィアのユダヤ人と変更し、「フロイト－ユングの技法」というのを抹消する（もしくは貴兄の好きな他の名前に変える）よう、お願いいたします。(10)「フロイト－ユングの技法」などどこにも存在しないからです。貴兄の新しい犯罪者小説(11)は、すでに注文してあるのですが、まだ私の手もとには届いておりません。

ところで、ジョンストン博士のこの原稿はいかがいたしましょうか。

敬具

フロイト

〔書簡三〕

一九三六年二月二十八日

教授博士フロイト　ウィーン、九区、ベルクガッセ十九番地

拝啓

ようやく、貴兄がご存じないと思えることをお教えすることができます。でも、もしかしたら貴兄の先刻ご存じのことかもしれません[12]。旅にせよ列車の乗り遅れにせよ、これらの夢はすべて、死にかかわるものでして、死の予想に抗おうとする試みなのです[13]。覚えておいででしょうが、誰かが死んで帰ってこないときには、子供たちには、その人は旅に出た、と言われるのがつねです。また、誰も二度と帰らぬ（あるいはそれに類した）国への旅人[14]や、最後の旅、あるいは、（どこかの河の）あちら側や、エジプトの死者の書[15]に出てくるこの旅のための詳しい旅行案内《ベデカー》のことなども、きっと覚えておられることと思います。未開人たちは、死者に対して抱く自分たちの思慕を、その死者が自分たちを迎えて連れて行こうとする企てだと解釈し、これから身を守らなければならないと考えています。夢のなかでは、われわれは今なおこれと同じことをしております。列車に乗り遅れたということは、もともとは、まだ死んではいないという喜ばしい保証なのです。

ですからこれらの夢は、テーマからして、わが家に原稿を残したままにされているあのグロテスク小説と、どことなく響き合ってもいるわけです[16]。

この間に『薔薇のエーミール』[17]を読ませていただきました。今でもこの雰囲気にどっぷり浸かっております。尋常な浸かり方ではありません、それは、この小説がいくら讃えても讃えきれないものであることの証拠でもあります。まさに貴兄ならではのものです。醜悪なベルリンが醸す奇妙な魔法、アルトゥール・レヴィ博士の体験するベルリンが、ここには満ちています。いばりくさったもの、残忍なものは影をひそめ、哀れなジモネッタのロマンティックな情愛深さのうちに詩情が隠れています。この詩情がなければ、私にはとてもここまでのリアリズムには耐えることができないでしょう。

私にとりましても、貴兄(そしてレヴィ博士)にとりましても、美は、イタリア、そして地中海に住まっているのですが、私は、もう何年も前から、ほとんどベルリン人になりきってしまったような気がしております。私は、一九二八年から三〇年にかけて、数週間単位で幾度もベルリンのシュレーダー教授[18]のところに出向き、フンボルト大学所有のテーゲル・サナトリウムに止宿いたしました。娘[19]がテーゲル湖で泳ぎを楽しみ、毎日、自動車に同乗して、ユングフェルンハイデを通ってヴェストエントまで付き添ってくれました。じつに、願ってもない田園風景でした。息子のひとり[20]が、三人の孫たちといっしょに、レゲンテン通りに住まっており、もう一人の息子[21]が、小さな孫娘とともに、もっと質素にテンペルホーフに住まっていました。クプファー広場には、レーデラー博士という人が住んでいて、私はそこで、フランクフルト市からいただいたゲーテ賞[22]の大半を骨董品に換えることができました。シュレーダー博士のところからの帰り道では、ロレンハーゲンの支店があって、そこでオリーブやらチーズやら、とびきりの美味しいものを買い込むことができました。

シュレーダー博士はかねてより、ヴェストエントに私のための快適な別荘を一軒探してやると申し出てくれていました。一九二三年の顎の手術以来、私は、彼の技術の真価が問われるやっかいなケースになっており、彼は、もし私が長期的にベルリンに留まれるのであれば、きちんと面倒をみてやると約束してくれていたからです。こうしたことは、どれもこれもたいへん魅惑的でしたし、それに、私はこのベルリンの街では手厚く遇されてもいました。社会民主党の大臣ベッカー博士[23]は、二人の事務官に伴われて、テーゲル・サナトリウムに表敬訪問してくれておりましたし、私の妻[24]は、自身、北ドイツのハンブルク出身なのです。何もかもが招いているように見えました。ウィーンは、じっさい私のためにまるでためになりそうにありませんでした。しかしながら、古稀をすぎれば何ごとも変更してはならず、人生の終わりを自らの場所で心静かに待つべし、というただひとつの論拠に私が軍配をあげたのは、何よりだったと思っております。と申しますのも、やっと住み慣れるかどうかのうちに、一九三三年には新しい住まいを取り壊さねばならず、貴兄や他の方々と同じことを体験するはめになっただろうからです。[25]

ほとんど脈絡のないおしゃべりをどうぞお許しください。貴兄の本が、私にベルリンを呼び覚ましたのです。

敬具

フロイト

（道籏泰三　訳）

トーマス・マン宛書簡(1)
Brief an Thomas Mann

一九三六年十一月二十九日

敬愛する友よ
あなたがウィーンを最後に訪れた時の快い個人的な印象が、何度も私の過去の想起のなかに浮かんできます(2)。最近、あなたのヨセフ物語の新しい巻(3)を手から離しました。その際、この素晴らしい体験がいま終わってしまった、私には続きは恐らく読めないだろう、という哀しい思いを抱きました。

講演のなかであなたが「生きられた生」や神話学的な範型について語った思想とこの物語が一緒になって作用することで、私のなかに一つの構造物が発展しました。その構造物をきっかけとして、私はあなたと対話を始めます。まるで、あなたがここの仕事部屋で、私と向き合って座っているかのようにです。ですが私は、あなたから丁寧な答えをもらいたいとは思っておりませんし、立ち入って評価してほしいともまったく思っておりません。私は、この試みそのものをそれほど真面目に考えていないのです。しかし、私にとっては、ある種の刺激があります。例えば、昔御者だった者にとって鞭を打ち鳴らす音が刺激であるのと同じです。

それはつまり、こういうことです。その人にとってヨセフの人生が神話的な範型で、その結果、ヨセフの空想《ファンタジー》が、その人の複雑な人生像の背後で働く秘密の魔的な動力であると推定してよいような、そういう歴史上の人間がいるのだろうか、ということです。

私は、ナポレオン一世がこうした人物であると考えています[4]。

a　彼はコルシカ島出身者で、大勢の兄弟姉妹がいるなかの次男でした。一番上は、彼の前に生まれた兄で、ジョゼフといいました。そしてこの状況が、人間の人生ではともかく偶然と必然が繋がっているように、彼には運命的なものとなりました。コルシカ島の一族では、最年長の者の特権は、非常に特殊な神聖な畏怖の念によって守られます。（アルフォンス・ドーデがこのことをかつて小説のなかで描いていたように思います。『ナバブ[5]』だったでしょうか。あるいは、思い違いでしょうか。別のところでしょうか。それとも、バルザックだったでしょうか。）このコルシカ島のしきたりを通じて、通常の人間関係が極端なものへと押し上げられます。兄は自然にライバルとなり、兄に対して弟は、根本的な、計り知れないほど深い敵意を向けます。この敵意を後の時代の者は、死の願望〔欲望〕や殺意と呼ぶのが適切だと考えるかも知れません。ジョゼフを片付けること、彼の位置に自分を置くこと、自らジョゼフになることが、小さな子供であったナポレオンの最も強い感情の動き〔蠢《うごめ》き〕であったに違いありません。奇妙なことですが、確実に観察されることとして、次の点があります。まさにこうした法外な子供の心の動き〔蠢き〕は、反対のものに変わりやすいのです。憎いライバルが愛する者となります。ナポレオンの場合もそうでした。彼はジョゼフを最初は燃え立つほど憎んでいた、と私たちは推測しています。しかし、私たちが後に耳にするのは、すべての人のなかで彼を最も愛していて、役に立たず信用のできない人物であった彼に対して、そもそも何か腹を立てることなどほとんどできなかった、ということです。つまり、原初の憎しみは、過剰に補償されていたのです。しかし、その時に解放された攻撃性は、他の対象へと遷移させられるのを待っていただけでした。小さな怒りん坊が自分の最初の敵に何もしなかったことに対して、何十万人ものどうでもよい個人がその埋め合わせをすることになるでしょう。

b　また別の層では、若きナポレオンは、母親と情愛によって結び付いていて、兄弟姉妹の世話をするという点で、早くに亡くなった父親の代わりになろうと努めています。将軍になるや否や、彼よりも年上で地位と影響力をもっている若い未亡人と結婚するよう勧められます。彼女には文句をつける点が幾つもあるのですが、おそらく、彼女がジョゼフィーヌという名前であることが彼には決定的なものとなります。この名前のお陰で彼は、兄に対して感じている情愛的な結び付きの一部を彼女に転移できるのです。彼女は彼を愛しておらず、ぞんざいに扱い、裏切ります。しかし、独裁者で、彼女以外の女性にはシニカルな冷たさを見せる彼の方は、彼女のことを情熱的に奉じ、彼女ならすべてを許します。彼は、彼女に対して怒ることができません。

c　ジョゼフィーヌ・ボアルネへの恋着《れんちゃく》は、その名前のせいで避けがたいものでしたが、それは、当然のことながら、ヨセフとの同一化ではありませんでした。ところが、有名なエジプト遠征においてこの同一化が最も強く現れ出ます。それを行うのがヨセフだとすれば、ヨセフは兄弟たちの前に派手に登場したいわけで、エジプト以外のどこに行けというのでしょうか。若き将軍のこの企ての政治的な理由付けをより厳密に調べてみたら、おそらく、空想された観念を強引に合理化したものにすぎないと分かるでしょう。ついでに言えば、ナポレオンのこの進軍によって、エジプトの再発見が始まります。

d　かつてナポレオンをエジプトへと駆り立てた目的は、もっと歳をとってからヨーロッパで実現されます。彼は、兄弟たちを領主や王の地位にまで高める形で、兄弟を養います。役立たずの〔弟〕ジェロームは、ひょっとしたら、彼にとってのベニヤミンかも知れません。そしてその後彼は、神話に忠実ではなくなり、現実的な判断に動かされ、愛するジョゼフィーヌを追い出します。それとともに、衰退が始まります。偉大な破壊者が今度は自らの破壊に取り組みます。準備不足の向こう見ずなロシア遠征が彼を没落させます。それは、ジョゼフィーヌに対して不実であったこと、ジョゼフに対して愛情から元々の敵意へと後退したことに関する自己処罰のようです。ですが、ここでも、ナポレオンの意図に反して、運命はヨセフ物語の別の部分を反復しました。太陽と月と星が彼に向かってお辞儀をするというヨセフの夢(6)は、彼を墓へ投げ込むという話にまで繋がっていくことになっていたのでした。

あなたが当地でご自身の文章を読み上げられた後、私があなたに、魔的な男についてのこうした解釈をすでに伝えていたと、娘から注意を受けました。もちろん、娘の言う通りです。私はそれを忘れてしまっていて、あなたの本を読んだ後、この議論の素材が再び活性化されたのです。いま私は、この手紙を自分の手元に留めておくか、色々弁解しながらお送りするべきか、迷っています(7)。

心をこめて
あなたのフロイト

(福田　覚　訳)

ブラウン教授死去に際して

Zum Ableben Professor Brauns

このたびご逝去なされたルートヴィヒ・ブラウン教授(1)を讃える言葉が、ここで私に求められておりますが、私はそうしたことを行うに適任とはいえません。偏りのない冷静な発言をすることができないからです。ひとつならずの点で群を抜いておられたこの高潔なる御仁は、私のもっとも身近にして、もっとも心温かい友人たちのうちのひとりでした。われわれの友人関係にはいささか運命めいたところがありました。彼の従兄にあたるハインリヒ・ブラウン(2)は、今でこそ、さまざまな事情のために私とは別の人生行路を余儀なくされておりますものの、ギムナジウム時代は私のいちばん親しくしていたクラスメイトでした。そのあと、この何十年かのあいだ、この両ブラウンの親戚関係のことはまったく知らないまま、ルートヴィヒ・ブラウンのほうが私の親友となり、時には私の医師をつとめてくれる間柄にもなっていたのです。われわれの親密さが、内的な共通点を数多く分かち合っているという意識にもとづくものであったことはまちがいのないところです。

ジークムント・フロイト

（道籏泰三　訳）

GW-Nb 735

ルー・アンドレアス＝ザローメ追悼(1)
Lou Andreas-Salomé

本年二月五日、ゲッティンゲンのご自宅にて、ルー・アンドレアス＝ザローメ女史が安らかにご逝去なされた。齢ほぼ七十六にしてのことであった。この傑出した女性のこの二十五年間は、精神分析に捧げられていた。彼女は、精神分析に貴重な科学的仕事を恵贈してくれるとともに、精神分析をじっさいに実践してもおられた。こう告白してもけっして言い過ぎにはならないと思われるが、女史が、私たちとともに研究し闘う仲間の一員に加わられたとき、私たちは皆、これを名誉に思うとともに、分析の教えの真理内容を新たに保証する出来事であると感じたものであった。

女史が、若かりし頃、哲学者フリードリヒ・ニーチェの大胆な考えに対する深い理解のもとに、彼と濃密な友情関係にあったことは、よく知られたところであった。この関係は、ニーチェが彼女にプロポーズし、彼女がこれを拒否するかたちで突然終わることになった。このあとの数十年の生涯でよく知られていたのは、彼女が、当時人生においていささか方向を見失っていた大詩人ライナー・マリーア・リルケに対して、ミューズであると同時に世話焼きの母親の役も受けもっていたことである。しかし、これらの事実以外には、彼女という人間は、闇に閉ざされたままであった。彼女は、人並みはずれて控え目で秘密を守る女性であった。自作の詩や文学については、一度たりとも語ったことはなかった。どこに人生の本当の価値を求むべきか、彼女はきちんとわきまえていた。彼女に近

GW-XVI270

づいた人は、彼女が嘘いつわりのない、調和に満ちた人間であるといった印象をきわめて強く感じるとともに、彼女が、女性としての欠陥、もしかしたら人間としての欠陥といっさい無縁であること、あるいは、人生の経過のなかでそうした欠陥を克服してしまっていることを確認して、驚かずにはいられなかったものである。

かつてウィーンで、女史の女性としての運命のなかでもっとも感動的な一幕が演じられたことがあった。一九一二年に彼女が、精神分析の手ほどきを受けようとウィーンに戻ってきたときのことである。彼女と親しくなった私の娘は、彼女が、若いときに精神分析と近づきになれなかったことを悔やんでいるのを聞かされた。むろん、彼女の若いころにはまだ、精神分析などこの世に存在していなかったのである。

ジークムント・フロイト

一九三七年二月

(道籏泰三　訳)

分析における構築
Konstruktionen in der Analyse

I

たいそう名の知れたある研究者がいる。(1) わたしはいつも、この研究者が精神分析に対して公正な態度を示してくれたことを高く評価してきた。しかも、ほかのほとんどの研究者たちにとっては、そんなことをする義務などなかった時代に、である。しかしあるとき、この研究者がわたしたちの分析技法について、わたしたちを傷つけるとともに不当でもあるような意見を述べたことがあった。つまり彼はこう言ったのだ。「あなたたちが自分の解釈を患者に伝えるとき、あなたたちが患者に対してやっているのは、あの評判のよろしくない、《表なら僕の勝ち、裏なら君の負け(2)》の原則に従うものである」と。すなわち、患者がもしわたしたちに同意すれば、それはまさしく正しいのであるし、患者が反対すれば、それはただ患者の抵抗のしるしとなり、またもやわたしたちが正しいことになるのである。こういった仕方でわたしたちは、わたしたちが分析しているこの寄る辺のない哀れな人物に対し――この人がわたしたちの強要に対してどのような態度を示そうともそのこととは一切関係なく――つねに正しい態度を保ちつづけることになる。さて、わたしたちの患者の否《ナイン》は一般に、わたしたちの解釈が間違っていてその却下を決定づけるものではない、ということは正しいのであるから、わたしたちの技法の正体をそういったふうに暴くことは、分析の敵対者たちにとっては非常に歓迎すべきことだったのである。したがって、わたしたちが日ごろ、分析治療中の患者の「然り《ヤー》」と「否《ナイン》」をそれぞれ、患者の同意の表現、抵抗の表現として、いかに評価しているのか、ということを詳しく示すことは、やっておく価値がある。しかしもちろん、こういった弁明の中には、実践を積んでいる分析家が今回はじめて知ることになるような知見は何一つないだろう。(3)

周知のように、分析の仕事の目的とは、患者がその発達の初期の抑圧――きわめて広い意味に理解される抑圧――をふたたび廃棄し、心的に成熟した状態に相当するような反応によってこれを代替する、というところにまで患者を連れてゆくこと、これである。こういった目標があるから、分析家は患者に、目下のところ忘れられてしまっている、いくつかの特定の体験およびこれらの体験によって呼び起こされる情動の蠢《うごめ》きを、ふたたび想い出させるのである。わたしたちは、患者の現在の症状や制止がそういった抑圧の結果であり、かの忘れられているものの代替物であるということを知っている。わたしたちはいくつかの素材を利用し尽くすことによって患者を、失われた想い出をふたたび取りもどす道へと導くことができるのだが、そういった素材としてどのようなものを患者はわたしたちに提供してくれるのだろうか。さまざまあるが、まず、患者の夢にみられるこれらの想い出の断片がそうである。これらの断片はそれ自体、唯一無二の価値をもつものだが、通常、夢の形成に関与しているあらゆる要因によって甚だしい歪曲をうけている。つぎに、患者が「自由連想」に身をゆだねたときに生み出す着想がそうである。これらの着想の中からわたしたちは、抑圧された体験、抑えつけられた情動の蠢きの蘖《ひこばえ》、これらの情動の蠢きに対抗する反応の蘖についてのかすかな徴候を探り当てることができる。おしまいに、分析的状況の内部および外部での患者の行動――比較的重要な行動もあれば目立たない行動もあるが――がほのめかす、抑圧されたものに伴われていた情動の反復がそうである。わたしたちは、分析家に対して生じる転移関係が、そうした情動関係の回帰をうながすのにとりわけ都合がよい、ということをすでに経験済みである。わたしたちはこのような生《なま》の材料から――いわば――自分たちの求めるものを作り上げなければならない。

求めるものとは、患者の忘れられた歳月の、本質的な部分すべてにおいて完全な、信頼に足る像のことである。しかし、わたしたちがここで気づかされるのは、分析の仕事は二つのまったく異なった部分の組み合わせなのだということ、つまり、それは二つの別々の舞台の上で、それぞれに別の課題が割りふられた二人の登場人物に即して展開されている、ということなのである。皆は、こんな基本的な事実に自分はなぜ長いこと気づかなかったのか、と一瞬不思議に思うだろうが、すぐに、自分が知らなかったことは一つもない、それはひろく知られた、いわば自明な事実であり、この場かぎり、ある明確な意図をもって際立たされ、それだけ切り離されて評価されているにすぎない、と気をとりなおすだろう。わたしたちはみな、自分たちが被分析者に対して行うのは、当人によって体験され、抑圧されたものを当人に想い出させることだ、ということを知っている。そして、このプロセスの力動論的条件こそが大変に興味ぶかいものなので、分析の仕事のもう一つの側、つまり分析家の仕事は、逆に目立たなくなってしまう。分析家は、問題となっていることのどれ一つとして体験したことはなかったし、どれ一つとして抑圧したことはなかった。つまり分析家の課題はなにかを想い出すといったことではない。では分析家の課題とは何だろうか。分析家は、忘れられたものを、それがあとに残している徴候から言い当てなければならない。あるいは、もっと正しく表現するなら、構築しなければならない(4)。どのような仕方で、いつ、どんな説明を用いて分析家が自らの構築を被分析者に伝えるか、このことが分析の仕事のこれら両方の部分のあいだに、つまり分析家の持ち分と被分析者の持ち分のあいだに結合を作り上げるのである。

構築——あるいは再構築と言ったほうが聞こえはよいだろうが(5)——という分析家の仕事は、破壊され埋没した過去の住居あるいは建造物を発掘する考古学者の仕事と非常に重なるところが多い。分析家の仕事は本質的に考古学者の仕事と同じであるが、ただ、分析家は考古学者よりも良い条件のもとで仕事をしている、すなわちより多くの補助素材を自由に使っている。なぜならば分析家は、まだ生きているものに関わっているのであって、破壊された対象に関わっているのではないからである。さらにひょっとすると、まだそれ以外の理由があるかもしれない。ところで、考古学者は残されたままになっている城壁の残骸から建物の内壁を築き上げたり、地面のくぼんだところから列柱の数と位置を決定したり、がれきの中に見つけた残骸から往時の壁面装飾や壁画を復元したりするが、分析家も、被分析者の想い出のかけら、連想、行為による表出(6)からいくつかの結論を引き出すとき、考古学者とまったく同じことを行っているのである。分析家、考古学者ともに、失われなかった残骸を補完したり組み合わせたりして再構築を行う権利が保たれていることは、疑う余地がない。いくつか生じる困難や誤りとなる原因もまた、両者の場合同一である。よく知られているように、考古学の最も扱いにくい課題の一つに出土品の相対年代の決定ということがある。たとえば、ある対象がある特定の地層のなかに現れたとき、その対象がはたしてその地層に属するものなのか、あるいは後の時代の攪乱《じょうらん》によってその深さの地層に入り込んだものなのか、その決定が待たれることがしばしばある。分析の構築においても、こういった迷いに対応するものがあることは容易に察知することができる。

わたしたちは、分析家のほうが考古学者よりも有利な状況下で仕事をしていると述べた。なぜならば、分析家は、発掘品の中にはそれに匹敵するものが見出せないような、そういった素材を自由に扱うことができるからである。こういった素材とはたとえば、幼少期に由来する反応の反復もそうだし、そのような反復に関わる転移によって示されるものもすべてそうである。さらにまた、発掘家については、物理的な力や火事や略奪によって多くの重要な部分が失われてしまっていることがまったく確実な、破壊された対象に関わっている、ということが問題となる。いかに努力しても、そういった対象を発見することはできず、それをその失われていない残った部分といっしょに組み合わせることはできないのである。そこで唯一必要とされるのが再構築なのであって、以上のような理由から再構築は、ほとんどの場合、ある一定の蓋然性を超え出ることはない。しかし、分析家がその前史を組み上げようとしている心的対象の場合は事情が異なる。ここでは、考古学的対象において幸運な例外のときだけに生じたこと――たとえばポンペイの場合やツタンカーメンの墓で生じたこと(7)――がいつも当てはまる。本質的なことはすべて保たれている。完全に忘れられているように見えることでさえ、なんらかのあり方をとって、どこかになお存在している。それは、ただ埋没させられているだけであり、個人の自由にならないようにされているのである。それどころか、周知のように、完全に破壊されてしまうような心的形成物というものが本当にあるのだろうか、と疑問を呈することもできる。隠されたものを完全なかたちで取り出すことができるかどうかというのはただ、分析の技法の問題にすぎない。分析の仕事のこうした途方もない有利さにあらがうものとしては、それとは別の事実が二つだけある。すなわち心的な対象は、発掘家の素材となる対象とは比べものにならないほど複雑なものであるということが一つ、そしてもう一つは、わたしたちが見出すべきものの詳細な構造にはまだなお大変多くの秘密が隠されているので、わたしたちの知識はまだそのための十分な準備ができていない、ということである。さて、わたしたちが行ってきたこれら二つの仕事の比較もこれで最後となる。というのも、これら両者の大きな違いは、考古学にとっては再構築こそが努力の目標であり目的であるが、分析にとっては、構築はただ仕事の準備段階[8]にすぎない、という点にあるのだから。

II

ただし仕事の準備段階といっても、つぎの仕事に進むまえにまず、その全体を片づけてからでなければならない、といった意味ではない。たとえば家を建てるときのように、部屋の内部の装飾にとりかかるまえには全部の壁を作り上げ、全部の窓を嵌め込まなければならない、といった意味ではない。分析家であれば誰でも知っていることであるが、分析の治療では事態は異なっている。二つの種類の仕事がお互いに並びあって進んでゆくのである。一方はつねに先に進み、もう一方はそのあとに続くといった具合である。分析家は構築が一部仕上がると、それが被分析者に作用するのを目的としてそれを被分析者に伝える。分析家はさらに、そこから新たに流れ込んできた素材をもとにさらなる構築の一部を作り上げ、それをまた同じ方法で扱う。交互にそういったやり方をとりながら終結へと至るのである。分析の技法の叙述において「構築」という言葉はほとんど聞かないが、その理由は、そう言うかわりに「解釈」およびそれが与える影響といった言い方がなされているためである。しかしわたしは、構築のほうがはるかに適切な名称であると思う。解釈とは、素材のそれぞれ個々の要素——たとえば着想、失錯行為など——に対して行われるものに関わる。しかし、被分析者に対して当人の忘れてしまった前史の一部をたとえばつぎのような仕方で示すとなるとそれは構築である——あなたは、n 歳までは自分を、母親のたった一人の制約のない所有者だと思っていた。それから二人目の子どもが生まれ、その子が生まれたことに大いなる失望を味わった。母親はしばらくあなたから離れ、それ以後もあなたに対してもはや、もっぱら献身的になるということは無くなった。母親に対するあなたの気持ちは両価的《アンビヴァレント》となり、父親があなたにとって新しい意味をもつようになった云々——。

この小論では、わたしたちの注意はもっぱら、構築という仕事のこのような準備段階に向けられている。そしてこのとき、すべてのことに先がけてまず問われるべきは、はたしてわたしたちは、構築の仕事を行っているあいだ、思い違いもしておらず、不適切な構築を主張するなどして治療の成果を危険にさらすこともしていない、といった保証を持てるのかどうか、といった問いである。わたしたちには、この問いに対してはすべてに通用する答えが出せないように思えるかもしれないが、これについての議論に入るまえにまず、分析の経験が与える、わたしたちを大いに元気づけてくれる知らせに耳を傾けたい。すなわち経験がわたしたちに教えるところでは、もしもわたしたちがいったん誤りを犯し、患者に対して不適切な構築を信憑性の高い歴史的真理として申し述べてしまったとしても、実害はない。時間的損失ということはもちろんある。患者に対していつも間違った組合せだけしか物語れない者は、患者によい印象を与えることはできず、そういった者の治療はそれより先には進まない。しかしながら、そういった個々の誤り自体は無害である。(10) そういった場合に生じるのはむしろ、患者が心を動かされない状態のままにとどまって、それに対して然りとも否とも反応しない、ということである。それはひょっとすると患者の反応の遅延にすぎないのかもしれない。しかしそういった状態がつづけば、わたしたちは、自分たちが誤っていたとの結論を引き出すことができるだろうし、わたしたちは自分たちの権威を傷つけることなく、それにふさわしい機会に患者にそのことを打ち明けることになるだろう。こういった機会は、よりよい構築とそれによる誤りの訂正を許すような新しい素材が現れ出たときに与えられる。誤った構築のほうはそのような仕方で、あたかもそれが一度も構築されたことがなかったかのように消え落ちる。あるいはそれどころか、かなりの場合において、ポローニアスの言葉を借りれば、「嘘の餌で真実の鯉をみごと釣りあげる」(11)かのような印象をもつことになる。治療者自身は信じても患者はそう考えるべきではないような事柄を患者に「吹き込む」ことによる、暗示を通じての患者の誤誘導といった危険性については、確かに、あまりにも大げさに言われすぎている。そういった不運に見舞われるようなことがあるとすれば、その分析家は、それに先んじて、大変不適切な行動をとってしまっていたに違いない。もしそうなら、分析家はなによりも、患者に語る機会を与えなかったことで自らを責めなければならないだろう。わたしは自慢するわけではないが、そうした「暗示」の乱用はわたしの活動の中では一度も生じたことはなかったと主張することができる。

わたしたちは、自分たちが作り上げたもろもろの構築の一つを申し伝えたときの患者の反応から引き出される徴候をないがしろにしてもよいなどという気持ちには、けっしてなれない。それはこれまで述べてきたことからすでに明らかなものと思う。この問題点をくわしく検討してみよう。わたしたちは、正当にも、被分析者の「否」をまったくその通りであるとは受け取らないのと同様、彼の「然り」もそのまま認めることをしない。したがって、わたしたちが何らかの証明のために被分析者の言ったことをすべてねじ曲げて解釈している、などと言って、わたしたちを責めるのは、まったくの見当はずれである。実際上、そんなに単純にことが進むわけでもなく、そんなに簡単に決定が下せるわけでもない。

被分析者が直ちに答える「然り」は多義的である。その「然り」が本当に、被分析者が聞かされた構築を正しいものと承認しているサインでもありうる。しかし、それがまるで意味をなさないこともある。また、暴かれていない真理をそうした同意によってさらに隠しつづけようとすることが、被分析者の抵抗にとって心地よいといった、わたしたちが「偽善的見せかけ」と呼ぶことのできるものさえある。こうした「然り」が価値をもつのはただ、それに引きつづいていくつかの間接的な証明がなされるとき、また患者が、その「然り」から直接つづけて、構築を補足したり拡大したりする新たな想い出を生み出したときのみである。このような場合にだけ、わたしたちはこういった「然り」をいま関わっている問題点が完全に解決したものとして承認できるのである(12)。

被分析者の否もまた同じように多義的ではあるが、実際のところ、然りよりも使えないことのほうが多い。それが正当な拒否の表現として示されるのはまれである。はるかに多いのは、申し伝えられた構築の内容によって引き起こされる抵抗の表出としての否である。しかし、それと同じくらい抵抗は、複雑な分析的状況のそれ以外の要因に由来することもありうる。したがって患者の否は構築が正しいことをなんら保証するものではないが、それが正しいとする可能性とは非常にうまく合致するものでもある。そういった構築はどんなものでも不完全であり、忘れられた出来事のほんの一部だけしか捉えられないのであるから、わたしたちは、そもそも被分析者は自分に申し伝えられたことを否認《ロイクネン》(13)しているのではなく、まだ暴かれていない部分から自らの異議申し立てを行っているのだと想定することも自由である。患者は通常、真理全体を知ったときにはじめて、同意を表明するようになる。そして、その真理全体というのはしばしば相当に広大なものである。したがって患者の「否」の唯一確実な解釈は、それが不完全性を指し示しているということである。つまり構築はたしかに患者にすべてのことを物語ってはいない、ということである。

したがって、構築を申し伝えられた患者の直接の表明からは、わたしたちの構築の推測が正しかったのか正しくなかったのか、その根拠を得ることはほとんどできないという結果になる。それだけに一層興味ぶかいのは、完全に信頼に足るような間接的な仕方の証明というものが存在しているということである。そのような証明の一つがすなわち、ほとんど違わない言葉で、約束事に関するかのように、きわめてさまざまな種類の人間たちから聞かされる言い回しである。すなわち、「それを(それについて)、考えたことは決してありません(あるいは、なかったはずです)」といった言い回しである。[14] この表明はためらうことなくつぎのように翻訳できる。「はい、あなたはこの場合の無意識を正しく言い当てました」と。しかし分析者に大変望ましいこの決まり文句は残念なことに、広範囲にわたる構築を申し伝えるときではなく、一つ一つの事柄についての解釈を行ったときのほうが耳にする機会が多い。被分析者が、構築の内容に類似ないし対応するものが含まれている連想を使って答えるような場合もまた――今度は肯定的に表現された――一つの有用な証明となる。そのための分析の実例は簡単に見つけ出すことができるだろうが、叙述が冗長になってしまうとも思われるので、ここではそうせず、同じような事情を強烈にほとんど滑稽なまでの彩りで示している、分析以外のちょっとした体験談を披露したい。それは――ずっと以前のことであるが――自らの医師としての活動の共同診察参加医としてわたしを選んでくれていた同僚の話である。ある日その同僚は、自分と厄介なことになっている年の若い奥さんをわたしのもとに連れてきた。彼女はあらゆる口実を使って同僚との性交を拒否しており、同僚のほうは明らかに、わたしが彼女の不適切な態度の結果について教え諭してくれるはずだと期待していた。わたしは本腰を入れてこの問題に取りかかり、同僚の奥さんに対して、その拒否が夫に、悲しむべき健康被害を引き起こすか、あるいはその結婚生活を崩壊させるかもしれない誘惑を呼び込むかの可能性が高いことをこと細かに説明した。そのとき突然、同僚はわたしを遮ってつぎのように言った。「あなたが脳腫瘍と診断したあのイギリス人もまたすでに死にました」。この発言は、最初は不可解に思えた。文章のなかの「もまた」が謎めいて見えたのである。そのとき死者のことはまったく話題になっていなかった。しかしそれから間もなくして腑に落ちた。この男は明らかにわたしの意見を補強しようとしたのであった。彼はつぎのように言おうとした。「そうです、あなたはたしかに正しい。その患者〔イギリス人〕の診断もまた正しいことが確認されたのだから」と。それはわたしたちが分析において手に入れる、連想による間接的証明と完全に対をなすものであった。この同僚の表明した言葉にはまた、それ以外の、彼によってわきへ押しのけられている思考も関与しているのではないかという意見に関しては、わたしはそれを否定するつもりはない。

構築の内容に合致し、そういった「もまた」のようなものを必ず伴う、連想による間接的な証明は、分析を進めてゆくなかでこの構築の正しさが明らかになるかどうかを推測するうえで、わたしたちの判断に有用な手がかりを与えてくれる。とくに印象ぶかいのはまた、証明がある失錯行為の助けをかりて直接的な抵抗の中に紛れ込むような場合である。この種の見事な例を、かつてわたしは別の機会に発表したことがある。すなわち、患者の夢の中に、ウィーンではよく知られた名前であるヤウナー〔Jauner〕がくりかえし出現したのだが、患者の連想の中からは十分な解明を見出すことができなかった。そこでわたしが、「あなたがヤウナーと言うときにはきっとペテン師《ガウナー》〔Gauner〕のことを言っているのでしょう」との解釈を試みたところ、患者は、「それはあまりに大胆《イエヴァークト》です」と即答した。(15)あるいは別の例では、患者は、「あなたはこの一定額の支払いがちょっと高すぎると思っているのではないか」という無理強いに対して、「一〇ドルなんて自分は問題ではない」という言葉でそれを却下しようとしたが、ドルではなくてもっと低い貨幣単位が入り込み、「一〇シリングなんて自分は問題ではない」と言ってしまった。

分析が、罪責意識やマゾヒズム的苦痛欲求や分析家の助力行為に対する反抗といった負の治療反応[16]を強制的に生じさせる強い要因の圧力下に置かれているとき、構築が申し伝えられたあとの患者の態度はしばしば、わたしたちにとって探し求めていた決定をどう下すか、それを非常に容易にしてくれる。構築が誤っている場合、患者には何一つ変化が起こらない。しかし構築が正しかったり、真理に接近していたりする場合、患者はその構築に対して、症状や全身状態の、誤認のしようがないほどの明らかな悪化をもって反応する。

以上のことを取りまとめてみると、わたしたちは、自分たちが構築に対する被分析者の態度表明をほとんど評価せず無視しているなどという非難に値するものではない、ということが確認されるだろう。わたしたちは彼らの態度表明に注意を払い、そこからしばしば、有用な手がかりを引き出しているのである。しかしこの患者の反応はたいていの場合、多義的であり、最終的な決定を下すことを許さない。ただ分析の成り行きのみが、わたしたちの構築が正しいのか役に立たないのかの決定を下すことができる。わたしたちは個々の構築を一つの推測以上のものであるなどと言い張ったりはしない。それはまさしく、吟味され、証明され、あるいは棄却されることを待っている一つの推測にすぎない。わたしたちは構築に対してどんな権威も要請することはないし、患者からどんな直接的な同意もとりつけることはないし、患者が最初それに対して反論してきても、患者と議論を行うこともない。一言でいえば、わたしたちはネストロイ[17]の有名な一作中人物を模範にして行動しているのである。その人物とはかの下男のことであって、彼はあらゆる質問、あらゆる異見に対してただ一つの答えだけしか用意していなかった。すなわち「事の成り行きを見れば何もかもがはっきりするんでしょうな」。

III

さて、以上のことは分析の経過の中でどのようにして生じるのか、どういった道を通ってわたしたちの推測は患者の確信へと変化するのか、こういったことを叙述しようとしてもそれはほとんど無駄な努力である。そんなことは、日常の経験からどんな分析家であろうとも皆知っていることだし、これを理解するのにそんなに困難はないのである。しかしただ一点、それを調べて解明する必要のあるものがある。分析家の構築を起点とする道は被分析者の想起をその終点とすべきものであろうが、この道はいつも終点にまで達するとはかぎらない。患者を抑圧されたものの想起へと導くことに成功しないことも十分しばしばある。そうすることができない代わりに、分析を正しく行うことによって構築の真理について患者を着実に確信させる、というところまでもってゆけるのである。この確信は治療上、ふたたび獲得された想い出と同一の結果をもたらす。どういった状況下でこのことが生じるのか、一見不完全な代替物なのに十分な効果を上げるのはどうして可能なのかということについては、今後の研究の課題である。

わたしはこのささやかな報告を、さらなる展望を開く二、三の見解でもって閉じるとしよう。二、三の分析をしていてわたしが気づいたことだが、明らかに的を射ている構築を申し伝えたことで被分析者に、驚くべき、そしてなによりも不可解な現象が生じたのであった。被分析者たちは生き生きとした想起を手にした——しかもそれらは彼ら自身によって「ことのほか鮮明に[18]」と呼ばれるような——。しかし彼らは、たとえば構築の内容となるような出来事を想い出すのではなくて、この内容に近しい細部、たとえば構築の中でその名を挙げられた人物たちの顔を鋭すぎるほど鮮明に想い出したり、同じようなことが生じていてもおかしくはなかったような部屋、あるいはさらに一歩進んで、構築がそれについては当然何も知らなかったような、こういった部屋の中の備品などを想い出したりしたのである。こういったことは、空想《ファンタジー》に似た覚醒時の状態においても、構築が申し伝えられた直後の夢の中においても同じように生じた。これらの想い出それ自体からは、さらには何もつながらなかった。そのような想い出はその場合、一つの妥協の結果であると捉えるのが自然であった。抑圧されたものの「揚力」[19]は、構築が申し伝えられることによって活性化し、かの重要な想い出－痕跡を意識上へと持ち上げようとしていたのだった。すなわち抵抗にとって、その運動自体を止めることはできなかったが、おそらくその運動を隣接するそれほど重要でない対象へとずらすことには成功したのである。

これらの想い出は、その鮮明さに加えてそれが現実性をもっているとの信念が現れることになれば、幻覚と呼ばれうるものになっていたかもしれない。しかしこの類推は、わたしがそのほかの、精神病的ではありえないいくつかの症例において、しばしばほんものの幻覚を来すことがあることに気づかされたとき、その重要性を増すことになった。それでわたしの思考の流れはさらに進んでいった。幻覚の一般的な特徴というものはこれまで正当な評価を十分には受けてこなかったわけだが、その特徴というのはひょっとすると、以下のようになるのではあるまいか。すなわち、幻覚においては幼少期に体験されその後忘却された何ものかが回帰しているのであると、その何ものかとは、その子どもがまだほとんど言葉をしゃべれなかった時期に見たり聞いたりしたものであって、そういった回帰に抵抗しているもろもろの力の効果によって、おそらくは歪曲され、遷移されつつ、今や意識へと強制的に浮上させられているものであると。そして幻覚が特定の病型の精神病と近しい関係にあることから、わたしたちの思考の流れはさらに遠くまで進むことができる。ひょっとすると、妄想形成それ自体も――わたしたちはこれらの幻覚がそういった妄想形成の中に組み込まれているのをいつもくり返し見出す――わたしたちが大体において想定しているような、無意識の揚力や抑圧されたものの回帰とさほど無関係なものではないのではないだろうか。わたしたちは妄想形成の機制において通常ただ二つの要因だけを強調している。一つは現実世界からの離反とその動機であり、もう一つは欲望成就の妄想内容に対する影響である。しかしながらこの力動論的な過程は、むしろつぎのような過程である可能性はないだろうか。つまり、現実からの離反が、抑圧されたものの内容を意識に強制的に浮上させるために、抑圧されたものの揚力によって利用し尽くされる、そのさい、この過程の中で呼び覚まされた抵抗と欲望成就の傾向とが、ふたたび想起された想い出の歪曲と遷移の責任を分かち合うのであると。というのも、これはすでに太古から伝わっている予感の中で狂気と同等なものとされた、わたしたちにとってはよく知られた夢の機制でもあるのだから。

こういった妄想の理解は完全に新しいものであるとは思わないが、通常前面には出てこないある視点を強調している。この理解において本質的なことは、狂気には、すでにかの詩人が認めたような、「筋がとおっておる[20]」方式があるばかりではない、それればかりかまた、一片の歴史的真理を含んでもいるのだ、という主張である。そしてわたしたちにとっては、妄想が手にしている強迫的な信念とは、まさしくそういった幼児期の源泉からその力を引き出しているのではないか、という想定が自然なものとなる。この理論を立証するためにわたしが今日用いることのできるものは、新鮮な印象ではなく、回想の中にあるものだけである。もしもわたしたちがそれにふさわしい症例を、ここで展開したような仮定に従って研究し、その治療もまたそういった方向で行うことを試みるならば、おそらくその苦労は報われることになるだろう。そうなったらわたしたちは、病者に対して、その妄想がばかげていること、現実に対してその人が矛盾していることを納得させるといった無駄な努力はやめ、むしろ真理の核心の承認という点に、治療という仕事が展開してゆく共通の土台を見出すことになるだろう。この仕事の本質は、一片の歴史的真理を、その歪曲とリアルな現在への依托から解き放ち、それが属していた過去の場所に正しく戻すということにある。忘却されたはるかな昔から現在への、あるいは未来の予期へのずれ[21]はそれこそ、神経症者にもいつもきまって生じることである。その神経症者が、なにか恐ろしいことが起こるのではないかといった不安状態に襲われているときには、彼はただ、かなりの頻度で、当時恐ろしかったことが本当に起こっていたという想い出、つまり意識に持ち上がろうとしても意識化されることがない抑圧された想い出の影響下にあるのである。わたしは、精神病者に対する治療的成果があげられないままであっても、彼らについて行われるそういった努力からは非常に多くの有用な経験が得られるものと考える。

わたしは、このような重要なテーマをここで行ったように付随的に取り扱うことが褒められたことではないことは分かっている。しかも類推という誘惑に従ってしまった。病者の妄想形成はわたしには、わたしたちが分析治療で作り上げる構築の等価物に見えるのである。それは説明と復元の試みである。しかしそれは精神病という条件のもと、現在否認している一片の現実を、かつてはるかな昔に同じように否認していたもう一片の現実によって代用する、といったことしかできない試みではあるが。現在の否認の材料と当時の抑圧の材料とのあいだの内密な関係[22]を発見することこそが、個々の症例研究の課題である。わたしたちの構築が一片の失われた生活史を復元することによってのみその力を発揮するように、妄想がその確固たる力を発揮するのは、退けられた現実に代わって妄想が組み入れている歴史的真理の関与のおかげである。こういった事情であれば、かつてわたしがヒステリーについてだけ述べた、「病者は自らの回想に苦しんでいる」[23]という言葉は、妄想にも当てはまることになるだろう。この短い言い回しはそれを言った当時も、病因の合併を否定するものではなく、きわめて多くのそのほかの要因からなる効果を除外するものではなかった。

人類を一つの統一体ととらえ、一人一人の人間個人の代わりにその統一体としての人類を置いてみると、そういった人類も、論理的批判の手が届かず現実に矛盾する妄想形成を展開してきた、と言える。もし、それにもかかわらず、それらの妄想形成が人間に対してとてつもない力を及ぼすことができるのであれば、その研究は一人一人の個人の研究と同じ結論へと導かれるであろう。これらの妄想形成はその力を、忘却された太古の抑圧から持ち出されてきた歴史的真理の含有量に負っているのである。[24]

（渡邉俊之 訳）

編注

続・精神分析入門講義

まえがき

(1) 一九二三年春(六十六歳)、口蓋に癌化した白斑(ロイコプラキア)が発見された。以後死ぬまで三十回を越える切除手術が行われ、だんだんと発話が困難になっていった。

第二九講　夢理論の修正

(1) 『国際医療精神分析雑誌 *Internationale Zeitschrift für ärztliche Psychoanalyse*』は、一九二〇年に「医療 ärztlich」という語が落ちて『国際精神分析雑誌 *Internationale Zeitschrift für Psychoanalyse*』と改名され、これが一九三九年までつづくことになった。

(2) 【SE『精神分析入門講義』〔本全集第十五巻〕の第二部全体〔第五講—第一五講〕(GW-XI 79-246)を参照。】

(3) 【SE 同様の文脈で、熟考についてのいくつかの啓発的発言が『夢解釈』第二章(GW-II/III 106-107)〔本全集第四巻、一三八—一三九頁〕に見られる。】ここでフロイトが強調しているのは、何かを熟考している人は、注意力の集中を行っているとともに、ある種の批判を行使し、湧きあがってくる思いつきを遮断したり、抑え込んだりしているということである。フロイトが夢解釈の土台に据えているのは、この批判の力を抑え込むことである。「このことに成功すると、それまでは把握されることなく留まっていた無数の思いつきが、彼の意識に現れてくる」というわけである。

(4) 「夢日 Traumtag」とは、厳密には、夢をみた夜に先立って覚醒していた昼の期間のことをいう。『夢解釈』(GW-II/III 172)〔本全集第四巻、二一〇頁〕および同所に付された編注(4)を参照。

(5) 【SE「夢解釈の理論と実践についての見解」(GW-XIII 301-302)〔本全集第十八巻、一七五—一七六頁〕には、以上の選択肢とはやや異なったリストが挙げられている。】

（6）【SA『精神分析入門講義』の第一〇講(GW-XI150ff.)を参照。】

（7）【SE 近い時期〔一九二五年〕にフロイトは「解釈の可能性の諸限界」についての特別の覚え書き〔「夢解釈の全体への若干の補遺」のa節〕(GW-I561-564)〔本全集第十九巻、二三五―二三八頁〕を書いていた。】

（8）【SE『夢解釈』〔第七章、A節〕(GW-II/III523)〔本全集第五巻〕を参照。】

（9）【SE「精神分析における夢解釈の取り扱い」(GW-VIII355-356)〔本全集第十一巻、二八二―二八三頁〕を参照。】

（10）【SE「夢解釈の理論と実践についての見解」のII節(GW-XIII302-303)〔本全集第十八巻、一七六―一七七頁〕を参照。】

（11）【SE これは、フロイトが、非人格的な「検閲〔Zensur〕」の代わりに人格的なかたちの「検閲官〔Zensor〕」を用いた非常にまれなケースのひとつである。】

（12）【SE このあたりは、『夢解釈』初版の「緒言」の二つ目の文(GW-II/III VII)〔本全集第四巻、四頁〕からの逐語的に近い反復となっている。】

（13）【SE『夢解釈』〔第一章〕(GW-II/III13)〔本全集第四巻、一五頁〕を参照。】

（14）【SE この考えは、すでにフロイトの最初期の心理学論文「防衛‐神経精神症」(GW-I69)〔本全集第一巻、四〇四―四〇五頁〕に出ている。】

（15）【SE『精神分析入門講義』の第一一講(GW-XI173ff.)。】

（16）【SE 自我と一致・共存している状態にあること。】フロイトの大きな見方では、自我との関係からみて欲動には二つの型があり、自我と共存できるものと自我と対立し抑圧されるものとに分かれる。そしてこの前者のほうの欲動が「自我親和的 ichgerecht」と形容される。

（17）【SA K・シュレッター「実験にもとづいた夢」(*Zentralblatt für Psychoanalyse*, Bd. 2, 1912, S. 638)。】ちなみに、この実験については『夢解釈』〔第六章、E節〕(GW-II/III389)〔本全集第五巻〕でも同様の報告がなされている。

（18）【SA S・ベトルハイム／H・ハルトマン共著「コルサコフ精神病における失錯反応」(*Archiv für Psychiatrie Nervenkrankheiten*, Bd. 72, 1924, S. 278)。】

(19)　慢性アルコール中毒などによる乳頭体周辺領域の病変で、病像としては、記憶・思考・人格・時空秩序の障害などが顕著になる。

(20)　【SE　『夢解釈』第六章、E節(GW-II/III 389)には、〔一九二五年の追加として〕この実験についてのやや長めの説明がなされている。】

(21)　【SA　H・ジルベラー「ある種の象徴的幻覚現象を惹起しそれを観察する方法についての報告」(*Jahrbuch für psychoanalytische und psychopathologische Forschungen*, Bd. 1, 1909, S. 513)および「覚醒時の象徴と入眠時の象徴一般」(*Jahrbuch für psychoanalytische und psychopathologische Forschungen*, Bd. 3, 1912, S. 621)。】

(22)　ジルベラーの「機能現象 funktionales Phänomen」については、『夢解釈』の原注(83)〔本全集第四巻、二八一頁〕ならびに第六章、E節(GW-II/III 383)、I節(GW-II/III 507-509)を参照。

(23)　この幻視については、『夢解釈』の第六章、I節(GW-II/III 507-508)でも同様の報告がある。言うまでもないが、この幻視では、自分の頭から抜け落ちた一方の見解が、不機嫌な秘書の姿をとって現れている。

(24)　【SE　フロイトは、『夢解釈』〔第六章〕に一九一四年に追加された個所(GW-II/III 349-350, 507-510)で、きわめて多くの引用を盛り込みながら、ジルベラーの実験について、はるかに詳細な説明を与えている。】

(25)　【SE　この外套の象徴は、『精神分析入門講義』の第一〇講(GW-XI 157, 159)で触れられているが、これが女性の夢にあてはまるという事実について言及されているのは、唯一、より早期に出版された「分析実践の経験と事例」(GW-Nb 617)〔本全集第十三巻、二七六頁〕のなかでのみである。】『夢解釈』の第六章、E節(GW-II/III 361)も参照されたい。

(26)　【SA　Th・ライク「夢における外套の象徴に対する民族心理学的対応物」(*Internationale Zeitschrift für Psychoanalyse*, Bd. 6, 1920, S. 350)。】

(27)　【SA　R・アイスラー『地の外套と天の幕屋』全二巻、ミュンヒェン、一九一〇年、第二巻、五九九—六〇〇頁。】

(28)　【SA　K・アブラハム「夢の象徴としての蜘蛛」(*Internationale Zeitschrift für Psychoanalyse*, Bd. 8, 1922, S. 470)。】

(29)　【SE　このテーマについては、死後出版(一九四〇年)になるフロイトのメモ「メドゥーサの首」(執筆は一九二二年)〔本全

集第十七巻〕を参照。】

(30)【SA　S・フェレンツィ「橋の象徴表現」(*Internationale Zeitschrift für Psychoanalyse*, Bd. 7, 1921, S. 211)ならびに「橋の象徴表現とドン・ファン伝説」(*Internationale Zeitschrift für Psychoanalyse*, Bd. 8, 1922, S. 77)。】

(31)【SA　M・J・アイスラー「夢解釈への寄与」(*Internationale Zeitschrift für ärztliche Psychoanalyse*, Bd. 5, 1919, S. 295)。】

(32)プラクシテレス(前三九〇―前三三〇年)はギリシアの彫刻家。ヘルメス像は、オリンピアで発見されたため俗に「オリンピアのヘルメス」といわれており、左腕に幼いディオニュソスを抱いた姿で造形されている。

(33)女性はただひとつの空孔しかもたないという幼児期の性理論(排泄孔理論)にもとづいた出産理論で、赤ん坊は大便と同じく肛門から排泄されるというもの。

(34)【SE　ドイツ語では「頻度〔Häufigkeit〕」も「積み上げ〔Häufung〕」もともに、「積み上げる〔häufen〕」から派生したものである。】

(35)【SE『精神分析入門講義』の第一一講(GW-XI 180)を参照。加えて『夢解釈』第六章、C節(GW-II/III 334 ff.)も参照されたい。】

(36)【SE『精神分析入門講義』の第一二講(GW-XI 189)を参照。これらの例はすべて、『夢解釈』第六章、C節(GW-II/III 319 ff., 337 ff.)に見られる。】

(37)【SA　F・アレクサンダー「対になった夢ならびに連続した夢について」(*Internationale Zeitschrift für Psychoanalyse*, Bd. 11, 1925, S. 80)。】

(38)【SA『精神分析入門講義』の第一四講(GW-XI 218 ff.)を参照。】

(39)【SA　この最後の段落での議論がはじめてフロイトによってなされたのは、『快原理の彼岸』のII節(GW-XIII 8 ff.)〔本全集第十七巻、六〇頁以下〕およびIII節(GW-XIII 16 ff.)〔同巻、六八頁以下〕においてであった。このあとの第三二講(GW-XV 113-114)〔本巻一三七―一三八頁〕には、これに対するさらなる言及が見られる。】

第三〇講　夢とオカルティズム

（1）この論文以外にフロイトのオカルティズムについての主たる言及は、「精神分析とテレパシー」および「夢とテレパシー」〔いずれも本全集第十七巻〕に見られる。【SA　アーネスト・ジョーンズは『フロイトの生涯と作品』第三巻、ベルン－シュトゥットガルト、一九六二年、第一四章で、フロイトのオカルティズムに対する態度を包括的に概観している。】

（2）【SA　シェイクスピア『ハムレット』第一幕、第五場。】「ホレイショー、この天地のあいだには、人間の学問などの夢にも思いおよばぬことが、いくらでもあるのだ」（『ハムレット』野島秀勝訳、岩波文庫、二〇〇二年、七七頁）。「精神分析とテレパシー」（GW-XVII 28）〔本全集第十七巻、二九〇頁〕にも同じような引用が見られる。ちなみに、このハムレットの科白が指しているのは、父王の亡霊の出現である。

（3）自らが知覚したものと、たんに想像しただけのものとを区別し、混同を避けるプロセスをいう。【SA　この問題は、「夢学説へのメタサイコロジー的補遺」（GW-X 421ff.）〔本全集第十四巻、二六五頁以下〕で詳しく論じられている。『精神分析入門講義』〔本全集第十五巻〕の第二三講（GW-XI 386-387）も参照されたい。】

（4）【SA　ナンセンスなものがもたらす快については、『機知――その無意識との関係』のIV節（GW-VI 140-143）〔本全集第八巻、一四九－一五二頁〕で詳しく扱われている。】

（5）【SA　ゲーテ『ファウスト』第一部、第四場。】メフィストフェレスの科白。「理性だの学問だのという人間最高の力を軽蔑するがいい」（『ファウスト　第一部』相良守峯訳、岩波文庫、一九五八年、一二四頁）。

（6）【SA　「夢とテレパシー」のこと。】以下のテレパシー夢の例は、この論文の一番目の事例（GW-XIII 168ff.）〔本全集第十七巻、三一五頁以下〕でより詳しく説明されている。

（7）「夢とテレパシー」（GW-XIII 169-170）〔本全集第十七巻、三一五－三一七頁〕では、この連想が、男性の手紙からの直接的引用のかたちで説明されている。

（8）【SE　死後出版（一九四一年）となった、以前の論文「精神分析とテレパシー」（一九二一年執筆）（GW-XVII 34-35）〔本全集第十七巻、二九八頁〕でフロイトは、占い師が無意味な活動によって自身の注意を散漫にすること――それは無意識的な心的過程を解き放つ手段である――の重要性について論じている。ここでフロイトは比較として、ある種の機知を作り出す際になされる、似たような「注意を逸らすやり口」の使用を指摘している。これについては、『機知――その無意識との関係』(一九〇五年)のⅣ節(GW-VI169-171)〔本全集第八巻、一八〇―一八二頁〕を参照されたい。これよりさらに早く、フロイトは『ヒステリー研究』(一八九五年)の技法部「ヒステリーの精神療法のために」(GW-I270-271)〔本全集第二巻、三四三―三四五頁〕において、催眠状態を引き起こすためのある種の技法、とりわけ、患者の前額を圧迫することによって忘却された事実を引き出す彼自身の用いた初期の方法を、同じやり方で説明している。のちにフロイトは、これを『集団心理学と自我分析』(一九二一年)(GW-XIII140-141)〔本全集第十七巻、二〇〇―二〇一頁〕における催眠の議論へと発展させてもいる。『日常生活の精神病理学にむけて』(一九〇一年)(GW-IV144)〔本全集第七巻、一六二頁〕では、機械的な行為に注意が向けられることになると、その行為が不全に陥るという事実について、いくつかの言及が見られる。】

(9)【SE　以下の事例は、「精神分析とテレパシー」(GW-XVII36-40)〔本全集第十七巻、二九九―三〇五頁〕において、かなりの長さといくらかの異文を含むかたちで報告されている。またはるかに簡潔なかたちであるが、「夢解釈の全体への若干の補遺」のc節(GW-I570-572)〔本全集第十九巻、二四五―二四六頁〕でも報告されている。】

(10)【SA　夫に対する貞節を破りたいという誘惑に対する不安。】

(11)「精神分析とテレパシー」(GW-XVII38)〔本全集第十七巻、三〇二頁〕では「砂をいっぱいに入れた鉢」となっている。

(12)【SE　この事例もまた、いくぶん詳細なかたちで「精神分析とテレパシー」(GW-XVII32-36)〔本全集第十七巻、二九五―二九九頁〕に報告されている。】

(13)【SE　「精神分析とテレパシー」(GW-XVII34)〔本全集第十七巻、二九七頁〕では「蟹」となっている。】

(14)【SE　この事例は「精神分析とテレパシー」(GW-XVII41-44)〔本全集第十七巻、三〇六―三〇九頁〕においても、さらにいくつかの細部が追加されたかたちで報告されているが、説明は本講のほうが、いくつかの点で詳しくなっている。】なお、イルゼ・グループリヒ＝ジミティス(『フロイトのテクストに帰れ』フランクフルト・アム・マイン、フィッシャー社、一九九三年）によれば、この事例についてのいっそう詳しいフロイトの草稿があるらしい。「精神分析とテレパシー」の編注（19）を参照。

（15）「高級娼婦」の原語はLebedame. 一般的に、感覚的享楽を追い求める上流社会の遊蕩女をさすらしい。今ふうに言えば「有閑マダム」というところかもしれないが、「精神分析とテレパシー」（GW-XVII 42）〔本全集第十七巻、三〇七頁〕には、この女が「職業と客」をもっていたとあるので、半ば娼婦のような生活をしている遊び女とも考えられる。SEではdemi-mondaine（売春婦、めかけ）の訳語があてられている。ここでは「精神分析とテレパシー」の須藤訓任訳に合わせておく。

（16）「精神分析とテレパシー」では、この筆跡鑑定家はウィーンですこぶる名高いラファエル・シェーアマンとなっており、この人物の奇跡的な所業についてこう説明されている。「シェーアマンは筆跡見本からその人物の性格を読み取ることができるばかりか、そのうえその人の風貌がどうであるかを述べ、あまつさえさらに予言を行うと、のち事実その通りの運命になるというのです」（GW-XVII 41）〔本全集第十七巻、三〇六頁〕。

（17）グループリヒ＝ジミティス（本講の編注（14）参照）によれば、「ある女性」とは、この男性の兄の嫁であり、当時、彼は十四歳で、義姉は六歳年上だったとのことである。「精神分析とテレパシー」の編注（19）を参照。

（18）【SE　以下の事例は、「精神分析とテレパシー」に三番目の事例として組み込まれる予定のものであった。これが省かれた事情は、フロイト自身によってそこに記されている通りである（GW-XVII 41）〔本全集第十七巻、三〇五―三〇六頁。また、この経緯については、同巻の「解題」（四二二―四二三頁）にも詳しい〕。同論文で指摘されているように、これにはオリジナル草稿が存在している。オリジナルは、この講義で披露されたヴァージョンとほとんど異同がないため、それだけを単独で印刷する必要性は乏しい。なお、付け加えておくが、一九五五年にSEの本巻〔第二十二巻〕が出版されて以来、この草稿は、なぜかまたもや行方不明になった〔ただし、これは現在、再発見されている〕。】

（19）【SA　デイヴィッド・フォーサイス博士（一八七七―一九四一年）。ロンドンのチャリング・クロス病院の医長。一九一三年に設立されたロンドン精神分析協会の最初の会員の一人でもある。】ジョーンズによると、フォーサイスは、本文にも記載されているように、精神分析の勉強をするために、一九一九年十月のはじめから七週間、ウィーンに滞在したという（『フロイトの生涯』竹友安彦・藤井治彦訳、紀伊國屋書店、一九六四年、三八三―三八四頁）。

(20)「用心の君」の原語は Herr von Vorsicht. ドイツ語で Vorsicht は「用心」、「慎重」を意味するため、ここではこのあだ名を「用心の君」とでも訳しておく。

(21) アーノルド・ベネット(一八六七―一九三一年)、イギリスの小説家。

(22) ジョン・ゴールズワージー(一八六七―一九三三年)、イギリスの小説家。あとにも触れられているように、所有欲の権化ソームズ・フォーサイトを主人公にした『財産家』(一九〇六年)は、彼が作家としての地位を築いた作品で、その続篇の『窮地』(一九二〇年)ならびに『貸家』(一九二一年)などとともに、『フォーサイト家物語』(一九二二年)をなしている。

(23) ドイツ語ふうに発音すれば、フォーサイト(Forsyte)は「フォアジーテ」、フォーサイス(Forsyth)は「フォアジート」くらいになり、二つのあいだにほとんど差はない。

(24)【SA ハンガリーの精神分析推進者。】ブダペストの裕福な醸造業者で、あとにも書かれているように、フロイトにとって大きな役割を果たした「国際精神分析出版社」(一九一九年設立)のための資金を提供するなど、その巨額の財を精神分析の推進に捧げた。一九二〇年、癌により、惜しまれつつ四十歳の若さで死去。フロイトは、彼について感動的な追悼文を残している(「アントン・フォン・フロイント博士追悼」〔本全集第十七巻〕)。

(25) a mare's nest は、直訳すれば「雌馬の巣」くらいの意であり、本文の直後にもあるように、「ありもしないもの」という意味で用いられる。ただし、ここで注意されたいのは、その意味ではなく、「ア・メアーズ・ネスト」という発音である。フロイトは明言していないが、この音はすぐ後で登場するジョーンズの名「アーネスト」とどこか響き合う。

(26)「更に七日待って、彼〔ノア〕は再び鳩を箱舟から放した。鳩は夕方になってノアのもとに帰って来た。見よ、鳩はくちばしにオリーブの葉をくわえていた。ノアは水が地上からひいたことを知った」(新共同訳聖書「創世記」八・一〇―一一)。

(27)【SA「精神分析中に現れたオカルト的出来事」(*Imago*, Bd. 12, 1926, S. 418)。】ヘレーネ・ドイチュ女史はウィーンの精神分析家で、一九二三年、ウィーンの精神分析教育訓練所の初代所長に就任した。

(28)【SE この考えは、死後出版の「精神分析とテレパシー」の「まえがき」(GW-XVII27-31)〔本全集第十七巻、二八九―二九四頁〕で、かなり詳しく披露されている。】

(29)【SA　D・バーリンガム「小児分析と母親」(*Zeitschrift für die psychoanalytische Pädagogik*, Bd. 6, 1932, S. 269)。】ドロシー・バーリンガムは、一九二五年にウィーンを訪れ、Th・ライクおよびフロイトの分析を受けたアメリカ人女性。四人の子供にも分析を受けさせ、それがきっかけで児童分析を職業とすることになった。フロイト一家、とりわけアンナと親しくなり、フロイト自身も彼女のことを大変気に入っていたようである。「ある微妙な失錯行為」(本巻所収)で言及されている女性も、このバーリンガム夫人らしい。

第三一講　心的パーソナリティの分割

(1)【SA　この講義のテーマ、その大部分が『自我とエス』のI—III節(GW-XIII 239 ff.)〔本全集第十八巻、四頁以下〕およびV節(GW-XIII 277 ff.)〔同巻、四七頁以下〕からのものである。むろん、この講義では、いくつかの論点が拡張されてもいる。】

(2)「自我から遠い ichfremd」とは、フロイトのタームとしての「自我親和的 ichgerecht」の反対概念であり、「自我と非親和的な」、「自我が受け入れることができない」という意味である。「自我から遠い」欲動や表象は抑圧され、症状をつくり出す。

(3) ここで用いられている「自我心理学 Ichpsychologie」は、H・ハルトマン(一八九四—一九七〇年)やE・H・エリクソン(一九〇二—九四年)に代表されるような、エス、超自我に対して自我の重要性をとくに強調する自我心理学派のいうそれではない。エス、超自我に対して自我がどのような位置を占めているのかに照準を合わせた、自我についての心理学的研究くらいに理解されたい。

(4)【SA　今日の用語法ではたぶん「鬱病〔Depression〕」にあたるだろう。】

(5)『実践理性批判』波多野精一、宮本和吉、篠田英雄訳、岩波文庫、一九七九年、三一七頁を参照。

(6) 現実の外的な危険を目の前にしたときに自我が抱く不安を指す。フロイトははじめ不安を、この現実不安と、神経症的不安の二つに分類していたが、本講の終わり近く(GW-XV 85)〔本巻一〇二頁〕にもあるように、やがて、これにもうひとつ、超自我に対する自我の不安を追加している。

（7）【SA　こうしたことについては、先行の入門講義では、ごくわずかな指摘しかない（たとえば第二六講（GW-XI 443-444）〔本全集第十五巻〕を参照）。同一化については、『集団心理学と自我分析』のⅦ節（GW-XIII 115 ff.）〔本全集第十七巻、一七三頁以下〕で扱われているし、超自我の形成については、『自我とエス』のⅢ節（GW-XIII 256 ff.）〔本全集第十八巻、二三頁以下〕で詳しく論じられている。】

（8）他人を把握するときに主導的となる無意識的な人物表象のことで、とくに、その原型となるのは、両親との初期の関係である。

（9）SEの指摘によれば、フロイトが「自我理想」の概念を初めて打ち出したのは一九一四年の「ナルシシズムの導入にむけて」（GW-X 160-161）〔本全集第十三巻、一四一頁〕においてである。そのときはこの「自我理想」と、それによってナルシシズム的満足が得られるかどうかを見張る心的審級とが区別されていたし、また同じように、『精神分析入門講義』〔本全集第十五巻〕の第二六講（GW-XI 427 ff.）でも、自我のあらゆる活動を自我理想に照らして判定している心的審級の存在に気づいている一人の患者の話が紹介されている。しかし、理想と審級のこの区別は、やがてその境界がぼんやりとしてくる。そして本講において、この審級が「超自我」と同定されたときに、この区別は再度復活することになった。【SA　ここでフロイトは（第二六講（GW-XI 444）でもそうだったように）「超自我」と「自我理想」を区別している。しかし、他の論文、たとえば『自我とエス』〔本全集第十八巻、二三頁〕では、この二つの名称は同義のものとして用いられている。】

（10）アルフレート・アードラーによって創始された心理学の一派。【SA　第三四講（GW-XV 151 ff.）〔本巻一八四頁以下〕では、この一派の見解について議論されている。】

（11）【SE「解剖学的な性差の若干の心的帰結」の原注（4）〔本全集第十九巻、二〇九頁〕参照。】

（12）【SA　エーミール・ルートヴィヒ著『ヴィルヘルム二世』（一九二六年）。】ヴィルヘルム二世は一八八八年から一九一八年まで長きにわたってドイツの皇帝の座についていたが、第一次大戦末期、ベルリン革命など戦争による国内の混乱を収拾しきれず、オランダに亡命した。

（13）【OC　A・アイヒホルンの『不良少年たち』が暗示されている。】「アウグスト・アイヒホルン著『不良少年たち』へのはしがき」〔本全集第十九巻〕も参照。

（14）【SA　『集団心理学と自我分析』のⅧ節（GW-XIII 128）〔本全集第十七巻、一八八頁〕参照。】【OC　実際には「超自我」という用語がフロイトによって導入されたのは、一九二三年の『自我とエス』においてである。】

（15）【SA　『精神分析入門講義』の第四講（GW-XI 58-59）〔本全集第十五巻〕参照。】

（16）ゲオルク・ヴァルター・グロデック（一八六六－一九三四年）。ドイツの医師。フロイトの「エス」の概念に影響を与えたのは、とりわけグロデックの『エスの本』（一九二三年）だとされている（『自我とエス』（GW-XIII 251）〔本全集第十八巻、一八－一九頁〕参照）。邦訳『エスの本――無意識の探究』岸田秀・山下公子訳、誠信書房、一九九一年。

（17）「エス」という語の使用に関しては、『自我とエス』の編注（21）を参照。

（18）もちろん、ウィルソンとは、民族自決主義を唱道したアメリカ第二十八代大統領トーマス・ウッドロー・ウィルソン（一八五六－一九二四年）のこと。【SA　フロイトは、この講義を書きおろすほんの一年ほど前に、W・C・ブリット（当時のベルリン駐在アメリカ大使）と共同で、ウッドロー・ウィルソン大統領についての精神分析的研究をものしているが、この大統領の政治的判断能力にはきわめて批判的であった。一九六六年になってはじめてブリットがウィルソンについての研究を英語で公刊する。たしかにフロイトの見方から影響を受けていることがはっきりしているものの、そこには、緒言（「S・フロイト／W・C・ブリット共著『トーマス・ウッドロー・ウィルソン』への緒言」〔本全集第二十巻〕）を除いて、事実上フロイトが書いたものは含まれていない。】

（19）【SA　フロイトはここで、欲動を身体的なものと解し、心のなかの出来事はその代理表現であるととらえている。】

（20）AはBであると同時にBでないということはありえないという論理学の基本法則。

（21）【SA　ここでフロイトが念頭に置いているのはカントである。】

（22）もちろんこの区別は、いわゆる一次過程と二次過程の区別にもあたっている。【SA　フロイトはしばしばこの区別を行っている。たとえば「無意識」（GW-X 287）〔本全集第十四巻、二三七頁〕では、この区別はもともとブロイアーによるものとされ、フロイト自身、こう述べている。「私はこの区別は、今までのところ、神経のエネルギーの本質についてわれわれが得た

最も深い洞察を呈示するものである」と。そのほか、第三一講の編注(13)も参照されたい。】

(23)【SA　ここでのエスの叙述は、主として「無意識」のV節(GW-X 285-288)〔本全集第十四巻、二三四―二三八頁〕に拠ったものである。】

(24)　第三〇講の編注(3)を参照。

(25)【SA　第三一講(GW-XV 96)〔本巻一一六頁〕にはこれについてのさらなる論及が見られる。】

(26)【SA　フロイトがこの連関をどのようにイメージしていたかについては、「「不思議のメモ帳」についての覚え書き」(GW-XIV 7-8)〔本全集第十八巻、三二一―三二三頁〕を参照。】

(27)【SA　しかし実際のところフロイトは、入門講義でこのテーマに立ち戻ることはしていない。自我のもつ統合という性格については、『制止、症状、不安』のIII節(GW-XIV 124-128)〔本全集第十九巻、二一一―二一六頁〕で詳しく論じられている。】

(28)　欲動が心的表現ないし表象代理のかたちをとったもの。意識はこれを整序し、許容したり禁圧したりする。本講の編注(19)も参照されたい。

(29)　『自我とエス』での同様の図(GW-XIII 252)〔本全集第十八巻、二〇頁〕との大きな違いは、ここでは、聴覚帽が削除されるとともに、超自我が描き込まれている点である。【SA　この図は、『続・精神分析入門講義』の初版〔国際精神分析出版社、一九三三年〕では、エスを下にして垂直に立っていた。その後、GWでも『著作集成』でも(おそらく場所の節約のために)水平に寝かされることになった。】【OC　この図の最初の諸版およびそれらへの注釈としては、イルゼ・グループリヒ＝ジミティス『フロイトのテクストに帰れ』(第三〇講の編注(14)参照)を参照。】

(30)　催眠術のこと。

(31)【OC　ドイツ語原文は、„Wo Es war, soll Ich werden.“ この文の翻訳は、しばしば注釈の加えられるところであるが、第一にこれが置かれている理論的文脈を考慮せねばならない。第二に、フロイトが「自我〔das Ich〕」、「エス〔das Es〕」という名詞化された代名詞を用いて名付けた心的装置の二つの審級の場所の限定を考慮すべきである。名詞の形を取っていることは、大文字で書かれていることと、定冠詞が付されているところから明らかである。この一文においてフロイトは、冠詞を削除しているが、表記は大文字のままにしている。それゆえ、「それのあったところに、私が生じねばならない」といった翻訳は、名詞を代名詞に翻訳しなおすことになる。これらの名詞に定冠詞を付すことなしに、どのようにして意味を通すことができるのだろうか?】OCではこのあとまだ注が続いているが、要するにその主旨は、本文のこのあとのゾイデル海の干拓の比喩を普通に考慮に入れると、ここでのフロイトの文においてはEsをdas Esと解釈し、Ichをdas Ichと解釈するのが妥当だろうということ、つまり、海(エス)のあったところに、確たる大地(自我)を生じさせねばならないということである。ただ、この個所に関しては、よく知られているように、こうした曖昧さをいわば利用するかたちで、ラカンをはじめとして、さまざまな知的拡大解釈が試みられてもいる。

ちなみにTh・W・アドルノ(一九〇三―六九年)は、『文学ノート』(一九五八―七四年)に収められた「諸前提」という論文で、このフロイトの言葉を„Was Es ist, soll Ich werden“(「エスであるところのものに、自我を成らしめねばならぬ」)ともじることで(『アドルノ　文学ノート　2』三光長治・高木昌史・圓子修平・恒川隆男・竹峰義和・前田良三・杉橋陽一訳、みすず書房、二〇〇九年、一五七頁。ただし、訳文は変更した)、モデルネ芸術の向かうべきところを指摘すると同時に、フロイトの晩年の「自我心理学」の過剰な突出への傾きを、自身が正道と考える方向へと引き戻そうとしているようにも見える。

(32)　オランダ北西部の湾。一九三二年に入口が閉められて、淡水のアイセル湖に変わった。

第三二講　不安と欲動生活

(1)　「放散のための神経支配」の原語はAbfuhrinnervation. 内的、外的な興奮によって心的装置にもたらされたエネルギーを排出(放散)するための神経支配のこと。

(2)　【SA『精神分析入門講義』〔本全集第十五巻〕の第二五講(GW-XI410-411)のより鮮明な説明を参照。】ここには、たとえばこうある。「不安という複合体をひとつにまとめ上げている核心は、ある種の重大な体験の反復です。この体験は、個人の前史ではなく種としての人間の前史に遡ることのできる、ごく早期に抱かれた非常に普遍的な性質の印象にすぎないのかもしれません。この情動状態は、ちょうどヒステリー発作と同じ構造をもち、ヒステリー発作が何らかの回想《レミニスツェンツ》の澱であるのと同じである、とでも言えばもっと分かりやすくなるでしょう」。

（3）【SA　以下、不安のテーマについて論じられていることの大半は、『制止、症状、不安』〔本全集第十九巻〕からのものであるが、しかし、ここに書き下ろされた論は、もっとも異論のある点についてのフロイトの最終的な考え方を示すものともなっている。】

（4）【SE　言い方はやや異なるが、このことが最初に述べられたのは、『自我とエス』の末尾近く（GW-XIII 287）〔本全集第十八巻、六〇頁〕においてである。これはまた、『制止、症状、不安』において、いくつかの観点から議論されている。たとえば（GW-XIV 171, 193-194）〔本全集第十九巻、六八頁、八九頁〕を参照。】

（5）【SA　第二五講（GW-XI 410, 420）を参照。】

（6）「父親代替物」の原語はVaterersatz.【OC　普通なら「父親を代替するもの」の意味であるが、この文脈では、母親の代替物としての父親という意味になっている。】

（7）【SA　この考えは、すでに「ある五歳男児の恐怖症の分析〔ハンス〕」〔本全集第十巻〕や「ある幼児期神経症の病歴より〔狼男〕」〔本全集第十四巻〕で立証されている。】

（8）【SA　ファルス段階については、本講のこのあと（GW-XV 105）〔本巻一二八頁〕でも論じられている。】

（9）【SA　S・フェレンツィ「性的習慣についての精神分析のために」（*Internationale Zeitschrift für Psychoanalyse*, Bd. 11, 1925, S. 6）。】

（10）【SA　O・ランク『出産外傷』ウィーン、一九二四年。】

（11）【SA　『精神分析入門講義』の第二五講（GW-XI 411, 422）を参照。ランクの出産理論に対するフロイトの批判的発言については、『制止、症状、不安』のⅧ節（GW-XIV 166）〔本全集第十九巻、六三頁〕およびX節冒頭（GW-XIV 181-184）〔同巻、七七―八一頁〕を参照。】【SE　フロイトがこの出産時の不安についての考えを最初に公表したのは、『夢解釈』〔第六章、E節〕に一九〇九年に追加された原注（GW-II/III 405-406）〔本全集第五巻〕においてであったが、この彼の理論はどうやら、ウィーン

の支持者のあいだでは、このときよりも比較的早い時期に知られていたようである。】

(12)　少し前(GW-XV 92)〔本巻一一二頁〕にも述べられていたように、リビードに対する不安が、迫り来る外的不安、つまり現実不安のかたちに転換させられるということ。

(13)　【SA　すでに第三一講(GW-XV 82)〔本巻九九頁〕において、思考のこの猶予機能が、自我の主要機能のひとつとして言及されている。思考を小規模の試験行為――すなわち「現実吟味」の本質的契機――とする見方は、フロイトのもっとも初期の基本理論のひとつであり、一次過程と二次過程の区分に密接に結びついている(同じく第三一講(GW-XV 81)〔本巻九八頁〕およびそこに付された注〔編注(22)〕を参照)。】【SE　思考を小規模の試験行為とするこの見方は、まず最初、一八九五年の「心理学草案」の第一部、一六―一八節(GW-Nb 422-430)〔本全集第三巻、四〇―四八頁〕に現れ、引き続き、第三部、三節(GW-Nb 466-472)〔同巻、八九―九六頁〕でも論じられている。そこでは、議論は表向き神経学のタームでなされているが、『夢解釈』(一九〇〇年)の第七章、E節(GW-II/III 605)では純粋に心理学的なものとして再登場している。のちにこの見方は、『機知――その無意識との関係』(一九〇五年)(GW-VI 219-220)〔本全集第八巻、二二八―二二九頁〕、「心的生起の二原理に関する定式」(一九一一年)(GW-VIII 233)〔本全集第十一巻、二六二頁〕、「無意識」(一九一五年)のV節(GW-X 287)〔本全集第十四巻、二三六―二三七頁〕、『自我とエス』(一九二三年)のV節(GW-XIII 285)〔本全集第十八巻、五七頁〕、および「否定」(一九二五年)(GW-XIV 14-15)〔本全集第十九巻、六―七頁〕にも登場することになる。これが最後に現れるのは、「精神分析概説」(一九三八年)の第八章(GW-XVII 125 ff.)〔本全集第二十二巻、二三七頁以下〕においてである。】

(14)　【SE　対抗備給の結果としての自我変容の考え方は、たとえば「防衛-神経精神症再論」(一八九六年)(GW-I 402-403)〔本全集第三巻、二一八頁〕など、すでにフロイトのごく初期のいくつかの論文にも見られる。また、もっと近いところでは、『制止、症状、不安』(一九二六年)(GW-XIV 189-190)〔本全集第十九巻、八五―八六頁〕にも見られるし、さらには、最晩年の技法論文「終わりのある分析と終わりのない分析」(一九三七年)のII節(GW-XVI 62 ff.)〔本巻二四七頁以下〕とV節(GW-XVI 79 ff.)〔本巻二六八頁以下〕でも議論されている。】

(15)　【SA　つまり、抑圧された欲動の蠢《うごめ》き。】

（16）【SE　不愉快な心的出来事を処理する正常な方法としての「心的加工」という概念は、フロイトが古くから用いている概念のひとつである。たとえば、ブロイアー、フロイト共著の「暫定報告」〔本全集第二巻〕と時を同じくしてなされた講演「ヒステリー諸現象の心的機制について」では、こう述べられている。「もっとも、健康な心的機制は、心的外傷の情動を除去するのに、たとえ運動性の反応や言葉による反応が不首尾に終わったとしても、他の手段を有しています。つまりそれは、連想による加工であり……」（GW-Nb 193）〔本全集第一巻、三三六頁〕。】

（17）【SA　この個所の前のほうの「性格」のテーマに関する議論は、『自我とエス』のⅢ節冒頭（GW-XIII 256 ff.）〔本全集第十八巻、二三頁以下〕の議論を受け継いだものであり、そのあとの「反動形成」についての部分は、『制止、症状、不安』のⅪ節（GW-XIV 189-190）〔本全集第十九巻、八五―八六頁〕に遡るものである。】

（18）【SA　『精神分析入門講義』の第二五講（GW-XI 418-419）を参照。】【SE　メタサイコロジー論文「抑圧」（GW-X 254 ff.）〔本全集第十四巻、二〇二頁以下〕を参照。】

（19）【SA　「エディプスコンプレクスの没落」（GW-XIII 399）〔本全集第十八巻、三〇六頁〕を参照。】

（20）【SE　シャルコーの余韻が感じられるところのあるこの個所は、フロイトのごく初期の論文「防衛‐神経精神症」（一八九四年）（GW-I 64）〔本全集第一巻、三九八頁〕にまで遡る。】

（21）【SE　『制止、症状、不安』では、フロイトはなお、不安神経症においては「利用されないリビードの過剰が不安を発展させる形で放散される」（GW-XIV 172）〔本全集第十九巻、六九頁〕といった見方を、少なくとも可能性としては維持していた。しかし、本講のこの文によって、この古い理論の最後の痕跡さえも放棄されることになった。】

（22）「欲動 Trieb」のもとになる動詞 treiben には、「切迫する drängen」と同じように、「駆り立てられて動く」という意味がある。【SE　文字通りには英語の drive〔「追いたて」、「疾駆」、「駆動」〕にあたり、実際しばしばそのように訳されてもいるが、この標準版〔SE〕においては、いろいろの理由から、一貫して instinct〔「本能」、「天性」〕が用いられている。】

（23）あることを自ら能動的に行って満足を得る場合が、能動的欲動目標の達成。あることを他から受動的に受けることで満足を得る場合が、受動的欲動目標の達成ということである。

（24）【SA　この段落のここまでは、「欲動と欲動運命」の冒頭部分（GW-X 210ff.）〔本全集第十四巻、一六七頁以下〕の大要をほぼ繰り返したものである。】

（25）自己保存欲動は抑圧されることはないし、不安信号によって抑えられることもないということ。

（26）性源域の興奮はそれが生じた身体的部位で満足させられるわけで、「器官快」とは、その場合に、部分欲動の自体性愛的満足によってもたらされる快のことをいう。【SA　「器官快」という名称については、『精神分析入門講義』の第二一講（GW-XI 335-340）でいくぶん詳細に論じられている。そこには、この段落の冒頭部分に関するさらに詳細な説明も見られる。】

（27）前段落に述べられた、目標ならびに対象に対する欲動の関係のさまざまな変更可能性のことを指している。

（28）【SA　予快〔Vorlust〕についての詳しい言及は、『性理論のための三篇』の第三篇の冒頭近く（GW-V 111-114）〔本全集第六巻、二七〇―二七三頁〕に見られる。このテーマはまた、『機知――その無意識との関係』にも幾度か登場している。】

（29）【SA　「幼児期の性器的編成」〔本全集第十八巻〕を参照。】

（30）【SA　K・アブラハム『リビード発達史の試み』ライプツィヒ‐ウィーン‐チューリヒ、国際精神分析出版社、一九二四年。】

（31）【SA　すなわち、固着を通して特定の神経症形態への素因が取りつく、リビード発達におけるいろいろな個所のことをいう。「強迫神経症の素因」〔本全集第十三巻〕を参照。】【SE　「自伝的に記述されたパラノイアの一症例に関する精神分析的考察〔シュレーバー〕」（GW-VIII 298）〔本全集第十一巻、一六三頁〕にも、この「素因の位置」という術語が登場している。】

（32）【SA　『精神分析入門講義』の第二二講（GW-XI 351ff.）を参照。】

（33）SAによれば、ここでフロイトが念頭においているのも、アブラハム『リビード発達史の試み』（本講の編注（30）参照）のようである。

（34）【SA　前掲『リビード発達史の試み』。】

（35）【SA　フロイトの初期論文「幼児の性理論について」（GW-VII 181）〔本全集第九巻、二九八―二九九頁〕を参照。】

（36）【SA　ルー・アンドレアス＝ザローメ「「肛門的なもの」および「性的なもの」」（*Imago*, IV, 5, 1916）。】

（37）【SA　ここまでの二つの段落は、その大部分が「欲動変転、特に肛門性愛の欲動変転について」〔本全集第十四巻〕からのものであるが、いくらか補足もなされている。このテーマはすでに『精神分析入門講義』の第二〇講（GW-XI 326）でも論じられている。】

（38）【SA　この連関については、すでにフロイトのごく初期の論文「性格と肛門性愛」〔本全集第九巻〕で暗示されている。】

（39）排尿の際にリビードの満足を得ようとする性愛の形式をいう。フロイトは、遺尿症も含めたこの尿道性愛の時期をファルス期に位置させているようであり、これと野心（功名心）との密な関係を、「性格と肛門性愛」でこう簡潔に表現している。「幼いころに遺尿症であった人たちに、並はずれた「燃えるような」功名心が見られる」（GW-VII 209）〔本全集第九巻、二八六頁〕。

（40）ヘロストラトスは、古代ギリシアの羊飼いで、紀元前三五六年、アレクサンダー大王が生まれたのと同じ日に、アルテミス神殿に放火したと言われている。エペソス市民は彼を死刑にし、その名を歴史から抹殺することにしたが、永遠に名を残したいという彼の野望は、その後もずっと生き延びることになった。フロイトはこの言い伝えを、放火と野心（アレクサンダー大王）との結びつきという観点から捉えている。

（41）【SA　これより少し前にフロイトは、このテーマで小さな論文「火の獲得について」〔本全集第二十巻〕を書いている。】

（42）【SA　しかしフロイトは、この前の第三一講では「エスの欲動要求から、対象への備給が発されます」（GW-XV 83）〔本巻一〇〇頁〕と書いている。他方また、本講のこのあとでは、破壊欲動の観点から、自我とエスを融合させるような発言〔「自我――とは言いましても、ここでは当人物全体としてのエスを指してのことです」〕（GW-XV 112）〔本巻一三六頁〕もしている。】リビードの貯蔵庫に関するこうした問題圏については、『自我とエス』の編注（71）を参照されたい。そこには、この点に関するきわめて詳細なSAの注が紹介されている。

（43）このあたりの議論は、やや焦点がずれているように思える。フロイトが言いたいのは、自我リビードと対象リビードが同じだということではなく、自我リビードが、もともとリビードに対立しているはずの自我欲動と無差別になってしまうということだろう。ナルシシズムの導入とともに性欲動が自我欲動と融合してしまい、欲動がユングのように一元化してしまうというのが、ここで、精神分析にとってのっぴきならぬ問題となって迫ってきたということである。「ナルシシズムの導入にむけて」(GW-X 141-142)〔本全集第十三巻、一二一－一二二頁〕を参照。

（44）【SA　この点については、『精神分析入門講義』の第二〇講(GW-XI 313ff.)と第二一講、とりわけ第二一講の冒頭部(GW-XI 332-335)を参照。】

（45）【SA　この問題については、『自我とエス』のⅣ節(GW-XIII 268ff.)〔本全集第十八巻、三七頁以下〕を参照。】

（46）本講の編注(42)を参照。

（47）たとえば、本講のこれよりあと(GW-XV 116-117)〔本巻一四一－一四二頁〕では、この逆戻りした破壊欲動が自我のなかの超自我と結びつくさまが、重大な事態として指摘されている。

（48）かつて生命体が誕生した時点を基準にすると、死の欲動はもとの無機物の状態へと戻ろうとする強迫を示していることになるが、他方、エロースのほうは、この死の欲動の強迫に対して、すでに成立している生命体を維持し、さらに大きなものへと統合してゆこうとするわけで、その点でこちらも守旧的といえるのではないかという疑問。この疑問に関しては、フロイトは最後まで明確な答えを避け、曖昧なままおいているように思える。

欲動の守旧的本性に関しては、『快原理の彼岸』(GW-XIII 38-41)〔本全集第十七巻、九〇－九三頁〕ならびに『自我とエス』(GW-XIII 269)〔本全集第十八巻、三八頁〕において、エロースにも死の欲動にもこの本性が当てはまると述べられている。しかし、最晩年の「精神分析概説」には、たとえば以下のような、これと異なる見方もうかがえる。「死の欲動は、欲動は以前の状態に戻ることを目指すというすでに述べた定式に従っていると言える。エロース（ないしは愛の欲動）には、われわれはこのような定式の適用を徹底することはできない。そうしようとすると、生きているものはかつて統一体だったが、その後引き裂かれ、今や再び結びつくことを目指しているということを前提とすることになる」(GW-XVII 71)〔本全集第二十二巻、一八三頁〕。

（49）【SA　反復強迫と死の欲動についてのこうした議論は、そのほとんどが、『快原理の彼岸』〔本全集十七巻〕から出てきたものである。のちの論文「マゾヒズムの経済論的問題」〔本全集第十八巻〕では、マゾヒズムについてのさらに詳細な説明が見られる。】

（50）　SEの英訳では、この「配分a distribution」に「後者のof the latter」という語が付加されているが、ここではあくまで原文に忠実に訳出しておいた。

（51）【SE　『自我とエス』のV節に付された長い原注〔本全集第十八巻、五一頁、原注(20)〕を参照。】

（52）【SA　罪責感のもっとも重要な説明としては、『自我とエス』のV節(GW-XIII 277 ff.)〔本全集第十八巻、四七頁以下〕、「マゾヒズムの経済論的問題」および『文化の中の居心地悪さ』のVII節(GW-XIV 482 ff.)〔本全集第二十巻、一三五頁以下〕、VIII節(GW-XIV 493 ff.)〔同巻、一四八頁以下〕が挙げられる。】

（53）【SA　攻撃欲動ないし破壊欲動については、これが書かれる少し前に、『文化の中の居心地悪さ』(一九二九年)のとりわけV節(GW-XIV 466 ff.)〔本全集第二十巻、一一八頁以下〕とVI節(GW-XIV 476 ff.)〔同巻、一二八頁以下〕において詳しく論じられている。】

第三三講　女性性

（1）【SA　この講義は、とりわけ以前の二論文「解剖学的な性差の若干の心的帰結」〔本全集第十九巻〕と「女性の性について」〔本全集第二十巻〕をもとにしたものである。しかし、成人女性のことを扱った終わりの部分には、新しい素材が含まれている。】【SE　フロイトは、死後出版の「精神分析概説」の第七章(GW-XVII 120 ff.)〔本全集第二十二巻、二三四頁以下〕でこのテーマに再度立ち戻っている。】

（2）　H・ハイネ(一七九七―一八五六年)の「北海」、第二集、七「疑問」より。邦訳『歌の本』(下)、井上正蔵訳、岩波文庫、一九五一年、一九七三年改訂、二七五―二七六頁。OCは、このフロイトの引用した一節が、もともとハイネの作品内では生の謎、人間の謎に関わるものであり、直接女性性に関わってはいないことを、とくに強調している。

（3）【SA　両性性については、『性理論のための三篇』第一篇、一節、A(GW-V 40-42)〔本全集第六巻、一七九―一八二頁〕を参照。】

（4）「重なり合いの錯誤」の原語はÜberdeckungsfehler.【SE　二つの異なったものを一つのものと間違えること。】この用語は、『精神分析入門講義』〔本全集第十五巻〕の第二〇講冒頭近く（GW-XI314）にも使用されており、フロイトはこれを、H・ジルベラーの『神秘主義とその象徴論の問題』（ウィーン‐ライプツィヒ、一九一四年）から採ったようである。同所に付されたSAの注にはこうある。「ジルベラー（同書、一六一頁）がこの語を用いて記述しようとした現象は、実際には互いに重なり合っている〔übereinander deckend〕二つの対象〔能動現象と受動現象〕を知覚しているのに、一つの対象のみを見ているように思ってしまうといった現象である」。

（5）【SE「男性的」ならびに「女性的」ということがもつ心理学的意味を確定することの困難については、『性理論のための三篇』の第三篇に一九一五年に追加された長い原注〔本全集第六巻、二八一頁、原注（8）〕で議論されているし、また、『文化の中の居心地悪さ』のⅣ節の末尾のさらに長い原注〔本全集第二十巻、一一六―一一七頁、原注（16）〕の冒頭で再論されてもいる。】

（6）【SA『精神分析入門講義』の第二一講（GW-XI340-341）を参照。】

（7）フロイトは、一八九五年から九七年のあいだ、幼児期における実際の誘惑体験が神経症の病因として重要な働きをしているという理論（誘惑理論）を打ち出していた。

（8）【SE フロイトは、ヒステリーの病因についての初期の議論のなかで、しばしば、大人による誘惑をヒステリーのもっとも一般的原因のひとつとしている（たとえば、「防衛‐神経精神症再論」（GW-I381-382）〔本全集第三巻、一九五―一九六頁〕、「ヒステリーの病因論のために」（GW-I444-445）〔同巻、二四一―二四二頁〕を参照）。しかし、フロイトは、これら初期の論文で、とくに女の子の父親に責任を負わせるような発言はしていない。じじつ、『ヒステリー研究』に一九二四年に追加された原注〔本全集第二巻、一七二頁、原注（36）、二二九頁、原注（44）〕で、二つの症例〔「病歴C　カタリーナ」と「病歴D　エリーザベト・フォン・R嬢」〕において、父親に責任があった事実を伏していたことを認めている。しかしフロイトは、一八九七年九月二十一日付のフリース宛書簡で、この事実を伏していたことをこのうえなくはっきり言明するとともに、自分の患者たちによって語られたこれらの話についての疑いをはじめて表明してもいる〔ジェフリー・ムセイエフ・マッソン編、ミヒァエル・シュレーター＝ドイツ語版編『フロイト　フリースへの手紙――一八八七―一九〇四年』河田晃訳、誠信書房、二〇〇一年、「手紙一三九」（二七五頁）〕。彼が、ほのめかし程度とはいえ、自らの誤りをはじめて公けにしたのは、数年後の『性理論のための三篇』の第二篇（GW-V 91）〔本全集第六巻、二四四頁〕においてである。しかし、そのあと「神経症病因論における性の役割についての私見」（GW-V 153-155）〔同巻、四一七－四一九頁〕では、この修正見解についてのはるかに詳細な説明がなされている。のちにフロイトは、「精神分析運動の歴史のために」（GW-X 55）〔本全集第十三巻、五五頁〕と『みずからを語る』（GW-XIV 59-60）〔本全集第十八巻、九四－九五頁〕において、この誤りの発見が彼の心にもたらした結果の大きさを記してもいる。テクストのこの段落で述べられているさらなる発見は、すでに「女性の性について」（GW-XIV 532）〔本全集第二十巻、二二三頁〕で指摘されたものである。】

（9）　つまり、通例は後年になると、女性のペニス羨望は影が薄くなってくるということ。

（10）　【SA　『精神分析入門講義』の第二二講（GW-XI 360-361）と第二三講（GW-XI 376ff.）を参照。】ここには、「相補系列 Ergänzungsreihen」についての詳しい説明もみられる。

（11）　【SE　自慰についてのフロイトの意を尽くした議論は、一九一二年のウィーン精神分析協会における、このテーマについてのシンポジウムのための発言「自慰についての討論のための緒言・閉会の辞」〔本全集第十二巻〕に見られる。ここには、これ以外の数多くの言及もなされている。】

（12）　【SA　R・マック・ブランスウィック「ある嫉妬妄想の分析」（*Internationale Zeitschrift für Psychoanalyse*, Bd. 14, 1928, S. 458）。】

（13）　【SA　J・ランプル＝ド・グロー「女性のエディプスコンプレクスの発達史のために」（*Internationale Zeitschrift für Psychoanalyse*, Bd. 13, 1927, S. 269）。】

（14）　【SA　H・ドイチュ「女性の同性愛について」（*Internationale Zeitschrift für Psychoanalyse*, Bd. 18, 1932, S. 219）。】

（15）　「原動力」の原語は Triebkraft. 直訳すると「欲動力」となる。

（16）　【SA　「ナルシシズムの導入にむけて」のII節（GW-X 154-156）〔本全集第十三巻、一三五－一三七頁〕を参照。】

（17）　【SE　このことについては、これより早く「処女性のタブー」（GW-XII 177）〔本全集第十六巻、八八頁〕のなかで言及され

ている。】

（18）【SA　フロイトはこのことを『精神分析入門講義』の第一三講（GW-XI 210）で確認している。例外があることは、たとえば第三一講のヴィルヘルム二世の例（GW-XV 72）〔本巻八六頁〕で示されている。】SEにはこれに加えて次のような注が付されている。【SE　この指摘がフロイトによって最初になされたのは、『集団心理学と自我分析』のVI節の原注〔本全集第十七巻、一六九頁、原注（26）〕においてである。これは、『文化の中の居心地悪さ』（GW-XIV 473）〔本全集第二十巻、一二五頁〕でも繰り返されている。】

（19）【SA　これについては、『集団心理学と自我分析』のXII節、D（GW-XIII 157-160）〔本全集第十七巻、二一八–二二二頁〕のいくつかの発言を参照。】

第三四講　釈明・応用・治療姿勢

（1）【SA　「精神分析運動の歴史のために」〔本全集第十三巻〕を参照。】

（2）抑圧された欲望や無意識の思考をイメージとして間接的に表現する方法で、たとえば夢ではしばしば、とがった長いものでペニスが、階段を登る動作で性交が表されるといったようなもの。

（3）【SE　デンマークの名高い学者ゲオルク・ブランデス（一八四二–一九二七年）のこと。フロイトはいつもこのブランデスのことを讃えていた。一九〇〇年の三月に彼がウィーンで講演するのをフロイトは聞いたことがあった。そのとき彼は感激し、妻〔マルタ〕にすすめられて、『夢解釈』〔本全集第四巻・第五巻〕を一冊ブランデスの宿泊しているホテルに送っているが、返事があったかどうかは定かでない。フリース宛の書簡を参照されたい〔前掲『フロイト　フリースへの手紙――一八八七–一九〇四年』、「手紙二四〇」（四三三–四三四頁）〕。アーネスト・ジョーンズは、前掲『フロイトの生涯と作品』第三巻で（一九二五年に行われた）この二人の会談について言及している〔邦訳、前掲『フロイトの生涯』四四八頁を参照〕。】

（4）【SA　アードラーの見解に対するフロイトのきわめて詳細な批判は、「精神分析運動の歴史のために」のIII節（GW-X 84 ff.）〔本全集第十三巻、八四頁以下〕でなされている。――不思議なことに、本講ではユングの分派活動については（このすぐあと（GW-XV 154）〔本巻一八七―一八八頁〕に名前を挙げず短い示唆をした以外には）触れられていないし、加えて、フロイトは、読者がユングの理論よりもアードラーの理論のほうを重大と考えていると思っているようである。このことは、「運動史」のなかの発言とも軌を一にしている。そこにはこうある。「ここで取り上げた二つの動きのうちでは、アードラーの動きの方が間違いなくより重要である」（GW-X 105）〔本全集第十三巻、一〇五頁〕。】

（5）【SE　フライベルクのこと。この町はのちにプシーボルと改称されている。】「プシーボル市長宛書簡抜粋」〔本全集第二十巻〕の編注（1）参照。

（6）【SA　『精神分析入門講義』〔本全集第十五巻〕の第二四講（GW-XI 398-399）を参照。】

（7）【SA　シラー『ヴァレンシュタイン』の〔第二部〕「ピッコローミニ父子」第二幕、第七場。】

（8）【SA　ユングのこと。】

（9）【SA　ランクのこと。】

（10）【SA　シュテーケルのことを指していると思われる。】

（11）【SA　ブロイアーによる最初の女性患者の治療が念頭に置かれている。『精神分析入門講義』の第一八講（GW-XI 288-289）を参照。】

（12）【SA　『精神分析入門講義』の第一〇講（GW-XI 170-171）を参照。】

（13）【SA　以下の叙述は、分析と教育の関係についてのフロイトの説明のうちもっとも長いものであるが、唯一これだけというわけではない。その時その時になされた数多くの言及とは別に、フロイトは、たとえば「ある五歳男児の恐怖症の分析〔ハンス〕」の第三章、三節（GW-VII 372 ff.）〔本全集第十巻、一六八頁以下〕で、かなり詳しくこのテーマに立ち入っている。性教育にかかわる特殊問題は、初期の論文「子供の性教育にむけて」〔本全集第九巻〕の主題となっている。また宗教教育のテーマについては、『ある錯覚の未来』のIX節（GW-XIV 368 ff.）〔本全集第二十巻、五一頁以下〕およびX節（GW-XIV 374 ff.）〔同巻、五七頁以下〕のいくつかの個所で言及されている。】

（14）【SE　ドイツ語の Erziehung〔「教育」〕という語は、この議論のあちこちで education と訳されているが、英語よりははる

かに広い意味をもっており、一般的な意味での upbringing〔「養育」、「躾」〕をも含んでいる。】

（15）『精神分析入門講義』の第二四講（GW-XI173ff.）、および「「文化的」性道徳と現代の神経質症」〔本全集第九巻〕を参照。

（16）【SA　とりわけ『精神分析入門講義』の第二二講（GW-XI351ff.）と第二三講（GW-XI372ff.）を参照。教育のディレンマについては、第二三講（GW-XI379）で論じられている。】

（17）【SE　この関連では、「アウグスト・アイヒホルン著『不良少年たち』へのはしがき」〔本全集第十九巻〕を参照。】

（18）【SA　『精神分析入門講義』の第二七講（GW-XI447ff.）および第二八講（GW-XI466ff.）。】

（19）【SE　フロイトは、これに序言「M・アイティンゴン著『ベルリン精神分析診療所に関する報告』への序言」〔本全集第十八巻〕を書いている。】アイティンゴンの出資のもと、エルンスト・ジンメルが加わってベルリンに精神分析研究所が創設されたのは、一九二〇年のことである。

（20）聖母マリア信仰で有名な南フランスの都市。マリア出現の奇蹟にあずかろうと、毎年二〇〇万の巡礼者があると言われている。

（21）【SA　ここでフロイトの念頭にあったのは、友人のフェレンツィのことだったかもしれない。】【SE　この数カ月後にフロイトはフェレンツィの死亡記事「シャーンドル・フェレンツィ追悼」〔本巻所収〕を書くことになるが、その記事には、ここでの見方が反響している。】

（22）第三三講の編注（15）を参照。

（23）ヴィクトル・ユゴー『海に働く人びと』一八六六年、第一部、第四章「不人気」。邦訳「海に働く人びと」金柿宏典訳、『ヴィクトル・ユゴー文学館』第八巻所収、潮出版社、二〇〇一年参照。【SE　フロイトはこれを、「自慰についての討論のための緒言・閉会の辞」（GW-VIII344）〔本全集第十二巻、二七一頁〕でも使用している。】

（24）【SE　フロイトの最晩年の論文「終わりのある分析と終わりのない分析」〔本巻所収〕は、精神分析治療の限界についての長い議論に当てられている。】

第三五講　世界観なるものについて

（1）「世界観 Weltanschauung」とはふつうには、「人間が、世界とその意味、ならびに世界における人間の存在を観察し判定するやり方」とでも定義されようが、冒頭の第二段落で説明されているように、フロイトはこの言葉をもともとのドイツ語の原義に近づけ、これに独特のニュアンス、何か広い意味での「形而上学」にでも近いようなニュアンスを付加している。【SAこの講義のテーマはすでに、『制止、症状、不安』のII節の終わり（GW-XIV 123）〔本全集第十九巻、二二頁〕で持ち出されている。】この個所には、たとえばこうある。「私は世界観の製造になど全く賛成ではない。世界観などは、そのようにあらゆる事柄について情報を与えてくれる旅行ガイド《ベーデカー》なしには生という旅路をゆくことなどできぬと告白して憚らぬ哲学者たちに委ねればよい」。フロイトの反形而上学的科学者としてのありようをずばり言い表すものでもある。

（2）「理想欲望」の原語は Idealwunsch. 何らかの対象を理想化し、それと同一化することによって自我理想を形成しようとする欲望と同じように、さまざまな局面で理想を眼前に打ち立てて、それに沿うかたちで思考や行動を律してゆこうとする欲望のことをいう。

（3）H・ハイネの「帰郷」、五八「世界も人生も」より。前掲『歌の本』（下）、八五頁。むろん、この文脈では、「ナイトキャップ」や「寝間着の布片」は、哲学者が自らの頭のなかから紡ぎ出した夜の妄想の破片をあらわしている。【SE　この詩行は、フロイトの好んだところであり、たとえば『夢解釈』の第六章、I節（GW-II/III 494）〔本全集第五巻〕では、夢の二次加工とからめて、それとなく暗示されているし、また一九〇八年二月二十五日のユング宛の手紙でも引用されている（E・ジョーンズ『フロイトの生涯と作品』第二巻、ロンドン－ニューヨーク、一九五五年、四八八頁〔ここでは「世界の組織のつくろいなんぞお手のもの」という部分が直接引用されている〕）。また、これより何年も前になるが、未来の妻に宛てた一八八三年のものとおぼしき手紙では、この詩行がまるごと引用されてもいる（同書、第一巻、ロンドン－ニューヨーク、一九五三年、二一四頁）。】

（4）【SA　女性神たちについては、『モーセという男と一神教』の第三論文、第一部、D（GW-XVI 185 ff.）〔本全集第二十二巻、一〇一頁以下〕に詳しい記述がある。】

（5）カント『実践理性批判』の結び。第三二講（GW-XV 67）〔本巻八〇頁〕および同所に付された編注（5）を参照。

（6）SEの注によれば、この文はもともと初版（一九三三年、国際精神分析出版社）では以下のようになっていたようである（英訳からの翻訳）。「哲学者カントの有名な言葉では、星々をちりばめた天空の存在とわれらが内なる道徳律の存在が、神の偉大さをしるすもっとも強力な証拠として挙げられていました」。

（7）直前の「魔術 Zauber」が、超自然的存在との交渉によって自然現象や人事の禍福を采配しようとする技術一般を広く指すのに対して、「呪術 Magie」とは宗教の概念に対比されるものであり、人間が自然の強大な力に対して、自らの味方をしてくれる他力によってではなく、自らのもつ魔術的な力を駆使してこれを克服しようとする合目的的ともいえる方法のことをいう。

（8）【SA『トーテムとタブー』の第三論文（GW-IX 106 ff.）〔本全集第十二巻、一一〇頁以下〕を参照。】

（9）新共同訳聖書「創世記」一・一―二五。

（10）この急変とは、おそらくダーウィンのいう原始群族からの変化を指していると考えられる（『トーテムとタブー』（GW-IX 152 ff.）〔本全集第十二巻、一六一頁以下〕を参照）。

（11）【SA　フロイトは、『ある錯覚の未来』（GW-XIV 367）〔本全集第二十巻、四九頁〕ならびに『文化の中の居心地悪さ』（GW-XIV 504-505）〔本全集第二十巻、一六〇―一六一頁〕において、社会が個人と同じように神経症にかかることがありうるのかという可能性について検討している。加えて『モーセという男と一神教』の第三論文、第一部、C（GW-XVI 176 ff.）〔本全集第二十二巻、九一頁以下〕では、この問題についていっそう詳しく論究されている。またこれらよりはるか以前に、宗教儀礼と強迫行為の類似性が指摘されてもいる（「強迫行為と宗教儀礼」〔本全集第九巻〕）。】

（12）ラテン語ならびに英語で併記されたこの概念は、日本語としてはふつう「先決問題要求の虚偽」と訳されている。論理学で言われる論理学的虚偽のひとつで、理由なく前提をたてて論ずる論法、証明すべき論点そのものを無証明のまま自明と見なして論ずる論法のことをいう。

（13）【SE　これについては『ある錯覚の未来』（GW-XIV 371）〔本全集第二十巻、五四頁〕でも考察されている。】

(14)【SA　フランツ・ヨーゼフ皇帝〔一八三〇―一九一六年〕は、俗に「老御大〔der alte Herr〕」と呼ばれていた。】

(15)【SA　フロイトがこれを書いていたのは七十六歳のときである。】

(16)【SA『ある錯覚の未来』〔本全集第二十巻〕には、フロイトのきわめて詳細な宗教批判が盛られている。】

(17)いわゆる「嘘つきのパラドクス」のひとつで、紀元前六世紀のエピメニデスのパラドクスとして知られている。【SE（エピメニデスのパラドクスとして知られている）このパラドクスのもっともシンプルなかたちは、「私は嘘をついている」と言われるときのそれである。もしこの人が嘘を言っているならば、その人の述べていることは真だということになるし、もしその人が述べていることが真だとすれば、その人は嘘を言っていることになる。】OCの注には、このSEで言われているもっともシンプルなものとして、紀元前四世紀のギリシアの哲学者エウブリデスのパラドクスが挙げられている。

(18)マルクスは、個人は、主観的意識においていかに社会を超越していると感じていようとも、究極的には社会によって規定されていると考えており、人間社会のこうした発展の形態を自然史的過程と呼んだ。たとえば『資本論』序文の次のような個所を参照されたい。「私の立場は、経済的な社会構造の発展を自然史的過程として理解しようとするものであって、決して個人を社会的諸関係において責任あるものにしようとするのではない。個人は、主観的にはどんなに諸関係を超越していると考えていても、社会的には畢竟その造出物にほかならないものであるからである」(『資本論』第一巻、向坂逸郎訳、岩波文庫、一九四八年、一六頁)。

(19)「人間群族」の原語はMenschenhorde.【SE　フロイトは、この「群族〔Horde〕」という用語を、比較的小さな集団にあてて使用している。『トーテムとタブー』(GW-IX 152-153)〔本全集第十二巻、一六一―一六二頁〕を参照。】

(20)ルイス・ブレリオ(一八七二―一九三六年)はフランスの飛行家。彼が飛行機によるドーヴァー海峡の横断に成功したのは一九〇九年のことである。

(21)ドイツのフェルディナント・フォン・ツェッペリン(一八三八―一九一七年)によって一九〇〇年に製造されたはじめての硬式飛行船。一九〇九年には、このツェッペリン飛行船による航空会社がつくられ、第一次大戦ではイギリス空襲にも用いられた。

（22）第一次大戦でドイツの潜水艦が魚雷攻撃を駆使して、多大の戦果を挙げたのはよく知られたところである。

（23）【SE「戦争はなぜに」（GW-XVI 25）〔本全集第二十巻、二七一頁〕には、これと同じような言い回しが見られるし、『ある錯覚の未来』には「私は文化と文明とを切り離すことには反対であり」（GW-XIV 326）〔本全集第二十巻、四頁〕と、こうした言語使用についての大雑把なコメントが見られる。】

（24）【SA　フロイトはこの当時、とりわけ「文化過程」という考えに関心を向けていた。これについてはすでに、『文化の中の居心地悪さ』のいくつかの個所（GW-XIV 456-458, 481, 499ff.）〔本全集第二十巻、一〇五―一〇七頁、一三四―一三五頁、一五四頁以下〕で詳しく論じられているし、さらには、アインシュタイン宛の公開書簡「戦争はなぜに」の末尾（GW-XVI 25-26）〔本全集第二十巻、二七一―二七二頁〕で言及されてもいる。しかし、この「文化過程」という考えは、フロイトがはるか以前に主張していた別の考え方と結びついている。すなわち、抑圧は有機的過程であるという仮説である。フロイトはこの関連を、『文化の中の居心地悪さ』のⅣ節の最初と最後につけられた長い二つの原注〔本全集第二十巻、一〇九―一一一頁、原注（14）、一一六―一一七頁、原注（16）〕のなかで強調している。】

終わりのある分析と終わりのない分析

（1）ここで「神経症的症状、制止、性格異常」と三つの要因がならべられているのはつぎのような二つの含みがあろう。すなわち、フロイトが自らの不安についての考え方を修正した『制止、症状、不安』〔本全集第十九巻〕で示したように、「制止」とは自我機能の低減によって生じ、「症状」とは欲動の代替形成であるということが一つ。もう一つは、自我は抑圧をこうむるさい、抑圧された欲動の永続的な本性から、自ら対抗備給を行うことによってその防衛行動を確固たるものにする必要があり（これは本論文のⅤ節（GW-XVI 79ff.）〔本巻二六八頁以下〕で論じられる「自我変容」のテーマである）、このことは三つ目の要因である「性格異常」に繋がっているということである。

（2）オットー・ランク（一八四四―一九三九年）は、ウィーン生まれのオーストリアの精神分析家。早くからフロイトの精神分析運動のサークルに加わる(一九〇六年)が、一九二四年に『出産外傷』を上梓した頃からフロイトと思想的不和が生じた。その後は主にアメリカで活躍した。

(3)　正式な標題は『出産外傷と、その精神分析に対する意味』(国際精神分析文庫、第十四冊、一九二四年)。この著作に対するフロイトの見解は、『制止、症状、不安』(GW-XIV 166 ff., 182 ff.)〔本全集第十九巻、六三頁以下、七八頁以下〕などを参照。たとえばつぎのような個所がある。ランクは「小児の最初期の恐怖症と出生の出来事が残す印象とのあいだの関連を裏付けるため、極めて精力的な試みをしている。しかし私には、それが成功しているとは思えない」〔同巻、六三頁〕。また、「「神経症者になるのは、出産外傷の強さゆえに、これに対して浄化反応することに決して成功しない者である」というランクの公式は、理論的には極めて疑わしい。外傷の浄化反応という言葉で何を意味しているのかが、はっきりとはわからないのである」〔同七九頁〕。

また、E・ジョーンズ『フロイトの生涯と作品』(全三巻、ロンドン-ニューヨーク、一九五三-五七年。邦訳『フロイトの生涯』竹友安彦・藤井治彦訳、紀伊國屋書店、一九六四年)によると、フロイトは、一九二三年に上梓されたフェレンツィとランクの共同執筆の著作『精神分析学の発展』に対し、当初の評価を徐々に下げ、「この本は「正直でない」と思った」ようだった。なぜならば「この本の裏にはランクの「出産外傷」についての考えとフェレンツィの「能動法」という技術的方法が隠されており、双方共分析の期間を短くする目的のものなのであるが、どちらもこの本にはっきりと挙げられていない」(『フロイトの生涯』四一三頁)からだった。さらに、つぎのような記述がある。「フロイトはごくわずかな場合においてのみ、患者の分析に期限を、つまり分析を終えねばならぬ予定の日を告げていた。ところがランクはあらゆる場合に例外なくこれを行ない、それによって分析の期間を著しく短縮していた」(同書、四一五頁)。

(4)　ここでランクが用いている「原固着」、「原抑圧」という言葉の原語はそれぞれ、Urfixierung、Urverdrängung である。フロイトは「原固着」という語を使用しないが、そもそも彼によれば、原抑圧と固着とは密接な関係にある。「自伝的に記述されたパラノイアの一症例に関する精神分析的考察〔シュレーバー〕」にはつぎのような一節がある。「抑圧」という出来事の三つの相期の第一として、「第一の相期は固着、すなわち、あらゆる「抑圧」の前駆現象にして前提条件でもある固着である。

固着という事実は、ある欲動あるいは部分欲動が、正常の場合に予見されるような発達を示さず、この発達制止の結果、ある幼児段階に留まる事態だと言える」（GW-VIII 303-304）〔本全集第十一巻、一七〇頁〕。また、論文「抑圧」には、「そこでわれわれは、原抑圧というものを仮定しておく根拠を持つことになる。原抑圧は抑圧の最初の相期であって、それは、心的な（表象の）代表が、意識的なものの中へと受け入れられることが不首尾に終わるということに存している。そしてこれによって、固着が成立する。ここからは、当該の代表は不変のままに存続し、欲動は、その代表に結びついたままになる」（GW-X 250）〔本全集第十四巻、一九七―一九八頁〕とある。

（5）「原外傷」の原語は Urtrauma.

（6）「戦後のヨーロッパの悲惨」とはもちろん、第一次世界大戦でヨーロッパが戦場となり、多くの戦死者を出して消耗したことに加え、戦後の経済的な停滞を招いたことを指す。とりわけ敗戦国ドイツ、オーストリアなどではヴェルサイユ体制のもとですさまじいインフレが生じ、人々は窮乏のどん底にあえいだ。フロイト一家も例外ではなかった。

（7）「アメリカの生活の慌ただしさ」ということに関して、参考までにいえば、作曲家ジョージ・ガーシュイン（一八九八―一九三七年）によって「ラプソディー・イン・ブルー」が一九二四年、「パリのアメリカ人」が一九二八年に発表されており、また同一九二八年には、ウォルト・ディズニー（一九〇一―六六年）によるミッキーマウスの短篇映画シリーズの第一作『蒸気船ウィリー』が公開されている。とあるドイツ人音楽家から訳者が聞いたことだが、彼は、やや揶揄した意味を込めて、「慌ただしい音楽」のことを「ミッキーマウス・ミュージック」と呼んでいた。また「アメリカの《繁栄》」という点でいえば、一九二五年に作家スコット・フィッツジェラルド（一八九六―一九四〇年）が『華麗なるギャツビー』を出版している。

（8）オットー・ランクが『出産外傷』を上梓して以来のフロイトとの関係については、ジョーンズの伝記に詳しい。一九二四年、ザルツブルクで国際精神分析学会が開催される直前に委員会（ランク、ジョーンズ、S・フェレンツィ、K・アブラハム）の紛糾・解散という事態が生じ、同大会の二日目にランクはアメリカへ発っている。「当時、ニューヨーク協会の会長であったサディアス・H・エイムズがランクを六カ月の間ニューヨークに招いた。三カ月ばかり立つ〔ママ〕と、彼〔フロイト〕の行動の心を騒がすような報告がヨーロッパに届きはじめた。「古い」精神分析学は彼の新しい発見によって完全にその座を奪われ、今や分析は三カ月か四カ月で完成するという説は相当の騒ぎをひきおこした」(前掲『フロイトの生涯』四二二頁)。その後、ランクは三度ヨーロッパとアメリカを往復しており、一九二六年四月十二日、最終的にフロイトに別れを告げ、四度目のアメリカ行きに出発したのであった。フロイトがランクの「短期」分析治療について「多くを聞いていない」とこの文章で述べている背後には、以上のようないきさつがあったのである。

(9)　家(＝患者)が全焼しようと構わないのであれば仕事は楽だろう、という皮肉。

(10)　SEによれば、この部分は一九二九年十月のアメリカの株価大暴落に端を発する大恐慌の直後に書かれたものだという。であるならば、ここでのフロイトの批判の意図は、アメリカの《繁栄》と同様、アメリカ追従主義のランクの試みも過去のものになった、ということになる。

(11)　ここでいう「戦争」は、第一次世界大戦(一九一四―一八年)を指している。

(12)　直後の原注(1)にある通り、この「若いロシア人男性」とは、「ある幼児期神経症の病歴より〔狼男〕」〔本全集第十四巻。以下、症例「狼男」〕で報告された患者「狼男」ことセルゲイ・パンケイエフである。彼は、その多彩な症状(強迫症状、抑鬱、便秘、摂食障碍、アパシーなど)のため、十八歳でE・クレペリンの診察を受け、「躁鬱病」との診断を下され、ミュンヒェンやフランクフルトで治療のため入院している。さらに二十二歳のときにはベルリンでも入院治療を受けている。フロイトに出会ったのは、一九一〇年、彼が二十四歳のときであり、「欠陥治癒した強迫神経症のつづいている状態」との診断がフロイトによって下されている。以来、「狼男」はフロイトによる分析治療を受けることになったのだが、四年の間、分析は遅々として進まなかった。フロイトは、そこで分析に一定の期限を設定し、本文中にあるように「つぎの年度」すなわち一九一四年には分析を打ち切ると告げたのだった。その後の分析の経過は本文中にあるとおりだが、分析が成功裏に終わったとフロイトが判断して「狼男」との治療を終結した「夏の盛り」とは、まさしく第一次世界大戦が勃発した時点(一九一四年七月！)の数週間前であった。

(13)　「幼児期神経症」の原語はKindheitsneurose. 症例「狼男」における「幼児期神経症」の原語はinfantile Neuroseだが、意味はまったく同一であると思われる。

（14）症例「狼男」（GW-XII 33-34）〔本全集第十四巻、七頁〕を参照。

（15）「このつぎの年度」の原語は dieses nächste Jahr. フロイトは夏の休暇をとり、秋から翌年の夏前までを一つの年度としていたものと思われるので、ここではそのように訳した。

（16）「狼男」の治療が終了したのが第一次世界大戦（一九一四年七月に開戦、大戦の発端となったサラエボ事件は六月末）の始まる数週間前であるとすると、「夏の盛り」とするのはやや誇張があるだろうか。あるいは本格的に戦争が始まったと意識するのには、タイムラグがあるのかもしれない。

（17）症例「狼男」の原注（60）〔本全集第十四巻、一二八―一三〇頁〕。

（18）【SA　フロイトはここでこの引用をもともとの言葉どおり正確に行っているわけではない。】症例「狼男」では、「それ以来」を意味する seither が文頭に置かれており、一方、本論文では、同じ意である seitdem が文の半ばに置かれている。

（19）「宿痾の神経症」の原語は Lebensneurose.

（20）「のちになって現れた病気の詳細」に関して付記しておく。一九一四年の「夏の盛り」の時点で治療は成功裏に終了したとフロイトは思っていたのだったが、その後、一九一九年（第一次世界大戦が終わった翌年、ヴェルサイユ条約の年である）から二〇年にかけてフロイトはふたたび「狼男」の分析治療を行っている。ロシア人である彼は戦争中、ロシアに戻っていたのだが、ロシア革命（一九一七年）のため故郷で暮らせなくなり、財産を失った貧しい身なりでウィーンに戻って来ていたのだった。その後の一九二三年、フロイトが癌の手術を受けたのを知ったのち、自分の鼻に孔が空く、という心気妄想が出現し、本論文にもあるように、フロイトの紹介でルース・マック・ブランスウィック女史（次注参照）の分析治療を受けることとなった。当時彼は結婚していたが、一九三八年、妻が自殺している。それ以降は、ときどき、ミュリエル・ガーディナー女史の分析治療を受けていた。一九六六年には「フロイトとの思い出」を発表、一九七二年には『狼男による狼男――フロイトの最も有名な症例の二つの物語』を上梓している。一九八〇年には女性ジャーナリストのカリン・オプホルツァーによるインタヴュー本『W氏との対話』が刊行された（邦訳『W氏との対話』馬場謙一・高砂美樹訳、みすず書房、二〇〇一年）。

（21）ルース・マック・ブランスウィック（一八九七―一九四六年）、シカゴ生まれのアメリカ人女流精神分析家。二十五歳の時ウィーンのフロイトのもとにやって来て分析を受ける。一九三八年以後アメリカに戻り、かの地で精神分析を広める貢献をした。

(22)【SE ブランスウィック女史の報告は、実際には、フロイトのこの論文よりも数年早くすでに世に出ていた(「フロイト「幼年期神経症の病歴」への補遺」(*International Journal of Psychoanalysis*, vol. 9, 1928, p. 439))。】

(23)「治療歴」の原語はHeilungsgeschichte. いわば、軽快と増悪、寛解と再発をくり返す症例「狼男」の治癒にまつわる歴史といった意味。

(24)「獅子が跳ぶのはただ一度」の原語はder Löwe nur einmal springt.

(25)「分析の自然な終わり」の「自然な」の原語はnatürlich. しかし、なにをもって「自然Natur」と言うべきかは難しい(「自然」とは使い勝手のよい「魔法の言葉Zauberwort」の一つであろう)。また、Ⅷ節の冒頭にフェレンツィの講演「分析の終結の問題」からの引用がある。「分析は終わりのない過程ではない……自然な終結へともたらされることができる」(GW-XVI93)〔本巻二八六頁〕と。この引用文と本編注の付された当該個所は対応関係にあると言えるだろう。

(26)「患者」の原語はMenschenkind. この語は直訳すれば「人の子」であり、福音書のなかでイエスが自らを指すのに用いた言葉でもある。聖書学的には議論のある言葉だが、ここではおそらく神に対峙する(哀れな)人間一般を指すのだろう。

(27)この「第一」の場合では、症状、不安、制止が三つとも記されていることに注意されたい。詳しくは『制止、症状、不安』を参照。

(28)直前の「第一」の場合は、患者の側の自らについての主観的な判断であり、この「第二」の場合は分析者側の判断ということになろうか。

(29)「未完成な分析」の原語はunvollendete Analyse、「不完全な分析」はunvollständige Analyseである。両者には、どういったニュアンスの違いがあるのだろうか。フロイトは、「不完全な分析」という言い方をしたほうがよいという。たしかにそうかもしれない。「未完成なunvollendet」というドイツ語には「十全な終わり(Ende)に達していない」といった意味が含まれ、分析における十全な終わりと、そこに至る経過を含意してしまう。それに対して、「不完全なunvollständig」のほうは、

「その時点で一〇〇パーセント完全な状態にはない」といった意味で、「分析の終わりに至る」といった意味は含まれていない、ということは言えるだろう。

(30) 本論文は「臨床実践 Praxis」と「理論 Theorie」との対比が主題として貫かれており、この「経験(Erfahrung)にたずね……理論(Theorie)にたずねよう」という表現も、そのヴァリエーションの一つである。

(31)【SE「自我の変容」という考えが議論されるのは、ようやくV節に入ってからである。】ここでは、SEの注釈およびJ・ラプランシュ、J-B・ポンタリス『精神分析用語辞典』(村上仁監訳、みすず書房、一九七七年)を参考にしながら、「自我の変容」の歴史的経緯について若干述べておく。この用語はフロイト初期の著作「防衛-精神神経症再論」〔本全集第三巻〕に現れている。フロイトはこの論文で、パラノイアに関し、抑圧されたものの回帰としての妄想から、それを解釈するいわゆる二次的妄想を区別し、この後者の妄想を妄想観念に自我が適応している徴候と見なした。すなわち「自我の変容」とは、こういった、一次的妄想観念に対する自我の整合性を最小限に食い止めるための結果を意味していたのである。その後、この考え方はフロイトの著作から姿を消す。そして、およそ四十年の歳月を経て再びこの「自我の変容」が登場し、比較的系統的に論じられたのが本論文である。ここでは、もともとは特定の内的な脅威に対処するために作り上げられた防衛機制が「自我に固着され」堆積したものを「自我の変容」と呼んでいる。主体は、当該の脅威が去ったあとでもそれを時代錯誤的に利用するということである。

(32)「飼い馴らし」の原語は Bändigung. 次のⅢ節(GW-XVI69)〔本巻二五五頁〕でも触れられる。同所に付した編注(44)を参照のこと。

(33) いわゆる「相補系列 Ergänzungsreihen」の問題である。これについては、『精神分析入門講義』〔本全集第十五巻〕の第二二講(GW-XI360-361)に詳しい。

(34) この文章では「ねじ曲がり Verrenkung」が体質的な欲動の強さに、「制限 Einschränkung」が自我の不都合な変容に、それぞれ対応している。

(35)【SE アーネスト・ジョーンズによればこれはフェレンツィに関する話である。フェレンツィは一九一四年十月に三週間、一九一六年六月に同じく三週間(このときは一日二回の分析)、フロイトの分析を受けた。】前掲『フロイトの生涯』三三七頁にはつぎのような記述がある。「その月〔一九一四年十月〕の最後の日、フェレンツィがフロイトの分析を受けるためにウィーンに来たが、残念なことにこの分析は、彼が召集されたので、三週間で中絶した」。また、同三三二頁には「彼〔フェレンツィ〕は自分の自己分析についてのフロイトの批評から多くのものを学んでいて、また一九一四年と一九一六年に、どちらの場合にも軍務で突然よびかえされるまで、三週間の間ウィーンにとどまってフロイトの分析を受けていた」とある。

(36)　前掲『フロイトの生涯』四七三頁にはつぎのような記述がある。「フェレンツィは昔のことをいい出した。なぜ、フロイトは、二十年前、シシリー島に旅行した時に、自分が不機嫌になった時、もっと自分に親切にしてくれなかったのか、またなぜ、十五年前、三週間の分析を受けた時、自分の抑圧された敵意を分析してくれなかったのか、といった」。

(37)　ここでいう「現実的な(real)意味で」とは「転移によって現実が曇らされていない」というほどの意味であろう。のちの編注(71)でも触れるが、フロイトはそういった意味の「現実」を「真理」とも言い換えている。

(38)　この「現実的にreal」の意味するところも、前注と同じである。

(39)　この「ある年配の未婚女性」は、一説によれば、『夢解釈』の第二章(GWII/III 110ff.)〔本全集第四巻、一四四頁以下〕に登場するかの有名な「イルマの注射の夢」の主人公、イルマのことである。この女性は本名をエマ・エクスタインという(ルイス・ブレーガー『フロイト――視野の暗点』後藤素規・弘田洋二監訳、里文出版、二〇〇七年、五三一頁)。しかしまた、それとは違った説もある。ポール＝ローラン・アスン『精神分析作品辞典』(フランス大学出版(PUF)、二〇〇九年)によれば、この患者は『ヒステリー研究』の「病歴D」(GW-I 196ff.)〔本全集第二巻、一七二頁以下〕で報告されたエリーザベト・フォン・R嬢であるという。

(40)　本論文は一九三七年に発表されているから、その「二十年前」という点では、フェレンツィの分析(一九一四年および一九一六年)におおよそ当てはまる。しかし、「三十年前」というと一九〇七年であり、イルマにせよ、エリーザベト・フォン・R嬢にせよ、彼女たちのケースの時代は一八八五年前後のことなので、時代が二十年ほどずれる。

(41)　しかしフロイトは、つづくIII節で気を取り直して「第一」の問いに取りかかり、さらにIV節で「第二」、「第三」の問いをあつかっている。

（42）とくに第一次大戦後、ドイツ、オーストリアの経済的困窮という社会的状況のなかでフロイトの患者は激減し、一方、それと反比例するかのようにアメリカ人やイギリス人たちが彼のもとを訪れ、養成分析を受けていた。

（43）「ここでは」は、前段落の「こういった重症の患者にあっては」を受けている。

（44）【SE　フロイトは他のいくつかの著作でこの言葉を使っているが、そのうちの一つに「マゾヒズムの経済論的問題」（GW-XIII 376）〔本全集第十八巻、二九二頁〕がある。そこでは、リビードがそれによって死の欲動を無害化することのできる行為を表すためにこの言葉が用いられている。さらに早い時期では「心理学草案」の第三部、三節（GW-Nb 470）〔本全集第三巻、九四頁〕で、自我の介入によって、苦痛をともなった記憶が情動を運ぶのをやめる過程を表すためにこの言葉が用いられている。】

（45）この段落において「欲動」は、すべて単数形（Trieb）で記述されている。生の欲動と死の欲動は、まだ対比的には語られていない。この文脈での欲動はすべて生の欲動の範疇である。

（46）ゲーテ『ファウスト』第一部、第六場「魔女の厨」二三六五行のメフィストフェレスの科白（引用は、『ファウスト　悲劇第一部』手塚富雄訳、中公文庫、一九七四年、一六九頁）。原文は So muß denn doch die Hexe dran である。

（47）この文脈では、欲動という「一次過程」と、欲動を飼い馴らす「二次過程」が対比されていると見ることができる。

（48）フロイトは、『夢解釈』第七章（GW-II/III 513 ff.）〔本全集第五巻〕でこの「一次過程」と「二次過程」について詳しく述べて以来、その思索の晩年に至るまで一貫して、ことあるごとにこれら二つの過程の対立について語ってきた。「ここでも」というのはそういった含みをもつ。

（49）三段落先で登場する「異論」（GW-XVI 71）〔本巻二五七頁〕にも注意されたい。ここと同じ主張が述べられている。

（50）この段落においては、「欲動」がすべて複数形（Triebe）で記述されている。生の欲動を一つのまとまった単数形としてではなく、部分的な欲動の複数の種類に着目しているわけである。

（51）【SE　ここでの議論と同じ議論が、『素人分析の問題』のⅦ節（GW-XIV 274-277）〔本全集第十九巻、一七七―一七九頁〕に

おいて、専門的な言い回しではないが、とりわけはっきりと行われている。】

（52）【SE「過労」のような要因が神経症の病因にとって重要である、といったことについての初期のフロイトの評価の切り下げは、（おそらく一八九二年に執筆された）フリース宛書簡の草稿Aのなかにすでに見られる。】ジェフリー・ムセイエフ・マッソン編、ミヒァエル・シュレーター＝ドイツ語版編『フロイト　フリースへの手紙――一八八七―一九〇四年』河田晃訳、誠信書房、二〇〇一年、「草稿A」（二四―二五頁）参照。そこには「単純な過剰や過労は病因とならない」とある。

（53）「踏襲性抑圧」の原語はNachverdrängung.【SE　メタサイコロジー論文「抑圧」（GW-X 250）〔本全集第十四巻、一九八頁〕を参照。しかしこの個所では（その頃の他の論文でもそうだが）、Nachdrängenという術語が用いられている。】

（54）この「抵抗できないような強制」という表現からは、本論文執筆当時の一九三七年、さまざまなかたちでフロイトを脅かしていたナチスドイツの影が感じ取れるだろう。

（55）「抑制」の原語はHemmungen. 本全集では「制止」と統一的に訳されている語だが、ここではいわゆる障碍としての制止ではなく、欲動を飼い馴らして抑制するといった意味で使われている。

（56）「旧オーストリア帝国」とはもちろん、一八六七年以来つづき、第一次世界大戦の敗北によって一九一八年に解体されたオーストリア＝ハンガリー二重帝国を指す。

（57）【SE　フロイトはこれと同じ文句を『素人分析の問題』のII節（GW-XIV 220）〔本全集第十九巻、一一七頁〕で引用している。】ヨーハン・ネーポムク・ネストロイ（一八〇一―六二年）はオーストリアの劇作家、風刺家。「分析における構築」（GW-XVI 52）〔本巻三五二頁〕にもネストロイからの引用がある。

（58）フェレンツィの「治療的努力」とは、彼によって作り上げられた一九二〇年代前半の「積極技法」、さらに一九二五年ごろからそれに加えられた「リラクセーション技法」をふまえ、多くの困難な症例に対して分析の治療実践を行ったその事実を指すものであろう。

（59）II節の末尾で提起された「第二」および「第三」の問い（GW-XVI 67）〔本巻二五三頁〕を参照。

（60）【SE「転移性恋愛についての見解」（GW-X 313）〔本全集第十三巻、三一七頁〕およびブダペスト会議のための発表論文

「精神分析療法の道」(GW-XII187-189)〔本全集第十六巻、九七―九九頁〕を参照。】

(61)【SE　フランスの格言に「よりよいは、よいの敵〔le mieux est l'ennemi du bien〕」というものがある。】

(62)「猩紅熱」の原語は scarlatina. ラテン語。ドイツ語では Scharlach といい、いずれも語源は「緋色」に由来する。日本語においても、全身が赤くなり「猩々」のようになるのがその名の由来である。溶連菌の口蓋扁桃への感染から咽頭痛とともに高熱を発し全身に発疹が現れる病気である。

(63)【SA　ゲーテ『ファウスト』第一部、第一場のファウストの独白の一部に依拠する。】SAに従って調べてみると、おそらく第一部、第一場「夜」七六五行の「なるほどその福音のことばはおれにも聞こえる。しかしおれには信仰というものがない」(前掲『ファウスト　悲劇第一部』六一頁)に由来する。原文は Die Botschaft hör' ich wohl, allein mir fehlt der Glaube である。

(64)　子どもの性理論に関しては、『性理論のための三篇』に一九一五年に追加された「幼児期に行われる性の追究」(GW-V 95-97)〔本全集第六巻、二四八―二五二頁〕を参照。

(65)【SE　子供の性教育に関するフロイトのこういった考えは、同じ主題をあつかったフロイトの初期の著作の中の、まだそこまで洗練されていない考えと比較できるかもしれない。「子供の性教育にむけて」〔本全集第九巻〕を参照。】

(66)　ここで言われているのは、正常で理想的な自我などはなく、そういった意味で正常な自我といった考えは理想虚構なのであるが、一方、異常な自我というものは実際現実にあり、そう考えれば、「正常」と考えられている自我も多かれ少なかれ異常な部分をもつものである、ということである。

(67)【SE　これは「超自我」の遠回しの表現である。】

(68)　邦訳として『自我と防衛』外林大作訳、誠信書房、一九五八年がある。この著作は、自我の防衛機制について要領よくまとめられたものになってはいるが、邦訳の解説でも言われているように、フロイトの後期の思索の成果であるナルシシズム論および死の欲動を含めた欲動論がうまく取り入れられていないという弱みがある。本節では死の欲動のテーマには触れていないが、つぎのⅥ節で取りあつかわれることになる。また、アンナ・フロイトのこの著作では、抑圧がほかのもろもろの防衛機制に比して際立たされていない印象を受ける。おそらくフロイトもそれには気づいており、つぎの段落の指摘(「抑圧はまったく特別なもの」)につながったものと思われる。

(69) ここで言われている著作とは、『ユダヤ古代誌』(全二十巻。邦訳『ユダヤ古代誌』全六巻、秦剛平訳、ちくま学芸文庫、一九九九―二〇〇〇年)、とりわけ「新約時代篇」の第十二巻から第十四巻であろう。フラウィウス・ヨセフス(三七(三八)―一〇〇年頃?)は、イエス時代の重要なユダヤ教の司祭、歴史家である。ほかの著作に『ユダヤ戦記』(全七巻。邦訳『ユダヤ戦記』全三巻、秦剛平訳、ちくま学芸文庫、二〇〇二年)などがある。

(70) いわゆる近代以降の聖書学とは、こういった筆写者によるさまざまな歪曲や補筆、意図の有無にかかわらず生じる脱落などによる膨大な異同のある本文を批判的に論じることから始まった。たとえば、B・M・メッツガー『図説ギリシア語聖書の写本――ギリシア語古文書学入門』土岐健治監訳、教文館、一九八五年を参照。

(71) フロイトにおける「真理 Wahrheit」の意味をどのように考えるべきか、難しいところがある。しかし、少なくともこの論文においては、たとえばⅦ節で「真理愛の上に、つまり、現実の承認の上に」(GW-XVI94)〔本巻二八七頁〕と記されているように、「真理」はありのままの「現実 Realität」と捉えられている。したがってここでも、もともと正しい現実(＝本文)があって、それを目指して訂正が加えられているわけではない、といったことが意味されているのだろう。編注(37)も参照。

(72) 前注を参照。

(73) 「幼児症」の原語は Infantilismus.『性理論のための三篇』の第一篇、七節「性欲をめぐる幼児症《インファンティリスムス》についての指摘」(GW-V71ff.)〔本全集第六巻、二一八頁以下〕などを参照。

(74) ゲーテ『ファウスト』第一部、第四場「書斎」一九七六行のメフィストフェレスの科白(前掲『ファウスト 悲劇第一部』一三八頁)。原文は Vernunft wird Unsinn, Wohltat Plage である。

(75) 「分析における構築」〔本巻所収〕参照。

(76) 本節の「わたしたちはこういったさまざまな方法のことを「防衛機制」と呼ぶ」(GW-XVI80)〔本巻二七〇頁〕を受けている。

(77)　この文章の意味をとるには、少し注意が必要である。ここでは「自我に始めからもって生まれた違いがある」という言い方がなされている。しかし、たとえば「ナルシシズムの導入にむけて」には「自我に匹敵する統一体は、個体のうちにはじめから存在しているわけではない、と仮定する必要がある」(GW-X 142)〔本全集第十三巻、一二二頁〕とある。この個所の意味の妥当なとり方としては、自我が統一体として出来上がるまえに、作り上げられた自我の傾向を規定するものには、自我形成以前の環境因のほかに、もって生まれたさまざまな素因がある、といったことであろうか。

(78)　原語は archaische Erbschaft.『モーセという男と一神教』(GW-XVI 204-208)〔本全集第二十二巻、一二三―一二七頁〕も参照。

(79)　【SE　この言葉は「精神分析入門講義」の第二二講(GW-XI 361)において現れる。この特性、および以降で議論されているより一般化された名称である「心的な不活発さ」については、フロイトの初期の著作の中でつねにそれだけとり出されて扱われてきたわけではない。これらの問題に触れている著作の個所についての参照指示が、「精神分析理論にそぐわないパラノイアの一例の報告」の末尾(GW-X 246)〔本全集第十四巻、三〇八頁。ただし、そこでの訳語は「心的惰性」〕に付された注〔編注(10)〕に記されている。】以下、その注を引用する(注記内の「心的惰性」という訳語は「心的な不活発さ」に改めた)。【SE　この固着傾向、ないしフロイトの他の個所での呼称によれば「リビードの粘着性」は、すでに『性理論のための三篇』の初版(GW-V 144)〔本全集第六巻、三〇九―三一〇頁〕で示唆されていた。症例「狼男」の末尾(GW-XII 151)〔本巻一二二頁〕および『精神分析入門講義』の第二二講(GW-XI 361)に、この主題のさらなる展開が見られるが、両者は本論文とほぼ同時期のものである。ずっと後になってフロイトは「終わりのある分析と終わりのない分析」〔本全集第二十一巻〕のVI節(GW-XVI 85 ff.)でこの主題に立ち戻ったが、そこでは彼自身「心的な不活発さ」という用語を使用し、この現象を精神分析治療のなかで出会われる「エスの抵抗」と関連させている。また『制止、症状、不安』XI節、A-a(GW-XIV 189 ff.)〔本全集第十九巻、八四頁以下〕では、フロイトはこの現象を反復強迫の力に帰している。「心的な不活発さ」についての最後の示唆は、フロイトの没後に出版された「精神分析概説」第六章の終わり近く(GW-XVII 107-108)〔本全集第二十二巻、二二一頁〕に見られる。】

(80)　原語は Wie gewonnen, so zerronnen. これに対応する日本語の警句としては「悪銭身につかず」が挙げられることが多いが、ここでは文脈から違う訳し方をした。

（81）【SE 編注（79）を参照。】

（82）【SE『制止、症状、不安』のXI節、A－a（GW-XIV 193）〔本全集第十九巻、八八頁〕を参照。】フロイトは同所において抵抗を五つに分類している。すなわち、三つの自我抵抗（抑圧抵抗・転移抵抗・疾病利得から生じ、症状を自我に取り込むことに基づいた抵抗）、第四の抵抗としてエスの抵抗、第五の抵抗として超自我の抵抗、である。「エスの抵抗」に言及されるのはこの個所が初出である。この抵抗のために反芻処理が必要になるとフロイトは論じている。

（83）【SE 症例「狼男」の、これと同様の心理学的特性を取りあつかっている個所（GW-XII 151）〔本全集第十四巻、一一三頁〕で同じアナロジーが見られる。】エントロピーは、ドイツの物理学者ルードルフ・クラウジウス（一八二二－一八八年）によって一八六五年に作られた概念。エントロピー（Entropie）とは、エネルギー（energeia）が変化する（trope）という意味。熱力学上の概念であるが、乱雑さの指標と考えればよい。すなわち、乱雑さの度合いが大きくなるとエントロピーは増大する。

（84）フロイトの後期欲動理論は、死の欲動と生の欲動との相対的対立を問題とする。そのなかで、これら二大欲動の配分（Verteilung）の問題、混合－分離（Mischung-Entmischung）の問題が立ち上がってくる（ただしこの個所の「混合」の原語はVermengung である）。このテーマについては、前掲『精神分析用語辞典』四四七－四五〇頁に詳しい。

（85）ここで「罪責感 Schuldgefühl」ではなく「罪責意識 Schuldbewußtsein」と書かれていることには注意が必要である。「罪責感」については『自我とエス』のV節（GW-XIII 277 ff.）〔本全集第十八巻、四七頁以下〕を参照のこと。「罪責意識」という言い方については、たとえば「マゾヒズムの経済論的問題」に「われわれは超自我が良心の機能をもつと考え、罪責意識のうちに自我と超自我のあいだの緊張が表現されていることを認めた」（GW-XIII 379）〔本全集第十八巻、二九五頁〕とある。しかし、ここの文脈では、「罪責意識」も「罪責感」と同じく、超自我を介する場合と介さない場合があるものと広い意味に捉えておいたほうがよいだろう。一方の「懲罰欲求 Strafbedürfnis」については、『自我とエス』（GW-XIII 254）〔本全集第十八巻、二一二頁〕で「無意識的罪責感」と呼んでいたのを、「マゾヒズムの経済論的問題」（GW-XIII 379）〔本全集第十八巻、二九五頁〕で「懲罰欲求」と言い換えている。懲罰欲求では、超自我を介する超自我のサディズムとして死の欲動が現れる場合と、直接的に自我のマゾヒズムとして死の欲動が現れる場合とがある。いずれにせよ、これらは死の欲動に由来するということである。

(86)「内在的なマゾヒズム der immanente Masochismus」というのは、あまり見慣れない用語である。しかし前後の文脈から、その意味するところは、（前注でも述べたように）超自我を介する超自我のサディズムの反転としての二次マゾヒズムではなく、死の欲動が直接主体自身に向けられるところの一次マゾヒズムのことである。

(87)この個所でもフロイトは「負の治療反応」と「罪責意識」をならべて記述しているが、後者の「罪責意識」を編注(85)で述べたように広い意味で捉えておけば、「懲罰欲求」とともに死の欲動から、超自我を介さずに直接連結されている部分があると見なすことができる。

(88)SEによれば、これはフロイトの好きなフレーズの一つである。たとえば『夢解釈』第一章の冒頭部分に「様々な心的な諸力が協同したり反発し合ったりすることによって、夢というものが醸成されてくるのであるから」(GW-II/III 1)〔本全集第四巻、一三頁〕とある。フロイトのそういった傾向は「欲動についての二元論的な基本見解」(『自我とエス』(GW-XIII 275)〔本全集第十八巻、四六頁〕)をあくまでも固持しようとする態度に現れている。さらに本節の「欲動成分の接合および分離」(GW-XVI 92)〔本巻二八五頁〕という表現にも現れている。

(89)この「単純マゾヒズム der einfache Masochismus」も一次マゾヒズムと考えてよい。編注(86)を参照。

(90)「一片の自由な攻撃性」も死の欲動に直結するものと考えてよかろう。

(91)「内化」の原語は Verinnerlichung、「内向化」の原語は Einwärtswendung である。前者は、おもにクライン学派によって「取り込み」の意味で使われるが、また一方で、父と子の葛藤関係が超自我と自我の関係へと「内化」された、などと使われたりする。後者はあまり見かけない言葉で、ここでは「内向」と訳しはしたが、ユングの「内向」概念とは関係はない。この文脈ではもちろん、外に向かっていた攻撃性――死の欲動――がこころの「内に」入り込んだことを指す。

(92)「潜伏記憶 Kryptomnesie」とは、かつて体験した記憶が想起されるときに、まったく新しいものとして感じられること、あるいは、他人から聞いた考えを回想するさい、自分のまったく新しい考えであると感じてしまうことである。「遮蔽想起 Deckerinnerung」との混同に注意。【SE「ヨーゼフ・ポッパー＝リュンコイスと夢の理論」のこのテーマに関する記述

(GW-XIII357)〔本全集第十七巻、三五七頁〕および(GW-XIII359)〔同巻、三六〇頁〕に付された編注(1)を参照。】

(93)　エンペドクレス(前四九〇年頃－前四三〇年頃)は古代ギリシアの哲学詩人。ディオゲネス・ラエルティオス『ギリシア哲学者列伝』第八巻、第二章(邦訳『ギリシア哲学者列伝』(下)、加来彰俊訳、岩波文庫、一九九四年、七一頁)では以下のように言われている。「彼の学説は次のようなものであった。すなわち、(万物の)構成要素(ストイケイオン)は四つ、火と水と土と空気である。そしてそのほかに、それらの要素がそれによって結合される「愛(ピリアー)」と、それらが分離される「争い(ネイコス)」とがある。そしてその点については、彼は次のように述べているのである。光り輝くゼウス〔火〕と、生をもたらすヘラ〔土〕、そしてアイドネウス〔空気〕。／さらにまた、その涙によって死すべきものどもの生の流れをうるおすネスティス〔水〕。／(…)「そして、これらのものは不断に交替しつづけて、決して止むことがないのだ」と彼は言って、(宇宙の)このような秩序は永遠であるかのように考えているのである。とにかく彼は、いまの言葉につづけて、こう言っているからである。あるときには、「愛(ピロテース)」によって、すべてのものはいっしょに集まって一つになり、／あるときにはまた、「争い」のもつ憎しみによって、それぞれが離ればなれにされながら／と」。

(94)　ゲーテ『ファウスト』第一部、第一場「夜」三七九行のファウストのモノローグの科白より。手塚富雄訳では「〔そこでおれは、霊の力と啓示とによって〕いくらか神秘がわかろうかと、〔魔法に没頭した〕」とある(前掲『ファウスト　悲劇第一部』三六頁)。原文は Nicht manch Geheimnis würde kund であるが、フロイトの引用では文脈をそろえるために dem gar manch Geheimnis wurde kund と少し語句の並びが変えられている。

(95)　万物が何でできているか、その究極の物質を探すことでギリシア哲学は始まったとされる。タレスが万物は水でできている、と言ったのは有名である。その後、火、土、風などを唱えるものが現れるが、万物がこれら四つの四大元素のすべて、すなわち地水火風からできている、と初めて唱えたのがほかならぬエンペドクレスだと言われている。

(96)　「テュケー tychē」は、本文では *τύχη* とギリシア語で表記されている。

(97)　この個所の「世界の weltlich」と「心の seelisch」との対比は、マクロコスモスとミクロコスモスとの対比、これら両者が対応関係にあるという当時の世界観の現れである。

（98）「ピリア philia」、「ネイコス neikos」は、本文ではそれぞれ *φιλία*、*νεῖκος* とギリシア語で表記されている。

（99）「欲動成分の接合（Verlötung）および分離（Entmischung）」については編注（84）を参照。ここで「接合」と訳した Verlötung は「はんだ付けする」の意であり、Mischung や Vermengung とほぼ同じと考えてよい。

（100）【SE「似たような欲動」とは、「死の欲動」に似た欲動ということである。】

（101）【SE エンペドクレスについては、フロイトは遺作となった「精神分析概説」第二章の原注〔本全集第二十二巻、一八五頁、原注（3）〕でも触れている。その後、死の欲動についてのさらなるコメントは、短いものだが、マリー・ボナパルト宛書簡のなかで触れている。】

（102）未邦訳であるが、S・フェレンツィ『精神分析論文集』フィッシャー社、一九八二年、二三六頁にこの記述がある。

（103）【SE「アウグスト・アイヒホルン著『不良少年たち』へのはしがき」（GW-XIV 565）〔本全集第十九巻、二三一頁〕にも同じ記述が見られる。】

（104）原語は rebus bene gestis. ラテン語。

（105）「性格分析」に関してはもちろん、ヴィルヘルム・ライヒの名前が浮かぶ。彼は同じ名前の著書『性格分析』を一九三三年に上梓している。しかしこの個所はあまりライヒに引きつけて考えすぎないほうがよいかもしれない。

（106）「治療上の分析」と「性格分析」とを対比しているが、前者はいわゆる「精神分析」と考えてよいと思われる。

（107）「ペニス羨望」についての最初の言及は、「幼児の性理論について」（GW-VII 180）〔本全集第九巻、二九七頁〕である。その後、女性の性の問題を考えるうえでこの概念は、去勢コンプレクスとならんで重要な概念となってゆく。しかし、本論文におよんでフロイトは、このペニス羨望というコンプレクスが、男性の受動的構えに対する反抗というコンプレクスとともに――フェレンツィの楽観主義的見通しとは反対に――分析にとって非常に大きな壁となっている（「フェレンツィがここで要求しているることはあまりにも要求水準が高い」〔本巻二九二頁〕）のを暴露することになる。

（108）去勢コンプレクスについての最初の言及も、前注における ペニス羨望と同じく、「幼児の性理論について」（GW-VII 179）〔本全集第九巻、二九六頁〕である。

(109) アルフレート・アードラー(一八七〇—一九三七年)。一九〇二年からフロイトのサークル(心理学水曜会)に参加し、一〇年にはウィーン精神分析協会会長に就任するが、その翌年にはフロイトからの離反が決定的となり、協会を脱退した。いわゆる「劣等感」を重視し、自らの心理学の立場を「個人心理学」と名づけた。「精神分析運動の歴史のために」(GW-X 91 ff.)〔本全集第十三巻、九一頁以下〕を参照。

(110) 【SA　A・アードラー「生活と神経症における心的な両性具有」(*Fortschritte der Medizin*, Bd. 28, S. 486)を参照。】SAを補足すると、当該論文において「男性的抗議」という概念が唱えられ、神経症の主要な動機として、男性・女性いずれにおいても、受身的女性的な役割を背負わせられることに反抗する態度を重視した。フロイトは「自伝的に記述されたパラノイアの一症例に関する精神分析的考察〔シュレーバー〕」(GW-VIII 277)〔本全集第十一巻、一四一頁〕においてさっそくこのアードラーの概念に言及し、その修正を試みている。

(111) フロイトは、編注(107)で述べたような経緯をたどり、本論文においてこの「女性性の拒否」という概念に帰着することになる。

(112) 【SE　たとえば、「女性の性について」(GW-XIV 522 ff.)〔本全集第二十巻、二二一頁以下〕を参照。】

(113) ヴィルヘルム・フリース(一八五八—一九二八年)、ベルリンの耳鼻科医。一八八七年から一九〇二年頃にかけてフロイトと活発に文通し、フロイトの精神分析の確立に貢献したその意義は大きい。

(114) フロイトが用いる「両性性 Bisexualität」という概念は、フリースから借用したものであった。フリースは、人間はもともと生物学的に両性的素質を備えており、その男性的性格と女性的性格とのあいだの闘争がいわゆる抑圧の動因であると主張した。すなわち、心理学的なものに生物学的基盤を持ち込むのである。ここで言われているフロイトの「反論」は、原注(10)でも指示されているように、「「子供がぶたれる」」(GW-XII 222)〔本全集第十六巻、一四六—一四七頁〕にある。

(115) 【SE　実際には、この論文においてフリースの名前は言及されていない。】

(116) 【SE　男性における性的「隷属」の状態については、フロイトは「処女性のタブー」(GW-XII 162-163)〔本全集第十六巻、七二—七三頁〕において示唆している。】

論　稿

シャーンドル・フェレンツィ追悼

（1）　シャーンドル・フェレンツィ（一八七三―一九三三年）。ハンガリーの医師、精神分析家。一九〇八年、ウィーンのフロイトを初めて訪問して以来、フロイトから自身の後継者の一人と見なされるほどになった。じじつ、アーネスト・ジョーンズ（イギリス）、カール・アブラハム（ドイツ）と並んで、オーストリアの外で精神分析の発展に最も貢献した一人となったが、一九二三年ころから、フロイトとのあいだに感情的もつれや意見の不一致が生じる。とりわけ晩年（一九三二年九月以降）には、分析技法上の問題（編注（6）参照）をめぐって、フロイトとのあいだに決定的な破局がおとずれ、翌年三月、悪性貧血による側索硬化症のため死去。本文にあるように、理論面では、精神分析理論を生物学にまで拡大したいわゆる「生物分析学」の方向を目指していた。

（2）　「カール・アブラハム追悼」〔本全集第十九巻〕参照。

（3）　「フェレンツィ・シャーンドル博士（五十歳の誕生日に）」〔本全集第十八巻〕参照。

（4）　一九〇九年、フロイトはユングとともに、ウスターのクラーク大学の創立二十周年記念式典に招かれ、五日間の講演をしている。その講演内容は『精神分析について』〔本全集第九巻〕という標題で公刊された。

（5）　一九一〇年ニュルンベルクで開催された第二回国際精神分析学会では、フロイトの指示、フェレンツィの提唱のもと、国際精神分析協会が本格的な創立の運びとなり、アルフレート・アードラーやヴィルヘルム・シュテーケルなどウィーンの最古参の仲間たちとのいざこざのなか、チューリヒのユングがその初代会長となった。

（6）　こうした確信をもとにして、フェレンツィは「積極技法」なるものを提唱した。フロイトが受動的な傾聴を治療の基本方針とするのに対して、よりすみやかで、より深い治療効果をもたらそうと意図したものであり、フロイトの「禁欲規則」から離れてゆくものであった。

マリー・ボナパルト著『エドガー・ポー――精神分析的研究』への序言

（1）底本（GW）における本論稿の正式な標題は、„Vorwort zu „Edgar Poe, étude psychanalytique", par Marie Bonaparte. Paris, Denoël et Steele, 1933. Deutsche Ausgabe: „Edgar Poe, eine psychoanalytische Studie." Wien, Internationaler Psychoanalytischer Verlag, 1934. すなわち「マリー・ボナパルト著『エドガー・ポー――精神分析的研究』（パリ、ドゥノエール・エ・ステール社、一九三三年。ドイツ語版、ウィーン、国際精神分析出版社、一九三四年）への序言」である。

SEによると、フロイトの序言はもともとドイツ語で書かれており、初出であるフランス語版にはその仏訳が掲載され、翌年刊行されたドイツ語版では元のドイツ語原文が収められているという。GWには、後者のドイツ語原文のほうが収録されている。

（2）マリー・ボナパルト（一八八二―一九六二年）は、フランスの精神分析家。ギリシアとデンマークのジョージ国王の妃で、一九二〇年代はじめからフロイトと親交を結び、一九二六年のパリ精神分析協会の創設に際して精神的、物質的支柱の一人となった。またフランスにおけるフロイトの著作の翻訳紹介者として、草創期の精神分析運動で大きな貢献を果たした。一九三八年にフロイトがナチスを逃れてロンドンに亡命したとき、大きな援助の手を差し伸べたのも彼女であった。その最も大きな業績としては、全三巻からなるポーの病跡学的研究が挙げられる。

ある微妙な失錯行為

（1）【SE　アーネスト・ジョーンズは、この女性をルー・アンドレアス゠ザローメとしているが（『フロイトの生涯と作品』第三巻、ロンドン‐ニューヨーク、一九五七年、二六九頁）、これは誤りである。事実は、これはドロシー・バーリンガム夫人で、彼女は今も（一九六二年現在）この指輪と、宝石が留めてあった厚紙を所有しておられる。】バーリンガム夫人については、『続・精神分析入門講義』（本巻所収）第三〇講の編注（29）を参照。

（2）ドイツ語の für は、英語の for に相当し、目標や利益や擁護の意味で「～のため」をあらわす前置詞。

（3）ドイツ語の bis は、時間的ならびに空間的な意味で「～まで」をあらわす前置詞。後述されるように、ラテン語・フランス語では「二度」、「二重に」、「再び」の意になる。

(4)【SE 「同じ訴訟を二度おこしてはならぬ」の意味。】

(5)【SE 不完全な解釈の危険性があることは、夢の事例において強調されている(『夢解釈』(GW-II/III 285, 528)〔本全集第五巻〕)。自己分析の特別な困難さについては、「精神分析運動の歴史のために」(GW-X 59)〔本全集第十三巻、五八頁〕に付された注〔編注(37)〕を参照。】

チェコ語版『精神分析入門講義』へのまえがき

(1)【GW チェコ語版『精神分析入門講義』の公刊は、一九三六年、プラハにて。この「まえがき」のドイツ語オリジナルテクストは所在不明の状態である。ここに印刷されたドイツ語ヴァージョンは、オトカル・クチェラ博士の好意によって、チェコ語から再翻訳されたものであり、公刊は本全集〔GW〕が最初である。】

(2)【GW 「預言者が敬われないのは、その故郷、家族の間だけである」(『新共同訳聖書』「マタイによる福音書」一三・五七)。フロイトは、一八五六年、モラヴィアのフライベルクに生まれた。そこは、当時はまだオーストリア＝ハンガリー帝国に属しており、一九一八年以降、チェコスロヴァキアに組み込まれた。今日ではこの町はプシーボルと呼ばれている。】

トーマス・マン六十歳の誕生日に寄せて

(1)【SE これが初めて出版されたのは、おそらく一九三五年秋、『精神分析年鑑《アルマナハ》 一九三六』(ウィーン、国際精神分析出版社)、一一八頁においてである。アーネスト・ジョーンズから耳にした話によれば(ジョーンズ『ジークムント・フロイトの生涯と作品』第三巻、ロンドン＝ニューヨーク、一九五七年、二一三頁)、これはマンの出版業者であるフィッシャー社の依頼で、六十歳の誕生日の贈り物〔祝辞集〕の一部として書かれたものだが、『精神分析年鑑 一九三六』よりも前にこの手紙が刊行された形跡を見出すことはできなかった。】トーマス・マンの誕生日は六月六日(一八七五年)。SEは、ナチス時代にマンに関わる出版が禁じられていたと述べ、そのために直ちに出版されなかったことを示唆している。

（2）　SEは逆に、トーマス・マンがフロイトの熱狂的な崇拝者であり、フロイトについて数多くの評論を書いたことを指摘している。OCに拠れば、マンが初めてフロイトのところを訪れたのは一九三二年であった。一九二九年五月十六日、マンはミュンヒェン大学で、「近代精神史におけるフロイトの位置」という題の講演を行っている。フロイトのそれに対する言及が、一九二九年七月二十八日付のルー・アンドレアス＝ザローメ宛書簡に見られる。一九三六年五月八日にウィーンで行われた「ジークムント・フロイトと未来」という講演については、「トーマス・マン宛書簡」（本巻所収）の編注（2）を参照のこと。

（3）　一八五六年五月六日生まれのフロイトは、トーマス・マンより十九歳年上で、この時七十九歳であった。

ロマン・ロラン宛書簡――アクロポリスでのある想起障害

（1）【SA　フロイトがロマン・ロランとの文通を始めたのは、一九二三年である。個人的に会ったのは、おそらく一九二四年のただ一度だけであったと思われる。】

（2）【SA　ロマン・ロランは、一八六六年一月二十九日生まれ。この文章は、その七十歳の記念文集のために書かれた。この文章が『精神分析年鑑《アルマナハ》　一九三七』一九三六年、九―二一頁に掲載されたものよりも前にドイツ語で公刊された形跡は、確認されなかった。おそらく、記念文集をドイツで公刊する意図はあったものと思われる。ロマン・ロラン関連の出版は、当時、国家社会主義者たちによって抑えられていたと想像できる。】

（3）【SA　フロイトは、この作家に対して、非常に大きな賛嘆の念を抱いていた。それは、この文章に表れているだけではなく、六十歳の誕生日のメッセージ（「ロマン・ロランに宛てて」（GW-XIV 553）〔本全集第十九巻、二五九頁〕）や、これまで僅かに公刊されてきたロマン・ロラン宛の手紙（フロイト『書簡　一八七三―一九三九年』エルンスト・L・フロイト編、フランクフルト・アム・マイン、一九六〇年（増補第二版、一九六八年、改訂第三版、一九八〇年）にも、さらには『文化の中の居心地悪さ』の冒頭の一節（GW-XIV 421-422）〔本全集第二十巻、六七―六八頁〕にも表れている。】

（4）【SE　フロイトは、約十年前に、『ある錯覚の未来』のV節（GW-XIV 347）〔本全集第二十巻、二七頁〕において、このエピソードに対して短い言及をしていたが、解釈を前面に押し出すことはしていなかった。】

（5）「精神分析作業で現れる若干の性格類型」Ⅱ節（GW-X 370）〔本全集第十六巻、一〇頁〕。

（6）【SA『文化の中の居心地悪さ』Ⅶ節（GW-XIV 482-493）〔本全集第二十巻、一三五―一四八頁〕参照。】【SE『ある錯覚の未来』Ⅲ節（GW-XIV 338-339）〔本全集第二十巻、一七―一八頁〕参照。】

（7）【SE フロイトはこれらの現象について二度、かなり長く議論していた。「日常生活の精神病理学にむけて」の第十二章、D（GW-IV 294-298）〔本全集第七巻、三二一―三二七頁〕、および「分析作業中の誤った再認（「すでに話した」）について」〔本全集第十三巻〕。】

（8）【SA アンナ・フロイト『自我と防衛機制』ウィーン、一九三六年。】

（9）【SA 十五世紀末グラナダの最後のムーア人の国王。グラナダから約三十キロの距離にあるアラマは、首都の鍵を握る要塞であった。】SAは、GWでのスペイン語の引用が正確ではないとして、一部修正している。

（10）【SE フロイトは防衛過程を記述するのに、「防衛‐神経精神症」のⅠ節（GW-I 63）〔本全集第一巻、三九七頁〕において同じ言い回しを用いていて、『制止、症状、不安』のⅥ節（GW-XIV 150）〔本全集第十九巻、四七頁〕でも再び用いていた。】

（11）【SA 通常この逸話は、ミラノでの戴冠式の文脈で語られる。そこでナポレオンは、ロンバルディアの鉄の王冠をわがものとしてしまったのである。】

ゲオルク・ヘルマン宛書簡三通

（1）【GW これまで知られていなかった以下のゲオルク・ヘルマン宛のフロイトの三通の書簡の存在を教えてくれたのは、ゲルト・マッテンクロットである。彼は、一九八六年にニューヨークのレオ・ベック研究所で、二葉の葉書の挨拶状とともに、これらの書簡を発見し、注釈を付して、『新展望』（第九十八巻、第三号、一九八七年、五―二一頁）に発表した（「「まだ死んではいないという……」――ゲオルク・ヘルマン宛フロイト未公刊書簡」）。――ゲオルク・ヘルマン〔ベルリン出身のユダヤ人作家〕（一八七一―一九四三年）は、エジプト学者ルートヴィヒ・ボルヒャルトの弟で、ベルリンで作家活動をしていたゲオルク・ヘルマン・ボルヒャルトの筆名である〔ヘルマンという姓はもともと父親の洗礼名であるが、これを自らの作家名に用いた」。彼を有名にしたのは、とりわけ、フリードリヒ大王時代を背景としたり、ビーダーマイアー時代のベルリンのユダヤ人市民階層を舞台とするリアリズム小説であった(なかでも特に彼の名を上げたのは『イェットヒェン・ゲーベルト』(一九〇六年)、『ヘンリエッテ・ヤコービ』(一九〇八年)である)。今日、ヘルマンの作品については、テーオドール・フォンターネ、アルフレート・デーブリン、ゲールハルト・ハウプトマンらとの文学史上の関係が注目されることもある。また、ハインリヒ・ツィレやケーテ・コルヴィッツとの親しいつきあいを通して、ゲオルク・ヘルマンは、社会批判的ジャーナリストや芸術批評家としても抜きん出た存在であった。彼は、一九三三年にオランダに亡命することになるが、それまではベストセラー作家であり、その作品はさまざまな言語に翻訳されてもいた〔ドイツでは彼の作品は一九三三年に焚書の憂き目に会っている〕」。『ドイツ亡命-文学　一九三三―一九四五年』(シュテルンフェルト・ウント・ティーデマン出版社、一九七〇年)二〇九頁の記事によれば、ヘルマンはのちに逮捕、連行されて、アウシュヴィッツ-ビルケナウ強制収容所でその生涯を閉じたということである。】したがって、フロイトがこの三通の書簡を書いた一九三六年は、ヘルマンはすでにオランダに亡命しており、彼がドイツ軍に逮捕されて虐殺される四三年まではまだしばらく間がある時期であった。この亡命のあいだヘルマンは、身内をかかえて経済的苦境に立たされながら、自伝『一時代の死』(一九三三年)に続いて、ここの第三の書簡で話題になっている『薔薇のエーミール』など長編小説も数点ものしている。

(2)　それぞれ、ヘルマンの一九一二年と一九二九年作の長編小説。

(3)　あくまでこの手紙だけからの推測にすぎないが、どうやらヘルマンはフロイトに、現代の人間に罪責感というものが乏しくなってきているという内容の手紙を送ったようである。フロイトは、これに対して、文明人には罪責感というものは必然的に伴うもので、決してこれがなくなることはないという彼の持論を展開したいようである。

(4)　「無意識的」という言葉と「罪責感」という言葉は、普通では結合できないということ。つまり、普通には、無意識的な(意識的でないような)罪責感など存在しないと考えられるということである。

(5)　死の欲動、攻撃欲動などと言い換えられる破壊欲動のこと。

(6)　【GW『自我とエス』のⅤ節(GW-XIII 277 ff.)〔本全集第十八巻、四七頁以下〕、ならびに『文化の中の居心地悪さ』のⅦ節

（GW-XIV 482ff.）〔本全集第二十巻、一三五頁以下〕およびⅧ節、とりわけⅧ節冒頭（GW-XIV 494）〔同巻、一五〇頁〕には、これに似たフロイトの論述が見られる。】

（7）【GW　同じく罪責感の無意識性を問題にした『自我とエス』にはこうある。「ノーマルな人間は自分が思っているよりもずっと非道徳的であるばかりでなく、自分が自覚している以上にずっと道徳的でもある、といった逆説的な命題を主張したくもなろうが、むろんそのように主張されたとしても、この主張の前半の見方の出処でもある精神分析としては、この後半部に対しても、異論をはさむいわれなどあろうはずもない」（GW-XIII 282）〔本全集第十八巻、五三頁〕。そしてフロイトはここに次のような注を付している。「この命題が逆説のように響くのは、見かけだけのことである。これが意味しているのはただ、人間の本性は、善においても悪においても、自分自身が思っているところ、すなわち、自我が意識的知覚を通して知っているところを、はるかに越え出ているということにすぎない」〔同巻、五三頁、原注（21）〕。】

（8）【GW　ヘルマンはフロイトに、あるグロテスクで幻想的な物語の、読みづらいタイプ打ち原稿（六十一枚）を送付していた。それには、「ジョンストン教授は量を間違えたのか」という標題が付されており、今日、ヘルマンの遺稿として残されている。ゲルト・マッテンクロットの好意で、われわれは、そのコピーを一部読ませていただいた。この物語の筋をつくっているのは、ジョンストンという高齢の脳生理学者が行っている実験である。それは、まもなく死を迎える老学者たちの頭につまっている知識を、「脳細胞内容物を電気的に移植する方法」で、わずか数秒のあいだに、若くて意欲旺盛な学者たちの頭に転記するという実験である。これによって、若い学者たちは、従来の学習方法では何十年もかけてようやく身につけることのできた知識を、早くもその研究生活の開始期に用いることができるというわけである。この「脳内容物除去技術」によって、この脳生理学者は、科学が前代未聞の進歩を遂げるだろうと見込んでいる。彼は、共同研究者たちの目の前で、自らが実験台になってこの新しい波動技術を実演するが、失敗して命を落とすことになる。実験の際に、彼の脳物質が甚大すぎる破壊をこうむってしまったというのが、どうやら失敗の原因だったようである。――この物語には、たとえばレイシズムなど、当時の時代に対するいくつもの当てこすりが盛り込まれている。分析以前のフロイトの見解や以後の見解についての言及も、あちこちに散見される。】

（9）ジョージ・バーナード・ショー（一八九六―一九五〇年）による五部作の大戯曲（一九二一年刊、初演は二二年）。メトセラとは、旧約聖書「創世記」に登場する人物で、九六九歳の高齢まで生きたとされている。この劇では、人類が、強烈な意志の力によって死を克服し、新しい超人類に生まれ変わるまでが描かれている。
（10）【GW　原稿では、この二つの修正のうち前者の修正しか行われていない。】
（11）【GW　『薔薇のエーミール』。一九三三年、オランダ亡命先で成立、三五年に当地で刊。世紀転換直後のベルリンの泥棒たちの世界を舞台とした小説である。このあとのフロイトの書簡〔「書簡三」〕を参照。】この小説はのちに、ラドゥ・ガブレアという監督によって映画化されている。「薔薇のエーミール」とは、主人公の貧しい小説家エーミールのあだ名であり、彼が薔薇を好むところから娼婦のリシーがつけたものである。
（12）【GW　ゲルト・マッテンクロットは、ヘルマンについての注釈（前掲『新展望』一二一―一三頁）で、フロイトのこの手紙のきっかけについて推測している。それによると、きっかけになったのは、列車に乗り遅れる夢についてのヘルマンの解釈であったらしい。】
（13）【GW　『夢解釈』（GW-II/III 390）〔本全集第五巻〕および『精神分析入門講義』（GW-XI 154, 163）〔本全集第十五巻〕を参照。】
（14）【GW　シェイクスピア『ハムレット』第三幕、第一場より。「旅人が二度と帰らぬ世の果て、未知の国〔すなわち死〕」〔『ハムレット』野島秀勝訳、岩波文庫、二〇〇二年、一四三頁のハムレットの科白〕。】
（15）古代エジプトの葬礼文書で、死後、死者の魂が冥界でどのように生活すべきかなどが書かれている。
（16）【GW　編注（8）を参照。】
（17）【GW　編注（11）を参照。】
（18）【GW　ベルリンの口腔外科医、ヘルマン・シュレーダー教授。大学付属歯科病院院長。当時フロイトは、このシュレーダー教授に、新しい義口蓋を合わせてもらっていた。一九二三年の癌の突発のゆえに行われた幾度にもわたる顎と口蓋の手術のために、フロイトは不恰好な義口蓋を取り付けねばならなくなっており、その矯正のために四六時中手間をかけねばならなかった。】

（19）【GW　アンナ・フロイト（一八九五―一九八二年）のこと。】
（20）【GW　エルンスト・フロイト（一八九二―一九七〇年）のこと。】
（21）【GW　オリヴァー・フロイト（一八九一―一九六九年）のこと。】
（22）【GW　フロイトは、一九三〇年に、一万ライヒスマルクの賞金つきのゲーテ賞を受賞している。「フランクフルトのゲーテハウスにおける挨拶」〔本全集第二十巻〕参照。】
（23）【GW　カール・ハインリヒ・ベッカー（一八七六―一九三三年）、東洋学教授。一九二五年から三〇年までプロイセンの文化大臣。】
（24）【GW　マルタ・フロイト（旧姓ベルナイス）（一八六一―一九五一年）。】
（25）【GW　もちろん、ヘルマンの亡命のことを暗に指している。フロイトはこのときまだ、自分自身がやがて亡命しなければならなくなるとは、予想していなかったようである。】

トーマス・マン宛書簡

（1）【GW　この手紙は、不完全な形で、最初は「トーマス・マン宛書簡草稿」という標題で、『国際精神分析雑誌・イマーゴ』第二十六巻、一九四一年、三・四分冊、二一七―二一九頁において公表され、同雑誌と同じ不完全な版がジョーンズによるフロイトの伝記（『ジークムント・フロイトの生涯と作品』第三巻、ベルン‐シュトゥットガルト、一九六二年、五三三―五三五頁）において復刻された。後者は、単にフロイトの締め括りの挨拶表現が再び書き加えられただけであった。この初期の出版に欠けていた最後のパラグラフが完全な文言で再現されたのは、フロイト『書簡　一八七三―一九三九年』エルンスト・L・フロイト編、フランクフルト・アム・マイン、一九六〇年、四二四―四二七頁（増補第二版、一九六八年、四四七―四四九頁）においてであった。我々〔GW〕が底本として用いたのは、最初に公刊されたもののコピーと、『書簡　一八七三―一九三九年』第三版、一九八〇年である。この手紙が「草稿」であるというテーゼは、修正された版が実際にマンに送られたということを推測させる。しかし、そのことを証明するものは何もない。元通りにされた最後のパラグラフは、むしろ、どうして手紙がフロイトの書類のなかに残っていたのかについての別の説明を支持している。つまり、フロイトは手紙を、この版の形でも別の版の形でも、そもそもトーマス・マンに送らなかった、という説明を支持していると言える。】

（2）【GW　この会合があったのは、一九三六年六月十四日、グリンツィングのフロイトの夏の滞在場所においてである。五月七日、八日に、医療心理学学術協会で式典が行われて、そこでルートヴィヒ・ビンスヴァンガーとトーマス・マンが、フロイトの八十歳の誕生日（一九三六年五月六日）を機会に、スピーチを行った。マックス・シューアは、引き続き行われたレセプションでトーマス・マンに近付いた様子を伝えている。シューアはマンに、どうしてフロイトが出席できなかったかを説明し、スピーチをフロイトのためにもう一度個人的に読み上げてもらえるかどうか尋ねた。マンは喜んで同意した。トーマス・マン「ジークムント・フロイトと未来、一九三六年五月八日・ウィーンにおけるフロイト八十歳の誕生日を祝う式典での祝辞」（*Imago*, Bd. 22, S. 257-274）、マックス・シューア『ジークムント・フロイト――生と死』フランクフルト・アム・マイン、一九七三年、五六五―五六六頁、〔前掲〕ジョーンズ『ジークムント・フロイトの生涯と作品』第三巻、二四四―二四六頁を参照のこと。――一九三六年六月十七日のアルノルト・ツヴァイク宛書簡（フロイト、ツヴァイク『往復書簡』エルンスト・L・フロイト編、フランクフルト・アム・マイン、一九六八年所収）でフロイトは、マンの企図に満足したと述べている。「トーマス・マンは、私についての講演を様々な場所で五、六回行いましたが、彼はとても愛すべき人間で、今月十四日の日曜日、私のためだけに個人的に、ここグリンツィングの私の部屋でそれを繰り返してくれました。それは、私と同席した家族にとって、大きな喜びでした。高貴な非ユダヤ人！　そんな人もいることが素晴らしいです。時としてそれは疑われるかも知れませんが。」（この最後の三つの文は、一九六八年の上記往復書簡集では抜けていたが、シューア『フロイト――生と死』ニューヨーク、一九七二年、四八二頁によって再び挿入された。奇妙なことに、〔前掲の〕一九七三年のドイツ語版、五六七頁では、それらの文が欠けている。）】マンがすでに「ジークムント・フロイトと未来」のなかでナポレオンに触れている。

（3）【GW『エジプトのヨセフ』ウィーン、一九三六年。】トーマス・マン『ヨセフとその兄弟たち』のなかの一巻。

（4）【GW〔前掲〕ジョーンズ『ジークムント・フロイトの生涯と作品』第三巻、二二八―二二九頁が述べているところによれば、それはフロイトが二十年以上も前に表明した考えで、それによってヨセフとナポレオンに対するフロイトの関心が掻き立てられたという。一九三四年十一月六日のアルノルト・ツヴァイク宛書簡（〔前掲〕フロイト、ツヴァイク『往復書簡』）でフロイトは次のように書いている。「ところで、私はあなたに、もうすでに以前に、空想じみたエジプト遠征について分析的に説明していなかったでしょうか。もし繰り返しになったら、申し訳ありません。ナポレオンは大規模なヨセフ－コンプレクスをもっていました。彼の兄はそのような名前でしたし、彼はジョゼフィーヌという名の女性と結婚しなければなりませんでした。兄に対する途方もない嫉妬心は、父親への同一化の影響下で、熱烈な愛情に変わっていました。そして強迫はその後、妻へと転移しました。それでも彼は、エジプトでヨセフを演じなければなりませんでした。どうしようもない空想家なのです。そしてその後もまた、まるでエジプトの征服に成功したかのように、ヨーロッパにいる兄弟たちを養いました」。】

（5）【GW　A・ドーデ『ナバブ』一八七七年。】

（6）太陽と月と十一の星がヨセフに平伏すという夢についてヨセフが兄弟に話したため、彼らは妬みからヨセフを殺そうと思うようになった。

（7）【GW　この最後のパラグラフは、『国際精神分析雑誌・イマーゴ』やジョーンズの伝記に書簡が掲載された時には欠けていた。】編注（1）参照。

ブラウン教授死去に際して

（1）【GW　ルートヴィヒ・ブラウン教授（一八六一－一九三六年）は、有名なウィーンの心臓病学者で、フロイトの親しい友人であるとともに、時には彼の相談医をつとめたりもしていた。生前ブラウンは、ブナイ・ブリース協会ウィーン支部が、一九二六年五月六日にフロイトの七十歳誕生日の祝賀会を行った際、祝辞を述べてもいる。このときのフロイト自身の挨拶は、「ブナイ・ブリース協会会員への挨拶」（本全集第十九巻）として遺されている。】アーネスト・ジョーンズによる伝記『フロイトの生涯』（竹友安彦・藤井治彦訳、紀伊國屋書店、一九六四年、四五二－四五三頁）には、心臓医としてのブラウンとフロイトとの関係をあらわすエピソードが紹介されている。

（2）【GW　ハインリヒ・ブラウン（一八五四－一九二七年）は、のちに社会主義の政治家となって活動することになった。彼に関しては、「『みずからを語る』補筆」(GW-Nb 763)〔本全集第十八巻、一三五頁〕に付された注〔編注(1)〕を参照。】

ルー・アンドレアス＝ザロメ追悼

(1)【SE　ルー・アンドレアス＝ザロメは、一八六一年、ペテルスブルクに〔ドイツ系ロシア人の軍人の子として〕生まれる。夫(フリードリヒ・カール・アンドレアス(一八四六―一九三〇年))は、ゲッティンゲン大学の東洋諸語の教授であり、彼女とは一八八七年に結婚している。ルーに宛てられたフロイトの多くの手紙は、エルンスト・フロイト編集による書簡集(『書簡――一八七三―一九三九年』ベルリン、一九六〇年)に収められている。】本文にもあるように、彼女は、ローマで出会ったニーチェに衝撃を与えるとともに、ベルリンでの文学サークルでゲールハルト・ハウプトマンやアルトゥーア・シュニッツラーと付き合うなかで、とりわけリルケと深い親交をもった。彼女がフロイトと知り合ったのは一九一〇年代のはじめで、その後二〇年代には彼女自身、精神分析に携わるようになった。

分析における構築

(1)　この研究者が一体誰なのかについては残念ながら不明である。しかし、精神分析の世界の中ではなく、たとえばアカデミズムの世界に属し、精神分析に対して一定の理解のあった人物となれば限られてこよう。ひょっとするとエルンスト・クレッチマー(一八八八―一九六四年)などはその候補に挙がるかもしれない。あるいは、すぐ後の引用に英語のジョークが出てくるので、英米圏の研究者である可能性もあろう。

(2)　原文は Heads I win, tails you lose. コイン投げにおいて「どっちみち僕が勝つ」というジョーク。

(3)　この議論については、論文「否定」(GW-XIV 11, 15)〔本全集第十九巻、三頁、七頁〕においてすでに触れられている。あるいは、「あるヒステリー分析の断片〔ドーラ〕」の原注(10)〔本全集第六巻、二七頁〕、原注(31)〔同巻、六九頁〕なども参考になる。さらに「強迫神経症の一例についての見解〔鼠男〕」の原注(15)〔本全集第十巻、二〇九頁〕も参照のこと。

(4)　「構築する」の原語は konstruieren、「構築」は Konstruktion である。この「構築」に近い発想は、フロイトが無意識を発見した初期の時代にまでさかのぼって見出せると言ってよい。たとえば、一八九五年の『ヒステリー研究』には、「〔病因となる素材の〕断片や帯状のものから元の編成を推測して合成するのが、精神療法家の課題である。更なる比喩を求める人は、ここでジグソーパズルを想起していただければよいだろう」（GW-I296）〔本全集第二巻、三七二頁〕とある。ここで「合成する」と訳されている個所はドイツ語原文では wieder zusammensetzen すなわち「ふたたび組み合わせる」という表現であり、すでに（再）構築が問題となっていたことが分かる。ただし、もちろん、「構築」においては、病因となる素材が素朴に再構成可能であるとは考えられていない点が大きく異なっている。

（5）「再構築」の原語は Rekonstruktion.「構築」と「再構築」の違いはおそらく、分析の仕事の過程に力点を置くか置かないかの違いである。「再構築」には完全性のニュアンスがまとわりついている。しかし幼児期健忘を解決し、想い出を完全に想起することは困難なことであるわけだから、「再構築」は一つの理念でしかない。それはしたがって「聞こえはよいが」、いわば「構築」の運動が目指す不可能な目標にすぎない。

（6）「行為による表出」の原語は aktive Äußerungen.「積極的な表明」ともとれるところだが、本文のすこし前の個所に、失われた想い出をふたたび取りもどすための素材の提供のされかたとして、夢、自由連想、分析状況の内部および外部での患者の行動が挙げられていたので、それぞれ「想い出のかけら」、「連想」、「行為による表出」と対応させるべきだと考えた。

（7）この場合の「幸運な例外」とは、もちろん、古代ローマの都市ポンペイが当時の状態（西暦七九年）のままヴェスヴィオ火山の噴火による火山灰の下に埋もれていたこと、エジプト第十八王朝のファラオ、ツタンカーメンの墳墓が奇跡的に盗掘を免れた状態のまま一九二二年に発見されたことを指す。

（8）「構築という仕事のこのような準備段階」とは、分析家がまずある時点で考えうる「構築」を被分析者に申し伝えるのを皮切りに、そのときの被分析者の反応を見たうえでさらに分析をすすめ、「構築」を修正してゆくといった、分析家の持ち分と被分析者の持ち分とのあいだの結合を媒介とする「構築」の運動のことを指す。つまりこれは、分析が終わらなければ、「構築」はいつまでも準備段階にとどまる、ということを意味する（編注（5）参照）。

（9）「歴史的真理」の原語は die historische Wahrheit. この語は、本論稿が小規模であるにもかかわらず、この個所以降に四回(合計五回)登場する。五回目の登場に付した編注(24)を参照。

(10) 【SE 誤った構築の例として「ある幼児期神経症の病歴より〔狼男〕」のⅢ節冒頭(GW-XII 42)〔本全集第十四巻、一四―一五頁〕で触れられている。】

(11) 【SA シェイクスピア『ハムレット』第二幕、第一場。】当該個所は、小田島雄志訳(『シェイクスピア全集』第二十三巻「ハムレット」、白水社(白水Uブックス)、一九八三年、六九頁)を使用した。なお、英語原文は Your bait of falsehood takes this carp of truth.

(12) 【SE 「夢解釈の理論と実践についての見解」のⅦ節(GW-XIII 307)〔本全集第十八巻、一八二頁〕を参照。】

(13) 本全集では、Verleugnung という語に「否認」という訳語を統一的に当てているが、この個所の「否認している」の原語は leugnen であるため、注意を促すためにルビを振った。

(14) 【SE 論文「否定」の末尾(GW-XIV 15)〔本全集第十九巻、七頁〕で、この個所とほとんど正確に同じ言い回しが使われている。】

(15) 【SE 「日常生活の精神病理学にむけて」の第五章「言い違い」(GW-IV 104)〔本全集第七巻、一一四―一一五頁〕。民衆語としては「g《ゲー》」は「j《ヨット》」に近く発音される。】患者は「ゲヴァークト gewagt」と発音すべきところを「イェヴァークト je-wagt」と発音してしまったのである。

(16) 【SE 『自我とエス』のV節(GW-XIII 278)〔本全集第十八巻、四九頁〕を参照。】

(17) ヨーハン・ネーポムク・ネストロイ(一八〇一―六二年)、オーストリアの劇作家、風刺家。なおSEによれば、ここで引用されている台詞は道化芝居『分裂した男』から。

(18) 「ことのほか鮮明に」の原語は überdeutlich.【SE この個所で述べられている現象は、「日常生活の精神病理学にむけて」との関連で行ったフロイトの観察にさかのぼる。第二章の最初の長大な原注〔本全集第七巻、一八―一九頁、原注(3)〕を参照。さらにもっと初期の論文「度忘れの心的機制について」(GW-I 520-521, 527)〔本全集第三巻、二一〇―二一一頁、二一八頁〕、および「遮蔽想起について」(GW-I 542-544)〔本全集第三巻、二三二―二三四頁〕も参照。以上のすべての個所でフロイトは

überdeutlich という言葉を用いている。】

（19）「揚力」の原語は Auftrieb．直訳すると「欲動（Trieb）を駆り立てる（auftreiben）」といった意味になろうか。

（20）【SA 『ハムレット』第二幕、第二場でのポローニアスの台詞。英語原文は、Though this may be madness, yet there's method in it.】小田島雄志訳では、「気ちがいのことばとはいえ、筋がとおっておるわい」（前掲『シェイクスピア全集』第二十三巻、八五頁）。

（21）「ずれ」の原語は Verrückung．この語には「狂わせる」という意もある。日本語の「気がちがう」といったニュアンスと共通するものである。

（22）直前において、現在の現実の否認と昔の現実の否認について触れておきながら、ここでは現在の否認の材料と当時の抑圧の材料と述べていることに注意をうながしておく。

（23）「ヒステリー者は、主に回想に苦しんでいる」（GW-I86）〔本全集第二巻、一一頁〕。

（24）【SA この「歴史的真理」というテーマは、当時フロイトがしきりに考えていた問題である。そしてここが、この問題について最初に詳しく触れた個所であった。同じ問題を扱った『モーセという男と一神教』（GW-XVI239）〔本全集第二十二巻、一六五頁〕に付された注〔編注（32）〕に他著作への参照指示一覧がある。】『モーセという男と一神教』は一九三四年から三八年にかけて加筆修正されながら執筆されたものだが、本論稿「分析における構築」の最後の段落などは、このモーセ論に直接つながってゆく内容を有している。もちろん、「歴史小説」としてのモーセ論は、方法論としても全体的に「構築」の仕事と密接なつながりをもつものである。

解題

道籏泰三

本巻には、一九三二年から三七年までの六年間、フロイト七十六歳から八十一歳にかけての、まさに晩年といえる時期に書かれた著作類が収められている。ただし、三部構成の『モーセという男と一神教』は、執筆年(一九三四―三八年)がこの時期に一部重なってはいるものの、これら三部が単行本として出版された年(一九三九年)を考慮のうえ、本全集では第二十二巻に収録されている。また、小品「『みずからを語る』その後」(一九三五年)もこの時期に書かれているが、『みずからを語る』本体に連結させるため第十八巻に収録した。

伝記事項――エスの狂乱と自我の終焉

一九三二年から三七年までのこの期間は、一年先にずらせば際立つように、ヒトラーが首相にのし上がり権力を奪取した一九三三年一月から、三八年三月のナチス・ドイツによるオーストリア併合《アンシュルス》までの期間に大きく重なっている。加速するファシズムと反ユダヤ主義の嵐、風雲急を告げる戦乱の動きのなか、オーストリアに対するナチス・ドイツの脅威が本格化し、ついには侵入・併合という決定的な災厄をもたらした時期である。この間、ヒトラーは、三四年、総統《フューラー》として独裁体制を磐石のものとするや、三五年、再軍備開始、一般兵役義務導入、ユダヤ人弾圧のニュルンベルク法発布、三六年、ラインラント進駐、スペイン内戦介入、三七年、ゲルニカ空爆、(日)独伊防共協定と、世界大戦へのステップを早足で駆け登りながら、やがて三八年、オーストリアを自国の第八ガウに編入し、ヨーロッパの地図から消滅させるにいたるわけである。オーストリア併合は、ミュンヒェン協定締結(チェコ割譲)、水晶の夜《クリスタル・ナハト》(ドイツのユダヤ人大虐殺)を経て、三九年、プラハ進攻(チェコ崩壊)、独ソ不可侵条約締結、ポーランド侵攻、そして英仏の対ドイツ宣戦布告(第二次世界大戦勃発)へとなだれ込んでゆく、その後の大きな破局へのなお序曲にすぎないとはいえ、精神分析(「ジューイッシュ・サイエンス」)の旗頭たるユダヤ人フロイトにとっては、まさに決定的破局ともいえる事件であった。三八年六月、フロイトはいよいよ重い腰をあげ、老体をひきずりながら、八十年近くの長きにわたって住み慣れたウィーンをあとに、ロンドンへの亡命を余儀なくされる。

「何故に人類は、真に人間的な状態に踏み入っていく代わりに、一種の新しい野蛮状態へ落ち込んでいくのか」と問いかけるアドルノ、ホルクハイマーの『啓蒙の弁証法』(徳永恂訳、岩波書店、二〇〇七年、ix頁)は、ファシズムならびに反ユダヤ主義のうちに、近代啓蒙主義の限界ないしは啓蒙の神話への転化というゆゆしき事態を見てとった。彼らに言わせれば、それは、啓蒙理性による盲目的自然支配を通して自己確立をはかってきた人間主体が、必然的に行き着く「自然への頽落」にほかならなかった。フロイトの目にもまた——むろん彼は、アドルノ、ホルクハイマーのように啓蒙理性そのもののはらむ矛盾をあえて抉り出すようなことはなく、むしろ逆に、科学的合理性なるものをこそ素朴に認識の拠点に据えようとしているが——荒れ狂うナチスの暴虐は、理性から蒙昧、文明から野蛮への退行と映っていた。それは、言うなれば、文明のなかで手なずけられてきたエスの突然の暴走、集団的熱狂のなかで生じうるエスの狂乱のごときものであった。一九二一年の『集団心理学と自我分析』にはこうある。

「集団は衝動的で、変わりやすく、刺激されやすい。集団は、ほぼ全面的に無意識によって動かされている。集団が従う衝動は、状況次第で高貴にも残虐にも、英雄的にも臆病にもなりうる。いずれにしても、その衝動は全く有無を言わさぬもので、個人的な利害関心、自己保存への関心すら働かなくなるほどだ」（本全集第十七巻、一三八頁）。これは、ル・ボンの『集団の心理学』（一八九五年）を受けたフロイトによる、集団のなかでの個人の禍々しい退行の描写であるが、ここには早くも、ナチスの出現が予告されているかのようにも見える。荒れ狂うナチスの群れは、フロイトの目には、集団的陶酔のなかで退行し、自我ないし理性の衣を脱ぎ棄てて、抑制のきかぬエスに引きずり回されるがままの「不気味なもの」（本全集第十七巻）と映っていたのだ。

『続・精神分析入門講義』（以下『続・講義』と略す）では、エスは「煮えたぎる興奮の坩堝」（第三一講、本巻九六頁）に喩えられている。それとの類比でいえば、ナチス・ドイツは、フロイトにとって「恐ろしい災いが湧き起こる地獄の雑炊」の煮えたぎる「魔女の大釜」（シェイクスピア『マクベス』福田恆存訳、新潮文庫、一九六九年、七五―七六頁）のようなものであった。「この先の状況は喜べるようなものではありませんが、私たちはまだオーストリアにとどまることはできるでしょう。もっとも、ドイツの魔女の大釜から何が飛び出てくるかに未来がかかっていることは、言うまでもありません」とE・ジョーンズ宛の手紙にもある（一九三三年七月二十三日付。『ジークムント・フロイト／アーネスト・ジョーンズ　全書簡　一九〇八―一九三九年』R・A・パスコーカス編、マサチューセッツ、ハーヴァード大学出版ベルクナップ出版局、一九九三年、七二五頁）。フロイトの頭のなかでは、ウィーンとナチス・ドイツの関係は、ひとつのパーソナリティのうちでの自我とエスの陣地争奪戦のようなものとしてイメージされていたのかもしれない。極度に肥大化し制御のきかなくなったエスが、これと境を接する自我をしだいに圧迫、侵食し、やがては呑み尽くしてしまうという人間崩壊のイメージである。それはフロイトにとって、オーストリア・ユダヤ人の無残な運命を告げるばかりでなく、この先人類一般を待っている悲惨な運命を予示するものでもあった。

自我がエスに呑み込まれてゆく。自我は――十九世紀ブルジョア階級の心性をしかと受け継いだフロイトの拠点でもある成熟した強靭な自我は――このエスの狂乱を押しとどめ、少なくともそれとのバランスを取り戻さなければならない。人間の歴史と文化が存続できるためには、ナチスの暴虐というかたちで出現してきたこのエスの氾濫を抑え込むことができなければならない。一九二九年の『文化の中の居心地悪さ』はこう結ばれている――「人間の共同生活は、人間自身の攻撃欲動や自己破壊欲動によって攪乱されている。人類は、これを自らの文化の発展によって抑制できるのか。どの程度までそれが可能なのか。私には、その成否が人間という種の運命を左右する懸案ではないかと思われる……。「天上の力」のもう一方、永遠のエロース〔この一部が自我を構成する力である〕には、ひとつ奮起して意地を見せてくれることを期待しようではないか」（本全集第二十巻、一六二頁）。しかし、この闘いには、そもそも勝算と呼べるものはあるのだろうか。もともとエスから派生した自我は、最後にはエスの軍門に下るほかないのではないか。あるいは、アドルノ、ホルクハイマーの言うように、科学的、計算的理性として成立した自我は、いずれ、それ自体が狂乱のエスへと弁証法的に転化、回帰する運命にあるのではないか。――こうした疑念は、やがてナチスの台頭が現実化してゆくなかで、フロイト自身にも穏やかならぬ不安として迫ってくる。二年後の一九三一年、フロイトはこの文化論の末尾に「だが、その成否や結末はいったい誰に予見できよう」という疑問をつけ加えている。そして実際に、このペシミスティックな予想は、その後、フロイト自身の眼前で無残なかたちで的中してゆくこととなる。自我は、狂乱するエスに怒濤のごとく攻め立てられ、やがて半死半生の姿で退場せざるをえなくなるのである。フロイトは、最後の最後までウィーンの地にとどまることに固執した。そこには、むろん、亡命生活に対する怯えもあっただろうし、また、ウィーンからの逃亡は、これまで育て上げてきた精神分析が壊滅したことのしるしにもなりかねない、といった無念さも働いていただろう。だが同時に、フロイトのウィーンへの思いには、エスの暴挙に最後まで耐え通し、自らの陣地を死守してもらいたいという自我への希望が、無意識のうちに二重映しになっていたのかもしれない。そのはかない希望が、まさに跡形もなく潰えていくこととなるのである。

フロイトのこの間のじりじりした撤退のさまを、オーストリア内部の政治的動向を中心に、具体的に追いかけておこう。周知のように、一九二九年、ニューヨークの株式市場の大暴落に端を発した世界的大恐慌のあおりを受けて、オーストリア、ドイツでは、失業率がうなぎ上りに跳ねあがり、いくつもの企業や銀行が倒産、破産の憂き目を見るパニック的な事態に立ちいたる。この事態を受けてドイツではヒトラーのナチスが、三〇年の選挙で社会民主党につぐ第二位、三二年には第一位へと躍進し、三四年には独裁体制を整え、民衆は一躍ファシズムの波に乗りはじめる。他方オーストリアでも、三〇年代になると、二つの政治的私兵集団、イタリアのファシスタ党に依拠する護国団と社会民主党系の防衛同盟が対立を激化させてゆくなか、その合間を縫うようにして、ドイツ併合を合言葉にオーストリア・ナチスが不気味に蠢《うごめ》きはじめる。ある歴史家はこの蠢きをこう言い表している。「ナチの暴力行為がオーストリアで続発した。爆弾騒ぎもますますひんぱんになった。夜、不審な森林火災が発生し、奇妙なことに、炎に焼かれた森の部分は、大きなハーケンクロイツの形をしていた。オーストリアのナチ党員は、一九三〇年の三千から、一九三三年の四万に増大したと推定される。〔ドイツの〕オーストリア軍団として知られる、二万五千の少数精鋭部隊も、オーストリアとの国境に常時配備され、オーストリアへの定期的な襲撃を行った」（リチャード・リケット『オーストリアの歴史』青山孝徳訳、成文社、一九九五年、一四二―一四三頁）。こうした不穏な情勢と並行して、一九三三年、キリスト教社会党の首相エンゲルベルト・ドルフースが、ヒトラーのファシズム路線に倣おうとでもするかのように、護国団の支持をバックに議会解散の手段に訴え、独裁体制を樹立する。この年の二月、ナチスの活動が禁止され、翌年二月、社会民主党も禁止される。このドルフース独裁に対して、まずは社会民主党からの武力による反撃が試みられ、ウィーンの社会主義者がゼネストを組織し、ウィーン市内は数日にわたって内乱状態に陥る。もとより社会主義に共感を示していなかったフロイト――彼はむしろナチス対抗勢力としてドルフースに希望をもっていたようだ――は、このとき、オーストリアの先行きに危機感をつのらせてのことか、それとも、社会主義の先走りに憂慮を感じてのことか、晩年の備忘録に、二月十二日付でひとこと「ゼネラル・ストライキ」と記している（『フロイト最後の日記　一九二九～一九三九年』ロンドン・フロイト記念館編、マイクル・モルナール編集・注、小林司訳、日本教文社、二〇〇四年、一七一頁。以下『日記』と略す。訳文は本全集の表記にあわせて一部変更した）。むろん、社会主義者たちの抵抗は、護国団、連邦軍、警察からなる圧倒的な軍事力を前にしてひとたまりもなかった。他方、オーストリア・ナチスはこのあたりを境に、非合法ながらしだいに護国団の暴力組織のなかへ食い込んでゆくことになる。

こうした状況に対するフロイトの思いには、もちろん明るさなど微塵もあろうはずがない。そこには、歴史のゆゆしき進行に対して、あらゆるもの――民主主義も社会主義も宗教も――が八方塞がりとなり、世界が打つ手もなく立ち尽くしているといった閉塞感が色濃く現れ出ている。たとえば晩年に親交を結んだドイツの作家アルノルト・ツヴァイク(一九三三年にパレスチナに移住し、のちにマルクス主義運動、反ファシズム闘争にも積極的に参加することになる)宛の一九三〇年十二月七日付の手紙には、ロシア・ボルシェヴィズムへの不信——これはやがて『続・講義』第三五講でより鮮明にされる——も含めて、出口の見えなくなりつつある現状に対する漠とした無力感がこう吐露されている。「私たちは、ソヴィエトの実験によって希望——じつはそれは錯覚だったのですが——を失うことになり、今それに代わるものを何ひとつ持ち合わせてはおりません。私たちは悪い時代に向かって生きております。私など、老齢で頭がぼんやりしてそんなことはどうでもよいのですが、七人の孫たちがかわいそうでなりません」(『ジークムント・フロイト／アルノルト・ツヴァイク　往復書簡』エルンスト・L・フロイト編、フランクフルト・アム・マイン、フィッシャー社、一九六八年、三七頁)。とはいうものの、ここにはまだ、進退きわまったといった切迫した絶望感のようなものはない。孫のことを思いやりながらも、どこかまだ他人事といったところがある。ヒトラーが政権を奪取した一九三三年の初めでも、フロイトは、オーストリアならびに自身の運命をそれほど悲観的には捉えていない。ドイツでの国会議事堂放火事件の報を病床で耳にしたS・フェレンツィが、イギリスに逃げるよう手紙で要請したときも、フロイトはこう答えている(ちなみに、四月二日付のこの書簡は、フロイトがフェレンツィに宛てた最後のものとなる)。「お手紙で述べておられる逃亡ということにつきましては、私は、ウィーンを去る考えはありません。私は、もう俊敏さも持ち合わせておりませんし、治療と痛み止めと安静に頼りきっております。しかし仮に健康で若かったとしましても、私はきっとここにとどまることでしょう。もちろん、この決断には感情的な要因もありますが、合理的な根拠もないわけではありません。ヒトラー体制がオーストリアをも圧倒するとは決まってはおりません。たしかにその可能性はありますが、ドイツにおけるような野蛮の極みにはいたらないだろうと、誰もが考えております」(『ジークムント・フロイト／シャーンドル・フェレンツィ　往復書簡』エルンスト・ファルツェーダー、エーファ・ブラバント編、ウィーン、ベーラウ社、第三巻(二)、二〇〇五年、三〇三頁)。まるで、自我が、窮地に陥りながらも、いわば現実を否認することでエスの暴威から身を守ることができると思い込もうとしているかのようである。この書簡から一カ月後の五月、ユダヤ・精神分析関係の書物がナチスによって焚書に処せられたときのフロイトの苦しまぎれの「機知」も、この類いに属するものと言えるだろう。「何という進歩でしょう。中世ならば、彼らは私を焼いたでしょう。今日では彼らは私の書物を焼いて満足しています」(ジョーンズ『フロイトの生涯』竹友安彦・藤井治彦訳、紀伊國屋書店、一九六四年、四九一頁)。あたかも、自我が、エスの暴挙をあえて「機知」のかたちで揶揄し、そこから快を汲み出すことによって、おのれの弱小さをあえて忘れようとしているかのような態度である。

しかし、一九三四年になり、ドイツでのナチス体制がますます強化されてゆくにつれて、わずかに残っていたこうした現実否認も消し飛び、フロイトの現状認識には、いかんともしがたい敗北感、絶望感が色濃くにじみ出るようになる。自我が、荒れ狂うエスによって退路を断たれ、食い散らされ、いよいよ虫の息に近づいたといった様相といえる。ナチスは、ついにウィーン内部でも決定的に猛威を振るい始める。三四年七月、社会主義者たちをようやく鎮圧したドルフースが、今度は、オーストリア・ナチスによって暗殺される。『日記』には、六月三十日付で「ドイツで突撃隊の反乱(長いナイフの夜)」(一七六頁)と書かれたあと、このナチス内部での紛糾に対する快哉の思いを、ゆゆしき事件の記述で掻き消すかのように、七月二十五日付で「+ドルフース：バルハウスでクーデター」(一七七頁)とある。このときは、ムッソリーニがオーストリアを守ろうと国境まで進軍したこともあって、ナチス・ドイツによるオーストリア侵攻はかろうじて食い止められることになるが、やがて三五年のエチオピア出兵以降イタリアが弱体化し、対オーストリア中立政策をとり始めるや、ナチスは、ドルフースのあとを継いだ首相クルト・シューシュニクに猛然と襲いかかる。三六年、ヒトラーは、武力での恫喝を背景に、オーストリアへの内政不干渉に合意する形式だけの協定を結ぶかたわら、その見返りにナチス党員を入閣させ、獄中のすべての党員の釈放をシューシュニクに同意させる。こうして翌三七年には、シューシュニク内閣に四人ものナチ党員が席を占めることになり、いよいよ政府の崩壊は時間の問題となる。この時期のフロイトの落胆と絶望のつぶやきを、先のアルノルト・ツヴァイク宛の手紙のなかからいくつか拾いあげておこう。「オーストリアの国家社会主義〔ナチズム〕への道は止められそうにありません。あらゆる運命はならず者たちと歩調を合わせることになってしまいました。私は、私のために幕が下ろされるのを待っておりますが、無念だと思う気持ちはどんどん薄れてきています」（三六年六月二十二日付、前掲『往復書簡』一四二―一四三頁）。「もうこれ以上ぐずぐずしてはおれません。なにしろ、まわりのすべてがどんどんいかがわしく威嚇的になり、自分がお手上げの状態だという意識が、ますます切迫感を強めてきているからです」（三七年四月二日付、同書、一四九頁）。「こちらでは、政府はそうではありませんが、民衆は、反ユダヤ主義への迎合という点については、帝国〔第三帝国〕の輩とまったく同じです。私たちは、まだ窒息させられてはおりませんが、ますます強く首を絞めつけられています」（三七年十二月二十日付、同書、一六三頁）。

一九三八年二月、ベルヒテスガーデンでのヒトラーとの脅迫にも似た会談で、シューシュニクは、主要な閣僚ポストのナチス党員への明け渡し、反ユダヤの法律の制定、国際連盟からの脱退等々を要求される。これを受けて彼は急遽、三月十三日の予定で国民投票を実施する決定をするが、二日前の十一日、ヒトラーから国民投票中止と首相辞任を要求する最後通牒が突きつけられると、万策尽きて「神よ、オーストリアを守りたまえ」という言葉を残し、身を引くことになる。このあとウィーンの街には「ひとつの民族、ひとつの帝国、ひとりの総統《フューラー》を」、「ユダヤ人に死を」というナチス党員たち、およびそれに群がる民衆の歓呼の声がこだましたと言われている。ドイツとの併合が成立し、ヒトラーがオーストリアに侵入してくるのは、その数日後のことである。フロイトは、一年前のジョーンズ宛の手紙で「私の残された希望は、生きてナチスの侵入を見たくないということです」(一九三七年三月二日付、前掲『全書簡』七五七頁)と書いていたが、その願いもむなしく、歓呼のなかでのナチス行進を目の当たりにしなければならなかった。『日記』には三月十一日付で「シューシュニクの辞職」(二三七頁)と記され、その翌日には「Finis Austriae〔オーストリアの終焉〕」(二三八頁)といったラテン語の記載が墓碑銘のように遺されている。それはオーストリアという故国の終焉であるばかりでなく、人類の文化全体を支えている自我の終焉を象徴する出来事でもあった。フロイトにとって、そのあとに続く六月四日のウィーン脱出、ならびに翌年九月二十三日のロンドンでの死去は、もはやその終幕の総仕上げにすぎない。

蛇足ながら、ひとつ付け加えておこう。オーストリアの終焉とウィーンからの撤退は、言うまでもなく、それまで心血注いで育て上げてきた精神分析運動――その後の精神分析の長い歴史からみて第一次とも呼べる運動――の壊滅を意味するものでもあった。ウィーンのフロイトを中心にして一九〇二年に始まった「心理学水曜会」以降、ウィーン精神分析協会、国際精神分析協会と拡大の一途をたどり、ベルリン、ブダペスト、ロンドン、オランダ、ニューヨーク、モスクワ、パリその他に数々の支部を産み出してきたこの運動は、今やいたるところで機能停止ないし崩壊の状態になりつつあった。わけてもナチス政権下のドイツにおける状態には惨憺たるものがあった。一九三三年五月のベルリンでの精神分析関係書物の焚書については先に触れたが、ドイツではこのあたりを先途として分析家たちの亡命が相次ぎ、精神分析の排除が決定的に押し進められることになる。ナチス当局は、その年の十一月には「精神分析学はユダヤ人会員全員を協会から追放した場合にのみ存続を許される」ことを明言し、三六年三月、ライプツィヒの国際精神分析出版社の財産をおさえると、五月には、すべての精神療法を統合した「全ドイツ精神療法医学協会」所属の分析関係の会員たちに「国際精神分析協会から脱退する」ことを厳命している(前掲『フロイトの生涯』四九二―四九三頁参照)。

一九一二年にフロイトを守護する親衛隊のようなものとして結成された「委員会《コミッティ》」の六人のメンバーたちも、すでにちりぢりになっていた。O・ランクは、情勢が悪化する前の一九二四年に、出産外傷説を前面に出してフロイトと対立し、ニューヨークに去っていたし、つづく二五年にはベルリン精神分析協会の大御所K・アブラハムが病没していた。本巻所収の追悼文(「シャーンドル・フェレンツィ追悼」)にも仄めかされているように、フェレンツィが分析技法の問題で仲間たちから離れ、ジョーンズに「精神錯乱」などと言われ、顰蹙を買いながらブダペストで孤独な死を迎えるのが、一九三三年のことである。その一年前の三二年の秋、H・ザックスはボストンへの亡命の途についているし、同年末にはM・アイティンゴンも、遠く離れたパレスチナへ移住している。「委員会」のメンバーのうち、三四年以降ヨーロッパにとどまっていたのは、ただ一人ロンドンのジョーンズだけであった。フロイトがかつて高く評価していたW・ライヒも、ファシズムとの闘いのなか、死の欲動を資本主義の産物と断じ、精神分析をマルクシズムと合体させようとする試みのうちに、フロイトの反感を買い、三四年、精神分析協会を去っていた。三七年二月には、ニーチェ、リルケとの深い交流ののち二十五年もの長きにわたって精神分析に身を捧げてきたルー・アンドレアス゠ザローメが、ナチス騒乱の陰に隠れるようにしてゲッティンゲンの自宅でひっそり息をひきとっている（本巻所収の「ルー・アンドレアス＝ザローメ追悼」参照）。

エスが荒れ狂うなか、これまでの精神分析運動が音を立てて崩れてゆく、というのが当時のフロイトのいつわらざる実感だっただろう。三七年十一月十七日、亡命先のロンドンにいたシュテファン・ツヴァイク（五年後には、亡命生活の疲れからリオデジャネイロで服毒自殺することになる）に宛てた手紙には、精神分析に対するフロイトの葬送の思いがにじんでいるように思える。「あなたご自身もおっしゃるように、私の仕事はすでに過去のものです。のちの時代がこれをどのように評価するかは、誰も予言することなどできません。私自身、しかと確信できないのです。研究というものには疑いがつきものだからですし、私たちは、真理の諸断片以上のものを取り出したわけではないからです。私の精神分析にとっても一寸先は闇です。少なくとも、私がなお生きなければならないこの何週間か何カ月のあいだ、私には何ひとつ喜ばしい体験などないでしょう」（『シュテファン・ツヴァイク　往復書簡集（H・バール、S・フロイト、R・M・リルケ、A・シュニッツラー）』ジェフリー・B・バーリン、ハンス＝ウルリヒ・リンドケン、ドナルド・A・プラーター編、フランクフルト・アム・マイン、フィッシャー社、一九八七年、二一三頁）。ウィーン市民がヒトラーを熱烈に歓迎したのが一九三八年三月十四日、『日記』にはその翌日付で「〔国際精神分析〕出版社と我が家の捜索」（二三九頁）と記されている。フロイトにとってこの狼藉は、箍《たが》のはずれたエスによる精神分析運動の蹂躙を示す象徴にほかならなかった。

かつてエスのあったところに自我を成らしめよ!?

つづいて、この時期のフロイトの精神分析理論のほうに目を向けてみよう。当時の彼の理論には、自我の終焉を思わせる惨憺たる時代状況のあおりを受けて、いわばその反動として、ある種の偏向、時代とは逆の方向への過剰ともいえる突出が、一面において際立っているからである。この過剰な突出を、いわばフロイト自身の欲望——エスの狂乱を抑止し統御しようする欲望——が作り出した過剰として押さえておかないと、この時期のフロイトの精神分析のありようについて、公正かつ客観的な目を注いだとは言えないように思える。

言うまでもなく、フロイトの精神分析の要諦のひとつは、自我とエス——大雑把には意識と無意識と言ってもよい——のどちらか一方に偏った力点を置くことなく、それぞれにきちんと向き合い、いわば両者の終わりなき葛藤のさまを粘り強く観察し追跡することである。それは、とりわけ『自我とエス』（本全集第十八巻）以降、欲動分析にならんで自我分析を課題として打ち出してからのフロイトの一貫した姿勢でもある。自我とエスは、いわばエスのなかでの和解なき内部分裂であって、その葛藤には、そもそも終わりというものが存在しない。したがって分析家は、この両者に無限に公平な観察と考察を注がなければならない。たとえば、本巻所収の技法論文「終わりのある分析と終わりのない分析」には、このことが、分析治療の困難さという問題と絡めてこう明言されている。「わたしたちの治療上の努力は、治療を行っているあいだ、一片のエス分析から一片の自我分析へと、たえず振り子のように行ったり来たりする。わたしたちは、ある場合には、エスについての何かを意識化させようとし、またある場合には、自我についての何かを修正しようとする」（本巻二七四頁）。分析治療においては、患者の側には、エスの解釈と自我の抵抗のあいだでの無限の反復操作——それは「反芻処理」と呼ばれる（「想起、反復、反芻処理」（本全集第十三巻）参照）——が要求されるとともに、分析医の側には、患者との転移関係のなかで自我とエスの無限の分析が要求される。分析治療は、自我とエスの分析のあいだを果てしなく行き来しなければならない、というわけである。

「終わりがない」ということでいえば、この時期の少し前に書かれた『文化の中の居心地悪さ』も、そうした観点の典型のひとつをなしていると言ってよい。そこでは、自我は、生の欲動（エロース）の整序、変容、昇華としての「文化過程」として位置づけられ、一方において、この自我が、生の欲動の一部としてのカオス的性欲動を制限すると同時に、死の欲動（破壊欲動）のエネルギーを自らのうちに超自我として取り込み、その破壊的な発現を抑止するさまが考察されるとともに、他方において逆に、エス（性欲動と死の欲動）が「文化過程」としての自我にいつまでも逆らいつづけるさまが、きわめてダイナミックな構図のうちに描き出されている。先に挙げた末尾の文を再び引用しよう。「「天上の力」のもう一方、永遠のエロースには、ひとつ奮起して意地を見せてくれることを期待しようではないか。だが、その成否や結末はいったい誰に予見できよう」。ここにはっきり示されているように、この自我とエスの闘い——文化（文明）と自然（カオス）の闘い——に「終わりはない」のである。

自我とエスの終わりなき葛藤について、もうひとつ例を挙げておこう。本巻所収の『続・講義』第三〇講のオカルティズム論も、その急先鋒に立つものと言ってよい。そこでは、両者の闘いが、科学的啓蒙精神と反啓蒙主義的オカルティズムの闘いとなって現れている。それ以前においては、たとえば一九二一年の「精神分析とテレパシー」で「オカルト主義者が最初に自身で証明し、ついで他人にも押しつけたいと思っているこの信仰とは人類の発展史のうちで科学によって撥ねつけられた昔の宗教的信仰であったり、原始人のすでに克服された信念により近いものであったりするのです」（本全集第十七巻、二九一頁）と断定されていたように、オカルティズムに対する科学からの頭ごなしの否定が主調音であったのに対して、ここではそれが一転し、オカルト的事実の存在を認めるとまではいかずとも、少なくとも科学主義が一歩後ろへ引いた論調になっている。「夢解釈と精神分析を用いると、そうしなければ気づかれないままだったにちがいないオカルト的事実が明るみに出される」(本巻五九頁)、あるいは「皆さんに、思考転移、ひいてはテレパシーの客観的可能性にもっと歩み寄った考え方をなさるようお勧めするしかないのです」(本巻七〇頁)。ここでフロイトは、科学なるものにいっそう大きな幅をもたせ、これをより広い欲動欲望の領域にまで押し広げて、いわば自我とエスがとどまることなく交わりつづける地点を遠望しようとしているように見える。「思いますに、オカルト的な主張のうち、真であると判明したものがあれば、科学はそれを受け入れ、加工するだけの力量をもっているのでして、それが信じられないようでしたら、科学に大いなる信頼を抱いているなどとは、お世辞にも言えないでしょう。思考転移だけに限って言わせていただければ、それは、科学的思考法──敵対陣営に言わせれば機械論的思考法ということになりますが──を、きわめて把捉しがたい心の領域へと広げてゆくのを促すように思えます」(同頁)。

もとより『続・講義』における諸議論は(後期精神分析理論の総括として当然のことでもあろうが)、この第三〇講にかぎらず、こうした自我とエスの力動的葛藤をさまざまな面から叙述したものとなっている。外傷性神経症における夢の欲望成就の機能の妨害(第二九講)、自我とエスの通底性ないし自我の無意識性の問題(第三一講)、自我欲動と自我リビードの同一視(第三二講)、女性独特のエディプスコンプレクスのあり方(第三三講)、あるいは、若年期の自我の未熟性の問題(第三四講)等々、これらはいずれも、自我とエスの双方に正当に目を向けつつ、両者の終わりなき葛藤をきちんと見据えようというフロイトの精神分析の一貫した姿勢が現れ出たものにほかならない。

しかし、である。初めに指摘したように、本巻の扱っている一九三二年から三七年の時期、フロイトの精神分析理論には、こうした一貫した姿勢に並んで、自我の一方的強調という方向性もまた顕著にうかがえるようになる。

自我をエスに対する依存から可能なかぎり脱却させ、自我に独立した一本立ちの能力を備えさせようとするとともに、エスを抑え込み、できうるならばこれを視界の外へと切り捨てんとでも試みるかのような偏った方向性である。ナチスの狂乱という現実に対する、過剰ともいえる反動ないし反作用でもあるかのように、自我が陣地争奪戦においてエスに打ち勝ち、エスの領地を新たに奪取しなければならない、とされるわけである。『続・講義』第三一講の末尾には、ゾイデル海の干拓を比喩にとりながら、「かつてエスがあったところに、自我を成らしめる」(本巻一〇四頁)というよく知られた言葉が、精神分析の理論的指針のごときものとして置かれているが、それはいわばこうした方向性のもっとも尖鋭化されたスローガンと言ってよい。この時期のフロイトは、一面において、侵略自我ないし防衛自我としての自我に、考察の重心を移動させているように見えるのである。もちろん、この重心移動には、現実の歴史的状況からの強制という側面もさることながら、その前提ないし前置きとして、精神分析における、エス中心理論から自我中心理論へのゆるやかな移行という問題もかかわっている。つまり、かねてより存在していた、いわば「エス心理学」から「自我心理学」への微妙な重心移動の流れのなかで、この時期、過剰なかたちで「自我心理学」が突出してきたということである。以下、そうした経緯をたどりながら、『続・講義』を中心に、この突出の具体的なありようを視野に収めておきたいと思う。むろん、それは、この時期のいささか逸脱した——とも思える——フロイトの精神分析を、批判の目をもってあげつらうためでなく、むしろ、批判を通してその本来のありようを、いわば裏側からあぶり出し、再確認するためである。

周知のようにフロイトは、一九二三年の『自我とエス』以来、抑圧される側としての無意識(エス)に並んで、それまで自明とされていた抑圧する側としての自我のありようを探究することに力を注がざるをえなくなっていた。

いや、その傾向は、自我欲動を自我リビード（自我へと反転した対象リビード）と同一視せざるをえなくなってきた一九一四年の「ナルシシズムの導入にむけて」（本全集第十三巻）にまで遡ることができるだろう。『続・講義』第三一講の冒頭には、その経緯が、「〔精神分析研究において〕いちばん後回しにされたのが、抑圧されたものから抑圧するものへと注意を向け変えること、分かりきったことばかりのように思われていた――むろん、ここでも思いがけないことにぶちあたるだろうとの確かな予感はありました――この抑圧する自我にしかと目を向けてたたずむことでした」（本巻七五頁）と説明されている。それまで神経症の機制を解明するために無意識（エス）のありようを中心的な研究領域としてきたのに対して、今やこれに代えて、いやこれに加えて、自我――これまで意識的領域として自明なものとされていた自我――の発展と変容を新たに問題とせざるをえなくなったということである。フロイトは精神分析のこうした一面を、「神経症心理学 Neurosenpsychologie」（「エス心理学 Espsychologie」とでも言ったほうが、意味が鮮明になるだろう）と対称をなすかたちで、「自我心理学 Ichpsychologie」と呼んでいる（同頁）。この「自我心理学」への本格的な一歩は、一九二〇年の『快原理の彼岸』（本全集第十七巻）における欲動論の転換と抱き合わせのかたちで踏み出される。そこではまず、のちに「エス」と命名される無意識領域の内実としてのエロースと死の欲動（破壊欲動）の二大欲動が新たに措定されるとともに、生命現象がこの二大欲動の闘争として規定される。『続・講義』第三二講の言い方にしたがえば、「私たちが想定している欲動は、大きく二つの群に分かれることになります。生命物質をどんどん束ねてより大きな統一体にしようとするエロース的欲動と、この努力に逆らって生命体を無機的状態に引き戻そうとする死の欲動です。生命現象は、この二つの欲動の協働と反目の作業から生まれ、最後は死によって終止符を打たれるというわけです」（本巻一三八―一三九頁）。続いて、この新たな欲動論を前提にしたうえで、自我の内実が、現実認識を旨とするかたちに変容したエロースの一部として規定され、その働きが、残りのエロース（性欲動）の暴走を抑え、死の欲動による破壊を抑止するものとして規定される。つまり、自我は、無意識的欲動を出自とし、その同じ無意識的欲動を整序し抑止するものとして規定されるわけである。そして三年後の『自我とエス』では、それまでの意識－前意識－無意識という局所論から、自我－超自我－エスという系的ないし構造的局所論への転換が行われ、無意識的欲動に「エス」という局所論的な場が与えられることにより、これに対する自我の独特の関係が考察されることになる。それによると自我は、エスの変容した一部として、手練手管を駆使してエスからそのエネルギーを奪い取り、それを用いてエスを統御しなければならないという、危険な役割を課された存在である。『続・講義』第三一講では、そうした自我とエスの関係が、次のような喩えで説明されている。「自我は、大筋では、エスの意図を実行に移さねばならず、どうすればこの意図がもっともスムーズに達成されうるのかをはじき出して、この課題を果たすわけです。こうした自我とエスの関係は、騎手と馬の関係に喩えることができるかもしれません。馬は移動のためのエネルギーを供給するのですが、目的地を定めて、この力強い馬の動きを御する優先権は、騎手のほうにあります。とは申しましても、自我とエスのあいだには、騎手が馬をその望むところへ進ませざるをえないような、理想とはかけはなれた事態が出来《しゅったい》することも、じつに頻繁に起こるのです」（本巻一〇〇－一〇一頁）。

この『自我とエス』の段階では、自我は基本的になおエスに依存したままである。そこではたしかに、自我は、同一化や理想化などを通して、エスのエネルギーを引き出して自らの強化、育成をはかるとされているし、エスの暴走を察知し苦境に陥ったときには、不安増長でもってこれに応じるなどとされてはいるものの、それらはいずれも、エスに対する自我の依存という枠内でのことにすぎない。ここでは、自我は、基本的にエスに振り回されており、エスに対する支配権ないし優先権を確保できるにいたっていない。この関係がやや逆転的な色合いを帯びてくるのは、一九二五年の『制止、症状、不安』(本全集第十九巻)において、不安の理論的位置づけが変更されてからのことである。この論考において不安は、それまでのように欲動抑圧の結果としてではなく、抑圧を引き起こすための契機(信号)として積極的なかたちにとらえ直される(不安信号論)。不安を主題のひとつとした『続・講義』第三二講には、このことが、いささか困難をきわめた叙述ながら力説されている。それまでは、抑圧の結果撤収されたリビードが「不安」という情動として放散されるという筋道で考えられていた(『精神分析入門講義』(本全集第十五巻)、第二五講「不安」参照)。つまり、自我の不安をエスの暴走の結果とみる、いわばエス主導型の見方である。しかし、ここにきてフロイトは、自我の発する不安が信号として働いた結果、抑圧が惹起させられるというように、いわば自我主導型に考え方を逆転させる。「自我は、突き上げてくる欲動要求を満足させれば、しかと覚えている危険状況のひとつが避けがたくなるだろうことに気がつきます。それゆえ、この欲動備給をどうにかして抑え込み、廃棄し、無力にしなければなりません……。自我は、憂慮すべき欲動の蠢きが満足させられた状態を先取り的に描き出すことによって、この欲動の蠢きに、恐れられている危険状態がはじまるときの不快感(不安感)を映し出して見せるわけです。それによって、自動的に快－不快原理が動き出すことになり、そしてこの自動装置が、危険な欲動の蠢きを抑圧するにいたるわけです」(本巻一一六頁)。こうした不安信号論とともに、フロイトの自我の見方は大きく動く。自我は、不安信号の発出を通して、エスにおける出来事にいわば強制的な力を行使しうる、とされるわけである。「これまでの私たちの見方では、自我はエスに対して脆弱で、エスのいわば召使いとして、エスの命令を実行し、エスの要求をかなえることでくたくたになっているとのことでした……。〔しかし〕自我がそれなりにエスにおける出来事に影響を及ぼすことができるということになっても、別段驚くにはあたらないわけです。思いますに、自我は、不安信号を用いて、ほとんど全能ともいうべき快－不快原理を作動させることによって、こうした影響を行使するのです」(本巻一二〇頁)。

エスでの出来事をいわば強引に左右し、主体を危険から免れさせるこの不安信号という考え方は、フロイトをして、「防衛」というかつて使用していた概念を新たに呼び戻させることになる。この術語は、自我が、危険な耐え難い表象に直面したとき、これを抑止し、可能ならば消滅させる諸々の操作の総体を意味するものとして、一八九四年の「防衛－神経精神症」(本全集第一巻)で初めて使用され、その後、抑圧という概念の重要性の背後に隠れて使用されないままになっていたものである。フロイトは『制止、症状、不安』において、この「防衛」を、抑圧をも含む上位概念として大々的に復活させる。「不安問題の解明という文脈で、私はある概念――より慎ましく言えば、ある術語――を再び採用したが、それは私が三十年前に研究を開始した際、専ら用いていたもので、その後捨て去っていたものである。つまり防衛過程という概念である。私はこの概念を、その後、抑圧の概念で置き換えたが、両概念間の関係は明確に定まらないままであった。私は、防衛の概念を、場合によっては神経症に至るような葛藤の中にある場合に自我が用いる、あらゆる技法の一般的名称であると定めるならば、この古い概念に立ち帰るのは、明らかに利点があると思う。これに対して抑圧は、これらの防衛方法のうち一つの呼称にとどまり、私たちの研究の方向によって、最初によりよく知られるようになったのである」(本全集第十九巻、九一頁)。こうしてフロイトは、それまで主として抑圧に置いていた重心を、さまざまな防衛機制へと移し、この自我の防衛機制を中心として、心の装置におけるエスの制御のありようを広く思い描くことになってゆく。

一九二〇年代後半は、こうした防衛機制が重要なテーマのひとつとして精神分析に取り込まれはじめる時期である。やがてナチスの狂乱が現実に迫ってくるにつれて、エスの暴走に対して自我ができるかぎりの防衛機制を駆使して、これを抑止しなければならぬという思い——それは度を越せば、エスの分析を切り捨て、エスを十把一絡げにして断罪することにもつながりかねない——に、ますます拍車がかかることになる。この方向性において、理論的整備という点でフロイト以上に重要な役割を果たすことになったのが、娘のアンナ・フロイトであった。アンナの『自我と防衛機制』(邦訳『自我と防衛』外林大作訳、誠信書房、一九五八年)は、ナチス狂乱がいよいよ激しくなる一九三六年に刊行されており、フロイトはこの著作に大きなエールを送っている。それは、たんなる父娘のつながりを越え、この時期のフロイト自身の防衛自我への関心を如実に物語るものと言ってよい。ともあれ、アンナはここで、自我の受動的、エス依存的なあり方を決定的に逆転させ、自我機能のなかにこそ積極的なものを見ようと、その防衛機制を細かく分類し、数え上げている。しかも、ナルシシズムや死の欲動などフロイトの重要な欲動論をいっさい切り捨てたかたちで、ひたすらエスに対する強い自我を作りあげるのが任務だと言わんばかりに、精神分析を、いわば射程の狭い自我中心の心理学、自我を主体の現実性の核心とみなす心理学へとずらしてゆくのである。ここでアンナの数え上げる防衛機制を列挙してみると、抑圧をはじめとして、反動形成、退行、同一化、投射、なかったことにすること、孤立化ないし分離、取り込み、対立物への反転、わが身への向き直り、昇華、理想化等々、それまでフロイトの見出した「欲動運命」がほぼ出揃うほどである(「欲動と欲動運命」(本全集第十四巻)参照)。アンナは、フロイトが欲動(エス)の蠢きとして取り出した心的過程を、まさに自我防衛というはっきりした意図のもとに整理しなおしたのである。

他方、フロイト自身はといえば、このアンナの動きと歩調を揃えるかのようにして、戦闘的な宗教批判『ある錯覚の未来』(一九二七年、本全集第二十巻)を皮切りに、科学一般ないし科学としての精神分析を、いささか独善的なまでに称揚し、防衛することに向かいはじめる。周知のように、フロイトはもともと、エルンスト・ブリュッケなど十九世紀の筋金入りの唯物論的科学主義者たちの導きのもと、顕微鏡と首っ引きの神経学、生理学の研究者として出発している。そして、自らが自負しているように、やがて実験のきかぬ精神分析という無意識の探究の道に分け入った後も、つねに科学精神なるものを導きの灯火として前進してきたのであった。そのフロイトがここにきて、科学的な啓蒙理性とそれに裏打ちされた自我を――さもありなんというか、今さらのごとくというか――戦闘的に擁護し、防衛する行動に出るのである。むろん、その背後にナチスの蛮行が見え隠れしているのは明らかなところである。フロイトのこうした啓蒙主義的な姿勢がきわまっているのは、精神分析の進むべき道を指し示すかのように意味ありげに『続・講義』の最後に置かれた「世界観なるものについて」においてであろう。繰り返すが、合理的自我の独善的な称揚、防衛は、そのままエスの切り捨てへとつづく。とりわけここでのフロイトは、自ら意識せぬまま、そうした歪んだ方向へと突出しているように見えるのである。以下、精神分析の科学としての姿勢を総括しようとするこの最終講を中心に、フロイトの過剰とも言える偏りをいくつか取り上げておこう。

この最終講ではまず冒頭で、世界観というものが、「この私たちの生をとりまくあらゆる問題を、何らかの上位の仮定にもとづいて統一的に解決してくれる知的構築」と定義され、そのようなものは「人間の理想欲望のひとつ」にすぎないと一蹴される(本巻二〇七頁)。「理想欲望」、すなわち、何らかの理想を打ち立て、それに則ったかたちで思考と行動を律してゆきたいとする、客観的ならぬ、あくまで主観的にすぎない欲動願望である。精神分析は、深層心理学ないし無意識の心理学という客観的科学の一分枝として、そうした「理想欲望」とは無縁であって、もし精神分析が「世界観」なるものをもちうるとするなら、それは世界観とも言えないような世界観、つまり科学の世界観以外にはありえない、とフロイトは力説する。「科学的世界観は、消極的な性格で際立っており、眼前の知りうるもののみにかかわるだけで、自分とは縁のない諸要素はきっぱり切り捨てるといった姿勢を特徴としております……。そこには、啓示だとか直観だとか予言にもとづく知などの入り込む余地がないということです」（本巻二〇八頁）。なるほど、科学としての精神分析を強調するためには真っ当な主張ではあろう。しかし、この言葉は、先に引用したオカルトの受容と科学への信頼についての発言（本巻七〇頁）とは、なんと異なった響きをもっていることだろうか。フロイトがここでなそうとしていることは、たんに精神分析を科学として強調するという域をはるかに越えている。それは、「啓示」や「直観」などの神秘主義めいた知も含めた、「眼前の知りうるもの」以外の知の全面否定、すなわち、人間の欲動のきわめて重要な現れのひとつとしての「理想欲望」の全面的切り捨てにほかならない。

人間の生の事実として完全には切り捨てられないはずの「理想欲望」を峻拒することとは、理の当然として、科学ないし精神分析自身にも跳ね返ってくるはずである。つまり、科学は「眼前の知りうるもののみにかかわる」という見方もまた、ひとつの「理想欲望」にすぎないのではないかということだ。この点をずばりついているのが、「クレタ人はみな嘘つきである、とあるクレタ人が言った」式の思考のニヒリズムである。フロイト自身は、これを「知的アナーキズム」と呼び――つねづね怯えを感じていたのであろう――次のような批判の言葉を投げつけている。「このアナーキズムの説くところによれば、そもそも真理など存在しませんし、外界の確実な認識も存在しません。私たちが科学的真理と称しているものは、刻々と変化する外的条件に応じて現れ出る私たち自身の欲求の産物にすぎず、すなわち、これまた錯覚だということになります。つまるところ、私たちは、私たちが必要と思うものしか見出さないし、私たちが見たいと思うものしか見ない、私たちには、それ以外のことはできないというわけです。そこには真理の標識、すなわち外界との一致というものが欠落しているため、私たちがどんな考えをもっていようとも、そんなことはまったくどうでもいいということになります」（本巻二三一―二三二頁）。まさにその通りである。だが、ここでフロイトはきわめて重要なことを忘れている。このアナーキズムは、そもそも科学に取って代わろうとする類いのものではけっしてなく、人間の欲動を切り捨てた、閉じられた合理的思考の揺るぎなき支配に対するイローニッシュなアンチとして出現しているということである（それは、昨今のポストモダニズムにおけるこの種の議論を見ても明らかなところであろう）。フロイトは、このことをあえて問わぬまま、外界との一致という安易な――というのも、ここでは「外界」という捉え方そのもののなかにすでに人間の思考が入り込んでいるからだが――真理論の地盤のうえに立って、いわば独善的に人間の「理想欲望」を断罪しようとするわけである。繰り返しになるが、こうした過剰さの背後には、この時代のエスの狂乱を目の当たりにしたフロイトのなかに、「理想欲望」も含めた人間の欲動全般への苛立ちと、これを切り捨てたいという「欲望」が猛然と湧き上がってきたという事情がひそんでいるにちがいあるまい。しかしエスは、ときとして暴走と破局を引き起こしはするものの、フロイト自身が主張する通り、人間のいっさいの生の根源でもある。このエスの二重の意味をしかと承認したうえで、科学性というものを旗印に掲げるというのが、これまでのフロイトの精神分析のあり方だったはずだ。精神分析をあくまで合理的科学として押し出そうとするこの文脈でのフロイトの発言は、本来のエスのありよう――思い浮かぶのはフロイト自身がこのエスの概念を借用したと称しているニーチェのことだ――にあえて目を伏せた、なんとも底の浅いものだと言わざるをえない。

こうした「理想欲望」の切り捨ては、当然ながら、同講義の戦闘的な宗教批判（大筋としては『ある錯覚の未来』の繰り返しであるが）にも反映する。フロイトはまず宗教の本質をこう規定する。「宗教とは、私たちが生物学的ならびに心理学的な必然性に従って自らの内に育てあげてきた欲望世界をもとに、私たちの住まっている感覚世界を制覇しようとするひとつの試みなのです……。宗教を人類の発展過程のなかに組み入れて考えれば分かりますように、宗教は永続的な不動の財などではなくて、文化的人間なら誰しも幼年期から成熟してゆく途上で通り抜けなければならない神経症に匹敵する一過性のものにすぎないのです」（本巻二二〇―二二一頁）。ここまでなら、二十年以上も前の「強迫行為と宗教儀礼」（一九〇七年、本全集第九巻）でも言及されている、いわば宗教についてのフロイトの持論と言ってさしつかえない。すなわち、宗教を文化のなかの人間の「理想欲望」のひとつ――幼児期に根づいたかつての父親のイマーゴを理想として思考と行動を律してゆこうとする欲望――と見る精神分析独自の人間学にもとづく見方である。しかしフロイトは、ここでさらに一歩攻撃的になり、現実と外界の一致をてんから無視する非科学的な宗教的真理なるものを、科学に対する干渉ないし不当な要求だとして弾劾する。「宗教が、自分は科学の代わりをすることができる、自分は恩恵と精神的高揚をもたらすことができるのだから、自分は真理でもあるはずだなどと言い張るならば、それはじっさい干渉以外の何ものでもなく、私たちとしては、万人の利益のためにこの干渉を撥ねつけるべきでありましょう。経験の規則に従い、現実に配慮しつつ日々の仕事を営むことを学んできた人間にとっては、合理的思考の掟からの自由をおのれの特権として要求するがごとき審級〔宗教〕に、他でもない自身のごく個人的な利害の処理を委ねよというのは、じつに不当な要求と言わざるをえません」（本巻二二四頁）。宗教が「科学の代わり」をすることができると今なお頑強に主張しているのかどうかはいざ知らず、フロイトがここで言わんとするのは、結局のところ、人間の「理想欲望」に発する「錯覚」としての宗教など、科学的真理の発展にとって邪魔になるだけのものにすぎぬから、早急に切り捨てるべし、という点に帰結するだろう。

しかし、宗教には本当に存在理由がないのだろうか。個人の精神の病は、いわゆる治療の対象になるばかりでなく、それ自体、文化のなかでのある種必然的な存在理由をもっている。たとえば、社会的絶縁ないし引きこもりとしての、文化に対するエスからの抗議というのもその存在理由のひとつだろう。同じように宗教も、ある種の集団的強迫神経症として、当然れっきとした存在理由があるはずである。病だからこそ存在する意味がある、病ゆえにこそ歪んだ文明の核心を射抜くことができるということである。たしかに、フロイトも言うように、宗教には必然的に非科学的な掟や「思考禁止」がつきまとう。しかし宗教の存在理由は、そうした禁止や命令といった表層の次元を超えたところにある。宗教の次元は、本質的に科学の次元とは別ものであり、この本来接点をもたない二つを同列に論じて優劣を決すること自体、どだい無理な話と言わねばならない。欲動の存在理由を承認するところから始まった精神分析には、欲動に出自をもつ宗教を、不当だとして一刀両断に切り捨てる理由などないはずである。にもかかわらず、最晩年のフロイトがあえてこうした切り捨てにおよんだ事実に対しては、ここで攻撃目標に置かれているのが、西洋キリスト教という巨大権力組織だという点――これはフロイト自身が弁解している点でもある――を考慮に入れることでしか理解できない。つまり、巨大権力組織における宗教的熱狂は、ファシズム的な熱狂に直結するということである。フロイトは、現実に迫ってくるナチスの狂乱を、非合理的な荒ぶる宗教的熱狂に重ね合わせ、そこに攻撃の鉾先を向けることで、この欲動の暴走に対して過剰に防衛体制を強化しようとしたのかもしれない。

この最終講には、フロイトの「理想欲望」の切り捨てという観点から、もうひとつ批判の目を向けておかなければならない点がある。それは、マルクス主義的実践ないしはロシア・ボルシェヴィズムに対する弾劾である。フロイトによれば、当時ロシアで進行していた実験――それはすでにスターリニズムとして変質をきたし、一九三四年の「大粛清」を目前に控えて社会主義ファシズムの様相を濃厚に示していたが――は宗教と同じく「理想欲望」に発するものであり、そこには宗教に見られるのと同様の不気味な思考禁止はおろか、おぞましくも有害な錯覚的ユートピアが跋扈しているという。マルクス主義の実践は、「かつての〔宗教的〕錯覚にまさるとも劣らぬほどのいかがわしく証明不能な錯覚を作り上げるはめになってしまいました。その希望的観測によりますと、それはわずか何世代かのうちに人間の本性を大きく変えることが可能であるらしく、その結果、新しい社会秩序のもとで、ほとんど摩擦のないような人間の共同生活が生まれ、人間は強制されなくても労働の責務を引き受けるようになるとのことなのです……。宗教とまったく同じように、ボルシェヴィズムもまた、その信者たちに、満足させられない欲求などもはや存在していないようなよりよき彼岸を約束することによって、彼らの現在の生の苦しみと不自由を償わねばなりません」（本巻二三八頁）。たしかにマルクス主義の要諦は、いかに科学的衣装を身にまとっていようが、欲動的な「理想欲望」にあると言えるかもしれない。フロイトはその理想を、あくまで冷ややかな客観的科学主義の立場から、「証明不能な錯覚」、「希望的観測」、「よりよき彼岸」として、一刀両断するわけである。

なるほど一面では、理想だとかユートピアといったものは、歴史的にみて、きわめてゆゆしき結果をもたらしてきたし、じじつナチスの狂乱にせよ、ロシアの社会主義ファシズムにせよ、そうした理想への熱狂というものと大いにかかわってもいる。「大きな物語」(J・F・リオタール)に引きずり廻されかねない人間の悲惨さを慎重に回避しようという思いが、ここでのフロイトの批判の根底にあったことも確かなところではある。しかし、そうだとはしても、こうした理想との緊張関係をなくしてしまえば、人間の生が新たな展開のためのエネルギーを失ってしまうのもまた否定できない事実である。フロイトは、ここでもまた、人間の欲動の重要な現れのひとつとしての「理想欲望」と、エスから発信される新たな変革への信号をシャットアウトして、今あるものしか見ようとしない科学なるものの旗印のもとに、いわば硬直した現状維持へと自ら防衛的に閉じこもっていくのである——それはある意味では、切迫するナチスの動きに対する「よき」ブルジョアとしての過剰な反応の裏返しとも言うべきものかもしれない。「もしかしたら将来、この(ロシアの)実験が時期尚早であったことが突きつけられることになるかもしれません。つまり、さまざまな新発見によって自然力に対する支配が高まり、それによって私たちの欲求の満足が今より容易にかなえられる状態にならないかぎり、社会秩序の根底からの変更は、成功の見込みなどほとんどありえないということです」(本巻二三九—二四〇頁)。何かが動くとき、それはいつも、時期尚早であると同時に、遅きに失したものでもある。フロイトは、いわばエスの暴走に対してあらかじめ防衛体制を整えようとするあまり、身を硬くして、あらゆる新しい動きに「時期尚早」という非難を投げつけているかのようだ。じつは、この動きが遅きに失しているにもかかわらず、である。

以上、フロイトの「自我心理学」の過剰な突出、エス切り捨てへの動きを、『続・講義』の最終講を中心に批判の目で取り上げてきたが、それは、なにも晩年のフロイトの精神分析がエスと欲動から目を転じているということを一面的にあげつらい、過大に批判せんがためではない。フロイトの「自我心理学」が、あくまで「エス心理学」のうえに想定されたものであることは、すでに繰り返した通りであり、その点はこれくらいの批判によって動じるものではない。フロイトのこの過剰な突出は、あくまで突出なのであって、ナチスの狂乱など周囲の世界の政治的、社会的混乱との弁証法的関係――精神分析理論にかぎらずすべての理論はそうした弁証法的関係を逃れられない――のなかで、ある面において本来の道筋から逸脱した、どこか危機的な観を呈さざるをえなかったということにすぎない。ここで強調したいのは、こうした逸脱の象徴ともいえる「かつてエスがあったところに、自我を成らしめる」といった、あのスローガンは、そうした弁証法的文脈のなかで、ある種の留保、ないしはある種の疑問符を置いて読まれなければならないということである。それは、しばしば安易なかたちで取りざたされているように、自我心理学派へのフロイト精神分析の偏向を証するようなものではけっしてない。精神分析は、一面ではたしかに、アンナの『自我と防衛機制』以降、これを受け継いだかたちのH・ハルトマンを中心として、とりわけアメリカにおいて、無意識の力動的心理学としての本来のあり方から逸脱し、ある種現実適応の心理学へと変質していく一分枝を作り出した。死の欲動やナルシシズムの問題を棚上げするアンナにおいて、すでにその気配はいくらかうかがえたが、ハルトマン以降の自我心理学派においては、エスとの葛藤にも超自我との葛藤にも巻き込まれない独立独歩の健康なる自我の自律のありようがとりわけ強調され、この自律的自我が、エスのカオス的エネルギーを外的現実への適応にふさわしい生産的なものへと昇華させねばならない、とされていった。病因的にも、この自我の自律性ないし防衛能力が何らかの障害を受けたとき、さまざまな精神疾患が生じるとみなされるのである。フロイトの

「自我心理学」の核心は、そういった類いのものではけっしてない。それは、あくまで「エス心理学」との結束ないし均衡のうえにあり、エスとの力動的葛藤のなかにある自我をこそ探究しようとするものであった。じじつフロイトは、自我の防衛機制というものを問題にするとき、それとは裏腹に自我の弱体化ということにも目を配っていたように思える。「終わりのある分析と終わりのない分析」にはこうある。「……防衛機制そのものが脅威となりうることもまた確実である。ときには、自我のために働いた防衛機制の奉仕に対して、自我があまりにも高い代価を支払ってしまった、というようなことがはっきりする場合もある……。防衛機制が、どんどん大きく広がってゆく外界からの疎隔をもたらし、間断なくつづく自我の弱化をもたらすことをつうじて、神経症の発症を準備し、それを促す」(本巻二七二―二七三頁)。

最後にもう一度繰り返すが、この時期のフロイトの「自我心理学」においては、一面たしかに天秤皿がエスよりも自我のほうに過度に傾いているきらいがある。しかし、それは、現実との関係を映し出す凹面鏡としての歪みなのであって、その真意はもとよりアンナ以降の自我心理学派の方向にはない。ここまではいい。しかしながら、ここにきて、われわれの心のなかには一片の新たな疑惑がもちあがってくる。はたして、フロイトの「自我心理学」のこの過剰な突出ないし歪みは、たんに凹面鏡の歪みとしてすませられるのだろうか。もしかしたら、この歪みは、無意識を意識のうちに回収しようとする解釈学としてのフロイトの精神分析がそのもっとも奥深いところで――したがって意識の届かないところで――自己防衛のために身につけざるをえなかった歪みなのではないだろうか。われわれとしては、そうした疑惑をもこめながら、フロイトの解釈学全体に向けて、あのスローガンを皮肉にもじりつつ、非現実話法でもってこう応じておくことにしよう――「かつてエスがなかったところには、自我は成りえない Wo Es nicht gewesen wäre, könnte Ich nicht werden」と。

書誌事項

『続・精神分析入門講義』

初出は、国際精神分析出版社、ライプツィヒ－ウィーン－チューリヒ、全二五五頁。本の扉では一九三三年刊となっているが、実際に出版されたのは一九三二年十二月であった。フロイトがこれを書こうと思い立ったのは三二年の二月ころ、八月末には早くも七つの講義がすべて執筆完了となっていたようである。『日記』には、一九三二年二月十日付で「新しい講義への序文」（一二一頁）、八月三十一日付で「講義終わる」（一三一頁）とある。

周知のように、第一次大戦後（一九一九年）フロイトは、いわゆる巷間の出版社に依存しなくてもいいように、自前の「国際精神分析出版社」をウィーンに設立して精神分析関係の出版業務を行ってきたが、これがなかなかの難業で、一九三二年のはじめころにはきわめて深刻な財政的危機に陥っていた。『日記』には一月十六日の日付で「アイティンゴン」、「マルティン　シュトルフェルを引き継ぐ」（一一九頁）とある。これは、出版社が危機的な状況に陥ったため、フロイトがベルリンのアイティンゴンを急遽電報でウィーンへ呼び寄せ、相談の結果、息子のマルティン・フロイトが、それまでの経営責任者A・シュトルフェルに代わって、倒産寸前の経営を引き継いだという意味である。一カ月後の二月十九日には「出版社へ支払い猶予」とあり、新経営者のマルティンが借金の支払いをしばらく延期してもらうところまでこぎつけたことが示されている。フロイトは精神分析運動を継続してゆくためにはこの出版社が不可欠だと考えており、これまで自らが寄付をしたり、寄付を募ったりしてきたが、今回の危機に直面して、以前売れ行きのよかった『精神分析入門講義』(本全集第十五巻)の続編を書いてこの逼迫した財政状況への一助としようとするとともに、十五年前の講義を修正、補完をしようといった、いわば一石二鳥をねらった方策をたてた。これが、『続・精神分析入門講義』を執筆する大きな動機であった。E・ジョーンズは、伝記のなかでこの事情をこう簡潔に述べている。「三月に、出版所(Verlag)の問題が、ひどく絶望的になった時、フロイトは、それを助ける考えで『入門』の新しい部分を書き、その中で最初のものが出版されてから十五年間に生じた自分の考えの進歩についてのべようかと思った」(前掲『フロイトの生涯』四八六頁)。

そのためこの新しい講義集は、十五年前に実際にウィーン大学でなされた二十八の講義を受け継ぎ(講義番号も前の『入門講義』を継続するかたちをとっている)、それ以降に生じた精神分析理論のいわば更新・修正を補完的に説明するものとなっている。とくに、夢理論の総括と修正について述べた第二九講、自我・エス・超自我のパーソナリティの三分割をテーマとした第三一講、不安信号論と死の欲動に照準を合わせた第三二講、および、女性における性の発達について論じた第三三講には、その傾向が顕著で、十五年前には議論されなかった新しい問題や修正点、あるいは難解なメタサイコロジー理論の説明にもあえて踏み込んでいる。

しかし、この講義集はそうした修正と更新にとどまるものではない。オカルティズムに対する精神分析の態度を扱った第三〇講、精神分析の実践的応用について総括的に述べた第三四講、そして、精神分析のもつ科学的世界観について説明した第三五講——すでに述べたようにこの最終講にはやや偏ったところが目立ってもいるが——は、個々の理論を問題にするというよりも、どちらかというと、視野をより大きく取り、精神分析の基本姿勢そのものを新たに確認しなおすという意図をもったもので、オカルティズム、教育、宗教、社会主義など、分析理論とは直接かかわらないような題材をも扱いながら、精神分析がどうあるべきで、何を目指しているのかを、大局的な見地から論じたかたちになっている。その点でもこの続篇は、自身の晩年を意識したフロイトが、精神分析ないし精神分析運動というものをどのように総括しようとしていたのかがうかがえる興味深い作品である。

「終わりのある分析と終わりのない分析」

初出は『国際精神分析雑誌』第二十三巻、第二号、一九三七年、二〇九―二四〇頁。執筆完了は同年四月三十日。『日記』のこの日付には「「終わりのない分析」終わる」(二二五頁)という語呂合わせが見られる。直後に書かれた「分析における構築」(本巻所収)とともに、この論文は、フロイトが精神分析治療技法についてまとまって見解を披露した最後の著作でもある。

「分析における構築」にもややその傾向が感じられるが、とりわけこの「終わりのある分析と終わりのない分析」では、分析治療の困難さと限界がこれまでよりもはるかに強調されているような印象を受ける。ランクやフェレンツィとの技法上の対立の思い出が直接的なきっかけになったのだろう、ここでのフロイトの眼目は、「いったい分析の自然な終わりというものが存在するのか、分析をそういった終わりへと導くことがそもそも可能なのか」(本巻二四七頁)という問いをあらためて問い直すことにあった。しかし、フロイトはこの問いに直接イエスともノーとも答えぬまま、いや、どちらかというと否定的な答えを背後に臭わせながら、そもそも分析治療にはどのような困難、妨害が存続しつづけるのかを実践面、理論面の両面から検証してゆく。神経症の病因として、外傷(外因)、欲動強度(量的素因)ならびに自我の歪み(自我変容)の三つの要因が挙げられ、これに絡めて、欲動の強度に変更を及ぼすこと、およびこれまで受けた不都合な自我変容を解除することが、精神分析といえどもいかに困難であるかが、縷々述べられてゆく。なかでもここで中心となるのは、自我変容の多様さの問題である。自我は、諸欲動に対するそれまでの自我の防衛過程の結果、性格異常の程度から、へたをすれば精神病者の異常な自我にいたるまで多様なかたちで変容する可能性がある。つまり、すでに少し触れたように、欲動に対する自我の防衛それ自体が、逆に脅威となりうるということであり、しかも防衛機制は、さまざまな状況のもとで反復的に作動するため、こうして生じた自我変容は固定して動かしがたいものとなる。この事態は、すでに一九二五年の『制止、症状、不安』において、新たに、治療の局面における「エスの抵抗」(本全集第十九巻、八八頁)と呼ばれていたものである。精神分析治療が、こうした自我変容を解除するものでもあるとするなら、その使命の完全なる達成は、この「エスの抵抗」のゆえにきわめて困難にならざるをえない、というのが本論文でのフロイトのやや悲観に傾いた結論となっている。ちなみに、この観点からエス、すなわちエロースと死の欲動について述べたVI節の後半部が、『精神分析年鑑《アルマナハ》 一九三八』(一九三七年、四四―五〇頁)に再録されているが、このこともフロイトの本論文における主たる関心がどこにあるかを示していると言えよう。

「シャーンドル・フェレンツィ追悼」

初出は『国際精神分析雑誌』第十九巻、第三号、一九三三年、三〇一―三〇四頁。フェレンツィが没した三三年の五月二十二日からしばらくして、六月四日に執筆された。『日記』には六月四日付で「フェレンツィの追悼文終わる」(一五五頁)とある。フェレンツィは、一九〇六年以来、長きにわたって、フロイトの忠実な弟子、ならびに数少ない親友のひとりでもあったが、二〇年代になると徐々にフロイトとの意見の不一致が生じ、さまざまな感情的もつれも手伝って、しだいに関係が冷めてくる。晩年には、ランク、ライヒなどと並んで、二〇年代に精神分析に対して革新的な着想を提示した「恐るべき子供たち」のうちのひとりとなり、一九三二年、死の一年前には、フロイトとの関係はほとんど破綻に近いものになっている。本論稿の編注(6)にもあるように、フロイトとの決裂を招いたのは分析技法上の問題(「積極技法」)であり、これについては、本巻所収の「終わりのある分析と終わりのない分析」のⅡ節、Ⅲ節、Ⅶ節、Ⅷ節も参照されたい。この追悼文の最後の段落は、積年の友情が挫折したことに対するフロイトのいかんともしがたい喪失感が苦渋とともににじみ出ているようにも思える。

「マリー・ボナパルト著『エドガー・ポー——精神分析的研究』への序言」

初出はマリー・ボナパルト『エドガー・ポー——精神分析的研究』パリ、一九三三年、xi頁(フランス語訳で掲載)。フロイトがドイツ語で書いた原文は、同著作のドイツ語版(ウィーン、国際分析出版社、一九三四年、v頁)に収められている。『日記』には、一九三三年五月二十九日付で「ポー　マリー・ボナパルトから(献本)」(一五五頁)とある。この献本には、ボナパルトの自筆でこう記されていたらしい。「愛する巨匠へ。その研究と精神とに触発されたこれらのページの中で、かつてこの世に存在した最も暗い魂を洞察するために、初めて人間の無意識を洞察した人物が切り開いた道を、著者は一歩一歩たどったのです」(同頁、マイクル・モルナールによる注解)。

「ある微妙な失錯行為」

初出は『精神分析年鑑《アルマナハ》一九三六』一九三五年、一五－一七頁。『日記』には十月十日付で「ある微妙な失錯行為」（一九七頁）とあり、この時期に執筆したものと思われる。『日常生活の精神病理学にむけて』（本全集第七巻）に収められるにふさわしい、あるささやかな失錯行為の分析が、年季の入った簡潔な筆致で記述されている。フロイト自身述べているように、「いかに目立たない、単純といわれる心の出来事でさえ、どれほど複雑なものであるかという印象」（本巻三〇七頁）をあらためて感じさせる好エッセイに仕上がってもいる。

「チェコ語版『精神分析入門講義』へのまえがき」

初出はチェコ語版『精神分析入門講義』プラハ、一九三六年（チェコ語訳で掲載）。もともとフロイトはドイツ語でこの「まえがき」を書いたが、そのオリジナルのテクストが紛失したため、チェコ語からの再翻訳によってGWの「別巻（Nb）」に収められたのがドイツ語ヴァージョンの初出ということになる。周知のように、『精神分析入門講義』は、フロイト著作のうちきわめて広範な読者を得た作品のひとつで、彼の存命中に出版された翻訳は、主なものでも十指に余る。参考のため、以下に列挙しておく。英語訳（一九二〇年）、オランダ語訳（一九一七年）、フランス語訳（一九二二年）、イタリア語訳（一九二一年）、ロシア語訳（一九二一－二三年）、スペイン語訳（一九二三年）、日本語訳（一九二八年）、ノルウェー語訳（一九二九年）、ヘブライ語訳（一九三〇年）、ハンガリー語訳（一九三二年）、セルビア－クロアチア語訳（一九三三年）、中国語訳（一九三三年）、ポーランド語訳（一九三五年）、チェコ語訳（一九三六年）。

「トーマス・マン六十歳の誕生日に寄せて」

初出は『精神分析年鑑《アルマナハ》　一九三六』一九三五年、一八頁。執筆は六月ころ（トーマス・マンの誕生日は一八七五年六月六日）。前掲ジョーンズ『フロイトの生涯』にはこうある。「この年〔一九三五年〕六月、フィッシャー出版社はフロイトに、トーマス・マンの六十度目の誕生日を祝うために出版する手紙を書いてほしいと頼んだ。八十歳の高みから、フロイトはこの年若い祭典の考えに微笑を送ったにちがいない」（四九七頁）。ちなみに、翌年の五月八日、今度はトーマス・マンが、ウィーンで開かれた医療心理学学術協会において、フロイト八十歳の誕生日（五月六日）を祝した講演を発表している（ただし、フロイト自身は体調不良のためこの会を欠席していた）。「ジークムント・フロイトと未来、一九三六年五月八日・ウィーンにおけるフロイト八十歳の誕生日を祝う式典での祝辞」と題されたその原稿は、『イマーゴ』（第二十二巻、一九三六年、二五七―二七四頁）に掲載された。同会に出席していた医師マックス・シューアが、ぜひもう一度フロイト本人の前で朗読してほしいとマンに打診したところ、フロイトの熱烈な崇拝者であったマンはこれを快諾し、六月十四日にフロイト居宅で実現している。

「ロマン・ロラン宛書簡――アクロポリスでのある想起障害」

初出は『精神分析年鑑《アルマナハ》　一九三七』一九三六年、九―一二頁。執筆完了は一月十四日。『日記』には同日付で「「アクロポリスでの不信」終わる」（二〇四頁）とある。この時点では標題には、「想起障害 Eine Erinnerungsstörung」ではなく「不信 Unglaube」が使われていたようである。本論稿は、十歳年下のロマン・ロランの七十歳の誕生日（一月二十九日）を祝う記念論文集への執筆を求められ、書簡形式でしたためられたものであり、内容は、三十年ほど前（一九〇四年）に生まれて初めてアテネのアクロポリスに立ったときに味わった奇妙な不信感ないし想起障害の自己分析になっている。一九一六年の論文「精神分析作業で現れる若干の性格類型」のⅡ節「成功ゆえに破滅する人間」(本全集第十六巻、一〇頁以下)において、マクベス夫人(シェイクスピア『マクベス』)とレベッカ(イプセン『ロスメルスホルム』)が題材として取り上げられたが、これと同じように、フロイトは本論稿で、自らのアクロポリスでの体験を「成功において挫折する」(本巻三一七頁)典型事例とみなし、歳をとってからも罪の意識、ないしは劣等感に悩まされつづける自身の姿を抉り出している。フロイトはロマン・ロランの著作を高く評価しており、二人の手紙のやりとりは、これよりかなり前の一九二三年から始まっている。両者の密な関係は、たとえば『文化の中の居心地悪さ』の冒頭部(本全集第二十巻、六七―六八頁)などからもうかがえる。

「ゲオルク・ヘルマン宛書簡三通」

初出は『新展望』第九十八巻、第三号、一九八七年、五―二一頁のゲルト・マッテンクロットの「「まだ死んではいないという……」――ゲオルク・ヘルマン宛フロイト未公刊書簡」(ちなみに、この標題の「まだ死んではいないという……」は、「書簡三」におけるフロイトの言葉(本巻三二九頁)からの引用である)。やがて(一九四三年)強制収容所で虐殺される運命にあるこのベルリン生まれのユダヤ人作家とフロイトが、これらの書簡が書かれた一九三六年当時(ゲオルク・ヘルマンはオランダ亡命中)、どのような関係にあったのか、その詳細については、書簡の内容から推測する以外に知るすべはない。文面からして、二人のあいだにさほど深い個人的つながりがあったようには思われないが、フロイトがこの作家の書いた小説類を好んで読んでいたこと、あるいは、彼の小説のひとつに触発されて二〇年代末のベルリンのサナトリウムでの生活をなつかしく思い出しているさまなど、フロイトの日常の一コマが知れて面白いところもある。ユダヤ人という同じ過酷な運命（二年後にはフロイト自身もロンドン亡命の憂き目にあうことになる）が、見えない糸となって、二人をほんのつかの間接触させたのかもしれない。

「トーマス・マン宛書簡」

初出は『国際精神分析雑誌・イマーゴ』第二十六巻、三・四分冊、一九四一年、二一七—二一九頁（執筆は三六年十一月二十九日）。ただしこれは、最終段落が欠けた不完全なものであり、このときの標題は「トーマス・マン宛書簡草稿」となっている。最終段落を含んだかたちで公刊されたのは、フロイト『書簡　一八七三—一九三九年』（エルンスト・L・フロイト編、フランクフルト・アム・マイン、フィッシャー社、一九六〇年、四二四—四二七頁）においてであった。ただし、フロイトがじっさいにこの書簡をマンに送付したことを証明する事実はないようである。GWの「別巻（Nb）」は、この書簡がフロイトの書類のなかに残っていたこと、また「この手紙を自分の手元に留めておくか、色々弁解しながらお送りするべきか、迷っています」という言葉で締め括られていることから、結局フロイトは送付しなかったのだろうと推測している。

この書簡が書かれる半年前の三六年六月十四日、マンはフロイトの居宅にて、彼の八十歳の誕生日を祝した講演原稿を朗読した（「トーマス・マン六十歳の誕生日に寄せて」の書誌事項を参照）。このとき二人は、ヨセフとモーセについて熱心に会話を交わし（当時、マンは自分の『ヨセフとその兄弟たち』（四部作）の第三作『エジプトのヨセフ』に、フロイトは『モーセという男と一神教』に心を奪われていた）、その際フロイトはすでに、ヨセフの人生にナポレオンの生涯を重ねる話、つまりこの書簡で述べられているような話をしていたようである（『日記』二一一頁、マイクル・モルナールによる注解を参照)。半年後、書簡を書き終えたところでアンナにその点を指摘され、送付するのをはばかったというのが本当のところかもしれない。かつては「蓄音機なみの記憶の才があった」(本巻三頁)と自負していたフロイトが、つい半年前の会話の内容を忘れてしまうとは、これも忍び寄る老いの影を感じさせるエピソードではある。

「ブラウン教授死去に際して」

初出は『ユダヤ人医師会会報』第二十九号、ウィーン、一九三六年、六頁。このテクストには、導入部として編集部による次のようなコメントが付されている。「ジークムント・フロイト博士の八十歳の誕生日の祝辞がブラウン教授の最後の文筆の仕事となってしまったが、その当のフロイト博士が、私たちに次のような追悼の辞をしたためてくださった」。

「ルー・アンドレアス゠ザロメ追悼」

初出は『国際精神分析雑誌』第二十三巻、第一号、一九三七年、五頁。ルーは死ぬ前長らく体調がすぐれず、フロイトにもアンナにも会えないまま、一九三七年二月五日、ゲッティンゲンの自宅で亡くなった。P・ゲイはそのフロイト伝で、彼女の死についてこう述べている。「フロイトは彼女の死を新聞で知った(一説によると、友人のエルンスト・プファイファーから知らされたともいう)。彼はアーノルト・ツヴァイクに宛てて感慨深げに書いている。「彼女のことはとても好きでした。不思議なことに性的魅力はいっさい感じませんでしたが」。彼は簡潔な、だが暖かい弔辞を捧げた。パレスチナからのアイティンゴンの手紙はフロイトの気持ちを的確に代弁している。「ルーの死はどうしても現実だとは思えません。彼女はいっさいの時間から超越しているような女性でしたから」」(『フロイト2』鈴木晶訳、みすず書房、二〇〇四年、七一一頁)。ジョーンズは、彼女とフロイトの関係で忘れてはならないことをひとつ書き残している。「彼〔フロイト〕は彼女のことをニーチェと自分をつなぐ、ただ一つの真のきずなであると語った」(前掲『フロイトの生涯』五〇〇頁)。

「分析における構築」

初出は『国際精神分析雑誌』第二十三巻、第四号、一九三七年、四五九―四六九頁。分析家は、忘却されたものを、それが遺した痕跡から言い当てなければならないが、再構成されるものが素材の個々の要素(思いつきや錯誤行為)にもとづいた断片にとどまる場合、この行為は「解釈」と呼ばれる。これに対して、こうした断片をいわばジグソーパズルのように組み合わせて、病者の前史としての幼児期の生活の一部を再構成することを、フロイトは本論稿で、とくに「構築」と称している。そして、これを正しくこしらえ上げ、患者に申し伝え、その承認を得ることがいかに困難であるかを力説する。「構築を申し伝えられた患者の直接の表明からは、わたしたちの構築の推測が正しかったのか正しくなかったのか、その根拠を得ることはほとんどできない」(本巻三五〇頁)。しかしこれがいかに困難だとはいえ、「分析を正しく行うことによって構築の真理について患者を着実に確信させる、というところまでもってゆける」(本巻三五三頁)。なぜならば「抑圧されたものの「揚力」は、構築が申し伝えられることによって活性化し、かの重要な想い出‐痕跡を意識上へと持ち上げようとしていた」(本巻三五四頁)からである。本論稿でフロイトが結論として強調するのは、このようにして取り出された想い出は、鮮明さと現実性をそなえた妄想ないし幻覚――心的外傷に対する病者側からの治癒の試み――のようなものとなって出現することもありうるという点、構築と妄想のある種の等価性という点である。「病者の妄想形成はわたしには、わたしたちが分析治療で作り上げる構築の等価物に見えるのである。それは説明と復元の試みである」(本巻三五六頁)。つまり、フロイトによれば「構築」においても妄想においても、困難な無意識の再構造化が問題になっているということである。この論文を書き始めた一九三七年九月二十三日付の『日記』には、「妄想と構築の着想」(二三〇頁)とある。フロイトは当初、この論文を「妄想と構築」といった標題を付すべきものとして思い描いていたようである。患者と分析家の共同作業のようなものがうかがわれて興味深いところでもある。

「終わりのある分析と終わりのない分析」および「分析における構築」の翻訳検討にあたっては、精神科医・精神分析家である保科正章氏より的確な助言を頂戴した。ここに謝意を表したい。

＊　本解題中にある雑誌名・出版社名の原語は以下のとおり。

- 「ハーヴァード大学出版ベルクナップ出版局」Belknap Press of Harvard University Press
- 「ベーラウ社」Böhlau Verlag
- 「フィッシャー社」S. Fischer Verlag
- 「国際精神分析出版社」Internationaler Psychoanalytischer Verlag
- 『国際精神分析雑誌』*Internationale Zeitschrift für Psychoanalyse*
- 『精神分析年鑑《アルマナハ》』*Almanach*

・『新展望』*Neue Rundschau*
・『国際精神分析雑誌・イマーゴ』*Internationale Zeitschrift für Psychoanalyse und Imago*
・『ユダヤ人医師会会報』*Mitteilungsblatt der Vereinigung jüdischer Ärzte*

■岩波オンデマンドブックス■

フロイト全集 21
1932－37 年
──続・精神分析入門講義　終わりのある分析とない分析
道簱泰三 責任編集

2011 年 2 月 25 日　第 1 刷発行
2024 年 11 月 8 日　オンデマンド版発行

訳　者　道簱泰三《みちはたたいぞう》　福　田《ふく　た》　覚《さとし》　渡邉俊之《わたなべとしゆき》

発行者　坂本政謙

発行所　株式会社　岩波書店
〒 101-8002　東京都千代田区一ツ橋 2-5-5
電話案内　03-5210-4000
https://www.iwanami.co.jp/

印刷／製本・法令印刷

ISBN 978-4-00-731501-5　Printed in Japan